Lei de
**RESPONSABILIDADE
FISCAL COMENTADA**

CB043956

O GEN | Grupo Editorial Nacional – maior plataforma editorial brasileira no segmento científico, técnico e profissional – publica conteúdos nas áreas de concursos, ciências jurídicas, humanas, exatas, da saúde e sociais aplicadas, além de prover serviços direcionados à educação continuada.

As editoras que integram o GEN, das mais respeitadas no mercado editorial, construíram catálogos inigualáveis, com obras decisivas para a formação acadêmica e o aperfeiçoamento de várias gerações de profissionais e estudantes, tendo se tornado sinônimo de qualidade e seriedade.

A missão do GEN e dos núcleos de conteúdo que o compõem é prover a melhor informação científica e distribuí-la de maneira flexível e conveniente, a preços justos, gerando benefícios e servindo a autores, docentes, livreiros, funcionários, colaboradores e acionistas.

Nosso comportamento ético incondicional e nossa responsabilidade social e ambiental são reforçados pela natureza educacional de nossa atividade e dão sustentabilidade ao crescimento contínuo e à rentabilidade do grupo.

MARCUS ABRAHAM

Lei de
RESPONSABILIDADE
FISCAL COMENTADA

Prefácio | Ministro do STJ Luis Felipe Salomão

3.ª edição revista, atualizada e ampliada

- O autor deste livro e a editora empenharam seus melhores esforços para assegurar que as informações e os procedimentos apresentados no texto estejam em acordo com os padrões aceitos à época da publicação, e todos os dados foram atualizados pelo autor até a data de fechamento do livro. Entretanto, tendo em conta a evolução das ciências, as atualizações legislativas, as mudanças regulamentares governamentais e o constante fluxo de novas informações sobre os temas que constam do livro, recomendamos enfaticamente que os leitores consultem sempre outras fontes fidedignas, de modo a se certificarem de que as informações contidas no texto estão corretas e de que não houve alterações nas recomendações ou na legislação regulamentadora.

- Fechamento desta edição: 26.08.2020

- O Autor e a editora se empenharam para citar adequadamente e dar o devido crédito a todos os detentores de direitos autorais de qualquer material utilizado neste livro, dispondo-se a possíveis acertos posteriores caso, inadvertida e involuntariamente, a identificação de algum deles tenha sido omitida.

- **Atendimento ao cliente:** (11) 5080-0751 | faleconosco@grupogen.com.br

- Direitos exclusivos para a língua portuguesa
  Copyright © 2021 by
  Editora Forense Ltda.
  Uma editora integrante do GEN | Grupo Editorial Nacional
  Travessa do Ouvidor, 11 – Térreo e 6º andar
  Rio de Janeiro – RJ – 20040-040
  www.grupogen.com.br

- Reservados todos os direitos. É proibida a duplicação ou reprodução deste volume, no todo ou em parte, em quaisquer formas ou por quaisquer meios (eletrônico, mecânico, gravação, fotocópia, distribuição pela Internet ou outros), sem permissão, por escrito, da Editora Forense Ltda.

- Capa: Aurélio Corrêa

- **CIP – BRASIL. CATALOGAÇÃO NA FONTE.
  SINDICATO NACIONAL DOS EDITORES DE LIVROS, RJ.**

  Abraham, Marcus

  Lei de Responsabilidade Fiscal comentada / Marcus Abraham. – 3. ed. – Rio de Janeiro: Forense, 2021.

  Inclui bibliografia
  ISBN 978-85-309-9045-9

  1. Direito financeiro. 2. Responsabilidade fiscal – Brasil. I. Título.

  20-63164   CDU: 347.53(81)

  Leandra Felix da Cruz Candido – Bibliotecária – CRB-7/6135

"O livro é um mestre que fala, mas que não responde."
Platão [livre adaptação de Protágoras, 329a]

SOBRE O AUTOR

Marcus Abraham é Desembargador Federal do Tribunal Regional Federal da 2ª Região desde 2012. Foi Procurador da Fazenda Nacional (2000-2012). Foi advogado de escritório de advocacia e de empresa multinacional (1992-2000).

Pós-Doutorado na Universidade Federal do Rio de Janeiro – FND/UFRJ (2019). Pós-Doutorado na Universidade de Lisboa (2018). Doutor em Direito Público pela Universidade do Estado do Rio de Janeiro – UERJ (2005). Mestre em Direito Tributário pela Universidade Candido Mendes (2000). MBA em Direito Empresarial pela EMERJ/CEE (1998). Graduação em Administração pela Universidade Candido Mendes (1996). Graduação em Direito pela Universidade Candido Mendes (1992). Ex-Diretor da Associação Brasileira de Direito Financeiro (2006-2013).

É Professor de Direito Financeiro da Universidade do Estado do Rio de Janeiro (UERJ), na categoria de Professor Adjunto de 2006 a 2016, e de Professor Associado desde 2016. É membro da Diretoria da Escola da Magistratura Regional Federal da 2ª Região – EMARF desde 2013. É Coordenador do Núcleo de Estudos em Finanças Públicas, Tributação e Desenvolvimento da Faculdade de Direito da UERJ – NEFIT/UERJ desde 2010. Foi Diretor da Escola Superior da PGFN (2003-2004). Foi Diretor da Associação Brasileira de Direito Financeiro (2006-2013). Foi Professor da Universidade Candido Mendes Ipanema (1996-2007). Foi Professor da Pós-Graduação da Fundação Getulio Vargas – FGV (2000-2006) e do Instituto Brasileiro de Mercado de Capitais – IBMEC (2003-2010). Foi Professor da Faculdade Carioca (1996-1997).

É autor de diversos livros jurídicos, dentre eles o *Curso de Direito Tributário Brasileiro*, 2ª edição, Editora Forense, 2020; *Curso de Direito Financeiro Brasileiro*, 5ª edição, Editora Forense, 2018; *Lei de Responsabilidade Fiscal Comentada,* 2ª edição, Editora Forense, 2017. É autor de mais de 100 artigos e capítulos de livros, publicados nos mais diversos meios, inclusive em jornais de grande circulação.

AGRADECIMENTOS

Agradeço aos meus pais, HERMAN e CLARA, e à minha irmã, PATRÍCIA, pelos valores familiares, pelo carinho e pela preocupação constantes.

Agradeço à MARIANA, pelo amor, companheirismo e amizade diários.

Agradeço, com saudades, à minha eterna pequena pug, HAPPY, pela companhia que me fez, sempre aos meus pés, durante cada página escrita na primeira edição desta obra.

Agradeço a toda a minha equipe de gabinete no TRF-2, chefiada pela Dra. ANA CRISTINA, pelo comprometimento e pelo profissionalismo.

Agradeço ao meu amigo e assessor jurídico, VÍTOR PIMENTEL, uma das jovens mentes mais brilhantes que conheço, profundo conhecedor do Direito e da língua portuguesa, pela colaboração nas pesquisas e na revisão do texto.

APRESENTAÇÃO

A Lei de Responsabilidade Fiscal – Lei Complementar 101/2000 –, publicada em 4 de maio de 2000, apresentou-nos uma nova cultura de gestão pública, baseada no planejamento, na transparência, no controle e no equilíbrio das contas públicas e na imposição de limites para determinados gastos e para o endividamento.

Pode-se afirmar que ela estabelece um código de conduta aos gestores públicos a ser seguido, pautado em padrões internacionais de boa governança. A probidade e a conduta ética do administrador público, como deveres jurídicos positivados, passam a integrar o núcleo valorativo da gestão fiscal responsável, voltada para a preservação da coisa pública.

A gestão pública com responsabilidade fiscal é instrumento de fortalecimento dos valores do Estado Democrático de Direito a beneficiar toda a sociedade, e deve ser efetivada com a obediência, pelo administrador público e pelos governantes, às normas que analisaremos nesta obra (devendo, sobretudo, ter seu cumprimento cobrado diuturnamente por todo cidadão).

Isso porque, se bem aplicada e devidamente observada pelo gestor público, a Lei de Responsabilidade Fiscal pode realizar mudanças positivas para a sociedade, garantindo justa arrecadação e correta aplicação dos recursos, para reduzir as desigualdades sociais, extirpar a miséria da realidade brasileira e alavancar o desenvolvimento da economia, atuando como mola propulsora de um círculo virtuoso que constitui o objetivo imanente às normas do Direito Financeiro brasileiro moderno.

O conhecimento de todos os elementos jurídicos que envolvem a matéria é de suma importância para qualquer operador do Direito ou de Finanças Públicas, responsável por dar efetividade às atividades e às políticas públicas sociais. Mas, principalmente, porque são eles que farão chegar ao cidadão brasileiro o conhecimento e a extensão dos seus direitos, para que possam exercer, em sua plenitude, a sua cidadania fiscal.

Difundir esse conhecimento e aplicar ampla e corretamente as suas normas passa a ser o início do caminho que se trilha para escrever um futuro promissor.

Marcus Abraham

PREFÁCIO

É com grande satisfação que apresento a obra *Lei de Responsabilidade Fiscal comentada*, de autoria do Desembargador Marcus Abraham.

O autor possui sólida formação e experiência nesta área, havendo obtido o título de Doutor em Direito Público pela Universidade do Estado do Rio de Janeiro e sendo também Mestre em Direito Tributário pela Universidade Candido Mendes.

Na magistratura, é renomado Desembargador do Tribunal Regional Federal da 2ª Região, já tendo atuado antes como Procurador da Fazenda Nacional. Ademais, exerce relevante mister como diretor de estágios da Escola da Magistratura Regional Federal da 2ª Região.

Na verdade, com tal proficiência, o autor discorre sobre os principais conceitos e institutos da responsabilidade fiscal, reunindo a doutrina e a experiência acadêmica com a prática no dia a dia forense.

De fato, o direito financeiro é ramo da ciência jurídica que vem ganhando cada vez mais destaque no ordenamento jurídico, o que se verifica de maneira multiforme. A globalização e o acentuado avanço tecnológico vivenciados pela sociedade pós-moderna são assuntos intrinsecamente ligados às finanças.

No atual cenário, no Brasil e no mundo, é indubitável que temas relacionados à gestão dos gastos públicos emergem incessantemente na pauta do dia. Por sua vez, a sociedade e seus grupos organizados vêm assumindo papel importante, de modo a fiscalizar o funcionamento das instituições. Nesse rumo, exige-se cada vez mais transparência nas contas públicas, bem como se evidencia a responsabilidade do gestor em utilizar os recursos de modo eficiente.

A Lei de Responsabilidade Fiscal – Lei Complementar 101, de 4 de maio de 2000 – serviu como instrumento relevante para modernizar a utilização da coisa pública e proporcionar estabilidade nas finanças. Criou-se, assim, um marco regulatório fiscal de extrema importância para o País, inserindo-o no cenário das nações mais avançadas do mundo neste tema.

Neste livro, o autor enfrenta com profundidade e de maneira deveras cada aspecto da Lei de Responsabilidade Fiscal.

No primeiro capítulo, trata de assuntos referentes à criação da lei, trazendo importante comparativo com o mercado financeiro internacional e analisando a grave crise ocorrida na década de 1990, período em que houve grande endividamento do setor público, com sucessivos planos econômicos. Tal conjuntura acabou por gerar o nascedouro da lei, com o objetivo de estabelecer normas de ajuste fiscal.

No capítulo seguinte, há minucioso detalhamento das características primordiais da responsabilidade fiscal, quais sejam o planejamento, a transparência e o equilíbrio fiscal. Segundo o autor, "o equilíbrio das contas públicas tem sido considerado a regra de ouro da Lei de Responsabilidade Fiscal". Outrossim, o autor destacou que, nos processos de modernização da administração pública, em quase todos os países que tiveram sucesso, não foi possível a empreitada sem que houvesse interação com a sociedade. Em outras palavras, é fundamental que haja transparência e responsabilidade compartilhada, com medidas tais como publicidade (publicação de orçamentos, balanços, de maneira clara e transparente), prestação de contas das ações públicas e participação da sociedade na elaboração da proposta pública de orçamento. A intenção do legislador brasileiro de rumar nessa trilha é patente, como se observa de diversos dispositivos da Lei de Responsabilidade Fiscal. Também foram analisados assuntos ligados à execução orçamentária, às receitas e despesas públicas e aos incentivos fiscais.

O capítulo terceiro foi destinado a analisar as sanções, sejam institucionais – aplicadas ao órgão público que descumpriu tais normas –, sejam pessoais – destinadas ao próprio agente público. Os crimes contra as finanças públicas tipificados no Código Penal foram objeto de exame, e, por fim, houve merecido destaque para os atos de improbidade administrativa.

A segunda parte do livro é de grande utilidade, pois nela foram feitos comentários sobre cada um dos artigos da lei, traduzindo-se em importante ferramenta de estudo e trabalho. Ademais, é colacionada jurisprudência da Suprema Corte e do Superior Tribunal de Justiça, cada vez mais sedimentada a respeito do tema, bem como do Tribunal de Contas da União.

O livro é ferramenta necessária para todos que atuam na área, gestores e juristas, assim também de grande utilidade para estudantes de direito, economia e administração, entre outras disciplinas.

Boa leitura!

Luis Felipe Salomão
Ministro do Superior Tribunal de Justiça

SUMÁRIO

Introdução 1

PARTE I
NOÇÕES GERAIS

1. Criação da Lei de Responsabilidade Fiscal.. 7
   1.1 Origens 8
   1.2 Influências externas 10
   1.3 Influências internas.. 14
   1.4 Implantação da lei.. 16
2. Aspectos da Lei de Responsabilidade Fiscal... 23
   2.1 Objetivos 23
   2.2 Destinatários 27
   2.3 A Lei 4.320/1964 27
   2.4 Cidadania e transparência 29
   2.5 Equilíbrio fiscal.. 33
   2.6 Planejamento orçamentário 35
   2.7 Execução orçamentária 39
   2.8 Receitas e despesas.. 41
   2.9 Renúncias de receitas e os incentivos fiscais................................ 48
   2.10 Despesas de pessoal 51
   2.11 Despesas com a seguridade social 54
   2.12 Transferências voluntárias e para o setor privado 55
   2.13 Dívida pública 59
   2.14 Calamidade pública e seus efeitos.. 68
3. Sanções da Lei de Responsabilidade Fiscal... 73
   3.1 Sanções institucionais.. 74
   3.2 Sanções pessoais.. 76
   3.3 Crimes contra as finanças públicas... 79
   3.4 Crimes de responsabilidade 84
   3.5 Atos de improbidade administrativa 89
   3.6 Infrações administrativas.. 92

PARTE II
COMENTÁRIOS ARTIGO POR ARTIGO

Lei Complementar 101, de 4 de maio de 2000 93

Disposições Preliminares
    Art. 1º 95
    Art. 2º 107

Do Plano Plurianual
    Art. 3º 115

Da Lei de Diretrizes Orçamentárias
    Art. 4º 116

Da Lei Orçamentária Anual
    Art. 5º 129
    Art. 6º 135
    Art. 7º 135

Da Execução Orçamentária e do Cumprimento das Metas
    Art. 8º 137
    Art. 9º 140
    Art. 10 146

Da Receita Pública – Previsão e Arrecadação
    Art. 11 151
    Art. 12 154
    Art. 13 159

Da Renúncia de Receita
    Art. 14 162

Da Geração da Despesa
    Art. 15 166
    Art. 16 172

Da Despesa Obrigatória de Caráter Continuado
    Art. 17 180

Das Despesas com Pessoal – Definições e Limites
    Art. 18 184
    Art. 19 192
    Art. 20 195

Do Controle da Despesa Total com Pessoal
    Art. 21 203
    Art. 22 211
    Art. 23 214

Das Despesas com a Seguridade Social
    Art. 24 218

Das Transferências Voluntárias
Art. 25 219
Da Destinação de Recursos Públicos para o Setor Privado
Art. 26 226
Art. 27 227
Art. 28 228
Da Dívida e do Endividamento – Definições Básicas
Art. 29 229
Dos Limites da Dívida Pública e das Operações de Crédito
Art. 30 235
Da Recondução da Dívida aos Limites
Art. 31 240
Das Operações de Crédito – Contratação e Vedações
Art. 32 242
Art. 33 247
Art. 34 248
Art. 35 249
Art. 36 252
Art. 37 254
Das Operações de Crédito por Antecipação de Receita Orçamentária
Art. 38 255
Das Operações com o Banco Central do Brasil
Art. 39 257
Da Garantia e da Contragarantia
Art. 40 258
Dos Restos a Pagar
Art. 41 263
Art. 42 264
Da Gestão Patrimonial
Art. 43 267
Da Preservação do Patrimônio Público
Art. 44 269
Art. 45 271
Art. 46 272
Das Empresas Controladas pelo Setor Público
Art. 47 273
Da Transparência, Controle e Fiscalização
Art. 48 276

Art. 48-A 282
Art. 49 283
Da Escrituração e Consolidação das Contas
   Art. 50 285
   Art. 51 291
Do Relatório Resumido da Execução Orçamentária
   Art. 52 292
   Art. 53 295
Do Relatório de Gestão Fiscal
   Art. 54 297
   Art. 55 299
Das Prestações de Contas
   Art. 56 304
   Art. 57 306
   Art. 58 309
Da Fiscalização da Gestão Fiscal
   Art. 59 310
Disposições Finais e Transitórias
   Art. 60 315
   Art. 61 316
   Art. 62 318
   Art. 63 319
   Art. 64 321
   Art. 65 322
   Art. 66 326
   Art. 67 328
   Art. 68 331
   Art. 69 333
   Art. 70 335
   Art. 71 336
   Art. 72 337
   Art. 73 338
   Art. 73-A 341
   Art. 73-B 342
   Art. 73-C 343
   Art. 74 344
   Art. 75 345
Bibliografia 347

INTRODUÇÃO

A má gestão do Erário e a aplicação desordenada dos recursos públicos são realidades que qualquer nação moderna que as vivencia busca superar. Diferente não seria com o Brasil. O descrédito com a gestão pública em nosso país mostra-se evidente e justificável diante de práticas fiscais perniciosas, reiteradamente implementadas por nossos governantes e seus administradores públicos, dentro de ciclos que revelam avanços e retrocessos na área das finanças públicas.

Nos anos anteriores à promulgação da Lei de Responsabilidade Fiscal, o cenário era de excessivo endividamento e do uso do "imposto inflacionário" para financiar os gastos públicos, com o aumento ilimitado nas despesas de custeio, sobretudo as despesas de pessoal relacionadas com o funcionalismo em momentos eleitoreiros e em fins de mandatos, e com absoluta falta de racionalidade, de controle e de transparência na gestão do Erário. Tais circunstâncias demandavam uma mudança radical na Administração Pública no Brasil. E assim foi feito.

A Lei de Responsabilidade Fiscal, promulgada em 4 de maio de 2000, por meio da Lei Complementar 101, foi instituída, sobretudo, para moralizar a gestão da coisa pública e para dar responsabilidade ao gestor na atividade financeira, abrangendo todas as etapas do processo fiscal, desde a arrecadação, passando pela gestão, até a aplicação dos recursos na sociedade de maneira responsável, ética, transparente e eficiente.

A partir da lei, busca-se conferir maior efetividade ao ciclo orçamentário, por regular e incorporar novos institutos na Lei Orçamentária Anual e na Lei de Diretrizes Orçamentárias, voltadas para o alcance das metas estabelecidas no plano plurianual. Impõe-se a cobrança dos tributos constitucionalmente atribuídos aos entes federativos para garantir sua autonomia financeira e estabelecem-se condições na concessão de benefícios, renúncias e desonerações fiscais. Obriga-se a indicar o impacto fiscal e a respectiva fonte de recursos para financiar aumentos de gastos de caráter continuado, especialmente em se tratando de despesas de pessoal. Fixam-se limites para a ampliação do crédito público com vistas ao controle e redução dos níveis de endividamento, e criam-se sanções de diversas naturezas em caso de descumprimento das normas financeiras.

O estudo do Direito Financeiro e das suas leis, em especial da Lei de Responsabilidade Fiscal, engloba, hoje, questões relacionadas à efetivação da justiça fiscal. Preocupa-se com a maneira mais equitativa de arrecadação, especialmente na sua fonte tributária. Desenvolve os mecanismos de gestão do Erário, que passam a se pautar em normas de governança pública, direcionando sua atuação por medidas que se parametrizam pela moralidade, ética, transparência, eficiência e responsabilidade. Impõe aos gastos públicos novas formas de controle, a fim de observar o melhor interesse da coletividade, atribuindo ao gestor da coisa pública a responsabilização pelos seus atos e decisões na sua administração. Hoje em dia, as finanças públicas são regidas por normas que prezam a justiça na arrecadação, eficiência na aplicação, transparência nas informações e rigor no controle das contas públicas.

Relevante papel da Lei de Responsabilidade Fiscal é o de estimular o exercício da cidadania, por meio dos mecanismos que incitam participação ativa da sociedade nas questões orçamentárias, desde o processo deliberativo até o acompanhamento e avaliação da sua execução, conferindo maior efetividade à democracia brasileira.

No mundo moderno, o Direito Financeiro – incluindo as normas constitucionais e as infraconstitucionais – acumula funções de estatuto protetivo do cidadão-contribuinte, de ferramenta do administrador público e de instrumento indispensável ao Estado Democrático de Direito para fazer frente a suas necessidades financeiras. Sem ele não seria possível ao Estado oferecer os serviços públicos, exercer seu poder de polícia e intervir na sociedade, colaborando na redistribuição de riquezas e na realização da justiça social, com respeito à dignidade da pessoa humana e à manutenção do equilíbrio econômico e da prosperidade.

Nesta obra, na sua primeira parte – noções gerais –, identificamos as circunstâncias políticas e econômicas que demandaram a legislação de responsabilidade fiscal, bem como as origens e os modelos normativos que influenciaram a edição da lei. Analisamos as suas características e os principais elementos e aspectos da legislação de responsabilidade fiscal brasileira, tais como as regras para o equilíbrio e a transparência fiscal, a limitação de despesas e do endividamento e as sanções aplicáveis em caso de infração a suas normas.

Na segunda parte do livro – Comentários artigo por artigo –, fazemos uma análise comentando cada um dos institutos da Lei de Responsabilidade Fiscal.

Ao longo de todo o texto, procuramos fazer referência aos principais precedentes do STF, do STJ e do TCU, dentro do contexto em que a jurisprudência no Brasil deixa de ser tratada como mera fonte jurídica secundária, assumindo uma nova e relevante posição dentro da teoria das fontes do Direito, alçada em certas situações à categoria primária jurígena e dotada de efetividade normativa, devendo ser respeitada inclusive pela Administração Pública.

Esperamos oferecer ao leitor o conhecimento suficiente e necessário a respeito da Lei de Responsabilidade Fiscal. Conhecer suas normas é o primeiro passo para sua concretização.

PARTE I
NOÇÕES GERAIS

1

CRIAÇÃO DA LEI DE RESPONSABILIDADE FISCAL

Nas últimas décadas do século XX, o papel do Estado começou a ser redesenhado em boa parte do mundo ocidental, na busca de um melhor desempenho econômico, através de reformas fiscais, orçamentárias e de gestão pública, adotando-se mecanismos rígidos de controle de despesas e do endividamento que levassem a um desejado equilíbrio fiscal. Tais políticas logo se disseminaram e passaram a ser propagadas por instituições internacionais como o FMI, o Banco Mundial e a OCDE.

As sucessivas crises no mercado financeiro internacional, que geraram a contração do crédito global ao longo da década de 1990; o crescente endividamento do setor público, que alimentava o fantasma da moratória por uma temida impagabilidade das dívidas interna e externa; os elevados índices de inflação existentes no período, que camuflavam a deterioração das contas públicas e que representavam uma forma perversa de financiamento do setor público, ao impor o chamado "imposto inflacionário" às camadas menos favorecidas da população, que não tinham acesso à moeda indexada; e o galopante déficit nas contas previdenciárias, que estava por inviabilizar o pagamento de aposentadorias e pensões – todos estes foram fatores político-econômicos decisivos para a criação de normas para disciplinar o ajuste fiscal tão necessário diante de um iminente esgotamento de recursos financeiros imprescindíveis para a execução das políticas públicas.

A adoção de uma lei de responsabilidade fiscal não foi uma exclusividade brasileira. Diversos países do mundo – como Estados Unidos, Inglaterra, Alemanha, Áustria, Bélgica, Nova Zelândia – passaram por situações que, igualmente, demandaram ações nesse sentido e acabaram por desenvolver e inserir nos seus ordenamentos jurídicos normas dessa natureza.

Na América Latina, Argentina, Brasil, Chile, Colômbia, Equador e México adotaram leis de responsabilidade fiscal, especialmente por pressão do Fundo Monetário Internacional (FMI) e do Banco Internacional de Desenvolvimento (BIRD), como contrapartida aos acordos financeiros firmados.

1.1 ORIGENS

As circunstâncias que deram ensejo, à época, à criação de uma legislação pautada na responsabilidade fiscal eram mais do que evidentes no Brasil e demandavam providências urgentes.

A Lei de Responsabilidade Fiscal – Lei Complementar 101, de 4 de maio de 2000 – foi gerada para dar corpo à política de estabilização fiscal, bem como para regulamentar dispositivos da Constituição que demandavam uma lei complementar sobre matérias financeiras e, sobretudo, para dar um "choque" de gestão à administração pública brasileira.

A própria Constituição, em seus arts. 163, 165 e 169, demandava regulamentação por meio de uma lei complementar.

O art. 163 da Constituição estatui que *Lei Complementar* disponha sobre uma série de matérias de direito financeiro: I – finanças públicas; II – dívida pública externa e interna, incluída a das autarquias, fundações e demais entidades controladas pelo Poder Público; III – concessão de garantias pelas entidades públicas; IV – emissão e resgate de títulos da dívida pública; V – fiscalização das instituições financeiras; VI – operações de câmbio realizadas por órgãos e entidades da União, dos Estados, do Distrito Federal e dos Municípios; VII – compatibilização das funções das instituições oficiais de crédito da União, resguardadas as características e condições operacionais plenas das voltadas ao desenvolvimento regional.

Por sua vez, o inciso II do § 9º do art. 165 da Constituição determina que cabe à *Lei Complementar* estabelecer normas de gestão financeira e patrimonial da administração direta e indireta, assim como condições para a instituição e funcionamento de Fundos.

O art. 169 exige que os limites para a realização de despesas com pessoal ativo e inativo da União sejam fixados nos termos de *Lei Complementar*.

A partir do fim da década de 1980 e ao longo de toda a década de 1990, o Brasil passou por uma série de programas econômicos e adotou diversas medidas jurídicas para viabilizar a almejada política de ajustes fiscais. Inúmeras leis foram promulgadas nesse sentido e algumas Emendas Constitucionais foram aprovadas no Congresso Nacional para viabilizar esse processo.

Foi por essa razão que, em 15 de abril de 1999, o Governo Federal, tendo à época Fernando Henrique Cardoso como Presidente da República, remeteu ao Congresso Nacional o Projeto de Lei Complementar 18, sob a motivação de garantir a solvência fiscal. Na Exposição de Motivos 106/1999 do referido projeto de lei, constavam os seguintes termos:

> Este Projeto integra o conjunto de medidas do Programa de Estabilização Fiscal – PEF apresentado à sociedade em outubro de 1998, e que tem como

objetivo a drástica e veloz redução do déficit público e a estabilização do montante da dívida pública em relação ao Produto Interno Bruto da economia.

Assim, foi promulgada a Lei de Responsabilidade Fiscal (LC 101/2000) em 4 de maio de 2000, criando normas de finanças públicas direcionadas à responsabilidade na gestão fiscal.

Foi alterada pela Lei Complementar 131/2009, a qual teve por objetivo inserir normas referentes à transparência fiscal, determinando a disponibilização, em tempo real, de informações pormenorizadas sobre a execução orçamentária e financeira da União, dos Estados, do Distrito Federal e dos Municípios.

Posteriormente, a Lei Complementar 156/2016 inseriu outros mecanismos de transparência,[1] inclusive com previsão de sanção pelo seu descumprimento, impedindo que o ente da Federação receba transferências voluntárias e contrate operações de crédito, exceto as destinadas ao refinanciamento do principal atualizado da dívida mobiliária.

Já a LC 159/2017 inseriu a previsão de prazo de validade da verificação dos limites e das condições relativos à realização de operações de crédito de cada ente da Federação, inclusive das empresas por eles controladas, direta ou indiretamente, e da análise realizada para a concessão de garantia pela União.

A LC 164/2018 trouxe novos dispositivos buscando não penalizar ainda mais o Município que sofrer diminuição de recebimento de recursos sem culpa sua, uma vez que este não tem ingerência sobre concessões de isenções pela União que reflitam sobre os repasses do FPM, nem sobre o percentual de recursos decorrentes de royalties e participações especiais na exploração de petróleo e de outros recursos minerais (salvo se o Município estiver gastando irresponsavelmente com pessoal).[2]

---

[1] O § 2º do art. 48 da LRF (inserido pela LC 156/2016) estabelece: "A União, os Estados, o Distrito Federal e os Municípios disponibilizarão suas informações e dados contábeis, orçamentários e fiscais conforme periodicidade, formato e sistema estabelecidos pelo órgão central de contabilidade da União, os quais deverão ser divulgados em meio eletrônico de amplo acesso público". A inovação foi reputada tão relevante que mereceu ser transcrita, com mínimas alterações, no atual art. 163-A da Constituição, inserido pela Emenda Constitucional nº 108/2020.

[2] Foi encaminhado ao Congresso Nacional, em junho de 2019, na forma de Projeto de Lei Complementar (PLP 149/2019), o "Plano de Promoção do Equilíbrio Fiscal" (PEF), de autoria do Poder Executivo, que propunha mudanças na Lei de Responsabilidade Fiscal. Dentre as propostas, havia o aumento do prazo atualmente em vigor (artigo 23 da LRF) para que a unidade federativa volte a se enquadrar no limite de 60% da RCL com despesa de pessoal. Dos atuais dois quadrimestres para que o ente retorne ao patamar de 60%, passaria a contar com cinco anos para voltar a se adequar a este percentual, sendo o excesso reduzido ao ritmo de 20% ao ano. Outra mudança alteraria o texto do

Por fim, a LC 173/2020, editada para conceder auxílio financeiro aos Estados, DF e Municípios para o enfrentamento da pandemia da COVID-19 em 2020, trouxe também alteração em dois artigos da LRF: o artigo 21, ampliando as restrições ao aumento de gastos de pessoal nos últimos 180 dias do mandato, passando a abranger também as parcelas de aumento a serem suportadas pelo governante sucessor em exercícios fiscais seguintes; e o artigo 65, incrementando-o substancialmente, uma vez que a dimensão da crise sanitária vivida demonstrou que o dispositivo original não era suficientemente capaz, por si só, de oferecer ferramentas adequadas para a atuação rápida e eficaz do poder público.

1.2 INFLUÊNCIAS EXTERNAS

A legislação brasileira sobre responsabilidade fiscal foi desenvolvida a partir da experiência de diversos países que adotaram rígidos programas de ajuste fiscal na sua história recente, assim como por influência de organismos internacionais, tais como o Fundo Monetário Internacional (FMI) e o Banco Internacional de Reconstrução e Desenvolvimento (BIRD).

De fato, fomos fortemente influenciados pelas normas financeiras dos Estados Unidos, da Nova Zelândia, da Comunidade Econômica Europeia, Austrália, Dinamarca, Reino Unido, Suécia e outros.

---

artigo 18 da LRF, deixando expresso que cada Poder teria que computar na sua despesa com pessoal a despesa com os inativos e os valores retidos para pagamentos de tributos e quaisquer retenções. Isso porque muitos Estados e Municípios excluem essas despesas do cálculo do limite de gasto de pessoal para que contabilmente fiquem dentro do limite legal de 60%. Propunha-se, ainda, a introdução de um novo inciso III ao artigo 21 da LRF, para vedar aumentos salariais parcelados cujo impacto se dê fora do mandato do respectivo governante. Tal medida evitaria que o governante seguinte herdasse e tivesse que suportar os reajustes salariais concedidos por seu antecessor. Há também proposta de modificação nos artigos 23 e 51 da LRF, para evitar que o descumprimento de limites e obrigações da LRF por um Poder ou órgão imponha penalidade aos demais Poderes ou órgãos do mesmo ente. Outra medida reside no aumento dos prazos de validade da verificação dos limites e das condições para a concessão de garantia pela União, alterando-se o artigo 32 da LRF. Por fim, a atual vedação prevista no artigo 42 da LRF para que o titular de Poder ou órgão, nos últimos dois quadrimestres do seu mandato, contraia obrigação de despesa que não possa ser cumprida integralmente dentro dele, ou que tenha parcelas a serem pagas no exercício seguinte sem que haja suficiente disponibilidade de caixa para este efeito, passaria a ser estendida para todos os anos do mandato. Esta medida visava ao controle do saldo de restos a pagar, quando obrigações financeiras são criadas sem que haja disponibilidade de caixa para o pagamento. O PLP 149/2019 tramitou em conjunto com o PLP 39/2020 e apenas as modificações ao artigo 21 da LRF chegaram a ser implementadas, tendo o PLP 149/2019 sido arquivado sem que as demais mudanças originalmente previstas fossem aprovadas.

Apesar dessa multiplicidade de fontes de referência, expectativas e pressões do mercado externo, nossa legislação foi elaborada para atender, sobretudo, às necessidades e particularidades da sociedade brasileira, que demandava a implantação de uma nova cultura na gestão pública, baseada na responsabilidade fiscal e no bom uso dos recursos públicos.

Para a elaboração da Lei de Responsabilidade Fiscal brasileira, tomaram-se basicamente quatro modelos: a) o do Fundo Monetário Internacional, organismo do qual o Brasil é Estado-membro e que tem editado e difundido normas de gestão pública (*Fiscal Transparency*); b) a legislação da Nova Zelândia (*Fiscal Responsibility Act*, de 1994); c) as regras para o ingresso e participação na Comunidade Econômica Europeia, a partir do Tratado de Maastricht; d) as normas de gestão fiscal dos Estados Unidos (*Budget Enforcement Act*).

A influência do **Fundo Monetário Internacional (FMI)** na elaboração da legislação brasileira de responsabilidade fiscal baseava-se em normas de transparência fiscal (*Fiscal Transparency*), extraídas do seu "Código de Boas Práticas para a Transparência Fiscal",[3] tendo os seguintes pilares a serem seguidos: a) clara definição e ampla divulgação das funções de política e de gestão pública, especialmente sobre as atividades fiscais passadas, presentes e programadas; b) especificação documentada dos objetivos da política fiscal, da estrutura macroeconômica, das políticas orçamentárias e dos riscos fiscais; c) simplificação das informações orçamentárias, para

---

[3] Os principais tópicos do Código de Boas Práticas para a Transparência Fiscal do Fundo Monetário Internacional são os seguintes: 1. O setor de governo deve ser distinguido do resto do setor público e do resto da economia e, dentro do setor público, as funções de política e de gestão devem ser bem definidas e divulgadas ao público. 2. A gestão das finanças públicas deve inscrever-se num quadro jurídico, regulatório e administrativo claro e aberto. 3. A elaboração do orçamento deve seguir um cronograma preestabelecido e orientar-se por objetivos de política fiscal e macroeconômica bem definidos. 4. Devem ser instituídos procedimentos claros de execução, monitoramento e declaração de dados do orçamento. 5. O público deve ser plenamente informado sobre as atividades fiscais passadas, presentes e programadas e sobre os principais riscos fiscais. 6. As informações fiscais devem ser apresentadas de uma forma que facilite a análise de política econômica e promova a responsabilização. 7. Deve-se assumir o compromisso de divulgar as informações fiscais tempestivamente. 8. As informações fiscais devem satisfazer normas aceitas de qualidade de informações. 9. As atividades fiscais devem seguir procedimentos internos de supervisão e salvaguarda. 10. As informações fiscais devem ser objeto de escrutínio externo (Disponível em: <http://www.imf.org/external/np/fad/trans/por/codep.pdf>. Acesso em: 20 jan. 2020).

facilitar a sua análise; d) apresentação periódica das contas fiscais ao Legislativo e ao público.[4]

As normas que disciplinaram a criação e a manutenção da **Comunidade Econômica Europeia** foram extremamente relevantes para nós. Por ser composta de diversos países com realidades econômicas e sociais distintas, suas dificuldades e necessidades para a implementação de um ajuste fiscal se assemelhariam ao de uma federação descentralizada, como o Brasil.

No Pacto de Estabilidade e Crescimento (1997), firmado através de Resolução do Conselho Europeu, havia um mecanismo denominado "Early Warning System" para advertir preventivamente o país signatário que apresentasse uma tendência ao descumprimento das metas estabelecidas de manutenção da estabilidade e equilíbrio orçamentário. Porém, de grande importância para nós foi o Tratado de Maastricht (1992), que estabelecia regras fiscais rígidas para os países que desejassem ingressar na Comunidade Europeia, tais como o estabelecimento de metas de manutenção de uma relação estável entre dívida/PIB, equilíbrio fiscal sustentado e controle do déficit orçamentário. Dentre os diversos parâmetros fiscais previstos no Tratado de Maastricht que impõem metas fiscais, citamos dois que influenciaram sobremaneira nossa legislação: a) a adoção do denominado Anexo de Metas Fiscais (art. 4º, § 1º, da LRF);[5] b) a determinação para a fixação por meio de lei de limites rígidos para as dívidas mobiliária e consolidada (arts. 30 e 31 da LRF).[6]

A experiência dos **Estados Unidos**, por sua vez, nos inspirou a adotar alguns de seus instrumentos fiscais para a contenção do déficit público. Uma norma norte-americana importante nesse aspecto foi o *Budget Enforcement Act* de 1990, que estabelece mecanismos de controle do déficit público para o Governo Federal, possuindo dois dispositivos que acabaram sendo adotados pela legislação brasileira. O primeiro mecanismo é o *Sequestration*, que, na

---

[4] Importante apresentarmos o controvertido entendimento de alguns doutrinadores que, sob o aspecto político, afirmam que a influência do FMI na nossa Lei de Responsabilidade Fiscal se deu no sentido de privilegiar os interesses do capital externo, uma vez que o pagamento de juros da dívida pública e sua amortização viriam com prerrogativas em relação a outros gastos públicos.

[5] LC 101/2000: "Art. 4º (...) § 1º Integrará o projeto de lei de diretrizes orçamentárias Anexo de Metas Fiscais, em que serão estabelecidas metas anuais, em valores correntes e constantes, relativas a receitas, despesas, resultados nominal e primário e montante da dívida pública, para o exercício a que se referirem e para os dois seguintes".

[6] LC 101/2000: "Art. 31. Se a dívida consolidada de um ente da Federação ultrapassar o respectivo limite ao final de um quadrimestre, deverá a ele ser reconduzida até o término dos três subsequentes, reduzindo o excedente em pelo menos 25% (vinte e cinco por cento) no primeiro".

legislação brasileira, ficou conhecido por *limitação de empenho* (art. 9º da LRF),[7] impondo uma contenção nos gastos públicos, em despesas consideradas discricionárias, quando a receita correspondente não se realizar como originalmente previsto na proposta orçamentária. Limitam-se, portanto, os gastos "flexíveis" quando as receitas para o seu financiamento não se concretizarem da maneira esperada. O segundo mecanismo decorrente da legislação americana é o *Pay as you go*, aqui conhecido como *compensação* (arts. 14 e 17 da LRF),[8] que impõe uma diminuição no montante de despesas discricionárias quando uma redução de receitas se verificar (por concessão de benefícios fiscais ou subsídios, renúncias etc.), ou estabelece que, para haver um aumento de despesa obrigatória de caráter continuado, esta deverá ser acompanhada pelo aumento de receitas correspondente ou por uma redução de despesas em outra área ou de outra natureza. Simplificadamente, pode-se dizer que o mecanismo brasileiro de compensação prevê que qualquer ato que provoque aumento de despesas deverá ser compensado através da redução em outras despesas ou aumento de receitas.

A legislação da **Nova Zelândia** também foi responsável por diversas características absorvidas pela nossa Lei de Responsabilidade Fiscal, especialmente no tocante à transparência fiscal. Aquele país passou por um longo processo de reestruturação no modelo de administração pública ao longo das décadas de 1980 e 1990, com a adoção de diversas normas específicas,[9] até que, em 1994, foi promulgada sua *Fiscal Responsibility Act*. A reorganização neozelandesa do seu setor público teve as seguintes metas que nos serviram de inspiração: a) fixação do parâmetro do custo/benefício para o gasto público e melhora na qualidade dos bens e serviços prestados pelo Estado; b) aumento

---

[7] LC 101/2000: "Art. 9º Se verificado, ao final de um bimestre, que a realização da receita poderá não comportar o cumprimento das metas de resultado primário ou nominal estabelecidas no Anexo de Metas Fiscais, os Poderes e o Ministério Público promoverão, por ato próprio e nos montantes necessários, nos trinta dias subsequentes, limitação de empenho e movimentação financeira, segundo os critérios fixados pela lei de diretrizes orçamentárias".

[8] LC 101/2000: "Art. 14. A concessão ou ampliação de incentivo ou benefício de natureza tributária da qual decorra renúncia de receita deverá estar acompanhada de estimativa do impacto orçamentário-financeiro no exercício em que deva iniciar sua vigência e nos dois seguintes, atender ao disposto na lei de diretrizes orçamentárias e a pelo menos uma das seguintes condições: (...) II – estar acompanhada de medidas de compensação, no período mencionado no *caput*, por meio do aumento de receita, proveniente da elevação de alíquotas, ampliação da base de cálculo, majoração ou criação de tributo ou contribuição".

[9] *The State Owned Enterprises Act* (1986), *The State Sector Act* (1988) e *The Public Finance Act* (1989).

da transparência do setor público; c) imposição de limites e restrições aos gastos públicos para uma administração fiscal responsável.[10]

1.3 INFLUÊNCIAS INTERNAS

Antes da edição da nossa Lei de Responsabilidade Fiscal, foram adotadas no Brasil medidas fiscais importantes durante a década de 1990, que fizeram parte de uma ampla política de ajuste fiscal. Três Emendas Constitucionais foram determinantes nesse sentido: as EC 10/1996, 19/1998 e 20/1998. Programas de ajuste fiscal foram criados e diversas leis foram publicadas com o mesmo espírito.

A Emenda Constitucional 10, de 1996,[11] criou o Fundo de Estabilização Fiscal, dando continuidade ao Fundo Social de Emergência, que se extinguiria no final do ano de 1995, instituído dois anos antes para sanear financeiramente a Fazenda Pública Federal e estabilizar a economia nacional, destinando seus recursos ao custeio de ações nas áreas de saúde e educação, benefícios previdenciários e auxílios assistenciais de prestação continuada, além de servir para a liquidação de passivos previdenciários e para o custeio de outros programas de relevante interesse econômico e social.

A Emenda Constitucional 19/1998 introduziu a denominada "reforma administrativa", modificando o regime e as normas da Administração Pública, dos seus servidores e agentes políticos, além de ampliar o controle de despesas e das finanças públicas, especialmente com pessoal ativo e inativo. Através dessa emenda, extinguiu-se o denominado "regime jurídico único",[12] modificaram-se as regras sobre estabilidade e sobre a remuneração de pessoal no serviço público, descentralizaram-se funções das entidades administrativas

---

[10] FIGUEIREDO, Carlos Mauricio; NÓBREGA, Marcos. *Responsabilidade fiscal*: aspectos polêmicos. Belo Horizonte: Fórum, 2006. p. 38.

[11] Teve sua origem na PEC 163/1995 na Câmara dos Deputados (PEC 68, de 1995, no Senado Federal), cuja Exposição de Motivos Interministerial 299/1995 assim justificava sua criação: "O Fundo Social de Emergência se fez necessário face à forte rigidez dos gastos da União, provocada, sobretudo, pela excessiva vinculação de receitas, que resultava em expressivas transferências obrigatórias e em destinação de grandes parcelas de recursos para gastos específicos, o que limitava a capacidade do Governo de financiar despesas incomprimíveis".

[12] Registre-se que, no julgamento da Ação Direta de Inconstitucionalidade (ADI) 2.135, o Plenário do STF resolveu, no dia 02.08.2007, por maioria, conceder liminar para suspender a vigência do art. 39, *caput*, da Constituição Federal, em sua redação dada pela Emenda Constitucional (EC) 19/1998, restaurando o Regime Jurídico Único dos Servidores Públicos.

e introduziu-se comando para a elaboração de norma sobre a participação do usuário na Administração Pública.

Por sua vez, a Emenda Constitucional 20/1998[13] foi instituída com o objetivo de solucionar os problemas do sistema previdenciário brasileiro, repleto de desigualdades e com um desequilíbrio financeiro excessivamente elevado, não apenas pelo lado dos benefícios, mas também na sua face do custeio.

Com papel igualmente relevante, as Leis Camata I e II (LC 82/1995 e LC 96/1999) fixaram limites para os gastos com despesas de pessoal, no patamar de 50% das receitas líquidas para a União e 60% para Estados e Municípios.

Em 1995, o Conselho Monetário Nacional lançou o Programa de Apoio à Reestruturação e ao Ajuste Fiscal de Estados, sendo a Secretaria do Tesouro Nacional o órgão de acompanhamento das metas fiscais assumidas pelos governos estaduais para o refinanciamento de suas dívidas. Esse processo destinava-se a implementar medidas que permitissem aos Estados alcançar o equilíbrio orçamentário sustentável. Para seu sucesso, dependia da assunção de compromissos de ajuste fiscal e financeiro a serem realizados e mantidos pelos Estados durante a vigência do programa. Esses compromissos importavam: a) controle e redução da despesa de pessoal, nos termos da Lei Complementar 82, de 1995 – a chamada Lei Camata I; b) privatização, concessão de serviços públicos, reforma patrimonial e controle de empresas estatais estaduais; c) aumento da receita, modernização e melhoria de sistemas de arrecadação, de controle do gasto e de geração de informações fiscais, buscando explorar plenamente a base tributária e desenvolver esforços para incrementar a arrecadação tributária própria; d) compromisso de resultado fiscal mínimo, traduzido nesse caso em metas de resultado primário trimestral; e) redução e controle do endividamento estadual.[14]

Em setembro de 1997, com a edição da Lei 9.496, a União ficou autorizada a assumir a dívida pública mobiliária dos Estados e do Distrito Federal,

---

[13] Da Mensagem Interministerial 306, de 17 de março de 1995, de autoria do Poder Executivo, enviada à Câmara dos Deputados e que deu ensejo à PEC 33/1995, apresentando proposta de modificação no sistema previdenciário brasileiro, merece destaque o seguinte trecho: "Trata-se, em primeiro lugar, de avançar no sentido da uniformização dos regimes especiais de previdência, aplicando-se-lhes os mesmos requisitos e critérios fixados para a maioria esmagadora dos cidadãos brasileiros. Em segundo lugar, é necessário resgatar o caráter contributivo da política previdenciária, transferindo para a área de assistência social, os benefícios que lhe são próprios. (...)".

[14] NASCIMENTO, Edson Ronaldo; DEBUS, Ilvo. *Lei Complementar nº 101/2000*: entendendo a Lei de Responsabilidade Fiscal. 2. ed. Brasília: Editora do Tesouro Nacional, 2001. p. 8.

além de outras dívidas autorizadas pelo Senado Federal. Ganhava força, a partir de então, a busca pelo desenvolvimento autossustentável, com o Programa de Reestruturação e de Ajuste Fiscal.

Por sua vez, no ano de 1998, o Governo Federal apresenta seu Programa de Estabilidade Fiscal – PEF, justificando que o Estado brasileiro não poderia mais "viver além de seus limites, gastando mais do que arrecada".

A busca pelo equilíbrio das contas públicas passa, então, a redefinir o modelo econômico brasileiro. Três objetivos se apresentavam ao Estado brasileiro: estabilidade da moeda, crescimento sustentado e melhoria nas condições de vida da população brasileira. Assim, além de atuar na reforma administrativa e na reforma da previdência social, era fundamental instituir uma nova ordem nas contas públicas, o que se concretiza através da Lei de Responsabilidade Fiscal.

1.4 IMPLANTAÇÃO DA LEI

A promulgação, em 4 de maio de 2000, da Lei de Responsabilidade Fiscal – **Lei Complementar 101/2000**, caracterizou um importante **marco regulatório fiscal** no Brasil. Após um fecundo período de correção de rumos nas finanças públicas nacionais pautado pela busca do equilíbrio fiscal, os últimos anos de aplicação da LRF têm demonstrado que a falta do rigor no respeito de suas normas pode trazer sérios riscos para a economia e para a sociedade brasileira, impondo-se uma efetiva mudança de cultura fiscal e postura do gestor público.[15]

O caos e a irresponsabilidade fiscal que assolavam nosso país antes da edição da LRF foram significativamente reduzidos e equacionados nos primeiros anos de sua vigência. A busca pelo fim das políticas clientelistas e eleitoreiras, das despesas desprovidas de legitimidade, do desequilíbrio entre

---

[15] A grave crise econômica e fiscal que o Brasil enfrentou, sobretudo nos anos de 2015 e 2016, não apenas pelo cenário conturbado que o Governo Central passou, sobretudo com a discussão das pedaladas fiscais, mas também com a decretação do Estado de Calamidade Fiscal pelos Estados do Rio de Janeiro, Rio Grande do Sul e Minas Gerais, foram fatos que chamaram atenção de todos para a importância do respeito às regras da LRF. Em termos concretos, nesse período, viram-se dezenas de bilhões de reais sendo renunciados por políticas de desoneração fiscal sem a devida compensação financeira, como exige a LRF (art. 14); despesas com pessoal dos entes ultrapassaram em muito os limites previstos em lei (art. 19 da LRF); o desequilíbrio financeiro e o descumprimento de metas fiscais tornaram-se rotina em vilipêndio do normativo fiscal (arts. 1º e 4º da LRF); e o assustador gigantismo da dívida pública passou a afrontar os seus princípios legais (arts. 30 e 31 da LRF).

receitas e despesas públicas (e a consequente geração de *déficits* impagáveis a partir de dívidas sem lastro) foram alguns dos principais objetivos da LRF.

A **transparência fiscal** na prestação de contas foi desenhada de forma exemplar na LRF, com a obrigação de divulgação em veículos de fácil acesso, inclusive pela Internet, das finanças e dos serviços públicos, possibilitando a qualquer cidadão acompanhar diariamente informações atualizadas sobre a execução do orçamento e obter informações sobre recursos públicos transferidos e sua aplicação direta (origens, valores, favorecidos).

Inequivocamente, o cidadão bem informado possuirá melhores condições para participar ativamente da vida em sociedade, fortalecendo a **cidadania fiscal** brasileira. Afinal, nossa Constituição Federal já dispunha, em seu art. 5º, XXXIII, "que todos têm direito a receber dos órgãos públicos informações do seu interesse particular, ou de interesse coletivo ou geral [...]". Mas a transparência não se expressa, apenas, pela quantidade de informações, mas pela sua qualidade, objetividade, inteligibilidade e, sobretudo, utilidade. Nesse passo, como ressalva Jean Starobinski,[16] a transparência fiscal não pode ser vista apenas, ou simplesmente, sob a ótica do acesso à informação, mas seu conceito deve ser compreendido de maneira abrangente, abarcando outros elementos tais como responsividade, *accountability*, combate à corrupção, prestação de serviços públicos, confiança, clareza e simplicidade.

Ademais, a promulgação da Lei de Acesso à Informação (Lei 12.527/2011), além de colocar à disposição todo o tipo de informação, inclusive as de natureza financeira, permite, também, o acesso a informação relativa: a) à implementação, acompanhamento e resultados dos programas, projetos e ações dos órgãos e entidades públicas, bem como metas e indicadores propostos; b) ao resultado de inspeções, auditorias, prestações e tomadas de contas realizadas pelos órgãos de controle interno e externo, incluindo prestações de contas relativas a exercícios anteriores (art. 7º, inciso VII).

Com mesmo espírito da LRF, visando impor uma gestão responsável no âmbito das estatais brasileiras, e estabelecer regras de governança corporativa, de transparência e de estruturas, práticas de gestão de riscos e de controle interno, composição da administração e mecanismos de proteção dos acionistas, a denominada "Lei de Responsabilidade das Estatais" (Lei 13.303, de 30 de junho de 2016), que dispõe sobre o estatuto jurídico da empresa pública, da sociedade de economia mista e de suas subsidiárias, no âmbito da União,

---

[16] STAROBINSKI, Jean. *Jean-Jacques Rousseau. A transparência e o obstáculo*: seguido de sete ensaios de Rousseau. Tradução de Maria Lúcia Machado. São Paulo: Companhia das Letras, 2011. p. 25.

dos Estados, do Distrito Federal e dos Municípios, impôs a ampla disponibilização de informações na internet (art. 86). Além da disponibilização de informações, a LRF criou novos **controles contábeis e financeiros** aplicáveis isonomicamente aos Poderes Executivo, Legislativo e Judiciário, aos Tribunais de Contas e Ministério Público, os quais são obrigados a publicar suas demonstrações fiscais. Portanto, transparência e controle na gestão passam a ser um binômio constante a partir da LRF.

Por fim, a Emenda Constitucional 108/2020 inseriu no texto da Lei Maior um novo art. 163-A, de tutela da transparência das contas públicas dos entes federados. Na verdade, a nova norma constitucional de publicidade e transparência foi copiada, com mínimas alterações, do § 2º do art. 48 da LRF (inserido pela LC 156/2016). Eis o teor do novo art. 163-A da CF/1988:

> A União, os Estados, o Distrito Federal e os Municípios disponibilizarão suas informações e dados contábeis, orçamentários e fiscais, conforme periodicidade, formato e sistema estabelecidos pelo órgão central de contabilidade da União, de forma a garantir a rastreabilidade, a comparabilidade e a publicidade dos dados coletados, os quais deverão ser divulgados em meio eletrônico de amplo acesso público.

É indiscutível a contribuição da LRF para a melhora do **equilíbrio das finanças públicas** no Brasil nos três níveis da federação, especialmente no que se refere ao saneamento e reorganização da dívida dos Estados e Municípios, providência inevitável, mas até então de difícil implementação se não fossem os mecanismos de limitação de gastos e a criação de metas de *superávit* fiscal, além de estabelecer um novo padrão de relacionamento financeiro entre os governos federal, estaduais e municipais. Um dos objetivos da LRF, estabelecendo limites de gastos e de endividamento, foi a redução da dívida e do déficit públicos, com o consequente equilíbrio e solidez das contas do Estado brasileiro.

O **planejamento orçamentário** foi devidamente organizado na LRF ao se impor a implementação de um ciclo fiscal caracterizado pela responsabilidade gerencial de longo prazo e pela qualidade do gasto público, com a devida legitimidade conferida pela assim chamada trindade orçamentária: plano plurianual (PPA), a lei de diretrizes orçamentárias (LDO) e a lei orçamentária anual (LOA).

Não planejar adequadamente enseja gastar mal os recursos públicos em prioridades imediatistas e muitas vezes subjetivas ou de conveniência passageira. Quantos empréstimos onerosos precisaram ser feitos por falta de planificação de caixa? Quantas obras foram iniciadas e, depois, paralisadas, por ausência de recursos? Quantos *déficits* se fizeram por superestimativa de receita orçamentária? Quantos projetos se frustraram por falta de articulação programática com outros empreendimentos governamentais? Quantos servidores foram admitidos em setores não prioritários? Isso tudo faz parte de uma realidade em que o plano plurianual (PPA), a lei de diretrizes orçamentárias (LDO) e a lei orçamentária anual (LOA) são tidas como peças de ficção, fato que precisa ser superado com a observância e aplicação das normas da LRF.

O **acompanhamento de resultados** do orçamento é outro grande marco da LRF e decorre do postulado do planejamento orçamentário. De nada adiantava um orçamento financeiro bem elaborado e dimensionado se este não produzisse resultados concretos e visíveis. Associar os números orçamentários às metas propostas e mensurar se estas foram alcançadas é uma das virtudes do novo ciclo orçamentário.

Mas há muito ainda em que evoluir para se retomar o ciclo virtuoso de mudanças institucionais, a fim de consolidar a sustentabilidade e estimular o desenvolvimento econômico e social. As reformas política, tributária, administrativa e previdenciária[17] são mais do que emergenciais. Uma atualização e modernização na lei orçamentária geral – a Lei 4.320/1964 – é imperiosa, visto tratar-se de norma hoje cinquentenária, originária de período anterior à ditadura militar. Há, ainda, mecanismos legais previstos na LRF não regulamentados – tais como o Conselho de Gestão Fiscal[18] (art. 67) e a imposição

---

[17] A Emenda Constitucional nº 103/2019 implementou a última reforma previdenciária no país, trazendo uma série de alterações, tendo por norte a busca do equilíbrio fiscal nas contas da previdência social. Entretanto, ainda são necessárias outras alterações no regime previdenciário público e privado para garantir a sustentabilidade financeira do sistema.

[18] Segundo o Projeto de Lei nº 3.744/2000 da Câmara dos Deputados, que ora tramita no Senado sob o nº 3.520/2019, o Conselho de Gestão Fiscal (CGF), previsto no art. 67 da Lei de Responsabilidade Fiscal, terá como função principal estabelecer diretrizes para o acompanhamento e a avaliação permanente da política e da operacionalidade da gestão fiscal e será constituído por representantes de todos os Poderes e esferas de Governo, do Ministério Público e de entidades técnicas representativas da sociedade, que ocuparão o cargo por dois anos. Segundo o referido PL, ao CGF compete: I – harmonizar as interpretações técnicas na aplicação das normas relacionadas à responsabilidade da gestão fiscal, com vistas a garantir sua efetividade; II – disseminar práticas de eficiência na alocação e execução do gasto público, arrecadação, controle do endividamento e transparência da gestão fiscal; III – editar normas gerais de consolidação das contas públicas, com vistas à convergência das normas brasileiras com os padrões internacionais, especialmente quanto aos procedimentos contábeis patrimoniais, orçamentários ou que exijam tratamento específico e diferenciado, bem como a relatórios contábeis e plano de contas padronizado para a federação; IV – editar normas relativas à padronização das prestações de contas e dos relatórios

de limites para a dívida pública federal[19] – e outros que merecem ser revisitados, especialmente aqueles relativos à eficácia das regras das limitações com despesa de pessoal (que, não obstante a LRF, continuam gradativamente a se expandir). Não se olvide também da necessária padronização e harmonização conceitual para se permitir a devida aplicação e efetividade da norma, mormente em razão de que os Tribunais de Contas, sobretudo dos Estados, ainda não têm uma interpretação uniforme de vários dispositivos da LRF, e os ditos "atalhos interpretativos" vêm permitindo a alguns gestores públicos encontrarem caminhos alternativos para superar as limitações e condicionantes da lei e, sobretudo, para não verem aplicadas as sanções pelo seu descumprimento.

Com o propósito de fechar as "brechas normativas" da LRF que permitem a prática de *manobras fiscais* utilizadas principalmente pelos entes subnacionais com o intuito de fugir dos rigores da lei, especialmente quanto aos limites de gastos, alguns pontos merecem atenção e rápido aperfeiçoamento: a) forma de contabilização de despesas de pessoal, especialmente no que se refere à possibilidade ou não de dedução (para não atingir os limites fixados na lei) dos valores pagos aos terceirizados, aos aposentados e despesas tributárias que incidem nos pagamentos de pessoal (IR e Contribuições); b) definição objetiva das despesas (sobretudo em relação às despesas correntes) que podem ser financiadas com o uso de receitas variáveis como os *royalties*; c) fixação das despesas que devem ser necessariamente quitadas dentro do mesmo mandato, em reforço à vedação (do uso de "restos a pagar") prevista no art. 42; e d) especificação dos limites de empenho que devem ser obrigatoriamente cumpridos por todos os poderes de cada ente.

Na esteira do espírito da LRF, e com o escopo de aprimoramento das normas financeiras e, em especial, da Lei 4.320/1964, fala-se no Projeto de Lei Complementar 229/2009, que institui a **Nova Lei de Finanças Públicas** (NLFP), já aprovado no Senado Federal e remetido para apreciação na Câmara dos Deputados (PLP nº 295/2016), conhecido também por **Lei de Qualidade**

---

e demonstrativos fiscais previstos na LRF; V – adotar normas e padrões mais simples para os pequenos Municípios (menos de 50.000 habitantes); VI – realizar e divulgar análises, estudos e diagnósticos sobre a gestão fiscal nos três níveis de governo; VII – elaborar e alterar seu regulamento e seu regimento interno.

[19] O PL nº 3.431/2000, de iniciativa do Poder Executivo, foi enviado à Câmara dos Deputados em 03/08/2000. Após aprovado na Câmara, foi enviado ao Senado em 27/04/2009 como PLC nº 54/2009, mas foi arquivado em 26/12/2014. Segundo o projeto, o montante da Dívida Pública Mobiliária Federal não poderia ser superior a 6,5 vezes (ou 650%) a Receita Corrente Líquida da União. Com isso, continua sem regulamentação o limite da dívida pública mobiliária federal.

Fiscal (LQF), que vem para estabelecer normas gerais de finanças públicas, especialmente sobre orçamento público, controle e contabilidade pública, voltadas para a responsabilidade no processo orçamentário e na gestão financeira e patrimonial, a fim de fortalecer a gestão fiscal responsável. Tratar-se-á de uma *norma-irmã* da LRF, que criará uma nova geração de regras fiscais orçamentárias, para garantir qualidade ao gasto público, orientando a gestão pública, do seu planejamento ao controle.

Como bem salientou Weder de Oliveira,[20] três importantes impactos já puderam ser observados na Administração Pública como decorrência da Lei de Responsabilidade Fiscal: 1. na esteira das discussões sobre a LRF, renovou-se o interesse pelo processo orçamentário, pela contabilidade pública e pela administração tributária; 2. cresceu o interesse pela modernização e aprimoramento dos sistemas e mecanismos de arrecadação tributária e controle de gastos públicos; 3. há intensa mobilização dos Tribunais de Contas, que estão desenvolvendo um trabalho de orientação, manualização, treinamento, regulamentação e fiscalização, imprescindível para viabilizar o alcance dos objetivos da LRF em cada esfera da federação. Mas, segundo aquele Ministro do TCU,

> a LRF não pode ser tida como a legislação que irá garantir o equilíbrio fiscal permanente nem como a lei redentora que irá moralizar a administração pública. Ela representa o ponto culminante, até aqui, de um longo processo institucional e legislativo de melhorias paulatinas na gestão fiscal, que começou em meados dos anos 1980.[21]

Na lição de Diogo de Figueiredo Moreira Neto, a vigência da LRF caracteriza-se como uma mudança de hábitos, marcando a desejável passagem do "patrimonialismo demagógico para o gerenciamento democrático".[22]

Passadas duas décadas da edição da LRF, é inegável reconhecer que, graças ao nosso progresso democrático e institucional, hoje o Brasil do século XXI possui instituições públicas sólidas, capazes de dar efetividade aos preceitos da lei, materializados no tripé do planejamento orçamentário, da transparência e do equilíbrio fiscal, diretrizes inequivocamente imprescin-

---

[20] OLIVEIRA, Weder de. O equilíbrio das finanças públicas e a Lei de Responsabilidade Fiscal. *Revista Técnica dos Tribunais de Contas – RTTC*, Belo Horizonte: Fórum, ano 1, n. 0, 2010, p. 187.
[21] Ibidem, p. 188.
[22] MOREIRA NETO, Diogo de Figueiredo. A Lei de Responsabilidade Fiscal e seus princípios jurídicos. *Revista de Direito Administrativo*, n. 221, jul./set. 2000, p. 71-93.

díveis para a realização dos objetivos da República brasileira constantes do art. 3º da nossa Constituição: construir uma sociedade livre, justa e solidária, desenvolver o país, acabar com a pobreza e a marginalização e minimizar as desigualdades sociais e regionais, promovendo o bem de todos.

Mas a Lei de Responsabilidade Fiscal é uma obra jurídica dinâmica e inacabada, que exige constante evolução e aperfeiçoamento. Garantir sua efetividade, permitindo a discussão da qualidade e dimensionamento das receitas e das despesas, com o necessário controle das finanças públicas, faz parte de um projeto de desenvolvimento nacional sustentável.

2

ASPECTOS DA LEI DE RESPONSABILIDADE FISCAL

A Lei de Responsabilidade Fiscal brasileira – Lei Complementar 101/2000 – é uma norma voltada para a implementação da **responsabilidade na gestão fiscal**. Podemos identificar três características que se revelam essenciais na realização do seu objetivo: o planejamento, a transparência e o equilíbrio nas contas públicas.

O planejamento decorre do papel conferido às leis orçamentárias como instrumentos de gestão global, ao aproximar as atividades de programação e execução dos gastos públicos, através do estabelecimento de metas fiscais e do seu acompanhamento periódico.

A transparência fiscal promove o acesso e a participação da sociedade em todos os fatores relacionados com a arrecadação financeira e a realização das despesas públicas. Incentiva a participação popular nas questões orçamentárias, além de facilitar o acesso e dar ampla divulgação aos relatórios, pareceres, contas públicas e demais documentos da gestão fiscal.

O equilíbrio nas contas públicas é considerado a "regra de ouro" da lei. Por ele, busca-se balancear as receitas e as despesas públicas, de maneira a permitir ao Estado dispor de recursos necessários e suficientes à realização de toda a sua atividade, garantindo, assim, seu crescimento sustentado.

Portanto, a forma de gestão imposta pela Lei de Responsabilidade Fiscal traz racionalidade às finanças públicas no Brasil.

2.1 OBJETIVOS

A Lei de Responsabilidade Fiscal indica logo no início de seu texto seu objetivo principal (art. 1º), ao dispor tratar sobre "as normas de finanças públicas voltadas para a responsabilidade na gestão fiscal".

A definição do que se entende por *responsabilidade na gestão fiscal* está consignada no seu parágrafo primeiro, ao afirmar que a responsabilidade na gestão fiscal pressupõe a ação planejada e transparente, em que se previnem riscos e corrigem desvios capazes de afetar o equilíbrio das contas públicas, mediante o cumprimento de metas de resultados entre receitas e despesas e a obediência a limites e condições no que tange a renúncia de receita, geração de despesas com pessoal, da seguridade social e outras, dívidas consolidada e mobiliária, operações de crédito, inclusive por antecipação de receita, concessão de garantia e inscrição em Restos a Pagar.

Extraímos do dispositivo *supra* que o foco da LRF é a **responsabilidade na gestão fiscal**, tendo os seguintes aspectos como parâmetros para o atingimento dos seus objetivos: a) planejamento; b) transparência; c) prevenção de riscos e correção de desvios; d) equilíbrio das contas públicas; e) cumprimento de metas de resultados entre receita e despesas; f) fixação de limites e condições para renúncias de receitas e geração de despesas.

O **planejamento** presente na LRF é oriundo da Constituição, uma vez que esta é a responsável pela instituição das três leis orçamentárias (art. 165), a saber: 1) a lei do Plano Plurianual (PPA), destinado a estabelecer as ações de médio prazo, com prazo de vigência de quatro anos; 2) a lei do Orçamento Anual (LOA), para fixar os gastos do exercício financeiro; 3) a Lei de Diretrizes Orçamentárias (LDO), que funciona como instrumento de ligação entre aquelas duas primeiras leis, sistematizando e conferindo consistência à programação e execução orçamentária.

Nesse sentido, verifica-se que, além de reforçar o papel das leis orçamentárias como instrumento de planejamento global, a LRF aproxima as atividades de programação e execução dos gastos públicos ao estabelecer metas fiscais e dispor sobre mecanismos para seu acompanhamento periódico.

A **transparência** ressaltada pela LRF destina-se a promover o acesso e a participação da sociedade em todos os fatores relacionados com a arrecadação financeira e a realização das despesas públicas, havendo uma seção própria na lei com este objetivo (Seção I do Capítulo IX). Basicamente, podemos destacar os seguintes mecanismos de transparência contidos na lei: a) incentivo à participação popular na discussão e na elaboração das peças orçamentárias, inclusive com a realização de audiências públicas; b) ampla divulgação por diversos mecanismos, até por meios eletrônicos, dos relatórios, pareceres e demais documentos da gestão fiscal; c) disponibilidade e publicidade das contas dos administradores durante todo o exercício; d) emissão de diversos relatórios periódicos de gestão fiscal e de execução orçamentária.

Quanto à **prevenção de riscos** e à **correção de desvios**, direcionam-se a identificar os fatos que possam impactar os resultados fiscais estabelecidos para o período, mantendo-se a estabilidade e o equilíbrio nas contas públicas. Para este fim, a LRF introduziu ferramentas específicas para neutralizar os riscos e reconduzir os desvios às balizas desejadas.

O *anexo de riscos fiscais*, que deverá fazer parte da lei de diretrizes orçamentárias, demonstrará a avaliação dos passivos contingentes e outros riscos capazes de afetar as contas públicas, informando as providências a serem tomadas, caso se concretizem. O *projeto de lei orçamentária anual* conterá a reserva de contingência, definida com base na receita corrente líquida, destinada ao atendimento de passivos contingentes e outros riscos e eventos fiscais imprevistos, tais como despesas decorrentes de decisões judiciais que determinam um pagamento (p. ex., pagamento de indenização ou devolução de correção monetária de planos econômicos) ou exoneram uma receita (p. ex., declaração de inconstitucionalidade de certo tributo).

Podemos dizer que institutos como os da *compensação* e o da *limitação de empenho* (art. 9º) são exemplos típicos de mecanismos voltados para a prevenção de riscos em situações que possam ensejar o desequilíbrio financeiro nas contas públicas. Na mesma linha, a fixação de limites para as despesas com pessoal e as medidas para a sua recondução aos parâmetros esperados são outros exemplos (arts. 22 e 23 da LRF).

O **equilíbrio das contas públicas** é considerado a "regra de ouro" da Lei de Responsabilidade Fiscal. Este parâmetro representa a fórmula para que o Estado possa dispor de recursos necessários e suficientes à realização da sua atividade, sem ter de sacrificar valores tão importantes para a sociedade brasileira como a estabilidade nas contas públicas com o fim da inflação, a credibilidade brasileira no mercado financeiro internacional pela administração do endividamento público externo e, principalmente, a efetividade do orçamento, como verdadeiro instrumento de planejamento e não como "peça de promessas fictícias", em que, num passado não muito remoto, se incluíam todas as pretensões governamentais sem a preocupação de se identificarem os recursos para viabilizar a sua realização.

Não se trata de uma equação matemática rígida, em que a diferença numérica entre o montante de receitas e de despesas deva ser sempre igual a zero, mas sim que essa equação contenha valores estáveis e equilibrados, a fim de permitir a identificação dos recursos necessários à realização dos gastos. Representa uma relação dinâmica e balanceada entre meios e fins.

A fixação de **metas de resultados** entre receitas e despesas representa a concretização do planejamento orçamentário. Trata-se da aproximação entre a programação e a execução, que sempre restou desassociada da realidade em tempos anteriores à LRF. A efetividade das peças orçamentárias depende do cumprimento das metas estabelecidas pela Administração Pública. Do contrário, as leis orçamentárias não passariam de "peças fictícias", como já mencionado.

Nesse sentido, temos o *anexo de metas fiscais* (art. 4º, § 1º, da LRF), que integra a Lei de Diretrizes Orçamentárias, onde são estabelecidas metas anuais, em valores correntes e constantes, relativas a receitas, despesas, resultados nominal e primário e montante da dívida pública, para o exercício a que se referirem e para os dois seguintes. O cumprimento das metas deve ser periodicamente avaliado pelo Poder Executivo e demonstrado em audiência pública (art. 9º, § 4º, da LRF). Por sua vez, o atingimento dessas metas será fiscalizado pelo Poder Legislativo, diretamente ou com o auxílio dos Tribunais de Contas, e pelo sistema de controle interno de cada Poder e do Ministério Público (art. 59, I, da LRF).

Também são fixados limites e condições para renúncias de receitas e geração de despesas como instrumento de manutenção do equilíbrio fiscal. Se anteriormente era suficiente prever o crédito orçamentário para realizar uma despesa, com a LRF são impostos limites, prazos e condições para tanto. Tais limitações e condições aos gastos e desonerações fiscais têm sua razão de ser na tentativa de coibir a irresponsabilidade do administrador público, o uso eleitoreiro dos gastos, bem como para evitar que sejam legados ao sucessor do administrador pesadas cargas fiscais com dívidas desarrazoadas contraídas pelo antecessor.

As **despesas de pessoal** foram condicionadas a outros requisitos além daqueles que a Constituição já impunha nos arts. 37 e 169. Sua realização passa a exigir uma *estimativa de impacto orçamentário* e a comprovação de que seu gasto não afetará as metas de resultados fiscais, bem como a demonstração da sua *adequação à lei orçamentária e compatibilidade com o plano plurianual e lei de diretrizes orçamentárias*. Foi vedado o aumento da despesa com pessoal expedido nos cento e oitenta dias anteriores ao final do mandato do titular do respectivo Poder ou órgão. Foram criados limites de gastos globais e de gastos por poder ou órgão, fixados com base na receita líquida corrente, cujo atendimento será verificado quadrimestralmente. A partir de tais limites, instituiu-se um mecanismo de limite prévio, na base de 95% dos valores estabelecidos como teto de despesa de pessoal, para resguardar o volume máximo de gastos e não excedê-los.

A lei restringiu a realização de certas **despesas no último ano de mandato** dos governantes, buscando acabar com as reiteradas práticas de se deixar uma "herança de dívidas" para seus sucessores, que muitas vezes acabavam por inviabilizar boa parte da gestão. São de três ordens essas restrições: a) vedação ao aumento de despesas de pessoal nos últimos 180 dias do mandato, bem como proibição de aumento da despesa com pessoal que preveja parcelas a serem suportadas pelo governante sucessor em exercícios fiscais seguintes (art. 21 da LRF); b) vedação de realização, no último ano de mandato do governante, das operações de crédito por antecipação de receita, destinadas a atender insuficiência de caixa durante o exercício (art. 38, IV, *b*, da LRF); c) vedação à assunção de obrigação de despesa, nos dois últimos quadrimestres do mandato, que não possa ser cumprida integralmente dentro dele, ou que tenha parcelas a serem pagas no exercício seguinte sem que haja suficiente disponibilidade de caixa para este efeito (art. 42 da LRF).

2.2 DESTINATÁRIOS

A aplicação da LRF é ampla em termos de destinatários, objetivando atingir todos aqueles que, de alguma maneira, utilizam, direta ou indiretamente, recursos públicos. Destina-se a todas as autoridades públicas e dirigentes de poderes, órgãos ou entidades públicas que tenham sob a sua competência ou responsabilidade o gerenciamento de recursos financeiros públicos.

Nesse sentido, encontramos a previsão exposta no § 2º do art. 1º, afirmando que as disposições da LRF obrigam a União, os Estados, o Distrito Federal e os Municípios, nestes compreendidos: a) o Poder Executivo, o Poder Legislativo, o Poder Judiciário e o Ministério Público; b) as respectivas administrações diretas, fundos, autarquias, fundações e empresas estatais dependentes; c) os Tribunais de Contas, nestes incluídos o Tribunal de Contas da União, Tribunal de Contas do Estado e, quando houver, Tribunal de Contas dos Municípios e Tribunal de Contas do Município. E mais adiante, no art. 2º da LRF, esclarece-se que, para os efeitos da LRF, entende-se como: I – *ente da Federação*: a União, cada Estado, o Distrito Federal e cada Município; II – *empresa controlada*: sociedade cuja maioria do capital social com direito a voto pertença, direta ou indiretamente, a ente da Federação; III – *empresa estatal dependente*: empresa controlada que receba do ente controlador recursos financeiros para pagamento de despesas com pessoal ou de custeio em geral ou de capital, excluídos, no último caso, aqueles provenientes de aumento de participação acionária.

2.3 A LEI 4.320/1964

Apesar de ambas as leis – LC 101/2000 e Lei 4.320/1964 – apresentarem um conjunto de normas gerais sobre Direito Financeiro e regras específicas para a elaboração, execução e controle do orçamento público, seus enfoques e objetivos são distintos, permitindo uma convivência harmônica entre os diplomas e complementaridade de seus dispositivos, sem que ocorra entrechoque de normas.

Enquanto a LRF apresenta normas para melhorar a *qualidade da gestão fiscal*, pautada no planejamento, transparência, controle e responsabilidade, a Lei 4.320/1964 destina-se a disciplinar os procedimentos para a elaboração e o controle do orçamento e dos balanços de todas as entidades de direito público, com foco nas informações e demonstrações contábeis orçamentárias, financeiras e patrimoniais.

Importa destacar que a LRF não alterou as regras que tratam da lei que aprova o orçamento anual, mas tão somente acrescentou dispositivos para aperfeiçoá-la, tais como aqueles relativos à *reserva de contingência, dívida mobiliária* e *refinanciamento da dívida*.

Nos termos do inciso III do art. 5º da Lei de Responsabilidade Fiscal, o projeto de Lei de Orçamento Anual (LOA) conterá **Reserva de Contingência** (espécie de dotação orçamentária) cuja forma de utilização e montante, calculados com base na Receita Corrente Líquida, serão estabelecidos na Lei de Diretrizes Orçamentárias, e destinados, em princípio, ao atendimento de passivos contingentes e outros riscos e eventos fiscais imprevistos. O escopo claro da norma é atender a pagamentos inesperados que não puderam ser previstos durante a programação do orçamento.

Aspecto trazido pela LRF em benefício das disposições da Lei 4.320/1964 é o do **planejamento orçamentário**, com destaque para as normas sobre a Lei de Diretrizes Orçamentárias, ampliando seu escopo e mecanismos.

Ao comparar a Lei 4.320/1964 com a LC 101/2000 no tocante à proposta orçamentária, Heraldo da Costa Reis destaca: "a Lei de Responsabilidade Fiscal impõe uma série de exigências para transformar o orçamento em uma peça de gerência, o que facilita: a) o controle de custos; b) o controle da gestão financeira; c) a avaliação dos resultados".[1]

Em relação às **receitas públicas**, enquanto a Lei 4.320/1964 limitava-se a estabelecer sua classificação e o tipo de gestão financeira, a LRF enfatizou os requisitos de responsabilidade fiscal na instituição, previsão e efetivação da arrecadação, especialmente a tributária, além de estabelecer as condições para as renúncias fiscais, tais como a isenção, anistia, remissão, subsídio, crédito presumido etc.

Um dos principais focos da LRF foi a **despesa pública**, estabelecendo limites e condições para a sua realização. Enquanto a Lei 4.320/1964 preocupou-se apenas com o *processo de controle* para sua realização no exercício financeiro, percorrendo o empenho, a verificação da certeza e liquidez do crédito, até chegar ao respectivo pagamento, a LRF, por sua vez, para garantir

---

[1] REIS, Heraldo da Costa. *A Lei 4.320 comentada e a Lei de Responsabilidade Fiscal*. 34. ed. Rio de Janeiro: Lumen Juris, 2012. p. 55.

o equilíbrio fiscal e evitar déficit orçamentário, criou mecanismos que consideram a criação ou o aumento da despesa pública exigindo a estimativa de impacto orçamentário e a sua adequação à LOA e compatibilidade com a LDO e com o PPA, sob pena de serem tidas como despesas não autorizadas, irregulares ou lesivas ao patrimônio público. Nesse sentido, segundo o § 1º do art. 16 da LRF, considera-se: I – adequada com a lei orçamentária anual a despesa objeto de dotação específica e suficiente, ou que esteja abrangida por crédito genérico, de forma que somadas todas as despesas da mesma espécie, realizadas e a realizar, previstas no programa de trabalho, não sejam ultrapassados os limites estabelecidos para o exercício; II – compatível com o plano plurianual e a lei de diretrizes orçamentárias a despesa que se conforme com as diretrizes, objetivos, prioridades e metas previstos nesses instrumentos e não infrinja qualquer de suas disposições.

Talvez um dos temas mais sensíveis e importantes tratados pela LRF foi o relativo à dívida pública e o endividamento, estabelecendo limites e condições para a as operações de crédito. De fato, a Lei 4.320/1964 pouco dispôs sobre o assunto, talvez porque, à época de sua edição, o endividamento brasileiro não tivesse assumido o volume e o patamar elevado que tivemos quando da promulgação da LRF. Inegavelmente, a implantação no país, a partir da década de 1970, de um mercado financeiro relativamente sofisticado permitiu ao governo utilizar intensamente os mecanismos de financiamento junto ao setor privado, tornando o serviço da dívida e a gestão de receitas e despesas financeiras variáveis relevantes no processo de gestão das finanças públicas.

2.4 CIDADANIA E TRANSPARÊNCIA

Um dos grandes méritos da Lei de Responsabilidade Fiscal foi o de estimular o exercício da cidadania na área financeira, através dos mecanismos de transparência que criou e regulamentou. Além de instituir relatórios específicos para a gestão fiscal – Relatório Resumido de Execução Orçamentária, Relatório de Gestão Fiscal e Prestação de Contas – e determinar sua ampla divulgação, inclusive por meios eletrônicos, incentiva a participação popular nas discussões de elaboração das peças orçamentárias e no acompanhamento da execução orçamentária, através de audiência pública.

A *cidadania participativa* nas finanças públicas se expressa não apenas através das previsões legais que permitem o conhecimento e envolvimento do cidadão nas deliberações orçamentárias e no acompanhamento da sua execução, mas também encontra respaldo no comando da lei (art. 73-A) prevendo que qualquer cidadão, partido político, associação ou sindicato será parte legítima para denunciar ao respectivo Tribunal de Contas e ao órgão competente do Ministério Público o descumprimento das prescrições estabelecidas na LRF.

O art. 48 da LRF estabelece como mecanismos de transparência na gestão fiscal os planos, orçamentos e leis de diretrizes orçamentárias; as prestações de contas e o respectivo parecer prévio; o Relatório Resumido da Execução Orçamentária e o Relatório de Gestão Fiscal; e as versões simplificadas desses documentos. A todos eles deve ser dada ampla divulgação, inclusive em meios eletrônicos de acesso público.

Por sua vez, o § 1º do art. 48[2] afirma que a transparência será assegurada, também, pelo: I – incentivo à participação popular e realização de audiências públicas, durante os processos de elaboração e discussão dos planos, lei de diretrizes orçamentárias e orçamentos; II – liberação ao pleno conhecimento e acompanhamento da sociedade, em tempo real, de informações pormenorizadas sobre a execução orçamentária e financeira, em meios eletrônicos de acesso público; III – adoção de sistema integrado de administração financeira e controle, que atenda a padrão mínimo de qualidade estabelecido pelo Poder Executivo da União e ao disposto no art. 48-A. Além disso, todos os entes deverão disponibilizar suas informações e dados contábeis, orçamentários e fiscais para divulgação em meio eletrônico de amplo acesso público (§ 2º).[3]

Já o art. 49 da LRF determina que as contas apresentadas pelo Chefe do Poder Executivo ficarão disponíveis, durante todo o exercício, no respectivo Poder Legislativo e no órgão técnico responsável pela sua elaboração para consulta e apreciação pelos cidadãos e instituições da sociedade. A prestação de contas da União conterá demonstrativos do Tesouro Nacional e das agências financeiras oficiais de fomento, incluído o Banco Nacional de Desenvolvimento Econômico e Social (BNDES), especificando os empréstimos e financiamentos concedidos com recursos oriundos dos orçamentos fiscal e da seguridade social e, no caso das agências financeiras, avaliação circunstanciada do impacto fiscal de suas atividades no exercício.

Ainda, em relação ao conhecimento e acompanhamento da execução orçamentária e financeira, o art. 48-A (introduzido pela Lei Complementar 131/2009) determina que os entes da Federação disponibilizem a qualquer pessoa física ou jurídica o *acesso a informações*: I – *quanto à despesa*: todos os atos praticados pelas unidades gestoras no decorrer da execução da despesa, no momento de sua realização, com a disponibilização mínima dos dados referentes ao número do correspondente processo, ao bem fornecido ou ao serviço prestado, à pessoa física ou jurídica beneficiária do pagamento e, quando for o caso, ao procedimento licitatório realizado; II – *quanto à re-*

---

[2] Conforme redação dada pela Lei Complementar 156, de 28 de dezembro de 2016.

[3] O § 2º do art. 48 da LRF (inserido pela LC 156/2016) foi reproduzido quase que na íntegra, com mínimas alterações, no art. 163-A da Constituição (inserido pela Emenda Constitucional 108/2020).

ceita: o lançamento e o recebimento de toda a receita das unidades gestoras, inclusive referente a recursos extraordinários.

Outro instrumento tratado pela LRF para oferecer maior efetividade à transparência refere-se à **escrituração** e à **consolidação das contas**.

Aprimorar a técnica de escrituração pública, que é um relevante instrumento de gestão para o administrador público e manancial de informações para o cidadão, é um dos diversos desígnios da LRF (arts. 50 e 51). A integração e a harmonização das normas contábeis federais com a dos Estados, do Distrito Federal e dos Municípios, por meio de normas gerais de consolidação das regras contábeis do setor público, é uma necessidade numa federação como o Brasil.

O conhecimento, a correta observância e a regular aplicação dessas normas são imprescindíveis para uma eficaz e eficiente arrecadação, administração e destinação dos recursos públicos. Conferir à Administração Pública informações adequadas permite uma tomada de decisão mais acurada e em linha com o interesse público.

Nesse sentido, determina a LFR que, além de obedecer às demais normas de contabilidade pública, a escrituração das contas públicas observará as seguintes regras: I – a disponibilidade de caixa constará de registro próprio, de modo que os recursos vinculados a órgão, fundo ou despesa obrigatória fiquem identificados e escriturados de forma individualizada; II – a despesa e a assunção de compromisso serão registradas segundo o regime de competência, apurando-se, em caráter complementar, o resultado dos fluxos financeiros pelo regime de caixa; III – as demonstrações contábeis compreenderão, isolada e conjuntamente, as transações e operações de cada órgão, fundo ou entidade da administração direta, autárquica e fundacional, inclusive empresa estatal dependente; IV – as receitas e despesas previdenciárias serão apresentadas em demonstrativos financeiros e orçamentários específicos; V – as operações de crédito, as inscrições em Restos a Pagar e as demais formas de financiamento ou assunção de compromissos junto a terceiros deverão ser escrituradas de modo a evidenciar o montante e a variação da dívida pública no período, detalhando, pelo menos, a natureza e o tipo de credor; VI – a demonstração das variações patrimoniais dará destaque à origem e ao destino dos recursos provenientes da alienação de ativos (art. 50 da LRF).

Outrossim, cabe ao Poder Executivo da União promover, até o dia trinta de junho de cada ano, a *consolidação*, nacional e por esfera de governo, das contas dos entes da Federação relativas ao exercício anterior, e a sua divulgação, inclusive por meio eletrônico de acesso público (art. 51 da LRF).

Atendendo ao preceito constitucional, a LRF regulamentou a publicação bimestral do **Relatório Resumido da Execução Orçamentária** (RREO), previsto no § 3º do art. 165 da CF/1988. Assim, segundo o art. 52 da LRF, este relatório será composto de: I – *balanço orçamentário*, que especificará, por categoria econômica, as: a) receitas por fonte, informando as realizadas e a realizar, bem como a previsão atualizada; b) despesas por grupo de natureza, discriminando a dotação para o exercício, a despesa liquidada e o saldo; II – *demonstrativos da execução*: a) das receitas, por categoria econômica e fonte, especificando a previsão inicial, a previsão atualizada para o exercício, a receita realizada no bimestre, a realizada no exercício e a previsão a realizar; b) das despesas, por categoria econômica e grupo de natureza da despesa, discriminando dotação inicial, dotação para o exercício, despesas empenhada e liquidada, no bimestre e no exercício; c) despesas, por função e subfunção.

Por sua vez, o art. 53 da LRF estabelece que acompanharão o Relatório Resumido demonstrativos relativos a: I – apuração da receita corrente líquida, sua evolução, assim como a previsão de seu desempenho até o final do exercício; II – receitas e despesas previdenciárias; III – resultados nominal e primário; IV – despesas com juros; V – Restos a Pagar, detalhando, por Poder e órgão, os valores inscritos, os pagamentos realizados e o montante a pagar. E o relatório referente ao último bimestre do exercício será acompanhado também de demonstrativos: I – do atendimento do disposto no inciso III do art. 167 da Constituição (vedação à realização de operações de créditos que excedam o montante das despesas de capital, ressalvadas as autorizadas mediante créditos suplementares ou especiais com finalidade precisa, aprovados pelo Poder Legislativo por maioria absoluta); II – das projeções atuariais dos regimes de previdência social, geral e próprio dos servidores públicos; III – da variação patrimonial, evidenciando a alienação de ativos e a aplicação dos recursos dela decorrentes.

Documento importante que deve acompanhar o RREO é o termo de justificativa que deverá ser apresentado, quando for o caso: I – da limitação de empenho; II – da frustração de receitas, especificando as medidas de combate à sonegação e à evasão fiscal, adotadas e a adotar, e as ações de fiscalização e cobrança (art. 53, § 2º, da LRF).

Outro relatório previsto na LRF é o **Relatório de Gestão Fiscal** (art. 54). Segundo a lei, ao final de cada quadrimestre, será emitido e assinado pelos titulares dos Poderes e órgãos, e conterá (art. 55): I – comparativo com os limites previstos na LRF dos seguintes montantes: a) despesa total com pessoal, distinguindo a com inativos e pensionistas; b) dívidas consolidada e mobiliária; c) concessão de garantias; d) operações de crédito, inclusive por antecipação de receita; II – indicação das medidas corretivas adotadas ou a adotar, se ultrapassado qualquer dos limites; III – demonstrativos, no último quadrimestre: a) do montante das disponibilidades de caixa em trinta e um de dezembro; b) da inscrição em Restos a Pagar, das despesas: 1) liquidadas; 2) empenhadas e não liquidadas; 3) empenhadas e não liquidadas, inscritas até o limite do saldo da disponibilidade de caixa; 4) não inscritas por falta de disponibilidade de caixa e cujos empenhos foram cancelados; c) da liquidação, com juros e outros encargos incidentes, até o dia dez de dezembro de cada ano, das operações de crédito por antecipação de receitas.

Além dos relatórios anteriormente citados, a LRF exige a realização das **prestações de contas**, a serem feitas pelos Chefes do Poder Executivo, que incluirão, além das suas próprias, as dos Presidentes dos órgãos dos Poderes Legislativo e Judiciário e do Chefe do Ministério Público, as quais receberão parecer prévio, separadamente, do respectivo Tribunal de Contas (arts. 56 e 57 da LRF).

A prestação de contas evidenciará o desempenho da arrecadação em relação à previsão, destacando as providências adotadas no âmbito da fiscalização das receitas e combate à sonegação, as ações de recuperação de créditos nas instâncias administrativa e judicial, bem como as demais medidas para incremento das receitas tributárias e de contribuições (art. 58 da LRF).

2.5 EQUILÍBRIO FISCAL

O **equilíbrio das contas públicas** tem sido considerado como um postulado da Lei de Responsabilidade Fiscal, dele decorrendo a maior parte dos seus preceitos.

O § 1º do art. 1º da LRF estabelece que a responsabilidade na gestão fiscal pressupõe ação planejada e transparente, em que se previnem riscos e corrigem desvios capazes de afetar o equilíbrio das contas públicas mediante o cumprimento de metas de resultados entre receitas e despesas e a obediência a limites e condições no que tange a renúncia de receita, geração de despesas com pessoal, da seguridade social e outras, dívidas consolidada e mobiliária, operações de crédito, inclusive por antecipação de receita, concessão de garantia e inscrição em Restos a Pagar.

Por muito tempo, predominou na Administração Pública brasileira a despreocupação com os gastos públicos, sistematicamente realizados desconsiderando as limitações das receitas públicas, que geravam constantemente déficits fiscais excessivos e muitas vezes incontroláveis. As consequências nefastas de tal cultura se materializam nos elevados níveis de endividamento, na inflação constante e crescente e no engessamento das administrações que muitas vezes passavam a maior parte da sua gestão saneando financeiramente o ente.

A disciplina na gestão fiscal responsável, a partir da compatibilidade entre o volume de receitas e os gastos públicos, é considerada pela LRF uma condição necessária para assegurar a estabilidade econômica e favorecer a retomada do desenvolvimento sustentável. Mas não se trata de uma equação matemática cujo resultado encontra sempre o mesmo valor de receitas e despesas e uma diferença numérica exata, sempre igual a zero, indicando o perfeito equilíbrio. Permite-se a flexibilidade financeira, desde que se tenha a identificação dos recursos necessários à realização dos gastos, de maneira estável e equilibrada, numa relação balanceada entre meios e fins.

Nesse sentido, a LRF prevê uma série de medidas para garantir o equilíbrio fiscal, tais como a fixação de limites para o endividamento e para as despesas de pessoal, condições rígidas para a renúncia de receita e para a criação de despesas de caráter continuado, bem como providências que devem ser adotadas caso as metas fiscais possam ser afetadas e o indesejado desequilíbrio ocorra, como é o exemplo da regra da limitação de empenho prevista no art. 9º da LRF.

Nas palavras de Marcos Nóbrega,

> o grande princípio da Lei de Responsabilidade Fiscal é o princípio do equilíbrio fiscal. Esse princípio é mais amplo e transcende o mero equilíbrio orçamentário. Equilíbrio fiscal significa que o Estado deverá pautar sua gestão pelo equilíbrio entre receitas e despesas. Dessa forma, toda vez que ações ou fatos venham a desviar a gestão da equalização, medidas devem ser tomadas para que a trajetória de equilíbrio seja retomada.[4]

Ao longo de toda a LRF, encontramos regras para garantir o equilíbrio fiscal nas contas públicas como mecanismo de estabilidade financeira, a fim de permitir o crescimento sustentado do Estado. Talvez sua tradução mais básica esteja na ideia de que "para cada despesa deverá haver uma receita a financiá-la".[5]

O advento da EC 100/2019 consagrou o modelo constitucional de orçamento impositivo no país. Ela alterou os arts. 165 e 166 da Constituição Federal, para tornar obrigatória a execução da programação orçamentária, inclusive aquelas provenientes de emendas de bancada de parlamentares de Estados ou do Distrito Federal.

---

[4] NÓBREGA, Marcos. *Lei de Responsabilidade Fiscal e leis orçamentárias*. São Paulo: Juarez de Oliveira, 2002. p. 32.

[5] A chamada "PEC do Pacto Federativo" (PEC nº 188/2019), em tramitação no Congresso Nacional, prevê que lei complementar deverá dispor sobre sustentabilidade, indicadores, níveis e trajetória de convergência da dívida, resultados fiscais, limites para despesas e as respectivas medidas de ajuste, de modo a garantir a sustentabilidade fiscal de longo prazo. Também passará a ser previsto o princípio do equilíbrio fiscal intergeracional como expressamente disposto na Constituição, aplicado à promoção dos direitos sociais. Portanto, a ideia é reforçar ainda mais o princípio do equilíbrio fiscal previsto na LRF.

Segundo a nova previsão constitucional, a execução obrigatória das emendas de bancadas seguirá as mesmas regras das emendas individuais – as quais já eram impositivas desde a alteração introduzida pela EC 86/2015 – e corresponderão a 1,0% (um por cento) da receita corrente líquida (RCL) realizada no exercício anterior. Fica expressamente ressalvado, entretanto, que tais despesas não serão de execução obrigatória nos casos dos impedimentos de ordem técnica. Mas, para o ano de 2020, quando está previsto o início da produção de efeitos da norma, este montante será excepcionalmente de 0,8% (oito décimos percentuais) da Receita Corrente Líquida.

A partir de uma leitura mais atenta à redação desta emenda constitucional, percebe-se que um de seus dispositivos – o novo § 10 do art. 165 – impõe à Administração, sem se limitar às emendas parlamentares, o dever de executar obrigatoriamente as programações orçamentárias, para garantir a efetiva entrega de bens e serviços à sociedade.

Esta obrigatoriedade da execução orçamentária, conquanto louvável da perspectiva do *princípio da sinceridade orçamentária* (isto é, o compromisso de cumprir o que foi previsto na LOA), poderia gerar um sério problema de equilíbrio fiscal, quando as receitas não se comportassem como o esperado.

Para impedir esse possível efeito, em 26 de setembro de 2019, foi promulgada a EC 102/2019, que altera o § 11 do art. 165 da Constituição, prevendo mecanismos que permitem não afetar o equilíbrio fiscal, ao estabelecer que o cumprimento do § 10 do art. 165 (ou seja, o dever de a administração executar as programações orçamentárias): I – subordina-se ao cumprimento de dispositivos constitucionais e legais que estabeleçam metas fiscais ou limites de despesas e não impede o cancelamento necessário à abertura de créditos adicionais; II – não se aplica nos casos de impedimentos de ordem técnica devidamente justificados; III – aplica-se exclusivamente às despesas primárias discricionárias. Portanto, verificam-se aí algumas exceções constitucionais ao orçamento impositivo, para que as metas fiscais não sejam perdidas de vista em nome de um cumprimento "cego" das rubricas orçamentárias que não levasse em consideração as mudanças de conjuntura fiscal e econômica.

2.6 PLANEJAMENTO ORÇAMENTÁRIO

Planejamento é o processo permanente, dinâmico e sistematizado de gestão, composto de um conjunto de ações coordenadas e integradas, pelo qual se estabelece antecipadamente o que se pretende realizar e quais metas se busca atingir, com o objetivo de se chegar a um resultado satisfatório e desejado. Procura-se, pelo planejamento, responder as seguintes questões básicas: onde queremos chegar e como atingiremos nossos objetivos?

Em se tratando de patrimônio e recursos financeiros públicos, o orçamento público é o instrumento típico de planejamento utilizado pela União, Estados, Distrito Federal e Municípios. Através dele, os entes federativos deverão projetar e controlar, a curto, médio e longo prazos, suas receitas e despesas, estabelecendo metas e objetivos a serem atingidos.

No ciclo orçamentário brasileiro, integram-se três leis orçamentárias que permitem o planejamento no setor público. No **Plano Plurianual (PPA)**, lei de duração de 4 anos, encontramos a previsão, além do que já está em andamento, do que se pretende realizar no quadriênio em termos de aprimoramento de ação governamental. Já na **Lei de Diretrizes Orçamentárias (LDO)**, temos a orientação para a elaboração do orçamento, definindo as prioridades e metas do PPA para o exercício financeiro subsequente. E, finalmente, na **Lei Orçamentária Anual (LOA)**, que é lei de execução do orçamento para o exercício seguinte, tem-se a estimativa de receita e a autorização das despesas. As duas primeiras planejam e a última executa.

O fato é que, até a promulgação da Lei de Responsabilidade Fiscal, em 4 de maio de 2000, verificava-se uma situação de total ausência de planejamento orçamentário pelos entes públicos. Justificava-se tal estado de coisas, principalmente, pela não edição da lei complementar exigida pela Constituição (art. 165, § 9º, da CF), necessária para definir os contornos básicos dos três instrumentos que integram o processo orçamentário nacional: o plano plurianual (PPA), a lei de diretrizes orçamentárias (LDO) e a lei de orçamento anual (LOA). As peças orçamentárias elaboradas pelos entes públicos eram tidas como "fictícias", desprovidas de qualquer relação com a realidade, funcionando como mero indicador de intenções genéricas do governo.

No entanto, apesar de a LRF disciplinar detalhadamente o conteúdo de dois daqueles instrumentos – as diretrizes orçamentárias e a lei orçamentária anual –, percebe-se que a LDO é, sem sombra de dúvidas, a peça mais relevante do planejamento no ciclo orçamentário, com destaque para as regras sobre as *metas fiscais*, identificando-se o montante de receitas públicas a ser arrecadado e a sua destinação.

Apesar de o art. 3º do texto original da LRF[6] que foi aprovado no Congresso Nacional veicular regras sobre o **Plano Plurianual**, este dispositivo

---

[6] Vetado: "Art. 3º O projeto de lei do plano plurianual de cada ente abrangerá os respectivos Poderes e será devolvido para sanção até o encerramento do primeiro período da sessão legislativa. § 1º Integrará o projeto Anexo de Política Fiscal, em que serão estabelecidos os objetivos e metas plurianuais de política fiscal a serem alcançados durante o período de vigência do plano, demonstrando a compatibilidade deles com

acabou vetado pela Presidência da República, na forma do § 1º do art. 66 da Constituição Federal. Na Mensagem Presidencial 627, de 4 de maio de 2000, consta como razão de veto a alegação de que os prazos eram muito restritos e de que o Anexo de Políticas Fiscais confundia-se com o Anexo de Metas Fiscais, este da Lei de Diretrizes Orçamentárias.[7]

Por sua vez, a **Lei de Diretrizes Orçamentárias**, relevante instrumento de planejamento orçamentário introduzido pela Carta de 1988 (art. 165, § 2º), deve conter: a) metas e prioridades para o exercício seguinte, funcionando como uma "ponte" entre o plano plurianual e a lei orçamentária anual; b) orientação para a elaboração do orçamento-programa; c) alteração na legislação tributária; d) mudanças na política de pessoal. Porém, indo além do conteúdo previsto pela Constituição, a LRF estabeleceu que a LDO deverá também prever: a) equilíbrio entre receitas e despesas; b) critérios e forma

[7] as premissas e objetivos das políticas econômica nacional e de desenvolvimento social. § 2º O projeto de que trata o *caput* será encaminhado ao Poder Legislativo até o dia trinta de abril do primeiro ano do mandato do Chefe do Poder Executivo".
Trecho da Mensagem Presidencial 627/2000: "O *caput* deste artigo estabelece que o projeto de lei do plano plurianual deverá ser devolvido para sanção até o encerramento do primeiro período da sessão legislativa, enquanto o § 2º obriga o seu envio, ao Poder Legislativo, até o dia 30 de abril do primeiro ano do mandato do Chefe do Poder Executivo. Isso representará não só um reduzido período para a elaboração dessa peça, por parte do Poder Executivo, como também para a sua apreciação pelo Poder Legislativo, inviabilizando o aperfeiçoamento metodológico e a seleção criteriosa de programas e ações prioritárias de governo. Ressalte-se que a elaboração do plano plurianual é uma tarefa que se estende muito além dos limites do órgão de planejamento do governo, visto que mobiliza todos os órgãos e unidades do Executivo, do Legislativo e do Judiciário. Além disso, o novo modelo de planejamento e gestão das ações, pelo qual se busca a melhoria de qualidade dos serviços públicos, exige uma estreita integração do plano plurianual com o Orçamento da União e os planos das unidades da Federação. Acrescente-se, ainda, que todo esse trabalho deve ser executado justamente no primeiro ano de mandato do Presidente da República, quando a Administração Pública sofre as naturais dificuldades decorrentes da mudança de governo e a necessidade de formação de equipes com pessoal nem sempre familiarizado com os serviços e sistemas que devem fornecer os elementos essenciais para a elaboração do plano. (...) Por outro lado, o veto dos prazos constantes do dispositivo traz consigo a supressão do Anexo de Política Fiscal, a qual não ocasiona prejuízo aos objetivos da Lei Complementar, considerando-se que a lei de diretrizes orçamentárias já prevê a apresentação de Anexo de Metas Fiscais, contendo, de forma mais precisa, metas para cinco variáveis – receitas, despesas, resultados nominal e primário e dívida pública –, para três anos, especificadas em valores correntes e constantes. Diante do exposto, propõe-se veto ao art. 3º, e respectivos parágrafos, por contrariar o interesse público".

para limitação de empenho, ou seja, contingenciamento de dotações quando a evolução da receita comprometer os resultados orçamentários pretendidos; c) regras para avaliar a eficiência das ações desenvolvidas; d) condições para subvencionar financeiramente instituições privadas e entes da Administração indireta; e) critérios para início de novos projetos; f) percentual da receita corrente líquida que será retido como Reserva de Contingência.

A LRF estabeleceu que a LDO deverá possuir também dois anexos (e uma mensagem de encaminhamento): I – **Anexo de Metas Fiscais**, contendo: I – avaliação do cumprimento das metas relativas ao ano anterior; II – demonstrativo das metas anuais, instruído com memória e metodologia de cálculo que justifiquem os resultados pretendidos, comparando-as com as fixadas nos três exercícios anteriores, e evidenciando a consistência delas com as premissas e os objetivos da política econômica nacional; III – evolução do patrimônio líquido, também nos últimos três exercícios, destacando a origem e a aplicação dos recursos obtidos com a alienação de ativos; IV – avaliação da situação financeira e atuarial: a) dos regimes geral de previdência social e próprio dos servidores públicos e do Fundo de Amparo ao Trabalhador; b) dos demais fundos públicos e programas estatais de natureza atuarial; V – demonstrativo da estimativa e compensação da renúncia de receita e da margem de expansão das despesas obrigatórias de caráter continuado; II – **Anexo de Riscos Fiscais**, onde serão avaliados os passivos contingentes e outros riscos capazes de afetar as contas públicas, informando as providências a serem tomadas, caso se concretizem; III – **Mensagem de Encaminhamento do Projeto de LDO**, apresentando os objetivos das políticas monetária, creditícia e cambial, bem como os parâmetros e as projeções para seus principais agregados e variáveis, e ainda as metas de inflação, para o exercício subsequente.

Finalmente, a **Lei Orçamentária Anual (LOA)**, elaborada de forma compatível com o plano plurianual e com a lei de diretrizes orçamentárias, segundo o que dispõe a Constituição, conterá: a) o *orçamento fiscal*, onde se estimam receitas e despesas de toda a Administração Pública, incluindo a indireta; b) o *orçamento de investimento das estatais*, por fonte de financiamento *(Tesouro Central, recursos próprios, bancos)*; c) o *orçamento de seguridade social*, nele incluído a Saúde, a Assistência e a Previdência Social. A LRF, porém, adicionou à LOA as seguintes informações complementares: I – conterá, em anexo, demonstrativo da compatibilidade da programação dos orçamentos com os objetivos e metas constantes do anexo de metas fiscais; II – será acompanhada do documento demonstrativo dos efeitos regionalizados das renúncias fiscais, bem como das medidas de compensação a renúncias de receita e ao aumento de despesas obrigatórias de caráter continuado; III – conterá reserva de contingência, cuja forma de utilização e montante, definido com base na receita corrente líquida, serão estabelecidos na lei de diretrizes orçamentárias, destinada ao atendimento de passivos contingentes e outros riscos e eventos fiscais imprevistos.

A utilização dessas três leis orçamentárias, de forma integrada e harmônica, permite ao gestor público uma administração fiscal responsável e zelosa dos recursos públicos, e a Lei de Responsabilidade Fiscal veio aprimorar o planejamento orçamentário (cujo modelo de orçamento-programa fora introduzido pela Lei 4.320/1964), instituindo novas funções para a LDO e para a LOA, com o estabelecimento de metas, limites e condições para a gestão das receitas e das despesas.

Um planejamento orçamentário bem elaborado permite uma execução orçamentária eficiente e uma política fiscal de resultados concretos e visíveis para a sociedade.

2.7 EXECUÇÃO ORÇAMENTÁRIA

A execução do orçamento realiza-se a cada dia, tendo seu início em primeiro de janeiro e seu término em trinta e um de dezembro. Por meio dela é que tomam corpo as previsões da Lei Orçamentária Anual de cada ente federativo. Por esse motivo, de modo a afiançar o seu fiel cumprimento e salvaguardar o equilíbrio fiscal, a LRF estabelece regras de acompanhamento periódico da execução orçamentária, de maneira mensal, bimestral, quadrimestral e semestral.

Primeiramente, dispõe que, em até trinta dias da publicação dos orçamentos, o Poder Executivo deverá apresentar a programação financeira e o cronograma de *execução mensal* dos desembolsos (art. 8º da LRF). E complementa no respectivo parágrafo único, impondo rigor na aplicação dos recursos vinculados, ao dispor que estes "serão utilizados exclusivamente para atender ao objeto de sua vinculação, ainda que em exercício diverso daquele em que ocorrer o ingresso".

De forma a compatibilizar as receitas e despesas na manutenção do equilíbrio fiscal, a LRF prevê que, se verificado, ao final de um *bimestre*, que a realização da receita poderá não comportar o cumprimento das metas de resultado primário[8] ou nominal[9] estabelecidas no Anexo de Metas Fiscais,

---

[8] **Resultado orçamentário primário** é a diferença decorrente entre o total de todas as receitas, excluindo-se destas as receitas do recebimento de amortizações dos empréstimos e respectivos juros, menos o total de todas as despesas, excluídas destas todos os pagamentos feitos com as amortizações dos empréstimos tomados e seus respectivos juros.

[9] **Resultado orçamentário nominal** é a diferença entre o somatório de todas as receitas, incluindo-se as receitas decorrentes do recebimento de amortização de empréstimos

os Poderes e o Ministério Público promoverão, por ato próprio e nos montantes necessários, nos trinta dias subsequentes, *limitação de empenho* e movimentação financeira, segundo os critérios fixados pela lei de diretrizes orçamentárias (art. 9º da LRF).

A **limitação de empenho** nada mais é do que a suspensão momentânea (até o restabelecimento da receita prevista) da autorização para a realização de determinadas despesas autorizadas na lei orçamentária, quando as receitas efetivamente arrecadadas estiverem abaixo das estimativas previstas, podendo afetar o cumprimento das metas do resultado primário. Mas não são todas as despesas que poderão ser contingenciadas.[10]

Excepcionando a regra, segundo o § 2º do art. 9º, não serão objeto de limitação as despesas que constituam obrigações constitucionais e legais do ente, inclusive aquelas destinadas ao pagamento do serviço da dívida, e as ressalvadas pela lei de diretrizes orçamentárias. Exemplos que constituem obrigações constitucionais são as despesas para alimentação escolar (Lei 11.947/2009), benefícios do regime geral de previdência social (Lei 8.213/1991), bolsa de qualificação profissional do trabalhador (MP 2.164-41/2001), pagamento de benefício do abono salarial (Lei 7.998/1990), pagamento do seguro-desemprego (Lei 7.998/1990), transferência de renda diretamente às famílias em condições de pobreza extrema (Lei 10.836, de 9 de janeiro de 2004), despesas de pessoal e encargos sociais, pagamento de sentenças judiciais transitadas em julgado (precatórios), inclusive as consideradas de pequeno valor, pagamento de serviço da dívida, transferências constitucionais ou legais por repartição de receita etc.

Determina também a LRF que, até o final dos meses de maio, setembro e fevereiro de cada ano, o Poder Executivo deverá demonstrar e avaliar o cumprimento das metas fiscais de cada *quadrimestre*, em audiência pública na Comissão Mista de Senadores e Deputados (art. 166, § 1º, da CF) e nas equivalentes nas Casas Legislativas estaduais e municipais (art. 9º, § 4º, da LRF).

E, no prazo de noventa dias após o encerramento de cada *semestre*, o Banco Central do Brasil apresentará, em reunião conjunta das comissões temáticas pertinentes do Congresso Nacional, avaliação do cumprimento dos objetivos e metas das políticas monetária, creditícia e cambial, evidenciando

---

concedidos e seus respectivos juros, menos o total de despesas, incluindo-se entre estas as despesas com o pagamento de amortização de empréstimos tomados e seus respectivos serviços da dívida (juros).

[10] Durante a pandemia da COVID-19 de 2020, a regra da limitação de empenho foi excepcionada pela aplicação do disposto no art. 65 da LRF.

o impacto e o custo fiscal de suas operações e os resultados demonstrados nos balanços (art. 9º, § 5º, da LRF).

Finalmente, para que não se comprometa a programação financeira dos entes federativos, a LRF demonstra cuidado com o cumprimento no pagamento dos precatórios e seu cronograma de desembolso com estrita observância da ordem cronológica prevista na Constituição (art. 100), ao determinar que a execução orçamentária e financeira deverá identificar os beneficiários de pagamento de sentenças judiciais, por meio de sistema de contabilidade e administração financeira (art. 10 da LRF).

2.8 RECEITAS E DESPESAS

Preocupada com a gestão fiscal e a manutenção do equilíbrio nas contas públicas, a LRF trouxe algumas diretrizes gerais, conceitos e comandos aplicados às receitas e despesas públicas, complementando e aprimorando as previsões da Lei 4.320/1964.

Nesse sentido, quanto às receitas, a LRF afirma que constituem requisitos essenciais da responsabilidade na gestão fiscal a instituição, previsão e efetiva arrecadação de todos os tributos da competência constitucional do ente da Federação, vedando-se a realização de transferências voluntárias para o ente que não observar tal norma (art. 11 da LRF).

Entende-se por *transferência voluntária* a entrega de recursos correntes ou de capital a outro ente da Federação, a título de cooperação, auxílio ou assistência financeira, que não decorra de determinação constitucional, legal ou os destinados ao Sistema Único de Saúde (art. 25 da LRF), sendo que esta não se confunde com a *transferência obrigatória*, que decorre de previsão constitucional e não pode ser restringida ou limitada.

Essa determinação para a **efetiva arrecadação** de todos os tributos prevista na LRF busca estimular uma autonomia e independência financeira dos entes federativos a partir da competência constitucional tributária que lhes é conferida, pois é comum que muitos municípios, especialmente os pequenos e do interior, por comodidade, excesso de arrecadação ou mesmo por populismo dos seus governantes, deixem de exercer sua competência tributária, apoiando-se, muitas vezes, no financiamento originário dos recursos advindos da repartição constitucional das receitas tributárias. Criticamos severamente essa postura municipal, pois acreditamos não ser possível realizar adequadamente as políticas públicas e atender às necessidades públicas constitucionalmente asseguradas sem a totalidade dos recursos financeiros que seriam oriundos de uma competência tributária que acaba por não ser exercida a partir de uma suposta facultatividade do ente federativo. Não nos parece aceitável caracterizar como sendo plenamente facultativo o exercício da competência tributária se isso puder comprometer o cumprimento das obrigações estatais, prejudicando, ao final, a própria sociedade. Portanto, embora não haja qualquer ilegalidade propriamente dita à luz do nosso ordenamento jurídico, esse comportamento seria inadequado e enfraqueceria a ideia da autonomia financeira dos entes federativos (parte do ideário do federalismo fiscal), além de contrariar o objetivo principal da Lei de Responsabilidade Fiscal (LC 101/2000), qual seja, o da gestão fiscal responsável.

Conceito relevantíssimo apresentado pela LRF, especialmente no que se refere à fixação dos limites legais para despesas de pessoal, gastos com serviços de terceiros e para o endividamento, é o de *receita corrente líquida*, apurada somando-se as receitas arrecadadas no mês em referência e nos onze anteriores (período de apuração de um ano), excluídas as duplicidades.

A finalidade da lei em fixar o conceito está, primeiramente, na padronização necessária como instrumento de gestão e planejamento, além de possibilitar ao administrador conhecer a real situação financeira do seu ente, identificando sua efetiva disponibilidade financeira. Outrossim, ao levar em consideração o período de 12 meses, neutralizam-se os efeitos da sazonalidade da arrecadação e das despesas.

Cabe registrar que o conceito de receita corrente já vinha previsto na Lei 4.320/1964,[11] sendo certo que a LRF acrescentou ao conceito clássico o conceito de liquidez, visando adequá-lo ao objetivo central da LRF que é a busca do equilíbrio fiscal.

Segundo a lei (art. 2º, IV), **receita corrente líquida (RCL)** é o somatório das receitas tributárias, de contribuições, patrimoniais, industriais, agropecuárias, de serviços, transferências correntes e outras receitas também correntes, deduzidos: a) na União, os valores transferidos aos Estados e Municípios por determinação constitucional ou legal, e as contribuições mencionadas na alínea *a* do inciso I e no inciso II do art. 195, e no art. 239

---

[11] O conceito clássico de "receita corrente" está contido no art. 11 da Lei 4.320/1964, segundo o qual "a receita classificar-se-á nas seguintes categorias econômicas: Receitas Correntes e Receitas de Capital. § 1º São Receitas Correntes as receitas tributária, patrimonial, industrial e diversas e, ainda as provenientes de recursos financeiros recebidos de outras pessoas de direito público ou privado, quando destinadas a atender despesas classificáveis em despesas correntes. § 2º São receitas de capital as provenientes da realização de recursos financeiros oriundos de constituição de dívidas; da conversão em espécie, de bens de direitos; os recursos recebidos de outras pessoas de direito público ou privado destinados a atender despesas classificáveis em despesas de capital e, ainda, o superávit do Orçamento Corrente".

da Constituição; b) nos Estados, as parcelas entregues aos Municípios por determinação constitucional; c) na União, nos Estados e nos Municípios, a contribuição dos servidores para o custeio do seu sistema de previdência e assistência social e as receitas provenientes da compensação financeira citada no § 9º do art. 201 da Constituição.

Importante destacar que, dentro do conceito da receita corrente líquida, conforme lembra Pedro Lino,[12] não se consideram os recebimentos esporádicos e episódicos, tais como os decorrentes das receitas de capital (operações de crédito, alienação de bens, amortização de empréstimos e transferências de capital).

Portanto, integram o conceito de receita corrente líquida os seguintes valores: a) *a receita tributária*: oriunda da cobrança de impostos, taxas e contribuição de melhoria (art. 11 da Lei 4.320/1964 e seus parágrafos), acrescida das contribuições sociais e econômicas; b) *a receita patrimonial*: decorrente do resultado financeiro obtido do patrimônio público, isto é, de bens móveis e imóveis ou advinda de participação societária ou de *superávits* apurados das operações de alienações de bens patrimoniais; c) *a receita industrial*: decorrente de atividades industriais exploradas pelo ente público; d) *as receitas agropecuárias*: provenientes das atividades ou explorações agropecuárias (produção vegetal e animal e derivados, beneficiamento ou transformações desses produtos, em instalações nos próprios estabelecimentos); e) *a receita de serviços*: que provém da prestação de serviços de comércio, transporte, serviços hospitalares e congêneres; f) *as transferências correntes*: recebidas de outras pessoas de direito público, de origem obrigatória (constitucional) ou voluntária (convênios e acordos), ou, ainda, as advindas de pessoas privadas para determinados fins; g) *outras receitas correntes*: são as provenientes de multas, juros de mora, indenizações e restituições, da cobrança da dívida ativa e outras. E, desse somatório, deduzem-se: *I – no caso da União*: a) os valores transferidos aos Estados e Municípios, por determinação constitucional ou legal, como os Fundos de Participação e os recursos do SUS; b) as contribuições mencionadas na alínea *a* do inciso I e inciso II do art. 195 e do art. 239 da Constituição Federal; *II – no caso dos Estados*: as parcelas entregues aos Municípios por determinação constitucional; *III – no caso da União, Estados e Municípios*: a) a contribuição dos servidores públicos para custeio de seus respectivos sistemas de previdência social; b) as receitas da compensação financeira entre os diversos regimes de previdência dos referidos entes pú-

---

[12] LINO, Pedro. *Comentários à Lei de Responsabilidade Fiscal*. São Paulo: Atlas, 2001. p. 24.

blicos e o regime geral de previdência social administrado pelo INSS; IV – o cancelamento de Restos a Pagar; V – as duplicidades.

Procurando conferir maior efetividade e aproximá-la da realidade social e econômica, a LRF ressalta que a **previsão das receitas**, além de observar as normas técnicas e legais e a respectiva metodologia de cálculo, deverá considerar os efeitos das alterações na legislação, a variação de índice de preços, do crescimento econômico e demais fatores relevantes, sendo que suas estimativas devem ser acompanhadas por demonstrativo da sua evolução, nos três anos anteriores e nos dois seguintes àquele a que se referirem (art. 12 da LRF).

Ainda, é determinado pela lei que a cada bimestre seja feita uma verificação da evolução das receitas, e caso sua realização não comporte o cumprimento das metas de resultado primário ou nominal estabelecidas no Anexo de Metas Fiscais, os Poderes e o Ministério Público promoverão, por ato próprio e nos montantes necessários, nos trinta dias subsequentes, **limitação de empenho** e movimentação financeira, segundo os critérios fixados pela Lei de Diretrizes Orçamentárias. No caso de restabelecimento da receita prevista, ainda que parcial, a recomposição das dotações cujos empenhos foram limitados dar--se-á de forma proporcional às reduções efetivadas. Ressalva-se que não serão objeto de limitação as despesas que constituam obrigações constitucionais e legais do ente, inclusive aquelas destinadas ao pagamento do serviço da dívida, e as ressalvadas pela lei de diretrizes orçamentárias (art. 9º).

A lei prevê a fixação de **metas bimestrais de arrecadação**, ao estabelecer que o Poder Executivo, até trinta dias após a publicação do orçamento anual, deverá efetuar o desdobramento das receitas em metas bimestrais de arrecadação, informando quais medidas serão adotadas para o combate à sonegação, para a cobrança da dívida ativa e dos créditos executáveis pela via administrativa (art. 13 da LRF).

A LRF preocupou-se sobremaneira com o tratamento dado à realização da despesa pública, que, combinado com as restrições impostas às concessões de renúncias e benefícios fiscais, visam a garantir o almejado equilíbrio fiscal nas contas públicas.

Assim, sob o enfoque da **despesa**, a LRF inicia de maneira categórica enfatizando que serão consideradas não autorizadas, irregulares e lesivas ao patrimônio público a geração de despesa ou assunção de obrigação que não atenda às suas disposições (art. 15). Segundo ela, qualquer despesa que não esteja acompanhada de *estimativa do impacto orçamentário-financeiro* nos três primeiros exercícios de sua vigência, da sua *adequação orçamentária e financeira com a LOA, o PPA e a LDO* e, no caso de despesa obrigatória de caráter continuado, de suas medidas compensatórias, será considerada como despesa **não autorizada, irregular e lesiva ao patrimônio público**. Portanto, a inobservância dos preceitos da LRF ensejará, além desses graves efeitos da lei sobre a própria despesa, aplicação de sanção civil, penal ou administrativa ao gestor público responsável pela despesa (ordenador de despesa), sujeito, inclusive, ao tipo penal descrito no art. 359-D do Código Penal ("ordenação de despesa não autorizada", com pena de reclusão de um a quatro anos).

Determina a LRF que a criação, expansão ou aperfeiçoamento de ação governamental que acarrete aumento da despesa será acompanhado de: I – estimativa do impacto orçamentário-financeiro no exercício em que deva entrar em vigor e nos dois subsequentes; II – declaração do ordenador da despesa de que o aumento tem adequação orçamentária e financeira com a lei orçamentária anual e compatibilidade com o plano plurianual e com a lei de diretrizes orçamentárias. Considera-se adequada com a lei orçamentária anual a despesa objeto de dotação específica e suficiente, ou que esteja abrangida por crédito genérico, de forma que somadas todas as despesas da mesma espécie, realizadas e a realizar, previstas no programa de trabalho, não sejam ultrapassados os limites estabelecidos para o exercício. E considera-se compatível com o plano plurianual e a lei de diretrizes orçamentárias a despesa que se conforme com as diretrizes, objetivos, prioridades e metas previstos nesses instrumentos e não infrinja qualquer de suas disposições (art. 16).

A **estimativa de impacto orçamentário-financeiro** constitui a apuração do valor a ser gasto no período, decorrente da criação, expansão ou aperfeiçoamento de ação governamental que acarrete aumento da despesa, com vistas à manutenção do equilíbrio financeiro. Por ela, visa-se: a) comprovar que o crédito constante do orçamento é suficiente para cobertura da despesa que se está pretendendo realizar; b) na execução do orçamento do exercício em que a despesa está sendo criada ou aumentada, verificar se as condicionalidades estabelecidas estão sendo atendidas, visando à manutenção do equilíbrio fiscal; c) permitir o acompanhamento sistemático das informações contidas nos impactos, mediante manutenção de uma memória do que já foi decidido em termos de comprometimento para os períodos seguintes, de forma a subsidiar a elaboração dos orçamentos posteriores e permitir melhor dimensionamento quanto à inclusão de novos investimentos. A estimativa será demonstrada através de documento próprio, com as seguintes informações: I – descrição da despesa: especificação detalhada e sua correlação com os programas previstos na LOA, levando em conta a obrigatoriedade da existência de dotação específica e suficiente para aquilo a que se propõe a criação ou o aumento de despesa; II – especificação dos itens que compõem a despesa, sempre que for o caso, demonstrando as quantidades e os respectivos valores; III – programação de pagamento para o exercício em que a despesa entrar em vigor e para os dois exercícios subsequentes; IV – fonte de recurso que irá financiar a despesa; V – tipo de ação governamental: criação, expansão ou aperfeiçoamento de ação governamental ou despesa corrente obrigatória de caráter continuado decorrente de lei ou ato administrativo normativo; VI – especificação dos mecanismos de compensação da despesa, sempre que for o caso.

Por sua vez, a **declaração de ordenador de despesas** é um documento formal através do qual se afirma expressamente que a despesa cumpre as exigências constantes na LRF. Visa a confirmar que o gasto foi previamente planejado e que as premissas e metodologia de cálculo utilizadas demonstram a consistência dos dados apresentados. Consideram-se ordenadores de despesas aqueles gestores públicos titulares das Unidades Gestoras responsáveis pela autorização de empenhos e pagamentos das despesas. Sempre que for o caso, deverão ser ouvidas também as respectivas Secretaria de Planejamento e Desenvolvimento Econômico e Secretaria da Fazenda.

A LRF define como **despesa obrigatória de caráter continuado** a despesa corrente derivada de lei, medida provisória ou ato administrativo normativo que fixe para o ente a obrigação legal de sua execução por um período superior a dois exercícios. Essa despesa deverá, também, ser acompanhada de estimativa de impacto orçamentário-financeiro e da demonstração de origem dos recursos para o seu custeio. Ademais, o ato será acompanhado de comprovação de que a despesa criada ou aumentada não afetará as metas de resultados fiscais previstas no Anexo de Metas Fiscais, devendo seus efeitos financeiros, nos períodos seguintes, ser compensados pelo aumento permanente de receita ou pela redução permanente de despesa (art. 17).

Percebe-se claramente a preocupação da LRF com aquelas despesas fixas que independam da própria lei orçamentária, ou seja, que se repitam e se protraiam no tempo e que, por isso, possam afetar o planejamento orçamentário e comprometer a manutenção do equilíbrio fiscal, razão pela qual se exige a sua estimativa trienal, a indicação da origem dos recursos que as suportarão, a comprovação de que não afetarão as metas fiscais e um plano de compensação mediante aumento permanente de receitas ou diminuição de despesas. Essas despesas obrigatórias de caráter continuado caracterizam-se por: a) terem natureza de despesa corrente, ou seja, que concorrem para a manutenção e o funcionamento dos serviços públicos em geral; b) decorrem de ato normativo ou lei específica; c) prolongam-se por pelo menos dois anos, sejam elas despesas novas ou a prorrogação de anteriores criadas por prazo determinado. São, tipicamente, as despesas com o preenchimento de novas funções ou cargos públicos, novas gratificações remuneratórias, concessão de aumento salarial real ao funcionalismo etc. Registre-se que tais condições não se aplicam às despesas destinadas ao serviço da dívida (juros), nem à revisão anual de remuneração de pessoal de que trata o inciso X do art. 37 da Constituição (mero reajustamento ou recomposição inflacionária).

Registre-se o entendimento de que as substituições de pessoal em decorrência de aposentadoria, falecimento ou exoneração não acarretam criação ou aumento de despesa, mas apenas a reposição do servidor, não se aplicando o disposto no art. 17 da LRF.[13]

Quanto às despesas classificadas como "**restos a pagar**", assim conceituadas as despesas empenhadas mas não pagas até o dia 31 de dezembro (art. 36 da Lei 4.320/1964), é vedado ao titular de Poder ou órgão público, nos últimos dois quadrimestres do seu mandato, contrair obrigação de despesa que não possa ser cumprida integralmente dentro dele, ou que tenha parcelas a serem pagas no exercício seguinte sem que haja suficiente disponibilidade de caixa, sendo para tanto considerados os encargos e despesas compromissadas a pagar até o final do exercício (art. 42 da LRF).

Cabe registrar que a Emenda Constitucional 95/2016, originária da "PEC do Teto dos Gastos Públicos",[14] incluiu os arts. 106 a 114 no ADCT para instituir o **Regime Fiscal das Despesas**, no âmbito dos Orçamentos Fiscal e da Seguridade Social, para todos os Poderes da União (Executivo, Judiciário e Legislativo, inclusive o Tribunal de Contas da União, o Ministério Público da União, o Conselho Nacional do Ministério Público e a Defensoria Pública da União), através do qual se estabelece, por vinte exercícios financeiros, um limite de gastos individualizado para a despesa primária total em cada ano (excluídas as relativas à dívida pública) para cada Poder, corrigido apenas pela variação do Índice Nacional de Preços ao Consumidor Amplo – IPCA/IBGE (ou de outro índice que vier a substituí-lo). Portanto, não poderá haver crescimento real das despesas públicas federais, e o gasto de cada ano se limitará às despesas do ano anterior apenas corrigidas pela inflação, e assim sucessivamente nos anos seguintes.

---

[13] SILVA, Moacir Marques da; AMORIM, Francisco Antonio; SILVA, Valmir Leôncio da. *Lei de Responsabilidade Fiscal para os municípios*. 2. ed. São Paulo: Atlas, 2007. p. 40.

[14] A grave crise fiscal pela qual o Brasil passava ao longo dos anos de 2015 e 2016, situação repetida em diversos entes da Federação (especialmente os Estados do Rio de Janeiro, Rio Grande do Sul e Minas Gerais, que decretaram "Estado de Calamidade Financeira"), impôs ao Governo Federal o encaminhamento ao Congresso Nacional da Proposta de Emenda Constitucional 241/2016 (no Senado Federal sob o 55/2016), que deu origem à Emenda Constitucional 95/2016, visando à retomada do crescimento econômico e à recondução da situação financeira ao equilíbrio fiscal sustentável.

Embora esta emenda constitucional não traga alteração direta nos dispositivos da LRF, enquanto viger o modelo do Regime Fiscal das Despesas Públicas previsto na EC 95/2016, a restrição orçamentária aos gastos imporá aos governantes a retomada da cultura de responsabilidade fiscal e a adoção de uma nova mentalidade para a definição das opções prioritárias nas despesas e investimentos públicos, devendo o administrador público atuar republicanamente com sabedoria para enfrentar a escassez de recursos diante das "escolhas trágicas" e priorizar o real interesse dos cidadãos.

2.9 RENÚNCIAS DE RECEITAS E OS INCENTIVOS FISCAIS

Com razão e propriedade, fundada nas ideias de transparência e de controle, a Lei de Responsabilidade Fiscal confere às renúncias de receitas similar importância e tratamento dados aos gastos públicos. Na realidade, o efeito financeiro entre uma renúncia de receita e um gasto é o mesmo, já que aquele determinado recurso financeiro cujo ingresso era esperado nos cofres públicos deixa de ser arrecadado por força de alguma espécie de renúncia fiscal. O termo usual atribuído a esses benefícios é "Tax Expenditure" ou gasto tributário.

As **renúncias de receitas** concedidas a título de incentivos fiscais se operacionalizam, em regra, através de anistias, remissões, subsídios, créditos fiscais, isenções, redução de alíquotas ou base de cálculo.

Anistia é a exclusão do crédito fiscal a partir do perdão da infração e das penalidades correspondentes, com a dispensa do pagamento de multa e juros de mora (já a dispensa do pagamento do valor principal devido é feito apenas pela *remissão*). Hoje em dia, a anistia não é mais vista como um favorecimento subjetivo e individual desprovido de fundamento e de interesse público, mas sim como uma forma de beneficiar toda a sociedade dentro de programas que incentivam o pagamento de dívidas e a recuperação de créditos.

Remissão é a dispensa do pagamento total ou parcial do próprio crédito fiscal, concedida a partir da consideração: I – da situação econômica do sujeito passivo; II – do erro ou ignorância escusáveis do sujeito passivo, quanto a matéria de fato; III – da diminuta importância do crédito tributário; IV – de considerações de equidade, em relação com as características pessoais ou materiais do caso; V – das condições peculiares a determinada região do território da entidade tributante.

Subsídio é a diferença entre o preço real de um produto e o preço pelo qual ele acaba sendo oferecido ao mercado (abaixo do real), a partir da concessão deste benefício pelo Estado ao particular (produtor ou comerciante), como medida para corrigir distorções de preço no mercado, ou para equilibrar a concorrência, ou mesmo para incentivar a produção e consumo de determinados bens, desde que considerados de interesse público. O vocábulo deriva da palavra latina *subsidium*, que traduz a ideia de reforço, auxílio. Trata-se de instrumento de intervenção no domínio econômico pelo Estado e decorre das dotações orçamentárias classificadas como "subvenções econômicas".

Crédito presumido representa uma maneira indireta de redução do montante do tributo a ser pago, mediante a permissão de um ressarcimento ou compensação correspondente à parcela ou total do valor devido do próprio tributo a ser apurado, incidente sobre determinadas operações.

Isenção é a dispensa do pagamento de determinado tributo ou obrigação fiscal a partir de norma específica que impede a ocorrência do fato gerador, por retirar da hipótese de incidência uma parte do seu campo de ocorrência. Assim, apesar de a previsão geral do tributo permitir sua incidência genérica, para determinados fatos, circunstâncias ou pessoas abrangidas pela norma isentiva, a obrigação fiscal não se materializará (diferente da *remissão*, que é o perdão de um débito oriundo de uma obrigação já ocorrida).

Redução de alíquota ou base de cálculo é a modificação dos critérios quantitativos de incidência dos tributos, afetando a forma de calcular a obrigação tributária e reduzindo, ao final, a carga fiscal em determinada operação.

Os efeitos concretos dessas renúncias fiscais são: a) redução na arrecadação potencial; b) aumento da disponibilidade econômica e financeira do contribuinte; c) exceção à regra jurídica impositiva geral. E o seu efeito esperado é o incentivo à adoção de uma determinada prática ou conduta do beneficiário do incentivo que ofereça e gere um ganho à comunidade diretamente relacionada ou à sociedade em geral.

Todavia, apesar da justificativa para a adoção de tais medidas – favorecimento a determinados setores, atividades, regiões ou agentes – ter sempre como finalidade o interesse público, na linha de uma determinada política econômica ou social, o ideal do federalismo cooperativo acaba, na prática, desvirtuado e gerando uma competição horizontal entre os entes da Federação, fenômeno comumente conhecido por "guerra fiscal".

Questiona-se, porém, se os incentivos fiscais concedidos através de renúncias às receitas públicas são mais ou menos eficientes em relação aos subsídios ou transferências financeiras diretas, na busca do fomento e do desenvolvimento de determinadas atividades, regiões ou de setores econômicos ou sociais.[15] Nesse sentido, deve-se ponderar se o custo dos incentivos fiscais concedidos gera em contrapartida os resultados esperados (custo/benefício) e se esses resultados são equivalentes aos da aplicação direta dos subsídios ou transferências financeiras.

---

[15] NEUMARK, Fritz. *Problemas económicos y financieros del Estado intervencionista*. Madrid: Editorial de Derecho Financiero, 1964.

O debate, entretanto, acaba ganhando um viés político, na medida em que o direcionamento dos recursos públicos oferecidos ao setor privado criaria uma imagem de Estado interventor e diretivo, se comparado à imagem de Estado liberal, no caso de este, ao invés de vincular a aplicação de recursos, simplesmente transferir para o setor privado a decisão de alocação de recursos originários das renúncias fiscais nas áreas que indicar como prioritárias.

Sem desconsiderar a necessidade de otimização dos resultados por uma ou outra via, o fato é que, enquanto os subsídios ou transferências diretas de recursos financeiros são obrigatoriamente registrados nos orçamentos pelo valor efetivamente despendido, como espécie de despesa pública – o que demanda uma reavaliação anual da sua conveniência e interesse da sua manutenção –, os montantes financeiros dos incentivos fiscais concedidos através de renúncias não são quantificados e, por consequência, não são registrados nas peças orçamentárias, dificultando seu controle e percepção do resultado, não apenas pelo gestor público, como também, e principalmente, pela sociedade.

Assim, para conferir maior racionalidade, controle e transparência, a LRF determinou que a concessão ou ampliação de incentivo ou benefício de natureza tributária da qual decorra renúncia de receita deverá estar acompanhada de estimativa do impacto orçamentário-financeiro no exercício em que deva iniciar sua vigência e nos dois seguintes, atender ao disposto na lei de diretrizes orçamentárias, bem como observar pelo menos uma das seguintes condições: I – demonstração pelo proponente de que a renúncia foi considerada na estimativa de receita da lei orçamentária, e de que não afetará as metas de resultados fiscais previstas no anexo próprio da lei de diretrizes orçamentárias; II – estar acompanhada de medidas de compensação, por meio do aumento de receita, proveniente da elevação de alíquotas, ampliação da base de cálculo, majoração ou criação de tributo ou contribuição (art. 14).

A LRF faz, no § 3º deste dispositivo, a ressalva de que essa regra não se aplica às alterações das alíquotas dos impostos previstos nos incisos I, II, IV e V do art. 153 da Constituição Federal de 1988 (II, IE, IPI e IOF). Isso porque, por terem natureza extrafiscal, faz parte da própria metodologia e estrutura daqueles tributos a alternância e variabilidade da carga fiscal na sua incidência, não caracterizando a eventual redução de alíquota uma renúncia fiscal. Igualmente, a ressalva é feita quanto ao cancelamento de débito cujo montante seja inferior ao dos respectivos custos de cobrança, por força do princípio da eficiência.

Essas exigências, aliás, acompanham a previsão do art. 165, § 6º, da Constituição, o qual impõe que o projeto de Lei Orçamentária Anual seja acompanhado de demonstrativo regionalizado do efeito, sobre as receitas e despesas, decorrente de isenções, anistias, remissões, subsídios e benefícios de natureza financeira, tributária e creditícia. Da mesma forma, a Emenda Constitucional 95/2016 inseriu o art. 113 ao ADCT, prevendo que a "proposição legislativa que crie ou altere despesa obrigatória ou renúncia de receita deverá ser acompanhada da estimativa do seu impacto orçamentário e financeiro".

2.10 DESPESAS DE PESSOAL

Dentre as despesas públicas em geral, as despesas de pessoal são consideradas pela Lei de Responsabilidade Fiscal como um dos aspectos mais relevantes dos gastos estatais, dedicando um capítulo específico à matéria.

Algumas circunstâncias justificam a LRF disciplinar as despesas de pessoal com tanta rigidez e minudência. Em primeiro lugar, recorde-se de que o art. 19 do ADCT[16] conferiu estabilidade a um contingente considerável de servidores que não haviam ingressado no serviço público por concurso, mas que já estivessem, na data de entrada em vigor da Constituição de 1988, em exercício há pelo menos 5 anos. Esta situação, naturalmente, gerou uma série de outros gastos, não apenas com salários, mas também com pagamento de benefícios, pensões e aposentadorias.

Mesmo antes de a LRF tratar do tema, a Constituição Federal de 1988 já impunha algumas condições para a realização das despesas com pessoal: a) possuir prévia dotação orçamentária e não exceder os limites estabelecidos em lei complementar (art. 169 da CF/1988); b) ser vedada a vinculação ou equiparação de quaisquer espécies remuneratórias para o efeito de remuneração de pessoal do serviço público (art. 37, XIII, da CF/1988); c) os acréscimos pecuniários percebidos por servidor público não serão computados nem acumulados para fins de concessão de acréscimos ulteriores (art. 37, XIII e IV, da CF/1988).

Para a LRF, a **despesa total com pessoal** é considerada pelo somatório dos gastos do ente da Federação com os ativos, os inativos e os pensionistas, relativos a mandatos eletivos, cargos, funções ou empregos, civis, militares e de membros de Poder, com quaisquer espécies remuneratórias, tais como vencimentos e vantagens, fixas e variáveis, subsídios, proventos da aposentadoria, reformas e pensões, inclusive adicionais, gratificações, horas extras e vantagens pessoais de qualquer natureza, bem como encargos sociais e contribuições recolhidas pelo ente às entidades de previdência (art. 18 da LRF). Ficam de fora do rol das despesas com pessoal, e não devem ser computadas,

---

[16] ADCT: "Art. 19. Os servidores públicos civis da União, dos Estados, do Distrito Federal e dos Municípios, da administração direta, autárquica e das fundações públicas, em exercício na data da promulgação da Constituição, há pelo menos cinco anos continuados, e que não tenham sido admitidos na forma regulada no art. 37, da Constituição, são considerados estáveis no serviço público".

além daquelas parcelas de cunho indenizatório, tais como diárias e ajudas de custo, as seguintes despesas (art. 19, § 1º, da LRF): a) de indenização por demissão de servidores ou empregados; b) relativas a incentivos à demissão voluntária; c) derivadas da aplicação do disposto no inciso II do § 6º do art. 57 da Constituição, uma vez que a retribuição pecuniária a que têm direito os membros do Congresso Nacional, quando convocados para atuar na sessão legislativa extraordinária, terá cunho indenizatório.[17]

Outrossim, para que não ocorra burla à regra, determina a LRF que a despesa relativa aos contratos de terceirização de mão de obra que se referem à substituição de servidores e empregados públicos deve se enquadrar em um subitem da despesa de pessoal e deve ser considerada para fins de inclusão no limite de gastos previsto na lei. Tal imposição se aplica, desde que se refira, exclusiva e especificamente, aos contratos de terceirização para a substituição de servidores ou de empregados públicos integrantes das categorias funcionais abrangidas por plano de cargos do quadro de pessoal do órgão ou ente, e não para todo e qualquer contrato de terceirização de mão de obra (independentemente da legalidade ou validade destes contratos).

A fim de se apurar a despesa total com pessoal, deve-se somar aquela realizada no mês em referência com aquelas dos onze meses imediatamente anteriores, adotando-se o *regime de competência* (§ 2º). Por esse regime, de acordo com o inciso II do art. 35 da Lei 4.320/1964, somente pertencem a um determinado exercício financeiro as despesas nele legalmente empenhadas.

E, para dar efetividade às previsões constitucionais, a LRF apresenta os seguintes requisitos que deverão ser observados para a criação, majoração ou prorrogação de despesas de pessoal: a) como despesa de natureza continuada, deverá ser precedida de uma estimativa de impacto orçamentário e de comprovação de que não afetará as metas de resultados fiscais, demonstrando-se sua adequação à lei orçamentária e compatibilidade com o plano plurianual e lei de diretrizes orçamentárias (arts. 16 e 17, §§ 1º e 2º, da LRF); b) será vedado ato de que resulte aumento da despesa com pessoal expedido nos cento e oitenta dias anteriores ao final do mandato do titular do respectivo Poder ou órgão (art. 21, parágrafo único, da LRF); c) deverá

---

[17] A LRF, por ter sido publicada em 2000, ainda prevê o pagamento de retribuição, com caráter indenizatório, aos membros do Congresso Nacional, quando convocados para atuar na sessão legislativa extraordinária. Contudo, o § 7º do art. 57 da Constituição, com redação dada pela EC 50/2006 (portanto, posterior à LRF), veda o pagamento de parcela indenizatória aos parlamentares em razão da convocação extraordinária. Em razão disto, por colidir com o disposto na Constituição, resta inaplicável a alínea "III", § 1º do art. 19 da LRF.

ser verificado quadrimestralmente o atendimento aos limites previstos na lei (art. 22 da LRF); d) observância às consequências no atingimento do chamado "limite prudencial",[18] no percentual de 95% dos valores estabelecidos como teto de despesa de pessoal (art. 22, parágrafo único, da LRF).

Atendendo ao disposto no art. 169 da Constituição, que estabelece a necessidade de fixação por lei complementar de **limites máximos para as despesas de pessoal** ativo e inativo de todos os Poderes e entes federativos, os arts. 19 e 20 da LRF preveem que: a) a **despesa total com pessoal** (limites globais), não se computando aquelas excetuadas nos §§ 1º e 2º do art. 19, em cada período de apuração e em cada ente da Federação, não poderá exceder os percentuais da receita corrente líquida, conforme os a seguir discriminados: I – União: 50% (cinquenta por cento); II – Estados: 60% (sessenta por cento); III – Municípios: 60% (sessenta por cento); b) a repartição dos limites globais anteriormente citados não poderá exceder os seguintes percentuais de **limites por poder, órgão e ente federativo**: I – na esfera federal: a) 2,5% (dois inteiros e cinco décimos por cento) para o Legislativo, incluído o Tribunal de Contas da União; b) 6% (seis por cento) para o Judiciário; c) 40,9% (quarenta inteiros e nove décimos por cento) para o Executivo; d) 0,6% (seis décimos por cento) para o Ministério Público da União; II – na esfera estadual: a) 3% (três por cento) para o Legislativo, incluído o Tribunal de Contas do Estado; b) 6% (seis por cento) para o Judiciário; c) 49% (quarenta e nove por cento) para o Executivo; d) 2% (dois por cento) para o Ministério Público dos Estados; III – na esfera municipal: a) 6% (seis por cento) para o Legislativo, incluído o Tribunal de Contas do Município, quando houver; b) 54% (cinquenta e quatro por cento) para o Executivo.

Se esses limites específicos para os Poderes, órgãos e entes federativos forem ultrapassados, o percentual excedente terá de ser eliminado nos dois quadrimestres seguintes, sendo pelo menos um terço no primeiro. E, enquanto não for alcançada a redução no prazo estabelecido, e enquanto perdurar o excesso, o ente não poderá: I – receber transferências voluntárias; II – obter garantia, direta ou indireta, de outro ente; III – contratar operações de crédito, ressalvadas as destinadas ao refinanciamento da dívida mobiliária e as que visem à redução das despesas com pessoal (art. 23 da LRF).

Entretanto, mesmo antes de se chegar aos valores máximos para as despesas de pessoal, a LRF instituiu um valor prévio, considerado como sendo um "limite prudencial", no percentual de 95% dos montantes máximos previstos na lei para, quando atingido, gerar efeito acautelatório e

---

[18] FIGUEIREDO, Carlos Mauricio; NÓBREGA, Marcos. *Responsabilidade fiscal*: aspectos polêmicos. Belo Horizonte: Fórum, 2006. p. 76.

preventivo, vedando-se ao Poder ou órgão que houver incorrido no excesso: I – conceder vantagem, aumento, reajuste ou adequação de remuneração a qualquer título, salvo os derivados de sentença judicial ou de determinação legal ou contratual, ressalvada a revisão prevista no inciso X do art. 37 da Constituição; II – criar cargo, emprego ou função; III – alterar estrutura de carreira que implique aumento de despesa; IV – prover cargo público, admitir ou contratar pessoal a qualquer título, ressalvada a reposição decorrente de aposentadoria ou falecimento de servidores das áreas de educação, saúde e segurança; V – contratar hora extra, salvo no caso do disposto no inciso II do § 6º do art. 57 da Constituição e as situações previstas na Lei de Diretrizes Orçamentárias (art. 22 da LRF).

Assim, esse mecanismo funciona como um "sinal de perigo", não apenas para alertar o poder público da aproximação dos limites máximos quando se chegar a 95% deles, mas, principalmente, por impor ao gestor restrições de gastos que evitam seu atingimento.

2.11 DESPESAS COM A SEGURIDADE SOCIAL

Outra despesa relevante para a manutenção das contas públicas e que ganhou destaque em capítulo próprio na LRF foi aquela com a **seguridade social**. Segundo o art. 194 da Constituição, a seguridade social compreende um conjunto integrado de ações de iniciativa dos Poderes Públicos e da sociedade, destinadas a assegurar os direitos relativos à saúde, à previdência e à assistência social.

Os valores e benefícios pagos à população em geral relativos à saúde (Lei 8.080/1990), à previdência social (Lei 8.213/1991) e à assistência social (Lei 8.743/1993) deverão possuir uma fonte de custeio própria, pois a seguridade social será, nos termos do art. 195 da Constituição, financiada por toda a sociedade, de forma direta e indireta, mediante recursos provenientes dos orçamentos da União, dos Estados, do Distrito Federal e dos Municípios, e das seguintes contribuições sociais: I – do empregador, da empresa e da entidade a ela equiparada na forma da lei, incidentes sobre: a) a folha de salários e demais rendimentos do trabalho pagos ou creditados, a qualquer título, à pessoa física que lhe preste serviço, mesmo sem vínculo empregatício; b) a receita ou o faturamento; c) o lucro; II – do trabalhador e dos demais segurados da previdência social, podendo ser adotadas alíquotas progressivas de acordo com o valor do salário de contribuição, não incidindo contribuição sobre aposentadoria e pensão concedidas pelo regime geral de previdência social de que trata o art. 201; III – sobre a receita de concursos de prognósticos; IV – do importador de bens ou serviços do exterior, ou de quem a lei a ele equiparar.

Conforme estabelece a LRF (art. 24), nenhum benefício ou serviço relativo à seguridade social poderá ser criado, majorado ou estendido sem a indicação da fonte de custeio total, nos termos do § 5º do art. 195 da Constituição, atendidas ainda as exigências do art. 17, ou seja, deverão ser acompanhados de estimativa de impacto orçamentário-financeiro trienal, da indicação da origem dos recursos que a suportarão, da comprovação de que não afetarão as metas fiscais e de um plano de compensação mediante aumento permanente de receitas ou diminuição de despesas. Entretanto, é dispensado da referida compensação o aumento de despesa decorrente de: I – concessão de benefício a quem satisfaça as condições de habilitação prevista na legislação pertinente; II – expansão quantitativa do atendimento e dos serviços prestados; III – reajustamento de valor do benefício ou serviço, a fim de preservar seu valor real.

2.12 TRANSFERÊNCIAS VOLUNTÁRIAS E PARA O SETOR PRIVADO

Duas espécies de repasses de recursos públicos – para as entidades da Federação e para o setor privado – também são cuidadosamente disciplinadas pela LRF nos arts. 25 a 28, com o objetivo de zelar pelo Erário.

As **transferências voluntárias** são os recursos financeiros, classificados como despesas correntes ou despesas de capital, repassados pela União aos Estados, Distrito Federal e Municípios ou dos Estados para os Municípios em decorrência da celebração de convênios, acordos, ajustes ou outros instrumentos similares cuja finalidade é a realização de obras, serviços, programas ou atividades de interesse comum.

Nos termos do art. 25 da LRF, entende-se por transferência voluntária a entrega de recursos correntes ou de capital a outro ente da Federação, a título de cooperação, auxílio ou assistência financeira, que não decorra de determinação constitucional,[19] legal[20] ou os destinados ao Sistema Único de

---

[19] **Transferências constitucionais**: são transferências, previstas na Constituição Federal, de parcelas das receitas federais arrecadadas pela União que devem ser repassadas aos Estados, ao Distrito Federal e aos Municípios, bem como de parcelas das receitas estaduais para os Municípios. O objetivo do repasse é amenizar as desigualdades regionais e promover o equilíbrio socioeconômico entre Estados e Municípios. Dentre as principais transferências da União para os Estados, o DF e os Municípios, previstas na Constituição, destacam-se: o Fundo de Participação dos Estados e do Distrito Federal (FPE); o Fundo de Participação dos Municípios (FPM); o Fundo de Compensação pela Exportação de Produtos Industrializados (FPEX); "o Fundo de Manutenção e Desenvolvimento da Educação Básica e de Valorização dos Profissionais da Educação (FUNDEB)"; e o Imposto sobre a Propriedade Territorial Rural (ITR).

[20] **Transferências legais**: são as parcelas das receitas federais arrecadadas pela União, repassadas aos Estados, ao Distrito Federal e aos Municípios, previstas em leis espe-

Saúde (SUS).[21] Portanto, tais repasses não decorrem de normas cogentes, mas sim se originam da vontade dos entes federativos para a realização de uma atividade em colaboração mútua, tendo em vista fins comuns. A Lei 4.320/1964 também disciplina as transferências de recursos da União em sentido amplo, incluindo, também, as entidades privadas sem fins lucrativos como possíveis destinatárias de repasses.

Existem três instrumentos típicos para a formalização das transferências voluntárias: o termo de convênio, o contrato de repasse e o termo de parceria. *Convênio* é qualquer instrumento que discipline a transferência de recursos públicos e tenha como partícipes órgãos da Administração Pública direta, autárquica ou fundacional, empresa pública ou sociedade de economia mista que estejam gerindo recursos repassados dos orçamentos por algum dos entes federativos, visando à execução de programas de trabalho, projeto, atividade ou evento de interesse recíproco com duração certa, em regime de mútua cooperação. Por sua vez, *contrato de repasse* é o instrumento utilizado para a transferência, entre os entes federativos, por intermédio de instituições ou agências financeiras oficiais, de recursos destinados à execução de programas governamentais, onde constarão os direitos e obrigações das partes, inclusive quanto à obrigatoriedade de prestação de contas perante o Ministério ou Secretaria competente para a execução do programa ou projeto. Nesse caso, as agências financeiras oficiais atuam como mandatárias para execução e fiscalização das transferências. Para operacionalizar esse instrumento, o Ministério ou Secretaria concedente firma termo de cooperação com a instituição ou agência financeira oficial escolhida, que passa a atuar como mandatária. Em nível federal, esse instrumento vem sendo utilizado pelo

---

cíficas. Essas leis determinam a forma de habilitação, a transferência, a aplicação dos recursos e como deverá ocorrer a respectiva prestação de contas. Dentre as principais transferências da União para os Estados, o DF e os Municípios, previstas em leis, destacam-se: o Programa Nacional de Alimentação Escolar (PNAE), o Programa Nacional de Apoio ao Transporte do Escolar (PNATE), o Programa Dinheiro Direto na Escola (PDDE), o Programa de Apoio aos Sistemas de Ensino para Atendimento à Educação de Jovens e Adultos, entre outros.

[21] **Transferências destinadas ao Sistema Único de Saúde (SUS)**: são transferências tratadas separadamente por conta da relevância do assunto, por meio da celebração de convênios, de contratos de repasses e, principalmente, de transferências fundo a fundo. O SUS compreende todas as ações e serviços de saúde estatais das esferas federal, estadual, municipal e distrital, bem como os serviços privados de saúde contratados ou conveniados. Os valores são depositados diretamente do Fundo Nacional de Saúde aos fundos de saúde estaduais, municipais e do Distrito Federal. Os depósitos são feitos em contas individualizadas, isto é, específicas dos fundos.

Governo predominantemente para execução de programas sociais nas áreas de habitação, saneamento e infraestrutura urbana, esporte, bem como nos programas relacionados à agricultura. *Termo de parceria* é o instrumento jurídico que tem sido utilizado para transferência de recursos a entidades qualificadas como Organizações da Sociedade Civil de Interesse Público – OSCIP, para o fomento e a execução das atividades de interesse público como assistência social, cultura, saúde, educação, entre outras.

Segundo o administrativista paranaense Romeu Bacellar,[22] as transferências voluntárias retratam a materialização do princípio federativo. Nas suas palavras, "a união indissolúvel dos Estados, Municípios e do Distrito Federal pressupõe, seguramente, o intercâmbio entre tais entidades da Federação e o repasse de recursos para a realização das atividades conjuntas".

Há diversos exemplos e justificativas para a implementação desse tipo de transferência, tais como a realização de um evento cultural ou esportivo, a construção de uma escola, hospital ou prédio público. Mas, talvez, a principal justificativa seja a realização das transferências voluntárias como instrumento de redistribuição de renda para atender às necessidades regionais ou locais, em que os governos subnacionais funcionariam como agentes do ente concedente (especialmente do governo central), recebendo recursos e encarregando-se da implantação de políticas sociais redistributivas em âmbito local. Mas, para coibir o uso político das transferências voluntárias, a Lei 9.504/1997 (denominada Lei Eleitoral) vedou aos agentes públicos, servidores ou não, condutas tendentes a afetar a igualdade de oportunidades entre candidatos nos pleitos eleitorais, como aquela de, nos três meses que antecedem o pleito, realizar transferência voluntária de recursos da União aos Estados e Municípios, e dos Estados aos Municípios, sob pena de nulidade de pleno direito (do ato que gerou as respectivas transferências), ressalvados os recursos destinados a cumprir obrigação formal preexistente para execução de obra ou serviço em andamento e com cronograma prefixado, e os destinados a atender situações de emergência e de calamidade pública (art. 73, VI).

Segundo a LRF, além da vedação para a utilização de recursos transferidos em finalidade diversa da pactuada (art. 25, § 2º), são exigências para a realização de transferência voluntária, além das estabelecidas na lei de

---

[22] BACELLAR FILHO, Romeu Felipe. Transferências voluntárias na Lei de Responsabilidade Fiscal: limites à responsabilização pessoal do ordenador de despesas por danos decorrentes da execução de convênio. In: CASTRO, Rodrigo Pironti Aguirre de (coord.). *Lei de Responsabilidade Fiscal*: ensaios em comemoração aos 10 anos da Lei Complementar nº 101/2000. Belo Horizonte: Fórum, 2010. p. 343.

diretrizes orçamentárias (art. 25, § 1º): I – existência de dotação específica; II – observância do disposto no inciso X do art. 167 da Constituição (vedação para pagamento de despesas com pessoal ativo, inativo e pensionista, dos Estados, do Distrito Federal e dos Municípios); III – comprovação, por parte do beneficiário, de: a) que se acha em dia quanto ao pagamento de tributos, empréstimos e financiamentos devidos ao ente transferidor, bem como quanto à prestação de contas de recursos anteriormente dele recebidos; b) cumprimento dos limites constitucionais relativos à educação e à saúde; c) observância dos limites das dívidas consolidada e mobiliária, de operações de crédito, inclusive por antecipação de receita, de inscrição em Restos a Pagar e de despesa total com pessoal; d) previsão orçamentária de contrapartida.

Como mecanismo de controle das contas públicas e equilíbrio fiscal, a LRF estabelece uma série de medidas restritivas – de natureza indutiva e sancionadora – ao recebimento das transferências voluntárias. Assim, a LRF veda a realização de transferências voluntárias para o ente que não exercer plenamente a sua competência tributária – efetiva arrecadação – no que se refere aos impostos (art. 11, parágrafo único, da LRF). Ademais, enquanto o ente federativo não reduzir, no prazo legal, a despesa total com pessoal que ultrapassar os limites definidos no art. 20 da LRF, este não poderá receber transferências voluntárias (art. 23 da LRF). Igualmente, se a dívida consolidada de um ente da Federação ultrapassar o respectivo limite e não for reconduzida ao limite legal no prazo fixado, ficará o ente também impedido de receber transferências voluntárias da União ou do Estado (art. 31 da LRF). Ademais, se as operações de crédito realizadas pelo ente federativo não atenderem às condições e limites previstos na lei, além de serem consideradas nulas, este ente não poderá receber transferência voluntária enquanto não for efetuado seu cancelamento (art. 33 da LRF). Igualmente, caso os Estados e Municípios não encaminhem no prazo suas contas ao Poder Executivo da União para consolidação e divulgação, estes ficarão impedidos de receber transferências voluntárias até que a situação seja regularizada (art. 51 da LRF). Na mesma linha, se não publicarem o Relatório Resumido da Execução Orçamentária (RREO) e o Relatório de Gestão Fiscal (RGF) nos prazos e na periodicidade prevista na LRF, também não poderão ser destinatários de transferências voluntárias (arts. 53 e 55 da LRF).

Já os **repasses financeiros para o setor privado** têm a base da sua disciplina nos arts. 26 a 28 da LRF, que visam também a resguardar o uso indevido de recursos públicos no setor privado, principalmente quando tal providência é feita para socorrer pessoas físicas em suas carências financeiras ou para cobrir déficits de pessoas jurídicas privadas. Exemplos típicos de destinação de recursos públicos para as pessoas físicas são os auxílios de caráter assistencial para pessoas carentes, com o pagamento de tratamento de saúde, distribuição de medicamentos ou de alimentos; para pessoas jurídicas, temos os repasses para entidades privadas assistenciais sem fins lucrativos, tais como as santas casas, hospitais ou escolas. Outra forma de destinação de recursos públicos para o setor privado se dá através das atividades desenvolvidas pelo BNDES, pela Caixa Econômica Federal ou pelo Banco do Brasil, quando financiam, por exemplo, projetos habitacionais ou rurais, ou para o desenvolvimento e ampliação de micro e pequenas empresas.

A medida principal determinada pela LRF é a de que tais repasses decorram sempre de lei específica[23] e que estejam em linha com a LDO e previstos na LOA. Nesse sentido, os referidos dispositivos da Lei estabelecem que a destinação de recursos realizada por qualquer ente público, inclusive a Administração indireta, fundações públicas e empresas estatais (exceto as instituições financeiras e o Banco Central do Brasil no exercício de suas atribuições precípuas), para a finalidade de cobrir necessidades de pessoas físicas ou déficits de pessoas jurídicas, através da concessão de empréstimos, financiamentos e refinanciamentos, suas prorrogações e a composição de dívidas, a concessão de subvenções e a participação em constituição ou aumento de capital, deverá ser autorizada por lei específica, atender às condições estabelecidas na lei de diretrizes orçamentárias e estar prevista no orçamento ou em seus créditos adicionais, sendo certo que os encargos financeiros, comissões e despesas congêneres não serão inferiores aos definidos em lei ou ao custo de captação, e tais recursos não poderão ser utilizados para socorrer instituições do Sistema Financeiro Nacional (exceto mediante lei específica).

2.13 DÍVIDA PÚBLICA

Como sabemos, o crédito público na sua face de receita pública é um dos instrumentos do Estado moderno para se autofinanciar, sobretudo quando as receitas financeiras originárias dos recursos próprios – transferências financeiras e receitas tributárias – não são suficientes para atender às despesas públicas.

---

[23] "O prefeito realizou doações a pessoas físicas de medicamentos obtidos mediante recursos públicos no valor de um mil duzentos e sessenta reais sem que houvesse previsão legal para tanto, o que constitui, em tese, crime de responsabilidade por infringência ao art. 26 da LC nº 101/2000. Sucede que é impossível aplicar o princípio da insignificância, visto que não se pode ter por insignificante o desvio de bens públicos por prefeito, que deve obediência aos mandamentos legais e constitucionais, principalmente ao princípio da moralidade pública. Isso posto, a Turma deu provimento ao recurso para receber a denúncia nos termos da Súm. nº 709-STF. Precedentes citados: Pet 1.301/MS, *DJ* 19.03.2001, e REsp 617.491/PE, *DJ* 16.11.2004" (STJ, REsp 677.159, Rel. Min. José Arnaldo da Fonseca, j. 22.02.2005).

Um dos grandes objetivos da Lei de Responsabilidade Fiscal era o de administrar o crescente e desproporcional passivo da dívida pública existente no momento da sua edição, bem como controlar o endividamento público futuro, de maneira a permitir o crescimento sustentado do Estado brasileiro.

Na segunda metade do século XX, a redução e o controle do déficit público se tornaram os principais focos de preocupação econômica das nações ocidentais, decorrente dos gastos e investimentos de recuperação no pós-guerra, seguido da crise do petróleo na década de 1970, das crises financeiras da década de 1990 (Ásia, Rússia, México etc.) e da década de 2000 (estouro da bolha NASDAQ, atentados terroristas de 11 de setembro, crise europeia em 2008 etc.). Esses fatores geraram, ao longo dos anos, elevados índices de inflação, altas taxas de desemprego e significante redução do PIB mundial, demandando vultosos investimentos públicos para reaquecer a economia e o desenvolvimento social, tendo no endividamento estatal seu mecanismo de financiamento.

No Brasil, a dívida líquida do setor público havia dobrado nos cinco anos anteriores à promulgação da Lei de Responsabilidade Fiscal (entre os anos de 1995 e 2000, saltou de 24% para 50% do PIB), por força dos programas de saneamento financeiro dos Estados e dos Municípios, fortalecimento das instituições financeiras federais (Banco do Brasil, Caixa Econômica Federal etc.), reconhecimento de "esqueletos" financeiros, elevação dos juros nominais, desvalorização cambial, programas de governo e outros fatores circunstanciais.[24]

---

[24] As causas do crescimento da dívida pública encontram-se bem descritas no relato a seguir: "1 – O principal fator de aumento da dívida foram os programas de saneamento financeiro de Estados e Municípios. Inclui-se aqui também o apoio à reestruturação e privatização dos bancos estaduais. 2 – O programa de fortalecimento dos bancos públicos federais, iniciado com a capitalização do Banco do Brasil, em 1996, foi posteriormente complementado, em 2001, com medidas de saneamento, incluindo a capitalização da Caixa Econômica Federal, Banco do Nordeste e Banco da Amazônia. 3 – O reconhecimento dos chamados 'esqueletos' – passivos que, embora já existissem, eram antes ocultados das estatísticas da dívida pública. Parte dos desequilíbrios encontrados nos bancos públicos federais poderia perfeitamente ser classificada como 'esqueletos'. Apesar do impacto financeiro, o reconhecimento dos 'esqueletos' contribuiu para conferir maior transparência e confiabilidade aos números da dívida pública, o que se traduz em menores custos de rolagem e maiores prazos de vencimento. 4 – Os juros nominais, juntamente com a desvalorização cambial, decorrente da existência de títulos públicos denominados em reais, mas atrelados à variação da taxa de câmbio, foram responsáveis também pela elevação da dívida. 5 – Os programas e ações de governo que implicaram a emissão de títulos também contribuíram para o aumento da dívida. Entre esses programas, destacam-se a Lei Complementar nº 87/1996, chamada 'Lei Kandir', o Programa de Financiamento

Diante desse cenário, passou-se a buscar um comportamento moderado, equilibrando-se as contas públicas sem descartar o endividamento e o déficit, instrumentos importantes para garantir o fluxo de investimentos, estimular a criação de empregos, o crescimento da renda e o desenvolvimento social e econômico. Nas palavras de Maria Rita Loureiro,[25]

> O que se espera dos governos de hoje é a capacidade de manter déficits moderados, evitando tanto os custos elevados do serviço da dívida, quanto controles extremados do orçamento, que geram recessão e desemprego e, com eles, mais déficit.

Constou da Exposição de Motivos[26] da LRF que esta lei, dentre outros propósitos, "tem como objetivo a drástica e veloz redução do déficit público e a estabilização do montante da dívida pública em relação ao Produto Interno Bruto da economia". Para tanto, a LRF estabeleceu conceitos básicos de dívida pública e fixou limites para endividamento e operações de crédito, ao dispor sobre regras para a recondução da dívida aos limites de endividamento, na busca do equilíbrio fiscal.

Segundo Diogo de Figueiredo Moreira Neto, "a dívida pública tem um conceito amplíssimo, entendida como a totalidade dos compromissos assumidos pelo Estado, com os respectivos acréscimos pactuados".[27]

Para se garantir a efetividade dos princípios de transparência, controle e responsabilidade pregados pela LRF, e, sobretudo, poder-se dimensionar o seu real peso no orçamento, a Dívida Pública precisa ser identificada e registrada de forma detalhada, clara e precisa, destacando-se individualmente o tipo de dívida contraída, seu montante, o prazo de vencimento, os encargos incidentes e as garantias oferecidas.

Com esse objetivo, a LRF inicia o capítulo VII intitulado "Da Dívida e do Endividamento" apresentando os seguintes **conceitos e definições** perti-

---

 às Exportações – Proex, o refinanciamento das dívidas dos produtores rurais e o programa de Reforma Agrária" (NASCIMENTO, Edson Ronaldo; DEBUS, Ilvo. *Lei Complementar nº 101/2000*: entendendo a Lei de Responsabilidade Fiscal. 2. ed. Brasília: Editora do Tesouro Nacional, 2001. p. 45-48).

[25] LOUREIRO, Maria Rita. *O controle do endividamento público no Brasil*: uma perspectiva comparada com os Estados Unidos. Rio de Janeiro: FGV – Núcleo de Pesquisas e Publicações, 2003. p. 8.

[26] E.M. Interministerial 106/MOG/MF/MPAS (13.04.1999).

[27] MOREIRA NETO, Diogo de Figueiredo. *Considerações sobre a Lei de Responsabilidade Fiscal*. Rio de Janeiro: Renovar, 2001. p. 204.

nentes à **dívida pública** (art. 29): I – *dívida pública consolidada ou fundada*: montante total, apurado sem duplicidade, das obrigações financeiras do ente da Federação, assumidas em virtude de leis, contratos, convênios ou tratados e da realização de operações de crédito, para amortização em prazo superior a doze meses; II – *dívida pública mobiliária*: dívida pública representada por títulos emitidos pela União, inclusive os do Banco Central do Brasil, Estados e Municípios; III – *operação de crédito*: compromisso financeiro assumido em razão de mútuo, abertura de crédito, emissão e aceite de título, aquisição financiada de bens, recebimento antecipado de valores provenientes da venda a termo de bens e serviços, arrendamento mercantil e outras operações assemelhadas, inclusive com o uso de derivativos financeiros; IV – *concessão de garantia*: compromisso de adimplência de obrigação financeira ou contratual assumida por ente da Federação ou entidade a ele vinculada; V – *refinanciamento da dívida mobiliária*: emissão de títulos para pagamento do principal acrescido da atualização monetária. Ainda, firmou o entendimento de que se equipara à operação de crédito a assunção, o reconhecimento ou a confissão de dívidas pelo ente da Federação. Integram, ademais, a dívida pública consolidada da União as relativas à emissão de títulos de responsabilidade do Banco Central do Brasil e as referentes às operações de crédito de prazo inferior a doze meses cujas receitas tenham constado do orçamento.

A LRF determina que o **refinanciamento do principal da dívida mobiliária** não poderá exceder, ao término de cada exercício financeiro, o montante do final do exercício anterior, somado ao das operações de crédito autorizadas no orçamento para este efeito e efetivamente realizadas, acrescido de atualização monetária (art. 29, § 4º, da LRF).

A ideia-chave da LRF em relação à dívida pública é a de respeitar o equilíbrio da relação financeira entre a constituição da dívida e sua capacidade de pagamento, atendendo ao disposto no inciso III do art. 167 da Constituição Federal, que proíbe que sejam realizadas operações de crédito que excedam o montante das despesas de capital, ressalvadas as autorizadas mediante créditos suplementares ou especiais com finalidade precisa, aprovados pelo Poder Legislativo por maioria absoluta. Essa "regra de ouro", que vem também consignada no art. 12, § 2º, da LRF, ao estabelecer que o montante previsto para as receitas de operações de crédito não poderá ser superior ao das despesas de capital constantes do projeto de lei orçamentária, tem por objetivo evitar o pagamento de despesas correntes com recursos decorrentes de emissão ou contratação de novo endividamento, impondo-se que os empréstimos públicos somente deverão ser destinados a gastos com investimentos e não para financiar as despesas correntes. Nessa linha, importante medida existente na LRF é a fixação de **limites para a dívida pública** e para as **operações de crédito**.

Assim, atendendo à determinação prevista no art. 30, I, da LRF para a fixação de limites globais para o montante da dívida consolidada da União, Estados e Municípios, o Senado Federal editou as Resoluções 40/2001,[28] 43/2001[29] e 48/2007.[30] As duas primeiras fixaram os limites globais para o montante da dívida pública consolidada e da dívida pública mobiliária e das operações de crédito interno e externo dos Estados, Distrito Federal e Municípios, ao passo que a última fixou os limites globais para as operações de crédito externo e interno da União, suas autarquias e demais entidades federais. Sempre que editadas ou alteradas essas normas, as respectivas propostas deverão ser acompanhadas de: I – demonstração de que os limites e condições guardam coerência com as normas estabelecidas na LRF e com os objetivos da política fiscal; II – estimativas do impacto da aplicação dos limites a cada uma das três esferas de governo; III – razões de eventual proposição de limites diferenciados por esfera de governo; IV – metodologia de apuração dos resultados primário e nominal (art. 30, § 1º, da LRF). Esses limites máximos são estabelecidos a partir de um determinado percentual incidente sobre as receitas correntes líquidas de cada um dos três entes federativos, a serem verificados quadrimestralmente (art. 30, §§ 3º e 4º, da LRF).[31] Registre-se que, na forma do art. 3º da Resolução 40/2001,

---

[28] Resolução 40/2001 do Senado Federal – Dispõe sobre os limites globais para o montante da dívida pública consolidada e da dívida pública mobiliária dos Estados, do Distrito Federal e dos Municípios, em atendimento ao disposto no art. 52, VI e IX, da Constituição Federal.

[29] Resolução 43/2001 do Senado Federal – Dispõe sobre as operações de crédito interno e externo dos Estados, do Distrito Federal e dos Municípios, inclusive concessão de garantias, seus limites e condições de autorização, e dá outras providências.

[30] Resolução 48/2007 do Senado Federal – Dispõe sobre os limites globais para as operações de crédito externo e interno da União, de suas autarquias e demais entidades controladas pelo poder público federal e estabelece limites e condições para a concessão de garantia da União em operações de crédito externo e interno.

[31] As referidas resoluções preveem que a meta para a dívida consolidada líquida dos Estados, do Distrito Federal e dos Municípios, ao final de 15 anos da sua publicação, será de: I – no caso dos Estados e do Distrito Federal, 2 (duas) vezes a receita corrente líquida; e II – no caso dos Municípios, 1,2 (um inteiro e dois décimos) vez a receita corrente líquida. As operações de crédito interno e externo dos Estados, do Distrito Federal e dos Municípios observarão, ainda, os seguintes limites: a) o percentual limite para as operações de crédito ao ano é de 16% da receita líquida corrente; b) o percentual limite para o serviço da dívida (amortizações, juros etc.) é de 11,5% da receita líquida corrente; c) o percentual limite para as operações de garantia é de 22% da receita líquida corrente, podendo chegar a 32% em determinadas condições; d) o percentual limite para as operações de crédito por antecipação de receita orçamentária é de 7% da receita líquida corrente. E, em relação à União, o montante global das operações de crédito realizadas em um exercício financeiro não poderá ser superior

os limites globais que deverão ser atendidos pelos entes subnacionais até o ano de 2016 (quinze anos após a edição da resolução) são: a) para Estados e Distrito Federal: duas vezes a receita corrente líquida; b) para os Municípios: 1,2 vezes a receita corrente líquida. Após o referido prazo de adequação aos limites de endividamento, terão início todas as sanções previstas na LRF.

E, para garantir a efetividade das imposições vistas, a LRF estabelece no seu art. 31 as regras para a **recondução da dívida aos limites** estabelecidos. Assim, se porventura a dívida consolidada de um ente da Federação ultrapassar o respectivo limite ao final de um quadrimestre, deverá ser a ele reconduzida até o término dos três subsequentes, reduzindo o excedente em pelo menos 25% (vinte e cinco por cento) no primeiro. E, enquanto perdurar o excesso, o ente que nele houver incorrido: I – estará proibido de realizar operação de crédito interna ou externa, inclusive por antecipação de receita, ressalvado o refinanciamento do principal atualizado da dívida mobiliária; II – obterá resultado primário necessário à recondução da dívida ao limite, promovendo, entre outras medidas, limitação de empenho. Vencido o prazo para retorno da dívida ao limite, e enquanto perdurar o excesso, o ente ficará também impedido de receber transferências voluntárias da União ou do Estado. Caberá ao Ministério da Fazenda (atualmente, Ministério da Economia) divulgar mensalmente a relação dos entes que tenham ultrapassado os limites das dívidas consolidada e mobiliária (art. 31 da LRF).

Especificamente em relação às **operações de crédito** (art. 32 da LRF), assim considerados os compromissos financeiros assumidos em razão de mútuo, abertura de crédito, emissão e aceite de título, aquisição financiada de bens, recebimento antecipado de valores provenientes da venda a termo de bens e serviços, arrendamento mercantil e outras operações assemelhadas, inclusive com o uso de derivativos financeiros, caberá ao Ministério da Fazenda (atualmente, Ministério da Economia) verificar o cumprimento dos limites e condições relativos à sua realização por cada ente da Federação, inclusive das empresas por eles controladas, direta ou indiretamente, mantendo um registro eletrônico centralizado e atualizado das dívidas públicas interna e externa, garantido o acesso público às informações, que incluirão os encargos e condições de contratação e os saldos atualizados e limites relativos às dívidas consolidada e mobiliária, operações de crédito e concessão de garantias.

Estabelece a LRF que, para realizar uma operação de crédito, o ente interessado deverá formalizar seu pleito, fundamentando-o em parecer de seus órgãos técnicos e jurídicos, demonstrando a relação custo-benefício,

---

a 60% (sessenta por cento) da receita corrente líquida, e o montante das garantias concedidas não poderá exceder a 60% (sessenta por cento) da receita corrente líquida.

o interesse econômico e social da operação e o atendimento das seguintes condições: I – existência de prévia e expressa autorização para a contratação, no texto da lei orçamentária, em créditos adicionais ou lei específica; II – inclusão no orçamento ou em créditos adicionais dos recursos provenientes da operação, exceto no caso de operações por antecipação de receita; III – observância dos limites e condições fixados pelo Senado Federal; IV – autorização específica do Senado Federal, quando se tratar de operação de crédito externo; V – atendimento ao disposto no inciso III do art. 167 da Constituição; VI – observância das demais restrições estabelecidas na LRF.

Ressalte-se que qualquer operação de crédito, independente do seu valor ou natureza, interna ou externa, deve sempre ser autorizada por lei específica, sob pena de incidir no tipo previsto no art. 359-A[32] do Código Penal.

Na operacionalização da operação de crédito, a instituição financeira responsável pela contratação com ente da Federação deverá exigir comprovação de que este atende às condições e limites estabelecidos. A operação de crédito realizada com infração do disposto na LRF será considerada nula, procedendo-se ao seu cancelamento, mediante a devolução do principal, vedados o pagamento de juros e demais encargos financeiros. Se a devolução não for efetuada no exercício de ingresso dos recursos, será consignada reserva específica na lei orçamentária para o exercício seguinte. Enquanto não efetuado o cancelamento, ficará o ente proibido de receber transferências voluntárias, de obter garantia, direta ou indireta, de outro ente e de contratar operações de crédito, ressalvadas as destinadas ao refinanciamento da dívida mobiliária e as que visem à redução das despesas com pessoal (art. 33 da LRF).

A LRF vedou ao **Banco Central do Brasil** emitir títulos da dívida pública a partir de dois anos após a sua publicação (art. 34 da LRF). A partir de maio de 2002, o BCB não mais emite títulos de sua responsabilidade para fins de política monetária. Desde então, o BCB tem utilizado, em suas operações de mercado aberto, exclusivamente títulos de emissão do Tesouro Nacional. Em novembro de 2006, o BCB resgatou os últimos títulos da dívida pública emitidos pela instituição que estavam circulando no mercado financeiro. Além disso, nas suas relações com qualquer ente da Federação, o Banco Central do Brasil está sujeito às vedações relativas às operações de crédito entre um

---

[32] CP: "Art. 359-A. Ordenar, autorizar ou realizar operação de crédito, interno ou externo, sem prévia autorização legislativa: Pena – reclusão, de 1 (um) a 2 (dois) anos. Parágrafo único. Incide na mesma pena quem ordena, autoriza ou realiza operação de crédito, interno ou externo: I – com inobservância de limite, condição ou montante estabelecido em lei ou em resolução do Senado Federal; II – quando o montante da dívida consolidada ultrapassa o limite máximo autorizado por lei. (Incluído pela Lei 10.028, de 2000)".

e outro ente da Federação previstas no art. 35 da LRF, e mais às seguintes: I – compra de título da dívida, na data de sua colocação no mercado, ressalvada a compra direta de títulos emitidos pela União para refinanciar a dívida mobiliária federal que estiver vencendo na sua carteira; II – permuta, ainda que temporária, por intermédio de instituição financeira ou não, de título da dívida de ente da Federação por título da dívida pública federal, bem como a operação de compra e venda, a termo, daquele título, cujo efeito final seja semelhante à permuta; III – concessão de garantia (art. 39 da LRF).

É vedada a realização de operação de crédito entre um e outro ente da Federação, diretamente ou por intermédio de fundo, autarquia, fundação ou empresa estatal dependente, inclusive suas entidades da Administração indireta, ainda que sob a forma de novação, refinanciamento ou postergação de dívida contraída anteriormente, exceto para financiar, direta ou indiretamente, despesas correntes, ou para refinanciar dívidas não contraídas junto à própria instituição concedente. Tal restrição, entretanto, não impede Estados e Municípios de comprar títulos da dívida da União como aplicação de suas disponibilidades (art. 35 da LRF). Também é proibida a operação de crédito entre uma instituição financeira estatal e o ente da Federação que a controle, na qualidade de beneficiário do empréstimo (art. 36 da LRF).

Equiparam-se a operações de crédito e estão vedados: I – captação de recursos a título de antecipação de receita de tributo ou contribuição cujo fato gerador ainda não tenha ocorrido, sem prejuízo do disposto no § 7º do art. 150 da Constituição; II – recebimento antecipado de valores de empresa em que o Poder Público detenha, direta ou indiretamente, a maioria do capital social com direito a voto, salvo lucros e dividendos, na forma da legislação; III – assunção direta de compromisso, confissão de dívida ou operação assemelhada, com fornecedor de bens, mercadorias ou serviços, mediante emissão, aceite ou aval de título de crédito, não se aplicando esta vedação a empresas estatais dependentes; IV – assunção de obrigação, sem autorização orçamentária, com fornecedores para pagamento *a posteriori* de bens e serviços (art. 37 da LRF).

Já as **operações de crédito por antecipação de receita orçamentária (ARO)** destinam-se a atender insuficiência de caixa durante o exercício financeiro. É o processo pelo qual o tesouro público está autorizado a contrair uma dívida por "antecipação de uma receita prevista", a qual será liquidada quando efetivada a entrada do respectivo numerário. A realização dessas operações cumprirá as exigências mencionadas no art. 32 e mais as seguintes: I – realizar-se-á somente a partir do décimo dia do início do exercício; II – deverá ser liquidada, com juros e outros encargos incidentes, até o dia dez de dezembro de cada ano; III – não será autorizada se forem cobrados outros encargos que não a taxa de juros da operação, obrigatoriamente prefixada ou indexada à taxa básica financeira, ou a que vier a esta substituir; IV – estará proibida: a) enquanto existir operação anterior da mesma natureza não integralmente resgatada; b) no último ano de mandato do Presidente, Governador ou Prefeito Municipal. Estas operações não serão computadas para efeito dos limites fixados no inciso III do art. 167 da Constituição, desde que liquidadas no prazo definido no inciso II do *caput* (art. 38 da LRF).

Quanto às **garantias em operações de crédito** internas ou externas, os entes federativos poderão concedê-las, desde que observadas as regras previstas na LRF (art. 40 da LRF) e os limites e as condições estabelecidos pelo Senado Federal.

Primeiramente, a LRF estabelece que a concessão de garantia estará condicionada ao oferecimento de *contragarantia*, em valor igual ou superior ao da garantia a ser concedida, e à adimplência da entidade que a pleitear relativamente a suas obrigações junto ao garantidor e às entidades por este controladas, observado o seguinte: I – não será exigida contragarantia de órgãos e entidades do próprio ente; II – a contragarantia exigida pela União a Estado ou Município, ou pelos Estados aos Municípios, poderá consistir na vinculação de receitas tributárias diretamente arrecadadas e provenientes de transferências constitucionais, com outorga de poderes ao garantidor para retê-las e empregar o respectivo valor na liquidação da dívida vencida. Quando se tratar de operação de crédito contratada perante organismo financeiro internacional, ou perante instituição federal de crédito e fomento para o repasse de recursos externos, a União somente poderá prestar garantia a ente que atenda, além das regras anteriores mencionadas, as exigências legais para o recebimento de transferências voluntárias. Também se veda às entidades da Administração indireta, inclusive suas empresas controladas e subsidiárias, conceder garantia, ainda que com recursos de fundos, exceto a concessão de garantia por: I – empresa controlada a subsidiária ou controlada sua, ou a prestação de contragarantia nas mesmas condições; II – instituição financeira a empresa nacional, nos termos da lei. Ressalvam-se das restrições da LRF as garantias prestadas por instituições financeiras estatais que se submetam às normas aplicáveis às instituições financeiras privadas e, pela União, as empresas de natureza financeira por ela controladas, direta e indiretamente, quanto às operações de seguro de crédito à exportação. Ademais, quando honrarem dívida de outro ente, em razão de garantia prestada, a União e os Estados poderão condicionar as transferências constitucionais ao ressarcimento daquele pagamento, sendo que o ente devedor terá suspenso seu acesso a novos créditos ou financiamentos até a total liquidação da mencionada dívida. Finalmente, será nula a garantia concedida acima dos limites fixados pelo Senado Federal.

2.14 CALAMIDADE PÚBLICA E SEUS EFEITOS

A LRF não ignora que determinadas circunstâncias excepcionais e extremadas podem autorizar o afastamento de algumas de suas regras e condicionantes, sobretudo no que tange ao cumprimento dos limites de gastos e de endividamento. E a pandemia da COVID-19 de 2020 deixou clara a necessidade de se ter uma "válvula de escape" normativa.

Desde a sua redação original, as situações consideradas como de *calamidade pública* já encontravam disciplina no art. 65 da LRF. Todavia, esse dispositivo foi substancialmente ampliado pela Lei Complementar nº 173, de 27 de maio de 2020, que criou o "Programa Federativo de Enfrentamento ao Coronavírus (COVID-19)", para conferir apoio financeiro aos Estados, DF e Municípios brasileiros no combate à pandemia que acometeu a humanidade.

Porém, questões fiscais decorrentes de calamidade pública passaram a ter, também, guarida na Constituição Federal, por meio da Emenda Constitucional nº 106/2020.

A **calamidade pública** pode ser definida como a situação reconhecida pelo poder público decorrente de uma circunstância extraordinária provocada por desastre natural, humano ou misto, que causa sérios danos à comunidade afetada, inclusive à incolumidade e à vida de seus integrantes.

Uma calamidade pública, seja de que espécie for – terremotos, enchentes, epidemias etc. – tem o condão de afetar as contas públicas negativamente, impondo aumento de gastos para o seu enfrentamento, bem como trazendo como consequência a redução na arrecadação de receitas públicas decorrente da queda no consumo e produção.

Neste sentido, o artigo 65 da LRF (LC nº 101/2000)[33] considera a *calamidade pública* circunstância excepcional que permite afastar temporariamente algumas das regras da lei. Assim, diante da sua decretação, devidamente chancelada pelo Poder Legislativo (Congresso Nacional, no caso da União; ou pelas Assembleias Legislativas, na hipótese dos Estados e Municípios), esse artigo autoriza a suspensão temporária (enquanto se mantiver esta situação): a) da contagem dos prazos de controle para adequação e recondução das despesas de pessoal (arts. 23 e 70) e dos limites do endividamento (art. 31); b) do atingimento das metas de resultados fiscais; e c) da utilização do mecanismo da limitação de empenho (art. 9º).

---

[33] Com a redação dada pela LC nº 173/2020. Registre-se que, no texto original do art. 65 da LRF, se consideravam também como situações extraordinárias o estado de defesa e o estado de sítio. Todavia, estas hipóteses foram suprimidas pela LC nº 173/2020.

Além disso, a partir das alterações pela LC nº 173/2020 introduzidas ao referido art. 65, também se estabeleceu que, durante a situação de calamidade pública, ficam dispensados os limites, condições e demais restrições aplicáveis à União, aos Estados, ao Distrito Federal e aos Municípios, bem como sua verificação, para: a) contratação e aditamento de operações de crédito; b) concessão de garantias; c) contratação entre entes da Federação; e d) recebimento de transferências voluntárias. Igualmente, ficam os entes desobrigados do respeito aos limites e afastadas as vedações e sanções previstas e decorrentes do art. 35 (operações de crédito entre entes da federação, direta ou indiretamente, mesmo que sob a forma de novação, refinanciamento ou postergação de dívida), do art. 37 (outras equiparações às operações de crédito) e do art. 42 (restos a pagar), bem como fica liberada a destinação específica de recursos vinculados, desde que os recursos arrecadados sejam destinados ao combate à calamidade pública, tal como é exigido no parágrafo único do artigo 8º da LRF. Outrossim, também são afastadas as condições e as vedações previstas no art. 14 (estimativa de impacto orçamentário e medidas de compensação para a concessão de benefícios tributários), no art. 16 (estimativa de impacto orçamentário e declaração de compatibilidade orçamentária para o aumento de despesas) e no art. 17 (estimativa de impacto orçamentário e indicação de recursos para a criação ou aumento de despesas de caráter continuado), desde que o incentivo ou benefício e a criação ou o aumento da despesa sejam destinados ao combate à calamidade pública.

É importante destacar que, apesar das inúmeras exceções contempladas na norma, não se afastam as disposições da LRF relativas a transparência, controle e fiscalização dos atos de gestão e das contas públicas durante a calamidade pública.

Vimos a declaração de estado de calamidade pública em nível federal em março de 2020, para enfrentar a pandemia da COVID-19, formalizada no Decreto Legislativo nº 06/2020, que reconheceu

> exclusivamente para os fins do art. 65 da Lei Complementar nº 101, de 4 de maio de 2000, notadamente para as dispensas do atingimento dos resultados fiscais previstos no art. 2º da Lei nº 13.898, de 11 de novembro de 2019, e da limitação de empenho de que trata o art. 9º da Lei Complementar nº 101, de 4 de maio de 2000, a ocorrência do estado de calamidade pública, com efeitos até 31 de dezembro de 2020, nos termos da solicitação do Presidente da República encaminhada por meio da Mensagem nº 93, de 18 de março de 2020.

E, na esteira da União, inúmeros Estados e Municípios também declararam "Estado de Calamidade Pública" durante a pandemia da COVID-19 no ano de 2020. Mas não podemos deixar de lembrar que alguns Estados brasileiros já haviam utilizado medida similar em anos anteriores. Com fundamento na grave crise financeira enfrentada no ano de 2016, agravada pelo desequilíbrio fiscal decorrente da queda de arrecadação e do aumento de gastos, os Estados do Rio de Janeiro (Decreto 45.692, de 17 de junho de 2016), do Rio Grande do Sul (Decreto 53.303, de 21 de novembro de 2016) e de Minas Gerais (Decreto 47.101, de 5 de dezembro de 2016) decretaram o "Estado de Calamidade Financeira" – equiparando-o ao estado de calamidade pública –, visando obter os benefícios do art. 65 da LRF.

Ainda dentro da circunstância do estado de calamidade pública decorrente da pandemia da COVID-19 vivida no ano de 2020, e antes mesmo das alterações feitas pela LC 173/2020 no art. 65 da LRF, que ampliaram o seu escopo, o Governo Federal buscou junto ao STF a flexibilização das regras da Lei de Responsabilidade Fiscal. Na Medida Cautelar na **ADI nº 6.357-DF**, o Ministro do STF Alexandre de Moraes, embora entendendo e registrando que "a responsabilidade fiscal é um conceito indispensável", ressalvou que a pandemia representava uma condição superveniente absolutamente imprevisível e de consequências gravíssimas, exigindo atuação urgente, duradoura e coordenada de todas as autoridades federais, estaduais e municipais em defesa da vida, da saúde e da própria subsistência econômica. Concluiu que se tornava impossível o cumprimento de determinados requisitos legais compatíveis com momentos de normalidade, sob pena de violação da dignidade da pessoa humana (art. 1º, III, CF/1988), da garantia do direito à saúde (arts. 6º, *caput*, e 196, CF/1988) e dos valores sociais do trabalho e da garantia da ordem econômica (arts. 1º, inciso I, 6º, *caput*, 170, *caput*, e 193, CF/1988), razão pela qual deferiu medida cautelar, *ad referendum* do Plenário, para:

> conceder interpretação conforme à Constituição Federal aos artigos 14, 16, 17 e 24 da Lei de Responsabilidade Fiscal e 114, *caput*, *in fine* e § 14, da Lei de Diretrizes Orçamentárias/2020, para, durante a emergência em Saúde Pública de importância nacional e o estado de calamidade pública decorrente de COVID-19, afastar a exigência de demonstração de adequação e compensação orçamentárias em relação à criação/expansão de programas públicos destinados ao enfrentamento do contexto de calamidade gerado pela disseminação de COVID-19.

Com aquela decisão, referendada pelo Plenário do STF em 13/05/2020,[34] todas as medidas financeiras que se relacionavam com o combate à COVID-19 ficaram dispensadas da demonstração de que os gastos não afetariam as metas

---

[33] O STF, por maioria, referendou a medida cautelar deferida e extinguiu a ação por perda superveniente de objeto, nos termos do voto do Relator, vencidos o Ministro

de resultados fiscais previstas na LDO, da necessidade de compensação por meio de redução de outras despesas ou de criação ou majoração de tributos ou fonte de arrecadação, assim como se dispensou da apresentação de estimativa do impacto orçamentário-financeiro e declaração do ordenador da despesa de que aqueles gastos têm adequação orçamentária e financeira com a lei orçamentária anual e compatibilidade com o plano plurianual e com a Lei de Diretrizes Orçamentárias, todas estas exigências previstas na LRF.

Por sua vez, promulgada em 07/05/2020,[35] a **Emenda Constitucional nº 106/2020** instituiu o regime extraordinário fiscal, financeiro e de contratações para o enfrentamento da calamidade pública nacional decorrente da pandemia da COVID-19, originária da PEC nº 10/2020, conhecida por "PEC do Orçamento de Guerra".[36] A medida se justificava pela necessidade de ampliação de gastos para o enfrentamento da crise sanitária sem as limitações e travas legais orçamentárias que são impostas pela Constituição Federal e pela LRF aos gastos ordinários, sobretudo no que se refere ao uso de endividamento para financiamento de despesas correntes. Criou-se uma espécie de "orçamento paralelo", mais flexível, e que facilitava as contratações, o aumento de gastos e de endividamento, tudo de maneira mais transparente, a permitir o controle das despesas destinadas ao combate da pandemia.

Esta EC nº 106/2020 foi editada – de maneira atípica – para ter uma vigência temporária, tal como prescrito no seu art. 11:

> Esta Emenda Constitucional entra em vigor na data de sua publicação e ficará automaticamente revogada na data do encerramento do estado de calamidade pública reconhecido pelo Congresso Nacional.

Especificamente em relação às questões fiscais, a emenda constitucional afastou temporariamente a aplicabilidade da conhecida "regra de ouro", prevista no inc. III do art. 167 da Constituição – que veda o endividamento para o pagamento de despesas correntes – apenas durante o período em que vigorasse o estado de calamidade pública; permitiu que operações de crédito realizadas para o refinanciamento da dívida mobiliária pudessem ser utilizadas também para o pagamento de seus juros e encargos; concedeu poderes ao Banco Central do Brasil para comprar e vender títulos e valores

---

Marco Aurélio, que não referendava a medida cautelar deferida, e o Ministro Edson Fachin, que não extinguia a ação.

[34] Diário Oficial da União: 08.05.2020, Edição 87, Seção 1, Página 1.
[35] Proposta de autoria do Deputado Rodrigo Maia (DEM/RJ), Presidente da Câmara dos Deputados, com apoio do Ministério da Economia.

mobiliários no mercado secundário, desde que possuíssem avaliação de risco positiva; e dispensou o cumprimento das restrições constitucionais e legais quanto à criação, expansão ou ao aperfeiçoamento de ação governamental que acarretasse aumento da despesa e a concessão ou ampliação de incentivo ou benefício de natureza tributária da qual decorresse renúncia de receita, desde que não se tratasse de despesa permanente, tendo como propósito exclusivo o enfrentamento do contexto da calamidade pública decretada e seus efeitos sociais e econômicos, com vigência e efeitos restritos ao período de duração da situação excepcional.

Em adição à EC nº 106/2020, o Congresso Nacional editou a **Lei Complementar nº 173/2020**, originária do PLP 39/2000, que criou o "Programa Federativo de Enfrentamento da COVID-19" e alterou alguns dispositivos da LRF (arts. 21 e 65), estabelecendo para o ano de 2020 a suspensão do pagamento de dívidas dos Estados, DF e Municípios para com a União, a reestruturação de operações de crédito interno e externo e a entrega de recursos da União aos entes subnacionais, na forma de auxílio financeiro, no montante de R$ 60 bilhões.

As alterações implementadas pela LC nº 173/2020 atingiram o art. 21 da LRF, ampliando as restrições ao aumento de gastos de pessoal nos últimos 180 dias do mandato, passando a abranger também as parcelas de aumento a serem suportadas pelo governante sucessor em exercícios fiscais seguintes, visando acabar com a prática de se deixar passivos financeiros decorrentes de aumentos salariais parcelados, também conhecidos por "esqueletos fiscais", que muitas vezes inviabilizam a gestão subsequente; e alteraram o art. 65 da LRF, ampliando-o substancialmente, por força da pandemia da COVID-19 em 2020, uma vez que a dimensão da crise demonstrou que o dispositivo original não era suficientemente capaz, por si só, de oferecer ferramentas adequadas para a atuação rápida e eficaz do poder público.

Embora reconhecendo a necessidade de regras de salvaguarda para momentos de crise que imponham o aumento da despesa pública sem que haja violação da lei ou da Constituição, não podemos nos furtar a propor uma reflexão sobre os efeitos destes gastos e endividamento extraordinários, elevada conta que será paga no futuro, quando da quitação dos empréstimos públicos contraídos, o que de alguma maneira afeta o *princípio fundamental da equidade intergeracional*, ao transferir para gerações vindouras o custo financeiro de despesas realizadas e consumidas no presente.

Ao menos, propõe-se aqui que se deva utilizar da oportunidade da autorização legal para a realização dos gastos extraordinários para se deixar um legado positivo após a superação da crise, com a criação de uma sociedade melhor, investindo-se em saúde, educação e segurança para os nossos porvindouros.

3

SANÇÕES DA LEI DE RESPONSABILIDADE FISCAL

A gestão da coisa pública demanda, por parte de seu gestor, uma conduta capaz de dar aos bens e recursos públicos a destinação adequada e conforme aos interesses da coletividade. Os atos do administrador público devem ser compatibilizados com a elevada responsabilidade que o cargo lhe impõe. Além de agir com zelo e responsabilidade, devem ser atendidas as prescrições da lei, cujo espírito é sempre a defesa do interesse público.

Ocorre que o cumprimento espontâneo dos comandos da lei não é, na prática, o que se vê acontecer em nosso país, especialmente se estamos falando do setor público, onde o gestor administra recursos de terceiros (do Estado) e nem sempre o faz com a mesma preocupação e disciplina com que faria caso se tratasse de seu próprio patrimônio.

De nada adiantariam as inúmeras prescrições jurídicas se não houvesse consequências pelo seu descumprimento.

E, para dar efetividade a suas regras, a lei prevê **sanções *institucionais* e *pessoais*** pelo descumprimento de suas normas.

As *sanções institucionais* apresentam natureza financeira e alcançam o próprio ente, órgão ou poder que descumpriu as normas da LRF. As punições podem ser: 1) suspensão das transferências voluntárias (exceto para a saúde, assistência social e educação); 2) suspensão da contratação de operações de crédito; 3) suspensão de obtenção de garantias.

As *sanções pessoais*, como o próprio nome indica, são aplicáveis diretamente à pessoa do agente público que violar a legislação fiscal, com sanções de natureza política (como a suspensão dos direitos políticos e a perda de cargo eletivo), administrativa (como a proibição de contratar com o Poder Público) e civil (como o pagamento de multas e restituição ao Erário), bem como penas de natureza criminal, que podem ensejar a restrição à liberdade.

Assim, a Lei de Responsabilidade Fiscal, ao impor ao administrador público um conjunto de regras comportamentais que incorporam à norma jurídica fiscal a ética, a moralidade e a proteção ao interesse público, pautada no binômio "dever-ser e sanção", garante efetividade às prescrições e objetivos do Direito Financeiro brasileiro, sinalizando ao cidadão que a coisa pública terá o seu devido tratamento a partir de uma gestão eficiente e responsável, e não mais estará dotada, como outrora já se viu, apenas de uma aparente proteção. Adaptando a célebre frase do imperador Caio Júlio César sobre sua esposa Pompeia, diria que "o gestor público não basta parecer honesto, tem de ser honesto".

3.1 SANÇÕES INSTITUCIONAIS

Uma das consequências do descumprimento das normas constantes da Lei de Responsabilidade Fiscal é a aplicação das sanções institucionais, que atingem diretamente o ente federativo, o Poder ou o órgão. Essas sanções se materializam basicamente através do impedimento ao recebimento pelo ente federativo, órgão ou poder, de recursos financeiros originários de transferências voluntárias (excetuadas aquelas relativas às ações de educação, saúde e assistência social), obtenção de garantias e contratação de operações de crédito.

A restrição ao acesso a recursos financeiros vindos dessas operações pode ocasionar o descumprimento das obrigações assumidas pelo ente federativo punido, o que lhe impõe a adoção de uma conduta que atenda aos ditames legais. Entretanto, percebemos que, apesar do caráter educativo da norma, o maior prejudicado quando da aplicação dessa espécie de sanção é o cidadão, que poderá não receber os bens e serviços que deveriam ser prestados pelo Estado, se este não mais dispuser dos recursos necessários a partir das restrições mencionadas.

A primeira sanção institucional decorre do **não exercício da competência tributária**, conforme a previsão do **art. 11** da LRF, que determina ao ente federativo o dever de instituir, prever e arrecadar os impostos de sua competência, tendo como punição a suspensão das transferências voluntárias.

Em relação aos **limites de despesa de pessoal**, o § 3º do art. 23 da LRF estabelece que, se o ente não reduzir o excesso de despesa de pessoal previsto no art. 20 no prazo legal (em dois quadrimestres, sendo pelo menos 1/3 no primeiro), este não poderá: I – receber transferências voluntárias; II – obter garantia, direta ou indireta, de outro ente; III – contratar operações de crédito, ressalvadas as destinadas ao refinanciamento da dívida mobiliária e as que visem à redução das despesas com pessoal. Já o **§ 4º do art. 23** da LRF prevê que essas restrições se aplicarão imediatamente se a despesa total com pessoal exceder o limite no primeiro quadrimestre do último ano do mandato dos titulares daquele Poder ou órgão.

Por sua vez, o **art. 25** da LRF impõe a suspensão das transferências voluntárias se o ente não comprovar: a) que se acha em dia quanto ao pagamento de tributos, empréstimos e financiamentos devidos ao ente transferidor, bem como quanto à prestação de contas de recursos anteriormente dele recebidos; b) a destinação obrigatória de recursos financeiros nos limites mínimos constitucionais previstos para aplicação na educação (art. 212 da CF) e na saúde (art. 198, § 2º, da CF); c) a observância dos limites das dívidas consolidada e mobiliária, de operações de crédito, inclusive por antecipação de receita, de inscrição em Restos a Pagar e de despesa total com pessoal; d) a previsão orçamentária de contrapartida.

Ademais, **ultrapassar os limites da dívida consolidada** gera mais um caso de sanção institucional, prevista no **art. 31** da LRF. A punição ocorrerá quando a dívida consolidada de um ente da Federação ultrapassar o respectivo limite e não for reconduzida na forma e no prazo assinalado na lei. Enquanto perdurar o excesso, o ente que nele houver incorrido estará proibido de realizar operação de crédito interna ou externa, inclusive por antecipação de receita, ressalvado o refinanciamento do principal atualizado da dívida mobiliária. Vencido o prazo para retorno da dívida ao limite, e enquanto perdurar o excesso, o ente ficará também impedido de receber transferências voluntárias da União ou do Estado.

A **pendência de quitação de dívida** honrada por um ente em favor de outro enseja mais uma sanção institucional. Assim, estabelece o **§ 10 do art. 40** da LRF que, caso um ente da Federação cuja dívida tenha sido honrada pela União ou por Estado, em decorrência de garantia prestada em operação de crédito, esteja inadimplente, este terá suspenso o acesso a novos créditos ou financiamentos até a total liquidação da mencionada dívida.

O **descumprimento dos prazos para a divulgação de relatórios fiscais** (RREO e RGF) previstos na LRF também impõe a aplicação de sanções institucionais. Nesse sentido, dará ensejo à aplicação de sanção institucional quando os Estados ou os Municípios deixarem de encaminhar suas contas ao Poder Executivo da União para consolidação anual nos prazos fixados em lei. O descumprimento dos prazos impedirá, até que a situação seja regularizada, que o ente da Federação receba transferências voluntárias e contrate operações de crédito, exceto as destinadas ao refinanciamento do principal atualizado da dívida mobiliária (art. 51 da LRF). Outrossim, não sendo publicado o Relatório Resumido da Execução Orçamentária (RREO), previsto no § 3º do art. 165 da Constituição, que abrange todos os Poderes e o Ministério Público, em até 30 dias após o encerramento de cada bimestre, será impedido, até que a situação seja regularizada, que o ente da Federação receba transferências voluntárias e contrate operações de crédito, exceto as destinadas ao refinanciamento do principal atualizado da dívida mobiliária (art. 52 da LRF). A mesma sanção será imposta se o Relatório de Gestão Fiscal quadrimestral não for publicado no prazo de até trinta dias após o encerramento do período a que corresponder (art. 55 da LRF).

3.2 SANÇÕES PESSOAIS

Em paralelo às sanções institucionais, encontramos as **sanções pessoais** que se aplicam diretamente ao **agente público** que cometer o ato de infração à legislação fiscal. Essas sanções pessoais podem ser de diversas naturezas, e aplicadas separada ou cumulativamente, conforme a infração.

As sanções de **natureza política** ensejam a suspensão dos direitos políticos e a perda de cargo eletivo ou função pública.

A suspensão dos direitos políticos, que varia de 3 até 10 anos, dependendo da gravidade da infração, está prevista nos quatro incisos do art. 12[1] da Lei de Improbidade Administrativa (Lei 8.429/1992) como sanção por atos ímprobos, dentre os quais se encontram tipificados alguns de natureza financeira, como o de realizar operação financeira sem observância das normas legais e regulamentares ou aceitar garantia insuficiente ou inidônea (art. 10, VI); conceder benefício fiscal sem a observância das formalidades legais ou regulamentares aplicáveis à espécie (art. 10, VII); ordenar ou permitir a realização de despesas não autorizadas em lei ou regulamento (art. 10, IX); agir negligentemente na arrecadação de tributo ou renda (art. 10, X); liberar verba pública sem a estrita observância das normas pertinentes ou influir de qualquer forma para a sua aplicação irregular (art. 10, XI); conceder, aplicar ou manter benefício financeiro ou tributário que possa reduzir a alíquota mínima de 2% do Imposto sobre Serviços (art. 10-A). Por sua vez, a perda do cargo eletivo[2] ou função pública por meio de **julgamento político** encontra previsão nos seguintes diplomas que definem os "crimes" de responsabilidade das respectivas autoridades públicas neles previstas: a) **Decreto-lei 201/1967** para prefeitos e vereadores; b) **Lei 1.079/1950** para Presidente da República, Ministros de Estado, Procurador-Geral da República, Advogado-Geral da União e seus respectivos equivalentes estaduais; Ministros do STF

---

[1] Conforme redação dada pela Lei Complementar 157, de 29 de dezembro de 2016.
[2] Exemplo recente de aplicação da sanção de perda de cargo eletivo se deu no julgamento do processo de *impeachment* da ex-Presidente da República Dilma Rousseff, concluído em 31 de agosto de 2016, fundado em violações às normas do Direito Financeiro e Orçamentário e, ao final, ela foi condenada por crime de responsabilidade à perda do cargo.

e Presidentes de todos os Tribunais, inclusive os Presidentes dos Tribunais de Contas, bem como juízes diretores de foro; Procuradores-Gerais do Trabalho, Eleitoral e Militar e membros do Ministério Público da União e dos Estados, da Advocacia-Geral da União, das Procuradorias dos Estados e do Distrito Federal, quando no exercício de função de chefia das unidades regionais ou locais das respectivas instituições. A Constituição prevê também que os crimes de responsabilidade possam ser cometidos pelo Vice-Presidente da República e os Comandantes da Marinha, do Exército e da Aeronáutica (art. 52, I), bem como pelos membros do Conselho Nacional de Justiça e do Conselho Nacional do Ministério Público (art. 52, II, da CF).

Embora impropriamente denominados "crimes", os atos que importam responsabilidade política e que podem conduzir à perda do cargo após um julgamento político (não jurisdicional) não ostentam natureza penal, e sim de infração político-administrativa, como já assentou o STF.[3]

Nestas sanções, encontra-se também a possibilidade de inabilitação, por até cinco anos, para o exercício de qualquer função pública imposta pelo Senado Federal (art. 2º da Lei 1.079/1950). Por expressa disposição legal, tal sanção também pode ser aplicada no âmbito estadual (art. 78 da Lei 1.079/1950). Contudo, o prazo de cinco anos previsto originalmente na Lei 1.079/1950 foi suplantado pelo advento da Constituição de 1988, que permite a inabilitação para o exercício de função pública por **oito anos** para as autoridades federais nela previstas (art. 52, parágrafo único).

No meio do caminho entre sanção política e administrativa, encontra-se a situação de perda da função pública por ato de improbidade administrativa como pena prevista nos quatro incisos do art. 12 da Lei de Improbidade Administrativa (Lei 8.429/1992). Neste caso, a perda da função é decretada por decisão de natureza **jurisdicional** e não por juízo político feito pelas Casas Legislativas. Ademais, nos termos da Lei de Improbidade, não apenas detentores de mandato eletivo ou de cargos em comissão podem ser condenados a perder a função pública, mas também os servidores e empregados públicos. Neste último caso, a sanção toma contornos mais nitidamente administrativos, pois a relação que une um servidor ou empregado público à Administração é

---

[3] "*Habeas corpus*. Impetração contra decisão proferida pelo Senado Federal em processo de *impeachment*. Pena de inabilitação, por oito anos, para o exercício de função pública. É inidônea a via do *habeas corpus* para defesa de direitos desvinculados da liberdade de locomoção, como é o caso do processo de impeachment pela prática de crime de responsabilidade, **que configura sanção de índole político-administrativa**, não pondo em risco a liberdade de ir, vir e permanecer do Presidente da República. Agravo regimental improvido" (STF, HC-AgR 70.055, Pleno, Rel. Ilmar Galvão, j. 04.03.1993, *DJ* 16.04.1993).

de natureza administrativa e estável, distinta da relação transitória de caráter político do chefe do Executivo ou de um Ministro de Estado.

As sanções de **natureza administrativa e cível**, além da acima indicada perda da função pública por decisão judicial contra servidores e empregados públicos que não sejam agentes políticos, podem ser: a) a imposição do pagamento de multa civil de até três vezes o valor do acréscimo patrimonial, em caso de enriquecimento ilícito (art. 12, I, da Lei 8.429/1992), de até duas vezes o valor do dano, no caso de lesão ao erário (art. 12, II, da Lei 8.429/1992), de até cem vezes o valor da remuneração do agente nos atos que atentam contra os princípios da Administração Pública (art. 12, III, da Lei 8.429/1992) ou de até três vezes o valor do benefício financeiro ou tributário concedido, no caso de redução de alíquota mínima do ISS (art. 12, IV, da Lei 8.429/1992); b) a proibição de contratar com o Poder Público ou receber benefícios ou incentivos fiscais ou creditícios, direta ou indiretamente, ainda que por intermédio de pessoa jurídica da qual seja sócio majoritário, por prazos de dez, cinco ou três anos; c) perda dos bens ou valores acrescidos ilicitamente ao patrimônio; d) ressarcimento integral do dano ao Erário.

A **Lei 10.028/2000**, em seu art. 5º, prevê ainda uma multa de trinta por cento dos vencimentos anuais do agente que der causa a violações contra as leis de finanças públicas nas hipóteses previstas em seus quatro incisos. Tal infração administrativa será processada e julgada pelos Tribunais de Contas.

Finalmente, as sanções de **natureza penal**, que podem chegar a impor penas restritivas de liberdade ao infrator (ou, nos casos em que admitidas, as penas restritivas de direito ou penas de multa), encontram fundamento no **Código Penal**, que sofreu relevantes alterações pela **Lei 10.028/2000**, ao inserir um capítulo específico para os **Crimes Contra as Finanças Públicas**, instituindo oito tipos penais próprios (arts. 359-A a 359-H do Código Penal).

Sob a ótica preventiva e educativa, acreditamos que as sanções pessoais possivelmente produzem efeitos mais concretos, na medida em que, ao atingir diretamente o agente público e lhe impor sérios gravames pessoais, faz com que suas decisões passem a considerar essas consequências.

Importante esclarecer que a Lei de Responsabilidade Fiscal não cria nenhuma espécie de sanção pessoal nem estabelece um tipo de infração e a respectiva penalidade. Ao contrário, a LRF apenas prescreve as condutas tidas como regulares, lícitas e exigíveis do agente público, remetendo-nos a outros diplomas legais para apuração das irregularidades e ilicitudes. Essas outras leis é que indicarão a infração e seu tipo, bem como as penalidades aplicáveis.

Nesse sentido, dispõe o art. 73 da LRF que as infrações aos seus dispositivos serão punidas segundo o Decreto-lei 2.848/1940 (Código Penal), a Lei 1.079, de 10 de abril de 1950 (Lei de Crimes de Responsabilidade das autoridades da União e dos Estados e que regula o respectivo processo de julgamento), o Decreto-lei 201/1967 (que dispõe sobre a responsabilidade dos prefeitos e vereadores) e a Lei 8.429/1992 (que dispõe sobre as sanções aplicáveis aos agentes públicos nos casos de improbidade administrativa), bem como demais normas da legislação pertinente.

3.3 CRIMES CONTRA AS FINANÇAS PÚBLICAS

Os crimes contra as finanças públicas estão previstos no **Código Penal** e decorrem das alterações produzidas a partir da edição da **Lei 10.028/2000**.

Assim, o Código Penal brasileiro passou a contar com quatro capítulos relacionados com os crimes contra a Administração Pública, que se inserem no Título XI (arts. 312 a 359). O Capítulo I refere-se aos crimes praticados por funcionários públicos contra a Administração em geral. O Capítulo II trata dos crimes praticados por particular contra a Administração em geral. O Capítulo III dispõe sobre os crimes contra a Administração da Justiça. Finalmente, o novo Capítulo IV elenca os **crimes contra as finanças públicas**. Em 2002, a Lei 10.467 inseriu também o capítulo II-A, versando sobre crimes praticados por particular contra a Administração Pública estrangeira, elevando para cinco o número de capítulos neste Título.

São oito condutas tipificadas como crimes contra as finanças públicas pelo Código Penal, todas originárias das inovações introduzidas pela **Lei 10.028/2000**, com previsão de penas privativas de liberdade para o infrator de detenção (cumprida em regime semiaberto ou aberto) ou reclusão (cumprida em regime fechado, semiaberto ou aberto), podendo ser substituídas por penas restritivas de direitos ou multa nos casos autorizados pelo art. 44 do Código Penal. São todos *crimes dolosos* e, em sua maioria, independem da produção de resultado danoso, classificando-se como *crimes formais*. Antes da promulgação dessa lei, as condutas reputadas como criminalmente atentatórias às finanças públicas eram punidas com base no art. 315 do Código Penal (*emprego irregular de verbas ou rendas públicas*) ou em legislação penal especial (Decreto-lei 201/1967: crimes praticados por prefeitos e vereadores).

Apesar de considerarmos a tipificação desses crimes feita pela Lei 10.028/2000 uma positiva evolução legislativa, conferindo uma importante função preventiva e educativa, criticamos a adoção pelo legislador da orientação do direito penal mínimo, ao fixar penas brandas ao infrator, viabilizando a aplicação de medidas alternativas à prisão. Isso porque, como a cominação máxima de pena nesses crimes é de quatro anos, na forma do art. 44, I, do Código Penal, será possível aplicar ao infrator uma pena alternativa, em substituição à pena privativa de liberdade, ou, na forma do art. 44, § 2º, até mesmo a substituição por uma multa. Outrossim, por possuírem penas mínimas iguais ou inferiores a 1 (um) ano, também estão sujeitos à *suspensão condicional do processo* (art. 89 da Lei 9.099/1995), em que o Ministério

Público, ao oferecer a denúncia, poderá propor a suspensão do processo, por dois a quatro anos, desde que o acusado não esteja sendo processado ou não tenha sido condenado por outro crime, presentes os demais requisitos que autorizariam a suspensão condicional do processo.

Importante, ainda, registrar que se exige do **sujeito ativo**, nos crimes tipificados nesse capítulo do Código Penal, uma qualificação especial, qual seja, deve ele ostentar a qualidade de funcionário público, e que este tenha, dentro de suas atribuições funcionais, a destinação de verbas ou rendas públicas, as quais constituirão o objeto material do delito (trata-se de *crime próprio*). Considera-se **funcionário público**, para os efeitos penais, quem, embora transitoriamente ou sem remuneração, exerce cargo, emprego ou função pública. Equipara-se a funcionário público quem exerce cargo, emprego ou função em entidade paraestatal, e quem trabalha para empresa prestadora de serviço contratada ou conveniada para a execução de atividade típica da Administração Pública (art. 327 do Código Penal). Se, porventura, o sujeito ativo não tiver disponibilidade sobre a verba ou renda, mas delas se apropriar ou desviar, a hipótese seria de peculato ou de um outro crime qualquer.

O **art. 359-A** do Código Penal trata da **contratação de operação de crédito**, que está descrita no art. 29, III, da LRF.[4] Nele, está tipificada a conduta de ordenar, autorizar ou realizar operação de crédito, interno ou externo, sem prévia autorização legislativa. A penalidade é a de reclusão, de 1 (um) a 2 (dois) anos. Incide na mesma pena quem ordena, autoriza ou realiza operação de crédito, interno ou externo: I – com inobservância de limite, condição ou montante estabelecido em lei ou em resolução do Senado Federal; II – quando o montante da dívida consolidada ultrapassa o limite máximo autorizado por lei.

Configura uma norma penal em branco, que impõe o confronto entre as condutas descritas no tipo – autorizar, ordenar ou realizar – e a lei orçamentária, a fim de verificar se havia autorização legislativa ou não para a operação de crédito e para que se possa caracterizar a tipicidade.

As ações típicas desse crime são ordenar, autorizar ou realizar. *Ordena* aquele que determina que outrem realize a operação de crédito. *Autoriza* aquele que é solicitado por outrem a viabilizar a realização da operação de

---

[4] LRF: "Art. 29. (...) III – Operação de crédito: compromisso financeiro assumido em razão de mútuo, abertura de crédito, emissão e aceite de título, aquisição financiada de bens, recebimento antecipado de valores provenientes da venda a termo de bens e serviços, arrendamento mercantil e outras operações assemelhadas, inclusive com o uso de derivativos financeiros".

crédito. *Realiza* aquele que, com disponibilidade jurídica sobre a operação de crédito, por si próprio, a implementa ou dá ensejo a sua implementação desautorizada. As duas primeiras constituem condutas que caracterizam o *crime formal*, ou seja, este estará consumado tendo ou não sido efetivada a operação de crédito, mas se essa vier a ser efetivamente realizada, a hipótese será de exaurimento de conduta. Já na última modalidade – realizar –, teremos o *crime material*, e o momento consumativo ocorrerá quando da efetiva realização da operação de crédito, ao passo que, se a operação não se concretizar, apesar de já iniciado o ato executório, a hipótese será de mera tentativa.

Como a ausência de autorização legislativa compõe o tipo objetivo deste crime, o dolo do agente público deve incluir seu conhecimento de que não havia autorização expressa da lei orçamentária para a realização da operação de crédito. Se ele supuser a operação autorizada (através de um parecer jurídico, por exemplo), a hipótese passa a ser de erro de tipo, o que exclui o dolo, não podendo ser processado pelo crime na medida em que não se pune a modalidade culposa.

Ressalve-se que, entretanto, se este sujeito ativo praticar uma dessas ações em benefício próprio, com a finalidade de aumentar indevidamente seu patrimônio, a hipótese será de peculato (na modalidade peculato-desvio), ocorrendo a absorção do crime contra as finanças públicas, uma vez que este crime será meio para se alcançar o crime de peculato-desvio.

O **art. 359-B** do Código Penal dispõe sobre a **inscrição de despesas não empenhadas em restos a pagar**, regulada no art. 42 da LRF.[5] Assim, segundo a referida norma penal, o ato de ordenar ou autorizar a inscrição em restos a pagar de despesa que não tenha sido previamente empenhada ou que exceda limite estabelecido em lei será punido com privação de liberdade, na modalidade de detenção, de 6 (seis) meses a 2 (dois) anos.

Neste crime, o bem jurídico protegido é o controle dos gastos públicos, e as ações típicas são *ordenar* ou *autorizar* a realização de uma despesa em restos a pagar (art. 36 da Lei 4.320/1964), desde que tais atos não decorram de uma nota de empenho (art. 61 da Lei 4.320/1964) ou que excedam os limites estabelecidos em lei. Essas ações configuram um *crime formal*, pois a simples autorização ou ordenamento da inscrição será suficiente para a sua consumação, independente do efetivo pagamento daquela despesa. Ocorrendo

---

[5] LRF: "Art. 42. É vedado ao titular de Poder ou órgão referido no art. 20, nos últimos dois quadrimestres do seu mandato, contrair obrigação de despesa que não possa ser cumprida integralmente dentro dele, ou que tenha parcelas a serem pagas no exercício seguinte sem que haja suficiente disponibilidade de caixa para este efeito".

a realização do pagamento, teremos um dano ao patrimônio público, que, neste caso, representará mero exaurimento da conduta.

O **art. 359-C** do Código Penal tipifica a **assunção de obrigação no último ano do mandato ou legislatura**, ao prescrever que ordenar ou autorizar a assunção de obrigação, nos dois últimos quadrimestres do último ano do mandato ou legislatura, cuja despesa não possa ser paga no mesmo exercício financeiro ou, caso reste parcela a ser paga no exercício seguinte, que não tenha contrapartida suficiente de disponibilidade de caixa, será punida com reclusão, de 1 (um) a 4 (quatro) anos.

Neste tipo, o sujeito ativo é a pessoa que disponha de mandato eletivo, seja no Poder Legislativo ou na Administração Pública, tendo como ações típicas as condutas de ordenar e autorizar, as quais configuram *crime formal*, com sua consumação no momento da ordenação ou autorização.

Entretanto, estas ações devem ser conjugadas com o elemento temporal descrito que compõe o tipo penal objetivo, ou seja, elas têm que ser realizadas no último ano do mandato e dentro dos dois últimos quadrimestres. Registre-se que o tipo aqui descrito não abrange as despesas a serem efetivamente pagas dentro do período mencionado (se autorizadas fora do período), mas sim o ato de ordenação ou autorização de pagamento. O pagamento das despesas deste tipo não ensejará qualquer ilícito e a pessoa que as pagar não poderá ser responsabilizada, pois responderá apenas quem as autorizar ou ordenar.

Há, ainda, no entanto, outro elemento que compõe o tipo e que deve ser também conjugado, qual seja, a circunstância de que tais despesas ordenadas ou autorizadas não possam ser pagas no mesmo exercício financeiro, deixando o detentor do mandato eletivo uma despesa para o seu sucessor, comprometendo o orçamento subsequente.

Igual crime ocorrerá na hipótese de ordenação de despesa cujo pagamento é iniciado no mesmo exercício financeiro (conduta atípica), mas com o comprometimento do exercício seguinte, pois restarão parcelas a serem pagas por seu sucessor.

O **art. 359-D** do Código Penal estabelece que a **ordenação de despesa não autorizada por lei** será considerada crime e apenada com reclusão, de 1 (um) a 4 (quatro) anos.

Neste tipo, temos mais uma norma penal em branco, cuja conduta descrita deve ser conjugada com a lei orçamentária autorizativa de despesas. Assim, qualquer um que detenha o poder para realizar a ação típica de ordenar despesa, e se esta for desprovida da respectiva autorização em lei orçamentária, cometerá o crime, de *natureza formal*, que independe do resultado, vale dizer, não se considera o pagamento daquela despesa ordenada.

O **art. 359-E** do Código Penal trata da **prestação de garantia graciosa**, já que a LRF exige, no seu art. 40, que a concessão de garantia deva estar condicionada ao oferecimento de contragarantia. Assim, segundo o dispositivo penal, considera-se crime o ato de prestar garantia em operação de crédito sem que tenha sido constituída contragarantia em valor igual ou superior ao valor da garantia prestada, na forma da lei, o que é punido com detenção, de 3 (três) meses a 1 (um) ano.

É comum haver interesse público do Estado em conferir credibilidade e segurança financeira na realização de uma operação de crédito. Para tanto, este pode intervir no ato, garantindo-o. Ao fazê-lo, porém, assumirá a obrigação de terceiros em caso de inadimplência, colocando em risco recursos públicos caso não consiga recuperar o valor pago em substituição ao devedor. Para tanto, deve exigir no ato da garantia uma medida de contracautela, que é a contragarantia em valor no mínimo igual à importância garantida.

A ação típica deste crime é realizada pelo agente público que prestar garantia graciosa a uma operação de crédito, ou seja, conceder uma garantia sem que haja uma contragarantia necessária a proteger as finanças públicas, caso o Estado tenha que cumprir a obrigação no lugar do devedor principal. Trata-se de *crime formal*, que se aperfeiçoa com a mera prestação da garantia, independentemente de ser o Estado chamado a adimplir aquela obrigação garantida em nome de terceiro. Teremos a hipótese de crime de dano contra a Administração Pública caso os recursos públicos desembolsados para o pagamento da garantia não possam ser recuperados.

O **art. 359-F** do Código Penal dispõe sobre o **não cancelamento de restos a pagar**, segundo o qual deixar de ordenar, de autorizar ou de promover o cancelamento do montante de restos a pagar inscrito em valor superior ao permitido em lei é crime sujeito a pena de detenção, de 6 (seis) meses a 2 (dois) anos.

Este é um caso de *crime omissivo*, que se materializa quando o agente público responsável pelo ato verifica a situação descrita – valor superior ao permitido em lei inscrito em restos a pagar – e deixa de cancelá-lo. Para tanto, previamente deverá ter necessariamente ocorrido o tipo do art. 359-B, ou seja, a irregular inscrição em despesas não empenhadas em restos a pagar, pois, em sequência, surgirá para o sucessor daquele que cometeu o crime do art. 359-B a obrigação de cancelar o pagamento desautorizado para o exercício seguinte.

O **art. 359-G** do Código Penal tipifica o **aumento de despesa total com pessoal no último ano do mandato ou legislatura**. Segundo a LRF (art. 21, parágrafo único), é nulo de pleno direito o ato de que resulte aumento da despesa com pessoal expedido nos cento e oitenta dias anteriores ao final do mandato do titular do respectivo Poder ou órgão. Assim, enquanto a LRF fulmina de nulidade o ato administrativo, a legislação penal considera crime o ato de ordenar, autorizar ou executar ato que acarrete aumento de despesa total com pessoal, nos cento e oitenta dias anteriores ao final do mandato ou da legislatura, o que é punido com pena de reclusão, de 1 (um) a 4 (quatro) anos.

Este crime, tal qual o do art. 359-C, também só será cometido por aquele que detiver mandato eletivo, seja no Poder Legislativo ou na Administração Pública. Trata-se de *crime formal*, uma vez que as condutas tipificadas – ordenar, autorizar ou executar – consumam-se no ato da sua realização, independentemente da efetiva realização da despesa, bastando a demonstração de que elas detenham a potencialidade de acarretar um aumento da despesa total com pessoal. Mas, para configurar o crime ora descrito, o ato deve ser conjugado com o elemento temporal do tipo penal, ou seja, este deverá ocorrer dentro dos cento e oitenta dias anteriores ao final do mandato ou legislatura do agente.

O **art. 359-H** do Código Penal trata da **oferta pública ou colocação de títulos no mercado**, segundo o qual ordenar, autorizar ou promover a oferta pública ou a colocação no mercado financeiro de títulos da dívida pública sem que tenham sido criados por lei ou sem que estejam registrados em sistema centralizado de liquidação e de custódia será considerado crime, sujeito a pena de reclusão, de 1 (um) a 4 (quatro) anos.

Neste caso, a norma busca proteger a estabilidade do mercado financeiro e a credibilidade dos títulos públicos. As condutas descritas são realizadas pelo agente público detentor do poder ou da competência legal de ordenar, autorizar ou promover a oferta ou a colocação de títulos públicos no mercado (objeto material do crime), e devem ser conjugadas com a ausência de lei ou de registro no órgão competente para se configurarem como ilícitas. Por ser um *crime formal*, o momento da consumação é a ocorrência da oferta pública ou a efetiva colocação dos títulos no mercado, independentemente de prejuízo ao Erário.

Finalmente, registramos que a Lei 10.028/2000 também alterou a redação do **art. 339** do Código Penal, que tipifica o crime de denunciação caluniosa, acrescentando, às condutas tradicionais de dar causa à instauração de investigação policial e de processo judicial, aquelas condutas de instauração de investigação administrativa, inquérito civil e ação de improbidade administrativa, imputando crime contra alguém que sabe inocente.

3.4 CRIMES DE RESPONSABILIDADE

Os chamados "crimes" de responsabilidade (em verdade, *infrações político-administrativas* sem natureza penal) são realizados por agentes políticos – típicas autoridades com foro por prerrogativa de função – e ensejam, igualmente, uma sanção de natureza política, como a perda do cargo, ainda que eletivo, e a inabilitação para o exercício de função pública.

Importante registrar que o sujeito ativo destas condutas é o **agente político**, que difere dos demais servidores públicos, a partir da forma de acesso ao cargo (eleição ou livre nomeação para os mais elevados cargos político-hierárquicos, como o de Ministro de Estado) e porque se situa dentro da esfera de poder político do Estado. Nesse sentido, explica Celso Antônio Bandeira de Mello:

> Agentes políticos são os titulares dos cargos estruturais à organização política do País, ou seja, ocupantes dos que integram o arcabouço constitucional do Estado, o esquema fundamental do Poder. (...) O vínculo que tais agentes entretêm com o Estado não é de natureza profissional, mas de natureza política.[6]

A **Lei 1.079/1950**, que define os **crimes de responsabilidade**[7] do Presidente da República, Ministros de Estado, Ministros do Supremo Tribunal Federal e Procurador-Geral da República, foi mais uma norma modificada pela Lei 10.028/2000. Esta lei regula o respectivo processo de julgamento, apresentando a sanção imposta pelo Senado Federal, de natureza política, de perda do cargo e inabilitação por até cinco anos para o exercício de qualquer função pública, não excluindo o processo e julgamento do acusado por crime comum, na justiça ordinária, nos termos das leis de processo penal. O prazo de cinco anos previsto originalmente na Lei 1.079/1950 foi ampliado pela Constituição de 1988, que permite a inabilitação para o exercício de função pública por **oito anos** para as autoridades constitucionalmente elencadas (art. 52, parágrafo único, da CF). Para as demais autoridades não previstas na Constituição, inclusive estaduais, o prazo continua sendo de cinco anos, conforme decidiu o STF na ADI 1.628-8.[8]

---

[6] MELLO, Celso Antônio Bandeira. *Curso de direito administrativo*. 17. ed. São Paulo: Malheiros, 2004. p. 229-230.

[7] O STF assentou, por meio da Súmula Vinculante 46, que "A definição dos crimes de responsabilidade e o estabelecimento das respectivas normas de processo e julgamento são de competência legislativa privativa da União." Assim, não podem os Estados-membros, Distrito Federal e Municípios legislar sobre esse tema.

[8] "(...) 4. A CB/88 elevou o prazo de inabilitação de 5 (cinco) para 8 (oito) anos em relação às autoridades apontadas. Artigo 2º da Lei n. 1.079 revogado, no que contraria a Constituição do Brasil. 5. A Constituição não cuidou da matéria no que respeita às autoridades estaduais. O disposto no artigo 78 da Lei n. 1.079 permanece hígido – o prazo de inabilitação das autoridades estaduais não foi alterado. O Estado-membro carece de competência legislativa para majorar o prazo de cinco anos – artigos 22, inciso I, e parágrafo único do artigo 85, da CB/88, que tratam de matéria cuja competência para legislar é da União" (ADI 1.628, Tribunal Pleno, Rel. Min. Eros Grau, j. 10.08.2006, *DJ* 24.11.2006).

Aplicação recente da sanção de perda de cargo eletivo por crime de responsabilidade se deu no julgamento do processo de *impeachment* da ex--Presidente da República Dilma Rousseff. Iniciado em 2 de dezembro de 2015 com o recebimento e a autuação, pelo Presidente da Câmara dos Deputados, da denúncia por Crime de Responsabilidade (DRC 1/2015), fundado em violações às normas do Direito Financeiro e Orçamentário - despesas não autorizadas no orçamento, pedaladas fiscais etc. -, o pedido teve a sua admissibilidade acolhida pelo Plenário daquela Casa em sessão histórica. Encaminhado ao Senado para julgamento, sob a presidência do Ministro do STF Ricardo Lewandowski (processo com cerca de 27 mil páginas em 72 volumes), no dia 31 de agosto de 2016, o Senado Federal entendeu que a Presidente da República, Dilma Vana Rousseff, cometeu os crimes de responsabilidade consistentes em contratar operações de crédito com instituição financeira controlada pela União e editar decretos de crédito suplementar sem autorização do Congresso Nacional, previstos no art. 85, VI, e art. 167, V, da Constituição Federal, bem como no art. 10, itens 4, 6 e 7, e art. 11, itens 2 e 3 da Lei 1.079/1950, ficando, assim, condenada à perda do cargo de Presidente da República Federativa do Brasil.

O **art. 10** da lei, que trata dos **crimes de responsabilidade contra as leis orçamentárias**, recebeu da Lei 10.028/2000 a inclusão de oito novas modalidades de condutas ilícitas, a seguir transcritas: a) deixar de ordenar a redução do montante da dívida consolidada, nos prazos estabelecidos em lei, quando o montante ultrapassar o valor resultante da aplicação do limite máximo fixado pelo Senado Federal; b) ordenar ou autorizar a abertura de crédito em desacordo com os limites estabelecidos pelo Senado Federal, sem fundamento na lei orçamentária ou na de crédito adicional ou com inobservância de prescrição legal; c) deixar de promover ou de ordenar, na forma da lei, o cancelamento, a amortização ou a constituição de reserva para anular os efeitos de operação de crédito realizada com inobservância de limite, condição ou montante estabelecido em lei; d) deixar de promover ou de ordenar a liquidação integral de operação de crédito por antecipação de receita orçamentária, inclusive os respectivos juros e demais encargos, até o encerramento do exercício financeiro; e) ordenar ou autorizar, em desacordo com a lei, a realização de operação de crédito com qualquer um dos demais entes da Federação, inclusive suas entidades da administração indireta, ainda que na forma de novação, refinanciamento ou postergação de dívida contraída anteriormente; f) captar recursos a título de antecipação de receita de tributo ou contribuição cujo fato gerador ainda não tenha ocorrido; g) ordenar ou autorizar a destinação de recursos provenientes da emissão de títulos para finalidade diversa da prevista na lei que a autorizou; h) realizar ou receber transferência voluntária em desacordo com limite ou condição estabelecida em lei.

Ressalte-se que foram estendidas ao Presidente do Supremo Tribunal Federal ou a seu substituto, quando no exercício da Presidência, as condutas previstas como crimes de responsabilidade contra as leis orçamentárias, quando por eles ordenadas ou praticadas. A norma se aplica, também, aos Presidentes e respectivos substitutos, quando no exercício da Presidência dos Tribunais Superiores, dos Tribunais de Contas, dos Tribunais Regionais Federais, do Trabalho e Eleitorais, dos Tribunais de Justiça e de Alçada dos Estados e do Distrito Federal e aos Juízes Diretores de Foro ou função equivalente no primeiro grau de jurisdição (art. 39-A).

E, na mesma linha, o art. 40-A dispôs que constituem crimes de responsabilidade as condutas previstas na lei como crimes contra as leis orçamentárias, quando ordenadas ou praticadas pelas seguintes autoridades: I – pelo Procurador-Geral da República, ou seu substituto, quando no exercício da chefia do Ministério Público da União; II – pelo Advogado-Geral da União; III – pelos Procuradores-Gerais do Trabalho, Eleitoral e Militar, Procuradores-Gerais de Justiça dos Estados e do Distrito Federal, Procuradores-Gerais dos Estados e do Distrito Federal, e membros do Ministério Público da União e dos Estados, da Advocacia-Geral da União, das Procuradorias dos Estados e do Distrito Federal, quando no exercício de função de chefia das unidades regionais ou locais das respectivas instituições.

A Lei 10.028/2000 alterou, também, o art. 1º do **Decreto-lei 201/1967**, que trata dos chamados **crimes de responsabilidade dos prefeitos e vereadores**. Aqui se deve fazer uma observação: as novas condutas referentes às finanças públicas inseridas neste art. 1º não constituem infrações político-administrativas a serem julgadas em juízo político pela Câmara de Vereadores, mas sim verdadeiros crimes de natureza penal, de ação penal pública, processados e julgados pelo Poder Judiciário e punidos com pena de detenção, de três meses a três anos, perda do cargo e inabilitação, pelo prazo de cinco anos, para o exercício de cargo ou função pública, eletivo ou de nomeação, sem prejuízo da reparação civil do dano causado ao patrimônio público ou particular, como expressamente estabelece o art. 1º, *caput* e § 2º. Por sua vez, é o art. 4º do Decreto-lei 201/1967 que veicula as "infrações político-administrativas dos Prefeitos Municipais sujeitas ao julgamento pela Câmara dos Vereadores e sancionadas com a cassação do mandato".

A nomenclatura desejável é aquela consagrada no Decreto-lei 201/1967, que reserva a denominação de "crime de responsabilidade" apenas para **condutas delituosas penais**, a serem julgadas pelo Judiciário, em contraposição às infrações político-administrativas dos Prefeitos Municipais, sujeitas a *julgamento político* pela Câmara de Vereadores e com pena política, isto é, a cassação do mandato. Como o Decreto-lei 201/1967 é 17 anos posterior à Lei 1.079/1950, pôde corrigir a equivocidade da denominação da década de 1950, a qual chama de *crime de responsabilidade* aquilo que não é propriamente crime, mas sim infração político-administrativa, com pena também política.

Os crimes do Prefeito relacionados às finanças públicas encontram-se previstos nos incisos XVI a XXIII, assim redigidos: XVI – deixar de ordenar a redução do montante da dívida consolidada, nos prazos estabelecidos em lei, quando o montante ultrapassar o valor resultante da aplicação do limite máximo fixado pelo Senado Federal; XVII – ordenar ou autorizar a abertura de crédito em desacordo com os limites estabelecidos pelo Senado Federal, sem fundamento na lei orçamentária ou na de crédito adicional ou com inobservância de prescrição legal; XVIII – deixar de promover ou de ordenar, na forma da lei, o cancelamento, a amortização ou a constituição de reserva para anular os efeitos de operação de crédito realizada com inobservância de limite, condição ou montante estabelecido em lei; XIX – deixar de promover ou de ordenar a liquidação integral de operação de crédito por antecipação de receita orçamentária, inclusive os respectivos juros e demais encargos, até o encerramento do exercício financeiro; XX – ordenar ou autorizar, em desacordo com a lei, a realização de operação de crédito com qualquer um dos demais entes da Federação, inclusive suas entidades da administração indireta, ainda que na forma de novação, refinanciamento ou postergação de dívida contraída anteriormente; XXI – captar recursos a título de antecipação de receita de tributo ou contribuição cujo fato gerador ainda não tenha ocorrido; XXII – ordenar ou autorizar a destinação de recursos provenientes da emissão de títulos para finalidade diversa da prevista na lei que a autorizou; XXIII – realizar ou receber transferência voluntária em desacordo com limite ou condição estabelecida em lei.

Importante esclarecer que, em determinados casos, encontramos um aparente conflito de normas penais entre as previsões do Código Penal e as do Decreto-lei 201/1967. Assim é que o art. 359-D do Código Penal tipifica como crime o *ato de ordenar despesa não autorizada em lei*, o que também é feito pelo inciso V do art. 1º do Decreto-lei 201/1967, havendo, entretanto, punições distintas para a mesma infração nos referidos diplomas. Neste caso, resolve-se o pseudoconflito através do princípio da especialidade, que impõe a aplicação da norma específica ao caso, independentemente de as punições serem diversas, mais ou menos brandas. Portanto, como o Decreto-lei 201/1967 é uma norma específica para Prefeitos, a norma aplicável a eles será esta e não as disposições do Código Penal, que é norma geral.[9]

---

[9] SANTANA, Eduardo Jair. *Os crimes de responsabilidade fiscal tipificados pela Lei nº 10.028/2000 e a responsabilidade pessoal do administrador público*. São Paulo: NDJ, 2001. p. 45.

3.5 ATOS DE IMPROBIDADE ADMINISTRATIVA

Improbidade é a ausência da qualidade de probidade, que deságua na desonestidade. Pode-se conceituar o ato de improbidade administrativa como sendo aquele praticado por agente público responsável por recursos públicos, em violação à lei, aos bons costumes, à ética e à moral, capaz de gerar seu enriquecimento ilícito, lesão ao erário ou violação aos deveres de honestidade, imparcialidade, legalidade e lealdade às instituições. O princípio da moralidade administrativa e a probidade administrativa se relacionam. Aquele é gênero, do qual a probidade administrativa é espécie.[10]

A **Lei 8.429/1992**, referida no art. 73 da LRF, apresenta as sanções pessoais ao agente público por atos de **improbidade administrativa**. Esta lei dispõe sobre as sanções aplicáveis aos agentes públicos nos casos de **enriquecimento ilícito**, de **dano ao erário**, de **concessão ou aplicação indevida de benefício financeiro ou tributário** e de **atentado contra os princípios da Administração Pública**, no exercício de mandato, cargo, emprego ou função na Administração Pública direta, indireta ou fundacional, de qualquer dos Poderes da União, dos Estados, do Distrito Federal, dos Municípios, de Território, de empresa incorporada ao patrimônio público ou de entidade para cuja criação ou custeio o erário haja concorrido ou concorra com mais de cinquenta por cento do patrimônio ou da receita anual. Estão, também, sujeitos às penalidades desta lei os atos de improbidade praticados contra o patrimônio de entidade que receba subvenção, benefício ou incentivo, fiscal ou creditício, de órgão público, bem como daquelas para cuja criação ou custeio o erário haja concorrido ou concorra com mais de cinquenta por cento do patrimônio ou da receita anual, limitando-se, nestes casos, a sanção patrimonial à repercussão do ilícito sobre a contribuição dos cofres públicos.

Para esta norma, reputa-se **agente público** todo aquele que exerce, ainda que transitoriamente ou sem remuneração, por eleição, nomeação, designação, contratação ou qualquer outra forma de investidura ou vínculo, mandato, cargo, emprego ou função em qualquer das entidades mencionadas no diploma legal, sendo, inclusive, aplicável àquele que, mesmo não sendo agente público, induza ou concorra para a prática do ato de improbidade ou dele se beneficie sob qualquer forma direta ou indireta.

Segundo a referida lei, há quatro espécies de atos de improbidade administrativa: a) os que importam enriquecimento ilícito (art. 9º); b) os que

---

[10] ROCHA, César Asfor. *Breves reflexões críticas sobre a ação de improbidade administrativa*. Ribeirão Preto: Migalhas, 2012. p. 7.

causam prejuízo ao erário (art. 10); c) os decorrentes de concessão ou aplicação indevida de benefício financeiro ou tributário (art. 10-A); d) os que atentam contra os princípios da Administração Pública (art. 11).

Independentemente das sanções políticas, penais, civis e administrativas previstas na legislação específica, o responsável pelo ato de improbidade ficará sujeito às sanções previstas na própria Lei 8.429/1992, que podem ser aplicadas, isolada ou cumulativamente, de acordo com a gravidade do fato.

Os **atos de improbidade administrativa que importam enriquecimento ilícito** descritos nos incisos I a XII do art. 9º da lei são punidos, independentemente das sanções penais, civis e administrativas, com a perda dos bens ou valores acrescidos ilicitamente ao patrimônio, ressarcimento integral do dano, quando houver, perda da função pública, suspensão dos direitos políticos de oito a dez anos, pagamento de multa civil de até três vezes o valor do acréscimo patrimonial e proibição de contratar com o Poder Público ou receber benefícios ou incentivos fiscais ou creditícios, direta ou indiretamente, ainda que por intermédio de pessoa jurídica da qual seja sócio majoritário, pelo prazo de dez anos (art. 12, I).

Tais atos envolvem, exemplificativamente, as seguintes práticas do agente público: receber, para si ou para outrem, dinheiro, bem móvel ou imóvel, ou qualquer outra vantagem econômica, por ação ou omissão decorrente de suas atribuições; perceber vantagem econômica para facilitar a aquisição de bens ou a contratação de serviços por preço superior ao valor de mercado, ou para o fornecimento de serviço por ente estatal por preço inferior ao valor de mercado; receber vantagem econômica para fazer declaração falsa sobre medição ou avaliação em obras públicas ou qualquer outro serviço, ou sobre quantidade, peso, medida, qualidade ou característica de mercadorias ou bens fornecidos; aceitar emprego, comissão ou exercer atividade de consultoria ou assessoramento para pessoa física ou jurídica que tenha interesse suscetível de ser atingido ou amparado por ação ou omissão decorrente das atribuições do agente público; perceber vantagem econômica para intermediar a liberação ou aplicação de verba pública de qualquer natureza etc.

Os **atos de improbidade administrativa que causam prejuízo ao erário** descritos nos incisos I a XV do art. 10 da lei são punidos, independentemente das sanções penais, civis e administrativas, com o ressarcimento integral do dano, perda dos bens ou valores acrescidos ilicitamente ao patrimônio, se concorrer esta circunstância, perda da função pública, suspensão dos direitos políticos de cinco a oito anos, pagamento de multa civil de até duas vezes o valor do dano e proibição de contratar com o Poder Público ou receber benefícios ou incentivos fiscais ou creditícios, direta ou indiretamente, ainda que por intermédio de pessoa jurídica da qual seja sócio majoritário, pelo prazo de cinco anos (art. 12, II).

Para ilustrar algumas das condutas que causam prejuízo ao erário, temos: facilitar ou concorrer por qualquer forma para a incorporação ao patrimônio particular, de pessoa física ou jurídica, de bens, rendas, verbas ou valores integrantes do acervo patrimonial; permitir ou concorrer para que pessoa física ou jurídica privada utilize bens, rendas, verbas ou valores integrantes do acervo patrimonial, sem a observância das formalidades legais ou regulamentares aplicáveis à espécie; doar à pessoa física ou jurídica bem como ao ente despersonalizado, ainda que de fins educativos ou assistenciais, bens, rendas, verbas ou valores do patrimônio, sem observância das formalidades legais e regulamentares aplicáveis à espécie; conceder benefício administrativo ou fiscal sem a observância das formalidades legais ou regulamentares aplicáveis à espécie; frustrar a licitude de processo licitatório ou dispensá-lo indevidamente; ordenar ou permitir a realização de despesas não autorizadas em lei ou regulamento; liberar verba pública sem a estrita observância das normas pertinentes ou influir de qualquer forma para sua aplicação irregular; permitir, facilitar ou concorrer para que terceiro se enriqueça ilicitamente etc.

Os **atos de improbidade administrativa decorrentes de concessão ou aplicação indevida de benefício financeiro ou tributário**, descritos no art. 10-A (incluído pela Lei Complementar nº 157/2016) da lei são punidos, independentemente das sanções penais, civis e administrativas, com perda da função pública, suspensão dos direitos políticos de cinco a oito anos e multa civil de até três vezes o valor do benefício financeiro ou tributário concedido (art. 12, inciso IV).

Os **atos de improbidade administrativa que atentam contra os princípios da Administração Pública** descritos nos incisos I a VII da lei são punidos, independentemente das sanções penais, civis e administrativas, com o ressarcimento integral do dano, se houver, perda da função pública, suspensão dos direitos políticos de três a cinco anos, pagamento de multa civil de até cem vezes o valor da remuneração percebida pelo agente e proibição de contratar com o Poder Público ou receber benefícios ou incentivos fiscais ou creditícios, direta ou indiretamente, ainda que por intermédio de pessoa jurídica da qual seja sócio majoritário, pelo prazo de três anos (art. 12, III).

São eles: praticar ato visando fim proibido em lei ou regulamento ou diverso daquele previsto na regra de competência; retardar ou deixar de praticar, indevidamente, ato de ofício; revelar fato ou circunstância de que tem ciência em razão das atribuições e que deva permanecer em segredo; negar publicidade aos atos oficiais; frustrar a licitude de concurso público; deixar de prestar contas quando esteja obrigado a fazê-lo; revelar ou permitir que chegue ao conhecimento de terceiro, antes da respectiva divulgação oficial, teor de medida política ou econômica capaz de afetar o preço de mercadoria, bem ou serviço.

Finalmente, a ressalva feita pelo art. 21 dispõe que a aplicação das sanções previstas na lei independe: I – da efetiva ocorrência de dano ao patrimônio público, salvo quanto à pena de ressarcimento; II – da aprovação ou rejeição das contas pelo órgão de controle interno ou pelo Tribunal ou Conselho de Contas.

3.6 INFRAÇÕES ADMINISTRATIVAS

A Lei 10.028/2000, além de alterar o Código Penal, para inserir os crimes contra as finanças públicas e alterar a Lei de Crimes de Responsabilidade (Lei 1.079/1950 e Decreto-lei 201/1967), ainda estabelece genericamente a infração administrativa contra as leis de finanças públicas, que é processada e julgada pelo Tribunal de Contas a que competir a fiscalização contábil, financeira e orçamentária da pessoa jurídica de direito público envolvida.

Neste sentido, dispõe o art. 5º da Lei 10.028/2000 que a infração administrativa contra as leis de finanças públicas, punida com multa de responsabilidade pessoal de 30% dos vencimentos anuais do agente que lhe der causa, contempla as seguintes condutas: I – deixar de divulgar ou de enviar ao Poder Legislativo e ao Tribunal de Contas o relatório de gestão fiscal, nos prazos e condições estabelecidos em lei; II – propor lei de diretrizes orçamentárias anual que não contenha as metas fiscais na forma da lei; III – deixar de expedir ato determinando limitação de empenho e movimentação financeira, nos casos e condições estabelecidos em lei; IV – deixar de ordenar ou de promover, na forma e nos prazos da lei, a execução de medida para a redução do montante da despesa total com pessoal que houver excedido a repartição por Poder do limite máximo.

PARTE II
COMENTÁRIOS ARTIGO POR ARTIGO

LEI COMPLEMENTAR 101, DE 4 DE MAIO DE 2000

Estabelece normas de finanças públicas voltadas para a responsabilidade na gestão fiscal e dá outras providências.

O PRESIDENTE DA REPÚBLICA Faço saber que o Congresso Nacional decreta e eu sanciono a seguinte Lei Complementar:

CAPÍTULO I
DISPOSIÇÕES PRELIMINARES

Art. 1º Esta Lei Complementar estabelece normas de finanças públicas voltadas para a responsabilidade na gestão fiscal, com amparo no Capítulo II do Título VI da Constituição.

§ 1º A responsabilidade na gestão fiscal pressupõe a ação planejada e transparente, em que se previnem riscos e corrigem desvios capazes de afetar o equilíbrio das contas públicas, mediante o cumprimento de metas de resultados entre receitas e despesas e a obediência a limites e condições no que tange a renúncia de receita, geração de despesas com pessoal, da seguridade social e outras, dívidas consolidada e mobiliária, operações de crédito, inclusive por antecipação de receita, concessão de garantia e inscrição em Restos a Pagar.

§ 2º As disposições desta Lei Complementar obrigam a União, os Estados, o Distrito Federal e os Municípios.

§ 3º Nas referências:

I – à União, aos Estados, ao Distrito Federal e aos Municípios, estão compreendidos:

a) o Poder Executivo, o Poder Legislativo, neste abrangidos os Tribunais de Contas, o Poder Judiciário e o Ministério Público;

> b) as respectivas administrações diretas, fundos, autarquias, fundações e empresas estatais dependentes;
>
> II – a Estados entende-se considerado o Distrito Federal;
>
> III – a Tribunais de Contas estão incluídos: Tribunal de Contas da União, Tribunal de Contas do Estado e, quando houver, Tribunal de Contas dos Municípios e Tribunal de Contas do Município.

As **finanças públicas** tratam dos instrumentos políticos, econômicos e jurídicos referentes à captação para o Estado de recursos financeiros (receitas públicas), a sua administração (gestão e controle) e, finalmente, a respectiva aplicação (despesas públicas) nas necessidades públicas, assim as identificadas como de interesse coletivo.[1]

A atividade financeira, portanto, envolve a *arrecadação*, a *gestão* e a *aplicação* de recursos públicos.

Ocorre que a **má gestão** do Erário e a aplicação descontrolada dos recursos públicos sempre foram uma constante no Brasil. O descrédito com a gestão pública em nosso país era evidente diante de práticas danosas, recorrentemente implementadas em um passado não muito remoto por nossos governantes e seus administradores. A percepção que se tinha era a de que o dinheiro público não possuía dono: era de todos e ao mesmo tempo de ninguém. Neste contexto, a irresponsabilidade fiscal era a regra.[2]

A Lei de Responsabilidade Fiscal – **Lei Complementar 101/2000** – foi instituída para estabelecer um código de conduta aos gestores públicos, pautada em padrões internacionais de boa governança. A probidade e a conduta ética do administrador público como deveres jurídicos positivados passam a ser o núcleo da gestão fiscal responsável, voltada para a preservação da

---

[1] ABRAHAM, Marcus. *Curso de direito financeiro brasileiro*. 6. ed. Rio de Janeiro: Forense, 2020. p. 10.

[2] Segundo Patrus Ananias: "O que chamamos de um histórico déficit de gestão no Brasil é uma visão rápida, sucinta, da nossa história do ponto de vista da exclusão social. As duas questões estão intimamente ligadas e têm suas origens com a chegada dos colonizadores e a implantação das capitanias hereditárias. Na esteira das capitanias hereditárias vieram as sesmarias, extensões enormes de terra sem nenhuma produtividade, começando uma relação de poder e terra. Na esteira das capitanias, das grandes extensões das sesmarias, vem a questão do coronelismo, do mandonismo, que chega ao século XX com muita força pelo menos até a Revolução de 30, mas com remanescentes até hoje, pois ainda convivemos em vários cantos do Brasil com esse poder dentro do Estado" (ANANIAS, Patrus. Gestão pública: desassombrando nossa história. *Revista do Serviço Público*, Brasília, v. 61, n. 4, out.-dez. 2010, p. 334-335).

coisa pública. Através dela, introduz-se uma nova cultura na Administração Pública brasileira, baseada no planejamento, na transparência, no controle e equilíbrio das contas públicas e na imposição de limites para determinados gastos e para o endividamento.

A LRF foi criada, essencialmente, por três motivos: a) para dar efetividade à política de estabilização fiscal; b) para regulamentar dispositivos da Constituição Federal de 1988 que demandavam uma lei complementar sobre matérias financeiras; e c) para dar um "choque" de gestão à administração pública brasileira.

Três normas constitucionais do texto original da redação de 1988 – arts. 163, 165 e 169 – exigiam regulamentação através de uma lei complementar. O **art. 163** da Constituição Federal determina que *Lei Complementar* disponha sobre: I – finanças públicas; II – dívida pública externa e interna, incluída a das autarquias, fundações e demais entidades controladas pelo Poder Público; III – concessão de garantias pelas entidades públicas; IV – emissão e resgate de títulos da dívida pública; V – fiscalização das instituições financeiras; VI – operações de câmbio realizadas por órgãos e entidades da União, dos Estados, do Distrito Federal e dos Municípios; VII – compatibilização das funções das instituições oficiais de crédito da União, resguardadas as características e condições operacionais plenas das voltadas ao desenvolvimento regional.

Já o inciso II do § 9º do **art. 165** da Constituição prevê que cabe à *Lei Complementar* estabelecer normas de gestão financeira e patrimonial da administração direta e indireta, bem como condições para a instituição e funcionamento de Fundos. Finalmente, o **art. 169** da Carta Magna demandava a fixação de limites para a realização de despesas com pessoal ativo e inativo da União a partir de *Lei Complementar*.

O imperioso respeito ao instrumento de lei complementar como veículo instituidor de normas gerais em matéria financeira é um dos aspectos fundamentais do federalismo fiscal brasileiro. Isso porque essa espécie de norma jurídica – instituto originário nas "leis orgânicas" descritas no art. 34 da Constituição de 1891 e instituída como a temos hoje a partir da Carta de 1967 – tem como finalidade a complementação das normas constitucionais, a partir da exigência de quórum qualificado para deliberação a respeito de matérias específicas expressamente a ela reservadas, dentre as quais as normas gerais em matéria financeira, conferindo a devida importância aos temas de interesse nacional e considerando a necessidade de um especial consenso dos parlamentares brasileiros.

Leciona Alexandre de Moraes que

> a razão da existência da lei complementar consubstancia-se no fato do legislador constituinte ter entendido que determinadas matérias, apesar

da evidente importância, não deveriam ser regulamentadas na própria Constituição Federal, sob pena de engessamento de futuras alterações; mas, ao mesmo tempo, não poderiam comportar constantes alterações através do processo legislativo ordinário.[3]

Na mesma linha, explica Carlos Valder do Nascimento[4] que "a lei complementar atua como regra de integração entre os princípios constitucionais e a legislação ordinária. Sua função é estabelecer a uniformização do sistema de finanças públicas".

O STF já decidiu, na ADI 2.198/PB, que a Lei Federal 9.755/1998, a qual autoriza o TCU a criar sítio eletrônico denominado Contas Públicas para a divulgação de dados tributários e financeiros dos entes federados, não viola a reserva de lei complementar para tratar de finanças públicas prevista no art. 163, I, da Constituição. Para o Supremo, a Lei Federal 9.755/1998 configura norma geral voltada à **publicidade das contas públicas**, inserindo-se na esfera de abrangência do direito financeiro, sobre o qual compete à União legislar concorrentemente, nos termos do art. 24, I, da Constituição Federal, não havendo necessidade de lei complementar para reger essa matéria.[5]

---

[3] MORAES, Alexandre de. *Direito constitucional*. 15. ed. São Paulo: Atlas, 2004. p. 569.
[4] NASCIMENTO, Carlos Valder do. Comentário ao art. 1º da LRF. In: MARTINS, Ives Gandra da Silva; NASCIMENTO, Carlos Valder do (org.). *Comentários à Lei de Responsabilidade Fiscal*. 6. ed. São Paulo: Saraiva, 2012. p. 50.
[5] "Ação direta de inconstitucionalidade. Lei Federal nº 9.755/98. Autorização para que o Tribunal de Contas da União crie sítio eletrônico denominado Contas Públicas para a divulgação de dados tributários e financeiros dos entes federados. Violação do princípio federativo. Não ocorrência. Prestígio do princípio da publicidade. Improcedência da ação. 1. O sítio eletrônico gerenciado pelo Tribunal de Contas da União tem o escopo de reunir as informações tributárias e financeiras dos diversos entes da federação em um único portal, a fim de facilitar o acesso dessas informações pelo público. Os documentos elencados no art. 1º da legislação já são de publicação obrigatória nos veículos oficiais de imprensa dos diversos entes federados. A norma não cria nenhum ônus novo aos entes federativos na seara das finanças públicas, bem como não há em seu texto nenhum tipo de penalidade por descumprimento semelhante àquelas relativas às hipóteses de intervenção federal ou estadual previstas na Constituição Federal, ou, ainda, às sanções estabelecidas na Lei de Responsabilidade Fiscal. 2. Ausência de inconstitucionalidade formal por ofensa ao art. 163, inciso I, da Constituição Federal, o qual exige a edição de lei complementar para a regulação de matéria de finanças públicas. Trata-se de norma geral voltada à publicidade das contas públicas, inserindo-se na esfera de abrangência do direito financeiro, sobre o qual compete à União legislar concorrentemente, nos termos do art. 24, I, da Constituição Federal. 3. A norma não representa desrespeito ao princípio federativo, inspirando-se no princípio da publicidade, na sua vertente mais específica, a da transparência dos

Assim, em 15 de abril de 1999, o Governo Federal, presidido à época por Fernando Henrique Cardoso, encaminhou ao Congresso Nacional o Projeto de Lei Complementar 18, justificando a necessidade de garantir a solvência fiscal. Estabelecia critérios de prudência para o endividamento público, regras rígidas para o controle dos gastos públicos, limites para o déficit orçamentário e mecanismos disciplinadores para o caso de inobservância das metas e procedimentos.

Da Exposição de Motivos 106/1999 do referido projeto de lei, destacamos os seguintes termos:

> Este Projeto integra o conjunto de medidas do Programa de Estabilização Fiscal – PEF apresentado à sociedade em outubro de 1998, e que tem como objetivo a drástica e veloz redução do déficit público e a estabilização do montante da dívida pública em relação ao Produto Interno Bruto da economia. (...) Este Projeto de Lei – publicamente conhecida como Lei de Responsabilidade Fiscal – LRF – também faz parte desse elenco de importantes inovações estruturais da Administração pública que, após aprovado, terá vigência num ambiente fiscal mais favorável, sedimentado pelos efeitos positivos do PEF, da reestruturação das dívidas dos Estados e dos Municípios, da reorganização do sistema bancário estadual, e de outras medidas de ajuste fiscal implementadas pelos governos estaduais e municipais. Entendemos que a combinação desse ambiente fiscal mais favorável com a aprovação de uma norma que estabelece princípios norteadores da gestão fiscal responsável, que fixa limites para o endividamento público e para expansão de despesas continuadas, e que institui mecanismos prévios e necessários para assegurar o cumprimento de metas fiscais a serem atingidas pelas três esferas de governo, é a condição necessária e suficiente para a consolidação de um novo regime fiscal no País, compatível com a estabilidade de preços e o desenvolvimento sustentável.

Em 4 de maio de 2000, é promulgada a Lei de Responsabilidade Fiscal (LC 101/2000), estabelecendo normas de finanças públicas voltadas para a responsabilidade na gestão fiscal.

Importante registrar que a Lei de Responsabilidade Fiscal não substituiu nem revogou a Lei 4.320/1964, que permanece há mais de cinco décadas

---

atos do Poder Público. Enquadra-se, portanto, no contexto do aprimoramento da necessária transparência das atividades administrativas, reafirmando e cumprindo, assim, o princípio constitucional da publicidade da administração pública (art. 37, *caput*, CF/88). 4. Ação julgada improcedente" (ADI 2.198, Pleno, Rel. Min. Dias Toffoli, j. 11.04.2013, *DJe* 19.08.2013).

regulamentando e disciplinando as finanças públicas no Brasil. Os objetivos dos dois diplomas financeiros são distintos e coexistem harmonicamente. Enquanto a Lei 4.320/1964 estabelece as normas gerais para a elaboração dos orçamentos e dos balanços dos entes federativos, o **art. 1º** da LC 101/2000 deixa claro que seu objetivo é fixar as normas de finanças públicas voltadas para a responsabilidade na gestão fiscal (transparência, planejamento, controle e responsabilidade). Havendo institutos ou normas similares em ambas as leis, aplica-se a regra geral de interpretação que determina prevalecer o dispositivo mais recente (*lex posterior derogat priori*).

O § 1º do art. 1º é de fundamental importância na LRF, uma vez que apresenta a definição ampla e detalhada do que se entende por *responsabilidade na gestão fiscal* e de todo escopo da LRF.

Extraímos desse dispositivo que o foco da LRF é a gestão fiscal responsável, efetivada a partir dos seguintes parâmetros: a) planejamento; b) transparência; c) prevenção de riscos e correção de desvios; d) equilíbrio das contas públicas; e) cumprimento de metas de resultados entre receita e despesas; f) fixação de limites e condições para renúncias de receitas e geração de despesas.

O **planejamento** contemplado pela LRF decorre da própria Constituição Federal de 1988, que instituiu as três leis orçamentárias criadas para funcionarem de forma harmônica e integrada (art. 165): o Plano Plurianual (PPA), destinado a estabelecer as ações de médio prazo, com prazo de vigência de quatro anos; o Orçamento Anual (LOA), para fixar os gastos do exercício financeiro; e a Lei de Diretrizes Orçamentárias (LDO), que funciona como instrumento de ligação entre aquelas duas leis, sistematizando e conferindo consistência à programação e execução orçamentária. A LRF vem a reforçar o papel das leis orçamentárias como instrumento de planejamento global, aproximando as atividades de programação e execução dos gastos públicos ao estabelecer metas fiscais e dispor sobre mecanismos para seu acompanhamento periódico.

A **transparência** que é instrumentalizada pela LRF destina-se a promover o acesso e a participação da sociedade em todos os fatores relacionados com a arrecadação financeira e a realização das despesas públicas, havendo uma seção própria na lei com este objetivo (Seção I do Capítulo IX). Destacam-se os seguintes mecanismos de transparência contidos na lei: a) incentivo à participação popular na discussão e na elaboração das peças orçamentárias, inclusive com a realização de audiências públicas; b) ampla divulgação por diversos mecanismos, até por meios eletrônicos, dos relatórios, pareceres e demais documentos da gestão fiscal; c) disponibilidade e publicidade das contas dos administradores durante todo o exercício; d) emissão de diversos relatórios periódicos de gestão fiscal e de execução orçamentária.

Sobre a necessidade de planejamento e transparência, o TCU já afirmou que se deve evitar a utilização de programas de trabalhos genéricos, caracterizados como "guarda-chuvas", pois contrários a tais princípios (planejamento e transparência). O programa de trabalho genérico deixa a impressão de que o planejamento inexiste, bem como impossibilita descobrir quais seriam as obras contempladas com os recursos do programa que está sendo executado, denotando falta de transparência do processo e do controle da despesa pública, dificultando, por via reflexa, a fiscalização dos recursos aplicados.[6]

A **prevenção de riscos** e a **correção de desvios** são medidas que se apresentam ao longo de todo o processo financeiro, destinadas a identificar os fatos que possam impactar os resultados fiscais estabelecidos para o período, mantendo-se a estabilidade e o equilíbrio nas contas públicas. Nesse sentido, a LRF introduz determinados mecanismos e impõe sua adoção a fim de neutralizar os riscos e reconduzir os desvios aos padrões esperados, tais como: a) o *anexo de riscos fiscais*, documento que passa a fazer parte da lei de diretrizes orçamentárias, demonstrando a avaliação dos passivos contingentes e outros riscos capazes de afetar as contas públicas, informando as providências a serem tomadas caso se concretizem (art. 4º, § 1º); b) a *reserva de contingência* que deverá estar contida no projeto de lei orçamentária anual, definida com base na receita corrente líquida, destinada ao atendimento de passivos contingentes e outros riscos e eventos fiscais imprevistos (art. 5º, III); c) os institutos da *limitação de empenho* (art. 9º) e da *compensação* (art. 14, II) voltados para a prevenção de riscos em situações que possam ensejar o desequilíbrio financeiro nas contas públicas; d) os limites para as despesas com pessoal e as medidas para a sua recondução aos parâmetros esperados são outros exemplos (arts. 22 e 23).

O **equilíbrio das contas públicas** é considerado um dos principais postulados da Lei de Responsabilidade Fiscal e representa uma relação balanceada entre meios e fins para que o Estado possa dispor de recursos necessários e suficientes à realização da sua atividade, não caracterizando uma equação matemática rígida, em que a diferença numérica entre o montante de receitas e de despesas deva ser sempre igual a zero, mas sim uma equação que contenha valores estáveis e equilibrados, a fim de permitir a identificação dos recursos necessários à realização dos gastos.

Sobre este equilíbrio, é relevante registrar que, em nosso entender, a EC 100/2019 implementou o modelo constitucional de orçamento impositivo no

---

[6] TCU, Acórdão 2007/2009 (AC-2007-35/09-P), Rel. Min. Raimundo Carreiro, Plenário, Sessão: 02.09.2009. *DOU* 04.09.2009.

país, ao alterar os arts. 165 e 166 da Constituição Federal e tornar obrigatória a execução da programação orçamentária, inclusive aquelas provenientes de emendas de bancada de parlamentares de Estados ou do Distrito Federal. Isso porque o novo § 10 do art. 165 impôs à Administração, sem se limitar às emendas parlamentares, o dever de executar obrigatoriamente as programações orçamentárias, para garantir a efetiva entrega de bens e serviços à sociedade.

Segundo a nova previsão constitucional, a execução obrigatória das emendas de bancadas seguirá as mesmas regras das emendas individuais – as quais já eram impositivas desde a alteração introduzida pela EC 86/2015[7] – e corresponderão a 1,0% (um por cento) da receita corrente líquida (RCL) realizada no exercício anterior. Fica expressamente ressalvado, entretanto, que tais despesas não serão de execução obrigatória nos casos dos impedimentos de ordem técnica. Mas, a partir do ano de 2020, início da produção de efeitos da norma, este montante passou a ser, excepcionalmente, de 0,8% (oito décimos percentuais) da Receita Corrente Líquida.

Esta obrigatoriedade da execução orçamentária, conquanto louvável da perspectiva do princípio da sinceridade orçamentária (isto é, o compromisso de cumprir o que foi previsto na LOA), poderia gerar um sério problema de equilíbrio fiscal, quando as receitas não se comportassem como o esperado.

Todavia, para impedir esse possível efeito, em 26 de setembro de 2019, foi promulgada a EC 102/2019, que alterou o § 11 do art. 165 da Constituição, prevendo mecanismos que permitem não afetar o equilíbrio fiscal, ao

---

[7] Em 12 de dezembro de 2019, nova mudança ocorreu no regime das emendas individuais impositivas com o advento da Emenda Constitucional 105/2019, que inseriu o art. 166-A no texto constitucional. As emendas individuais impositivas apresentadas ao projeto de lei orçamentária anual passam a poder destinar recursos diretamente a Estados, DF e Municípios, por meio de transferências especiais ou de transferências com finalidade definida, ficando ressalvado que tais recursos não integrarão a receita do ente beneficiado para fins do cálculo de repartição de receitas constitucionais e do limite de despesas com pessoal ativo e inativo, e de endividamento do ente federado, vedada, em qualquer caso, a aplicação dos recursos no pagamento de despesas com pessoal e encargos sociais relativas a ativos e inativos, e com pensionistas; e encargos referentes ao serviço da dívida. Na transferência especial, os recursos serão repassados diretamente ao ente federado beneficiado, independentemente de celebração de convênio ou de instrumento congênere, devendo ser aplicados em programações finalísticas das áreas de competência do Poder Executivo do ente federado beneficiado. Contudo, ao menos 70% (setenta por cento) das transferências especiais deverão ser aplicadas em despesas de capital. Já quanto às transferências com finalidade definida, os recursos serão vinculados à programação estabelecida na emenda parlamentar e aplicados nas áreas de competência constitucional da União.

estabelecer que o cumprimento do § 10 do art. 165 (ou seja, o dever de a administração executar as programações orçamentárias): I – subordina-se ao cumprimento de dispositivos constitucionais e legais que estabeleçam metas fiscais ou limites de despesas e não impede o cancelamento necessário à abertura de créditos adicionais; II – não se aplica nos casos de impedimentos de ordem técnica devidamente justificados; III – aplica-se exclusivamente às despesas primárias discricionárias. Portanto, verificam-se aí algumas exceções constitucionais ao orçamento impositivo, para que as metas fiscais não sejam perdidas de vista em nome de um cumprimento "cego" das rubricas orçamentárias que não levasse em consideração as mudanças de conjuntura fiscal e econômica.

O estabelecimento de **metas de resultados** entre receitas e despesas representa a concretização do planejamento orçamentário, e realiza a aproximação entre a programação e a execução, que sempre restou desassociada da realidade em tempos anteriores à LRF, garantindo-se, ao final, a efetividade das peças orçamentárias, instrumentalizando-se a partir do *anexo de metas fiscais* (art. 4º, § 1º), onde são estabelecidas metas anuais, em valores correntes e constantes, relativas a receitas, despesas, resultados nominal e primário e montante da dívida pública, para o exercício a que se referirem e para os dois seguintes.

A fixação de limites e condições para renúncias de receitas e geração de despesas, instituída pela LRF, retira do administrador público a liberdade plena e irrestrita que outrora possuía para gastar ilimitadamente ou para conceder incentivos fiscais sem qualquer controle (art. 14), e que muitas vezes eram feitos desprovidos de necessidade ou interesse público, passando-se a impor limites e condições para os gastos com pessoal e previdência social, contração de dívidas e renúncias fiscais, além de restringir a realização de certas despesas nos períodos de final de mandato, impedindo aos gestores deixar os chamados "testamentos políticos".[8]

Merece destaque no dispositivo ora comentado a questão das **despesas de pessoal** que foram legitimamente condicionadas pela LRF a outros requisitos além daqueles que a Constituição já impunha nos seus arts. 37 e 169, tais como: a imposição de exigência de uma *estimativa de impacto orçamentário* e a comprovação de que seu gasto não afetará as metas de resultados fiscais; a demonstração de sua *adequação à lei orçamentária* e *compatibilidade com o plano plurianual e lei de diretrizes orçamentárias*; a vedação de aumento da

---

[8] FIGUEIREDO, Carlos Mauricio; NÓBREGA, Marcos. *Responsabilidade fiscal*: aspectos polêmicos. Belo Horizonte: Fórum, 2006. p. 68.

despesa com pessoal expedido nos cento e oitenta dias anteriores ao final do mandato do titular do respectivo poder ou órgão; a definição de limites de gastos globais e de gastos por poder ou órgão, fixados com base na receita líquida corrente, cujo atendimento será verificado quadrimestralmente, com a instituição de um mecanismo de limite prévio, na base de 95% dos valores estabelecidos como teto de despesa de pessoal, para resguardar o volume máximo de gastos e não excedê-lo.

A ilustrar o espírito moralizante da LRF, restringiu-se a realização de certas **despesas no último ano de mandato** dos governantes, buscando acabar com as reiteradas práticas de se deixar uma "herança de dívidas" para seus sucessores, que muitas vezes acabavam por inviabilizar boa parte da gestão, com destaque para: a) vedação ao aumento de despesas de pessoal nos últimos 180 dias do mandato, bem como proibição de aumento da despesa com pessoal que preveja parcelas a serem suportadas pelo governante sucessor em exercícios fiscais seguintes (art. 21 da LRF); b) vedação de realização, no último ano de mandato do governante, das operações de crédito por antecipação de receita, destinadas a atender insuficiência de caixa durante o exercício (art. 38, IV, *b*); c) vedação à assunção de obrigação de despesa, nos dois últimos quadrimestres do mandato, que não possa ser cumprida integralmente dentro dele, ou que tenha parcelas a serem pagas no exercício seguinte sem que haja suficiente disponibilidade de caixa para este efeito (art. 42).

Em relação às **despesas com a seguridade social**, estabeleceu a LRF (art. 24) que nenhum benefício ou serviço relativo à seguridade social poderá ser criado, majorado ou estendido sem a indicação da fonte de custeio total, nos termos do § 5º do art. 195 da Constituição, devendo, ainda, ser acompanhado de estimativa de impacto orçamentário-financeiro trienal, da indicação da origem dos recursos que o suportarão, da comprovação de que não afetará as metas fiscais e de um plano de compensação mediante aumento permanente de receitas ou diminuição de despesas.

Finalmente, a LRF fixou **limites para a dívida pública** e para as **operações de crédito**, sendo um dos seus grandes objetivos administrar o crescente e desproporcional passivo e controlar o endividamento público futuro, de maneira a permitir o crescimento sustentado do Estado brasileiro, tendo como ideia-chave o respeito ao equilíbrio da relação financeira entre a constituição da dívida e sua capacidade de pagamento, estabelecendo, inclusive, regras para a *recondução da dívida aos limites* estabelecidos (art. 31 da LRF) e para as *operações de crédito* (art. 32 da LRF).

Os §§ **2º e 3º** tratam dos **destinatários** da LRF, cuja aplicação é ampla e objetiva atingir todos aqueles que, de alguma maneira, utilizam, direta ou indiretamente, recursos públicos.

A LRF destina-se a todos os entes federativos (União, Estados, Distrito Federal e Municípios), bem como a todas as autoridades públicas e dirigentes de poderes, órgãos ou entidades públicas que tenham sob a sua competência ou responsabilidade o gerenciamento de recursos financeiros públicos.

Deixa-se claro, para fins interpretativos, que as referências a essas pessoas políticas feitas ao longo do texto da lei compreendem os Poderes Executivo, Legislativo e Judiciário, o Ministério Público, as administrações diretas, fundos, autarquias, fundações, empresas estatais dependentes e os Tribunais de Contas de todos os entes.

Tal compreensão, aliás, vem consignada no voto do Ministro do STJ Mauro Campbell Marques (REsp 1.170.241, 14.12.2010):

> a Lei de Responsabilidade Fiscal, em respeito ao artigo 163, incisos I, II, III e IV, e ao artigo 169 da Constituição Federal, visando uma gestão fiscal responsável, endereça-se indistintamente a todos os titulares de órgão ou poder, agentes políticos ou servidores públicos, conforme se infere do artigo 1º, § 1º e 2º da lei referida.

Interessante questão que chegou ao STF diz respeito à aplicação das disposições da LRF ao Distrito Federal como se Estado fosse (art. 1º, § 3º, II). De fato, o Distrito Federal é figura híbrida, com uma estrutura que conjuga as atribuições de Estado e Município. Com base nesta situação, a Câmara Legislativa do Distrito Federal propôs a ADI 3.756/DF, visando a que fosse enquadrado o limite de gastos com pessoal do Poder Legislativo Distrital nas limitações municipais (6% da receita corrente líquida) e não nas limitações do Legislativo Estadual, mais rigorosas (3% da receita corrente líquida). O STF, contudo, julgou improcedente o pedido, mantendo a redação do art. 1º, § 3º, II, da LRF, por entender que o Distrito Federal está bem mais próximo da estruturação dos Estados-membros do que da arquitetura constitucional dos Municípios. A LRF conferiu ao DF um tratamento em consonância com sua favorecida situação tributário-financeira, por desfrutar de fontes cumulativas de receitas tributárias, na medida em que adiciona às arrecadações próprias dos Estados aquelas dos Municípios. Ademais, o DF goza do favor constitucional de não custear seus órgãos judiciário e ministerial público, tanto quanto a sua Defensoria Pública, Polícias Civil e Militar e ainda seu Corpo de Bombeiros Militar.[9]

---

[9] "Constitucional. Ação direta de inconstitucionalidade. Impugnação do inciso II do § 3º do art. 1º, bem como dos incisos II e III do art. 20 da Lei Complementar nº 101, de 04 de maio de 2000. 1. É de se reconhecer a legitimidade ativa ad causam da Câmara

Quanto a sua aplicação para as fundações públicas de direito privado criadas por lei pelo Poder Público para o desenvolvimento de atividades próprias do Estado (p. ex., saúde, ensino, pesquisa etc.), explica Regis Fernandes de Oliveira que elas "estão livres de qualquer sujeição à Lei Complementar 101/2000. É que o objetivo é específico e não buscam o atendimento à globalidade de ação do Estado. Ao contrário, têm finalidade própria e submetem-se, no mais, às regras do Código Civil". Entretanto, ressalva o financista que elas sujeitam-se à fiscalização do Ministério Público

---

Legislativa do Distrito Federal, dado que a presente impugnação tem por alvo dispositivos da LC 101/00. Dispositivos que versam, justamente, sobre a aplicação dos limites globais das despesas com pessoal do Poder Legislativo distrital. 2. O Distrito Federal é uma unidade federativa de compostura singular, dado que: a) desfruta de competências que são próprias dos Estados e dos Municípios, cumulativamente (art. 32, § 1º, CF); b) algumas de suas instituições elementares são organizadas e mantidas pela União (art. 21, XIII e XIV, CF); c) os serviços públicos a cuja prestação está jungido são financiados, em parte, pela mesma pessoa federada central, que é a União (art. 21, XIV, parte final, CF). 3. Conquanto submetido a regime constitucional diferenciado, o Distrito Federal está bem mais próximo da estruturação dos Estados--membros do que da arquitetura constitucional dos Municípios. Isto porque: a) ao tratar da competência concorrente, a Lei Maior colocou o Distrito Federal em pé de igualdade com os Estados e a União (art. 24); b) ao versar o tema da intervenção, a Constituição dispôs que a 'União não intervirá nos Estados nem no Distrito Federal' (art. 34), reservando para os Municípios um artigo em apartado (art. 35); c) o Distrito Federal tem, em plenitude, os três orgânicos Poderes estatais, ao passo que os Municípios somente dois (inciso I do art. 29); d) a Constituição tratou de maneira uniforme os Estados-membros e o Distrito Federal quanto ao número de deputados distritais, à duração dos respectivos mandatos, aos subsídios dos parlamentares, etc. (§ 3º do art. 32); e) no tocante à legitimação para propositura de ação direta de inconstitucionalidade perante o STF, a Magna Carta dispensou à Mesa da Câmara Legislativa do Distrito Federal o mesmo tratamento dado às Assembleias Legislativas estaduais (inciso IV do art. 103); f) no modelo constitucional brasileiro, o Distrito Federal se coloca ao lado dos Estados-membros para compor a pessoa jurídica da União; g) tanto os Estados-membros como o Distrito Federal participam da formação da vontade legislativa da União (arts. 45 e 46). 4. A LC 101/00 conferiu ao Distrito Federal um tratamento rimado com a sua peculiar e favorecida situação tributário--financeira, porquanto desfruta de fontes cumulativas de receitas tributárias, na medida em que adiciona às arrecadações próprias dos Estados aquelas que timbram o perfil constitucional dos Municípios. 5. Razoável é o critério de que se valeram os dispositivos legais agora questionados. Se irrazoabilidade houvesse, ela estaria em igualar o Distrito Federal aos Municípios, visto que o primeiro é, superlativamente, aquinhoado com receitas tributárias. Ademais, goza do favor constitucional de não custear seus órgãos judiciário e ministerial público, tanto quanto a sua Defensoria Pública, Polícias Civil e Militar e ainda seu Corpo de Bombeiros Militar" (ADI 3.756, Pleno, Rel. Min. Carlos Britto, j. 21.06.2007, *DJe* 19.10.2007).

e à supervisão de Ministério ou Secretaria a que estiverem vinculadas e de que recebam subvenções.[10]

A situação da empresa estatal dependente será analisada nos comentários ao art. 2º, III.

> Art. 2º Para os efeitos desta Lei Complementar, entende-se como:
>
> I – ente da Federação: a União, cada Estado, o Distrito Federal e cada Município;
>
> II – empresa controlada: sociedade cuja maioria do capital social com direito a voto pertença, direta ou indiretamente, a ente da Federação;
>
> III – empresa estatal dependente: empresa controlada que receba do ente controlador recursos financeiros para pagamento de despesas com pessoal ou de custeio em geral ou de capital, excluídos, no último caso, aqueles provenientes de aumento de participação acionária;
>
> IV – receita corrente líquida: somatório das receitas tributárias, de contribuições, patrimoniais, industriais, agropecuárias, de serviços, transferências correntes e outras receitas também correntes, deduzidos:
>
> a) na União, os valores transferidos aos Estados e Municípios por determinação constitucional ou legal, e as contribuições mencionadas na alínea a do inciso I e no inciso II do art. 195, e no art. 239 da Constituição;
>
> b) nos Estados, as parcelas entregues aos Municípios por determinação constitucional;
>
> c) na União, nos Estados e nos Municípios, a contribuição dos servidores para o custeio do seu sistema de previdência e assistência social e as receitas provenientes da compensação financeira citada no § 9º do art. 201 da Constituição.
>
> § 1º Serão computados no cálculo da receita corrente líquida os valores pagos e recebidos em decorrência da Lei Complementar nº 87, de 13 de setembro de 1996, e do fundo previsto pelo art. 60 do Ato das Disposições Constitucionais Transitórias.

---

[10] OLIVEIRA, Regis Fernandes de. *Responsabilidade fiscal*. São Paulo: RT, 2001. p. 25.

> § 2º Não serão considerados na receita corrente líquida do Distrito Federal e dos Estados do Amapá e de Roraima os recursos recebidos da União para atendimento das despesas de que trata o inciso V do § 1º do art. 19.
>
> § 3º A receita corrente líquida será apurada somando-se as receitas arrecadadas no mês em referência e nos onze anteriores, excluídas as duplicidades.

O **art. 2º** da LRF nos apresenta quatro conceitos importantes. Nos três primeiros incisos temos a identificação de sujeitos de direito para fins de aplicação da lei: entes da federação, empresa controlada e empresa estatal dependente. No quarto inciso, adiante analisado, apresenta-se o conceito de receita corrente líquida, relevante parâmetro para determinação dos limites de diversas despesas fixadas na lei (pessoal, precatórios, endividamento etc.).

No **inciso I**, temos a estrutura básica da federação brasileira, composta pela União, Estados, Distrito Federal e Municípios, tal como prevista no art. 18 da nossa Constituição. A respeito da organização da nossa federação, esclarece Fernanda Dias Menezes de Almeida[11] que:

> A existência, no Estado Federal, de um poder central e de poderes periféricos, que devem funcionar autônoma, mas concomitantemente, conduz necessariamente a que haja no arranjo federativo um esquema de repartição de competências entre o todo e as partes. Por um lado, a partilha de competências é que dá substância à descentralização em unidades autônomas. Isto porque, se o fulcro da autonomia dos entes federados está primordialmente na capacidade de auto-organização e de autolegislação, ficaria destituído de sentido reconhecer esta capacidade, sem se definir o objeto passível de normatização pelo poder central e pelos poderes estaduais. Por outro lado, se se quiser a preservação de um relacionamento harmônico entre o conjunto e as partes, é imprescindível delimitar as respectivas atribuições, sem o que seria inevitavelmente conflituosa a sua convivência.

Por sua vez, o **inciso II** define como **empresa controlada** a sociedade cuja maioria do capital social com direito a voto pertença, direta ou indiretamente, a ente da Federação. Aqui o legislador englobou os conceitos de *empresa pública* e de *sociedade de economia mista*.

---

[11] ALMEIDA, Fernanda Dias Menezes de. Comentário ao art. 1º da Constituição. In: CANOTILHO, J. J. Gomes *et al.* (org.). *Comentários à Constituição do Brasil*. São Paulo: Saraiva/Almedina, 2013. n. 2.6. A repartição de competências. Edição eletrônica.

Nesse sentido, o art. 5º do Decreto-lei 200/1967 considera: I – *Autarquia*: o serviço autônomo, criado por lei, com personalidade jurídica, patrimônio e receita próprios, para executar atividades típicas da Administração Pública, que requeiram, para seu melhor funcionamento, gestão administrativa e financeira descentralizada; II – *Empresa Pública*: a entidade dotada de personalidade jurídica de direito privado, com patrimônio próprio e capital exclusivo da União, criado por lei para a exploração de atividade econômica que o Governo seja levado a exercer por força de contingência ou de conveniência administrativa podendo revestir-se de qualquer das formas admitidas em direito; III – *Sociedade de Economia Mista*: a entidade dotada de personalidade jurídica de direito privado, criada por lei para a exploração de atividade econômica, sob a forma de sociedade anônima, cujas ações com direito a voto pertençam em sua maioria à União ou a entidade da Administração Indireta; IV – *Fundação Pública*: a entidade dotada de personalidade jurídica de direito privado, sem fins lucrativos, criada em virtude de autorização legislativa, para o desenvolvimento de atividades que não exijam execução por órgãos ou entidades de direito público, com autonomia administrativa, patrimônio próprio gerido pelos respectivos órgãos de direção, e funcionamento custeado por recursos da União e de outras fontes.

Importante, neste ponto, compreender o conceito de *poder de controle* empregado pelo Decreto-lei 200/1967 para classificar a estruturação administrativa federal em Administração Direta (Presidência da República e respectivos Ministérios) e Administração Indireta (autarquias, fundações, empresas públicas e sociedades de economia mista). O poder de controle estatal em sentido estrito manifesta-se na Administração Indireta, em contrapartida ao poder hierárquico que decorre da Administração Direta. Celso Antônio Bandeira de Mello[12] nos ensina que

> a palavra "controle" designa o poder que a administração central tem de influir sobre a pessoa descentralizada. Enquanto os poderes do hierarca são presumidos, os do controlador só existem quando previstos em lei e se manifestam apenas em relação aos atos nela indicados.

Sobre as empresas controladas, leciona Maria Sylvia Zanella Di Pietro[13] que "o que o legislador protege, no caso, não é a natureza jurídica

---

[12] MELLO, Celso Antônio Bandeira de. *Curso de direito administrativo*. 26. ed. São Paulo: Malheiros, 2008. p. 151.
[13] DI PIETRO, Maria Sylvia Zanella. *Direito administrativo*. 25. ed. São Paulo: Atlas, 2012. p. 500-503.

da entidade, mas o fato de administrar recursos públicos", e prossegue a administrativista:

> Com a expressão empresa estatal ou governamental designamos todas as entidades, civis ou comerciais, de que o Estado tenha o controle acionário, abrangendo a empresa pública, a sociedade de economia mista e outras empresas que não tenham essa natureza e às quais a Constituição faz referência, em vários dispositivos, como categoria à parte (arts. 37, XVII, 71, II, 165, § 5º, II, 173, § 1º). São traços comuns às empresas públicas e sociedades de economia mista: 1. criação e extinção autorizadas por lei; 2. personalidade jurídica de direito privado; 3. sujeição ao controle estatal; 4. derrogação parcial do regime de direito privado por normas de direito público; 5. vinculação aos fins definidos na lei instituidora; 6. desempenho de atividade de natureza econômica.

Por sua vez, a denominada "Lei de Responsabilidade das Estatais" (Lei 13.303, de 30 de junho de 2016), que dispõe sobre o estatuto jurídico da empresa pública, da sociedade de economia mista e de suas subsidiárias, no âmbito da União, dos Estados, do Distrito Federal e dos Municípios, conceituou também a *empresas pública*[14] e a *sociedade de economia mista*.[15]

O STF teve a oportunidade de decidir que também são classificadas como empresas estatais controladas aquelas indiretamente controladas pelo ente federado. O caso julgado por nossa Suprema Corte envolveu a empresa BBTur, cujas cotas do capital social pertencem integralmente à sociedade de economia mista Banco do Brasil S.A., diretamente ou por intermédio da subsidiária integral BB Cayman Islands Holding.

Por sua vez, a maioria do capital social com direito a voto do Banco do Brasil S.A. é de titularidade da União. Daí concluir-se que a gestão do capital social da BBTur tem impacto nos resultados do conglomerado Banco do Brasil e, portanto, no erário, razão pela qual a BBTur é considerada uma "empresa estatal controlada de terceiro grau" (sendo a subsidiária integral BB Cayman Islands Holding uma estatal de segundo grau e o Banco do Brasil S.A. uma estatal de primeiro grau).

---

[14] "Art. 3º Empresa pública é a entidade dotada de personalidade jurídica de direito privado, com criação autorizada por lei e com patrimônio próprio, cujo capital social é integralmente detido pela União, pelos Estados, pelo Distrito Federal ou pelos Municípios."

[15] "Art. 4º Sociedade de economia mista é a entidade dotada de personalidade jurídica de direito privado, com criação autorizada por lei, sob a forma de sociedade anônima, cujas ações com direito a voto pertençam em sua maioria à União, aos Estados, ao Distrito Federal, aos Municípios ou a entidade da administração indireta."

À luz dessa cadeia de controle em três níveis, a BBTur constitui uma sociedade empresária indiretamente controlada pela União e, nessa condição, submetida, sob pena de burla aos princípios da impessoalidade e da moralidade, a regime de direito privado com derrogações de direito público, em especial quanto à forma de admissão de pessoal e de contratação de bens e serviços.[16]

Já o **inciso III** da LRF define **empresa estatal dependente** como sendo a empresa controlada que receba do ente controlador recursos financeiros para pagamento de despesas com pessoal ou de custeio em geral ou de capital, excluídos, no último caso, aqueles provenientes de aumento de participação acionária.[17]

Sobre este inciso III, o TCU decidiu que:

> Para fins de aplicação de regras de finanças públicas, a conceituação de empresa estatal federal dependente é aquela tratada no art. 2º, inciso III, da LRF, cuja dependência resta caracterizada pela utilização de aportes de recursos da União para pagamento de despesas com pessoal ou de custeio em geral ou de capital, desde que, neste último caso, os recursos não sejam provenientes do aumento da participação acionária da União na respectiva estatal.[18]

Extraímos das normas dos incisos II e III a concepção de que a LRF se aplica ao gestor público em sentido amplo, conceito este que incluirá também o gestor de pessoas jurídicas de direito privado que recebam ou administrem recursos públicos, numa relação de dependência financeira que ocorre pela transferência financeira a título de subvenção ou subsídio. Por outro lado, uma *sociedade de economia mista* ou *empresa pública* que obtém, ela mesma e através da sua atividade operacional, recursos financeiros necessários e suficientes para o seu custeio, sem receber qualquer recurso do Estado, não se submeterá às regras da LRF.

Portanto, não basta que a empresa pública ou a sociedade de economia mista seja controlada para se submeter à LRF. Deverá haver uma relação de dependência financeira entre ela e o ente controlador, pois a empresa simplesmente controlada e não dependente, que possua receita própria e não receba

---

[16] STF, MS 23.294 AgR, 1ª Turma, Rel. Min. Rosa Weber, j. 23.08.2019, *DJe* 03.09.2019.
[17] O § 2º do art. 1º da Lei 13.303/2016 (Lei de Responsabilidade das Estatais) estendeu a aplicação das suas normas sobre licitação e contratos às empresas públicas dependentes, ao prever que: "*O disposto nos Capítulos I e II do Título II desta Lei aplica-se inclusive à empresa pública dependente, definida nos termos do inciso III do art. 2º da Lei Complementar nº 101, de 4 de maio de 2000, que explore atividade econômica, ainda que a atividade econômica esteja sujeita ao regime de monopólio da União ou seja de prestação de serviços públicos*".
[18] TCU, Acórdão 937/2019, Rel. Min. Vital do Rêgo, Plenário, Sessão: 24.04.2019, Boletim de Jurisprudência nº 262 de 13.05.2019 – Enunciado paradigmático.

do ente controlador recursos para pessoal ou custeio, situa-se, em regra, fora do âmbito de abrangência da Lei de Responsabilidade Fiscal.

Ademais, o conceito de empresa estatal dependente deve levar em consideração a relação existente entre as empresas estatais controladas e o Poder Executivo no curso do exercício financeiro. Devem ser avaliadas a periodicidade dos repasses e a real necessidade da transferência de recursos para a empresa controlada. Entende-se que o repasse episódico de recursos, feito pelo Estado, a fim de suprir deficiência momentânea de caixa da empresa controlada, não caracteriza dependência.

Sobre as estatais dependentes, assim manifestou-se o Min. Carlos Ayres Britto no julgamento do RE 599.628/DF:

> 34. Entre essas empresas, inteiramente dependentes de recursos públicos para operar e cuja definição também é regulada pela Resolução 40/2001 do Senado Federal, encontram-se a Companhia de Desenvolvimento dos Vales do São Francisco e do Parnaíba – Codevasf, Empresa Brasileira de Pesquisa Agropecuária – Embrapa, Hospital de Clínicas de Porto Alegre, Hospital Cristo Redentor S.A., Hospital Fêmina S.A., Hospital Nossa Senhora da Conceição S.A., Indústria de Material Bélico do Brasil – Imbel, Indústrias Nucleares do Brasil S.A. – INB, Nuclebrás Equipamentos Pesados S.A. – Nuclep e Valec – Engenharia, Construções e Ferrovias S.A. Isso conforme dados extraídos da página eletrônica do Ministério do Planejamento (acesso em 26 de agosto de 2010).
>
> 35. Esta a razão pela qual as dotações para "cumprimento de sentenças judiciais transitadas em julgado de empresas estatais dependentes" devem constar da lei orçamentária, consoante inciso XXI do art. 12 da Lei 12.309, de 9 de agosto de 2010 (Lei de Diretrizes Orçamentárias para 2011), regra que vem sendo anualmente reproduzida nas sucessivas LDOs. Isto ao lado de dotações para pagamento de "precatórios judiciários" e de "débitos judiciais transitados em julgado considerados de pequeno valor, incluídos os decorrentes dos Juizados Especiais Federais" (incisos XI e XIII do mesmo artigo 12).
>
> 36. Percebe-se, pois, que a sistemática legal de pagamento de débitos judiciais pelas chamadas empresas estatais dependentes é praticamente idêntica ao mecanismo do precatório. Esses débitos são pagos por dotações constantes do orçamento fiscal, assim corno o são os débitos formalizados em precatórios ou em requisições de pequeno valor, estas previstas no § 32 do art. 100 da Magna Lei.[19]

Por sua vez, o **inciso IV** nos apresenta o conceito de **receita corrente líquida (RCL)** como sendo o *valor bruto* resultante do somatório das receitas

---

[19] STF, RE 599.628, Pleno, Rel. Min. Ayres Britto, Rel. p/ acórdão Min. Joaquim Barbosa, j. 25.05.2011, repercussão geral, *DJe* 17.10.2011.

tributárias, de contribuições, patrimoniais, industriais, agropecuárias, de serviços, transferências correntes e outras receitas também correntes, *diminuído das deduções* estabelecidas na lei, principalmente aquelas referentes aos valores transferidos, por determinação constitucional ou legal, aos Estados e Municípios, no caso da União, e aos Municípios, no caso dos Estados.

A sua previsão é de suma importância para a aplicação das regras da LRF, servindo de parâmetro para o montante da reserva de contingência e para os limites da despesa total com pessoal, da dívida consolidada líquida, das operações de crédito, do serviço da dívida, das operações de crédito por antecipação de receita orçamentária e das garantias do ente da Federação, já que estes limites[20] são calculados a partir de percentuais incidentes sobre a RCL.

É calculada de forma consolidada pelos integrantes do respectivo ente federativo (excluem-se as duplicidades), levando em consideração doze meses de arrecadação, somados da seguinte maneira: a receita do mês de apuração e a dos onze anteriores. Assim, neutralizam-se as sazonalidades e reflete-se a efetiva capacidade de arrecadação.

Neste sentido, registra o *Manual de Demonstrativos Fiscais* (MDF) da Secretaria do Tesouro Nacional[21] que a boa prática contábil, que prima pela transparência, recomenda que todas as demonstrações sejam apresentadas tanto de forma isolada quanto conjunta (conforme determina a LRF), e em termos brutos, evidenciando cada uma das deduções realizadas. No entanto, no caso da RCL, cabe ao ente da Federação apresentar o seu valor consolidado que servirá de parâmetro para os limites. Nessa consolidação, deverão ser excluídas as *duplicidades*, as quais não se confundem com as deduções, que devem inicialmente integrar a receita corrente bruta.

Na União, no Distrito Federal, nos Estados e nos Municípios, serão consideradas as transferências constitucionais ou legais entre entes, de modo a identificar a receita que efetivamente pertence a cada ente. Nesse contexto, se inserem os valores pagos e recebidos a título de transferências financeiras da Lei Complementar 87, de 13 de setembro de 1996, que dispõe sobre ICMS, e da Lei Complementar 61/1989, que dispõe sobre o IPI, bem como a cota-parte da Contribuição de Intervenção no Domínio Econômico – CIDE.

Devem ser deduzidas: a) a contribuição dos servidores para o custeio do seu sistema de previdência; e b) as receitas provenientes da compensação

---

[20] Os limites foram estabelecidos em parte pela LRF, em parte pelas seguintes Resoluções do Senado Federal: Resoluções do Senado Federal 40, de 2001; 43, de 2001; e 48, de 2007, com as alterações posteriores.

[21] BRASIL. Secretaria do Tesouro Nacional. *Manual de demonstrativos fiscais*: aplicado à União e aos Estados, Distrito Federal e Municípios. 10. ed. Brasília: Secretaria do Tesouro Nacional, Coordenação-Geral de Normas de Contabilidade Aplicadas à Federação, 2019. p. 201.

financeira entre os diversos regimes de previdência, na contagem recíproca do tempo de contribuição na administração pública e na atividade privada, rural e urbana. É imprescindível, para tanto, que as referidas receitas estejam adequadamente contabilizadas em contas próprias que as identifiquem.

Na União, serão também deduzidas: a) as contribuições sociais para a seguridade social do empregador, da empresa e da entidade a ela equiparada na forma da lei, incidentes sobre a folha de salários e demais rendimentos do trabalho pagos ou creditados, a qualquer título, à pessoa física que lhe preste serviço, mesmo sem vínculo empregatício; b) as contribuições sociais para a seguridade social do trabalhador e dos demais segurados da previdência social; e c) a arrecadação decorrente das contribuições para o Programa de Integração Social – PIS e para o Programa de Formação do Patrimônio do Servidor Público – PASEP.

Por este motivo, o TCU já decidiu que a Secretaria do Tesouro Nacional, na condição de órgão central do Sistema de Contabilidade Federal, deveria excluir do cálculo da RCL os valores da Contribuição Previdenciária dos Empregados e dos Trabalhadores da Empresa Optante pelo SIMPLES. O fato gerador dessa receita é a prestação de serviços por trabalhadores (pessoas físicas) à empresa e destina-se exclusivamente ao Fundo do Regime Geral da Previdência, devendo ser utilizada exclusivamente para o pagamento de benefícios do regime geral de previdência social, conforme determina o art. 167, XI, da Constituição. Com isso, cumpre-se o mandamento da LRF na parte final da alínea "a" do inc. IV do art. 2º da LRF, interpretado de acordo com a sua finalidade, que é a de excluir as receitas vinculadas da Receita Corrente Líquida.[22]

Nos Estados e Municípios, serão também computados os valores pagos e recebidos em decorrência do Fundo de Manutenção e Desenvolvimento da Educação Básica e de Valorização dos Profissionais da Educação – FUNDEB, estabelecido no art. 60 do Ato das Disposições Constitucionais Transitórias da Constituição.[23] Na RCL do Distrito Federal e dos Estados do Amapá e de Roraima, não serão considerados os recursos recebidos para atendimento das despesas com pessoal a cargo da União previstas nos incisos XIII e XIV do art. 21 da Constituição e no art. 31 da Emenda Constitucional 19.

---

[22] TCU, Acórdão 2.169/2008 (AC-2169-40/08-P), Rel. Min. Augusto Nardes, Plenário, Sessão: 01.10.2008, *DOU* 03.10.2008.

[23] Nos termos da EC 53/2006, o Fundeb tinha prazo de vigência até 2020. Por meio da EC 108, de 26.08.2020, o Fundeb foi incorporado de forma permanente ao sistema de financiamento público da educação básica, agora por prazo indeterminado. A EC 108/2020 amplia a complementação de recursos federais do Fundeb de 10% para 23%, nos seguintes valores mínimos: 12% em 2012; 15% em 2022; 17% em 2023; 19% em 2024; 21% em 2025; e 23% em 2026.

CAPÍTULO II
DO PLANEJAMENTO

Seção I
Do Plano Plurianual

Art. 3º (VETADO)

Através da Mensagem 627, de 4 de maio de 2.000, a Presidência da República manifestou, nos termos do § 1º do art. 66 da Constituição Federal, o seu veto parcial ao texto do Projeto da LRF aprovado pelo Congresso Nacional.

Entre os dispositivos vetados, estava este **art. 3º**, cuja redação original aprovada pelo Poder Legislativo era a seguinte:

> Art. 3º O projeto de lei do plano plurianual de cada ente abrangerá os respectivos Poderes e será devolvido para sanção até o encerramento do primeiro período da sessão legislativa.
> § 1º Integrará o projeto Anexo de Política Fiscal, em que serão estabelecidos os objetivos e metas plurianuais de política fiscal a serem alcançados durante o período de vigência do plano, demonstrando a compatibilidade deles com as premissas e objetivos das políticas econômica nacional e de desenvolvimento social.
> § 2º O projeto de que trata o *caput* será encaminhado ao Poder Legislativo até o dia trinta de abril do primeiro ano do mandato do Chefe do Poder Executivo.

Como razões de veto, entendeu-se que o *caput* deste artigo estabelecia que o projeto de lei do plano plurianual deveria ser devolvido para sanção até o encerramento do primeiro período da sessão legislativa, enquanto o § 2º obrigava o seu envio, ao Poder Legislativo, até o dia 30 de abril do primeiro ano do mandato do Chefe do Poder Executivo, representando não só um reduzido período para a elaboração dessa peça, por parte do Poder Executivo, como também para a sua apreciação pelo Poder Legislativo, inviabilizando o aperfeiçoamento metodológico e a seleção criteriosa de programas e ações prioritárias de governo.

Ressaltou-se, outrossim, que a elaboração do plano plurianual é uma tarefa que se estende muito além dos limites do órgão de planejamento do governo, visto que mobiliza todos os órgãos e unidades do Executivo, do Legislativo e do Judiciário, sendo que o novo modelo de planejamento e gestão das ações, pelo qual se busca a melhoria de qualidade dos serviços públicos, exige uma estreita integração do plano plurianual com o Orçamento da União e os planos das unidades da Federação.

Acrescentou-se, ainda, a justificativa de que todo esse trabalho deve ser executado justamente no primeiro ano de mandato do Presidente da República, quando a Administração Pública sofre as naturais dificuldades decorrentes da mudança de governo e a necessidade de formação de equipes com pessoal nem sempre familiarizado com os serviços e sistemas que devem fornecer os elementos essenciais para a elaboração do plano.

Ademais, baseou-se na ideia de que a fixação de mesma data para que a União, os Estados e os Municípios encaminhem, ao Poder Legislativo, o referido projeto de lei complementar não leva em consideração a complexidade, as peculiaridades e as necessidades de cada ente da Federação, inclusive os pequenos municípios.

Por outro lado, fundamentou-se que o veto dos prazos constantes do dispositivo traz consigo a supressão do Anexo de Política Fiscal, a qual não ocasiona prejuízo aos objetivos da Lei Complementar, considerando-se que a lei de diretrizes orçamentárias já prevê a apresentação de Anexo de Metas Fiscais, contendo, de forma mais precisa, metas para cinco variáveis – receitas, despesas, resultados nominal e primário e dívida pública –, para três anos, especificadas em valores correntes e constantes.

Seção II
Da Lei de Diretrizes Orçamentárias

Art. 4º A lei de diretrizes orçamentárias atenderá o disposto no § 2º do art. 165 da Constituição e:

I – disporá também sobre:

a) equilíbrio entre receitas e despesas;

b) critérios e forma de limitação de empenho, a ser efetivada nas hipóteses previstas na alínea *b* do inciso II deste artigo, no art. 9º e no inciso II do § 1º do art. 31;

c) (VETADO)

d) (VETADO)

e) normas relativas ao controle de custos e à avaliação dos resultados dos programas financiados com recursos dos orçamentos;

f) demais condições e exigências para transferências de recursos a entidades públicas e privadas;

II – (VETADO)

III – (VETADO)

§ 1º Integrará o projeto de lei de diretrizes orçamentárias Anexo de Metas Fiscais, em que serão estabelecidas metas anuais, em valores correntes e constantes, relativas a receitas, despesas, resultados nominal e primário e montante da dívida pública, para o exercício a que se referirem e para os dois seguintes.

§ 2º O Anexo conterá, ainda:

I – avaliação do cumprimento das metas relativas ao ano anterior;

II – demonstrativo das metas anuais, instruído com memória e metodologia de cálculo que justifiquem os resultados pretendidos, comparando-as com as fixadas nos três exercícios anteriores, e evidenciando a consistência delas com as premissas e os objetivos da política econômica nacional;

III – evolução do patrimônio líquido, também nos últimos três exercícios, destacando a origem e a aplicação dos recursos obtidos com a alienação de ativos;

IV – avaliação da situação financeira e atuarial:

a) dos regimes geral de previdência social e próprio dos servidores públicos e do Fundo de Amparo ao Trabalhador;

b) dos demais fundos públicos e programas estatais de natureza atuarial;

V – demonstrativo da estimativa e compensação da renúncia de receita e da margem de expansão das despesas obrigatórias de caráter continuado.

§ 3º A lei de diretrizes orçamentárias conterá Anexo de Riscos Fiscais, onde serão avaliados os passivos contingentes e outros riscos capazes de afetar as contas públicas, informando as providências a serem tomadas, caso se concretizem.

§ 4º A mensagem que encaminhar o projeto da União apresentará, em anexo específico, os objetivos das políticas monetária, creditícia e cambial, bem como os parâmetros e as projeções para seus principais agregados e variáveis, e ainda as metas de inflação, para o exercício subsequente.

A **Lei de Diretrizes Orçamentárias (LDO)**, prevista no § 2º do art. 165 da Constituição, contempla as metas e prioridades da Administração Pública federal, incluindo as despesas de capital para o exercício financeiro subsequente, orienta a elaboração da lei orçamentária anual, dispõe sobre as alterações na legislação tributária e estabelece a política de aplicação das agências financeiras oficiais de fomento.

O seu conteúdo está voltado para o *planejamento operacional* do governo. Assim, enquanto a lei do plano plurianual refere-se ao planejamento estratégico de longo prazo, a lei de diretrizes orçamentárias apresenta o planejamento operacional de curto prazo, para o período de um ano, influenciando diretamente a elaboração da lei orçamentária anual.[24]

---

[24] "A Lei de Diretrizes Orçamentárias possui destinação constitucional específica e veicula conteúdo material próprio, que, definido pelo art. 165, § 2º, da Carta Federal,

Esta lei norteia e conduz a elaboração da lei orçamentária anual, devendo o seu projeto ser encaminhado ao Poder Legislativo até o dia 15 de abril, para viger no exercício financeiro seguinte.

Destacamos as seguintes funções da LDO: a) estabelecer as metas e prioridades da administração para o ano seguinte, conforme constar do plano plurianual, de maneira a indicar a política fiscal que integrará o orçamento anual; b) dispor sobre as despesas de capital para o exercício financeiro subsequente; c) orientar a elaboração da lei orçamentária anual; d) tratar das alterações na legislação tributária, uma vez que a sua variação afetará diretamente a arrecadação de receitas públicas; e) estabelecer a política de aplicação das agências financeiras oficiais de fomento.

Segundo Ricardo Lobo Torres, a lei de diretrizes orçamentárias "*é, em suma, um plano prévio, fundado em considerações econômicas e sociais, para a ulterior elaboração da proposta orçamentária no Executivo, do Legislativo, do Judiciário e do Ministério Público*".[25]

Dentre inúmeros objetivos, a LRF foi instituída para reforçar o papel das leis orçamentárias como instrumento de planejamento global, aproximando as atividades de programação e execução dos gastos públicos ao estabelecer metas fiscais e dispor sobre mecanismos para seu acompanhamento periódico.

Assim, o **art. 4º** da LRF acrescentou outras funções à lei de diretrizes orçamentárias, estabelecendo que a referida LDO deverá dispor, também, sobre: a) equilíbrio entre receitas e despesas; b) critérios e forma de limitação de empenho; c) normas relativas ao controle de custos e à avaliação dos resultados dos programas financiados com recursos dos orçamentos; d) demais condições e exigências para transferências de recursos a entidades públicas e privadas. Além disso, determinou a elaboração de dois anexos que deverão acompanhar a lei de diretrizes orçamentárias: o Anexo de Metas Fiscais e o Anexo de Riscos Fiscais; bem como o encaminhamento de Mensagem do Projeto de LDO, apresentando os objetivos das políticas monetária, creditícia e cambial, bem como os parâmetros e as projeções

---

compreende as metas e prioridades da Administração Pública, inclusive as despesas de capital para o exercício financeiro subsequente. Mais do que isso, esse ato estatal tem por objetivo orientar a elaboração da lei orçamentária anual e dispor sobre as alterações na legislação tributária, além de estabelecer a política de aplicação das agências financeiras oficiais de fomento" (STF, ADI 612-QO, Plenário, Rel. Min. Celso de Mello, j. 03.06.1993, *DJ* 06.05.1994).

[25] TORRES, Ricardo Lobo. *Curso de direito financeiro e tributário*. 13. ed. Rio de Janeiro: Renovar, 2006. p. 174.

para seus principais agregados e variáveis, e ainda as metas de inflação, para o exercício subsequente.

Essas disposições buscam, essencialmente, evitar o indesejado desequilíbrio orçamentário nas contas públicas, dentro do legítimo espírito da nova cultura de gestão fiscal responsável trazida pela LRF. Ao dispor que a LDO deve tratar expressamente sobre o equilíbrio de receitas e despesas, do mecanismo de limitação de empenho (suspensão momentânea de pagamentos), de controle de custos e avaliação de resultados de programas custeados com recursos públicos, bem como das transferências financeiras para entidades públicas e privadas, pretende-se atuar preventivamente resguardando a estabilidade financeira, para que o Estado brasileiro possa dispor de recursos necessários e suficientes à realização da sua atividade, sem ter que sacrificar a sociedade com as nefastas consequências decorrentes da instabilidade das contas públicas.

A respeito desta atuação preventiva, esclarece Carlos Valder Nascimento:[26]

> A prevenção deve operar-se mediante limitação, num período razoável de tempo, da média de gastos à média de receita. O que se persegue é que a despesa não ultrapasse a capacidade de pagamento do Estado, sob pena do comprometimento da ação governamental, cuja meta deve ser voltada para o bem-estar da coletividade.

Dentro deste escopo, diz-se que a LRF não se limitou à ingenuidade do mero equilíbrio entre previsão de receitas e fixação de despesas na proposta de orçamento, tendo ido mais longe ao impor o efetivo equilíbrio financeiros ao longo de todo o exercício, com ênfase no último ano de mandato dos gestores.[27]

Na mesma linha, ressaltam Carlos Maurício Figueiredo e Marcos Nóbrega que

> o clássico princípio orçamentário do equilíbrio deve ser entendido não como mera igualdade numérica entre receita e despesa, em determinado exercício. Trata-se, na realidade do estabelecimento de parâmetros que

---

[26] NASCIMENTO, Carlos Valder do. Comentário ao art. 1º da LRF. In: MARTINS, Ives Gandra da Silva; NASCIMENTO, Carlos Valder do (org.). *Comentários à Lei de Responsabilidade Fiscal*. 6. ed. São Paulo: Saraiva, 2012. p. 56.

[27] FIGUEIREDO, Carlos Maurício et al. *Comentários à Lei de Responsabilidade Fiscal*. 2. ed. São Paulo: RT, 2001. p. 60.

confiram às contas públicas a necessária e indispensável estabilidade, a fim de permitir ao Estado a consecução de seus fins.[28]

Esses autores advertem que as peças orçamentárias devem servir não só ao planejamento, mas também como instrumentos de controle a fim de que se possa melhor avaliar a gestão fiscal, devendo a LDO dispor sobre o *controle de custos*. A instituição do sistema de custos tem por objeto maior a produção de indicadores de desempenho, permitindo análises comparativas, e não devendo ser entendido como a simples comparação entre preços contratados e preços de mercado, mas, sim, de uma avaliação de custo-benefício, para que se possa saber se o ente está atingindo as metas de forma eficiente e econômica.[29]

Finalmente, quanto aos vetos realizados nas letras "**c**" e "**d**" do **inciso I**, bem como dos **incisos II e III** do ora analisado art. 4º da LRF, impende registrar que estes foram **vetados** através da Mensagem 627/2000 da Presidência da República.

A letra "**c**" do inc. I do art. 4º tinha a seguinte redação antes de ser vetada:

> Art. 4º (...)
>
> I – (...)
>
> c) parâmetros para os Poderes e órgãos referidos no art. 20, com vistas à fixação, no projeto de lei orçamentária, dos montantes relativos a despesas com pessoal e a outras despesas correntes, inclusive serviços de terceiros, com base na receita corrente líquida;

Como razões do veto, afirmou-se que a estrutura orçamentária está concebida de maneira a propiciar a integração entre o plano plurianual e a lei orçamentária anual, sendo o programa o elo entre os instrumentos de planejamento e de alocação de recursos públicos. Nesse sentido, deve-se dar ênfase à realização das ações, representadas pelos projetos, atividades e operações especiais, com vistas ao alcance dos objetivos estabelecidos nos programas. Dessa forma, estabelecer *a priori* parâmetros para a fixação de despesas, segundo a sua natureza de gasto, sem levar em consideração as prioridades da programação a ser atendida, contraria o interesse público, por inflexibilizar a alocação dos recursos, dificultando o atendimento das demandas da sociedade.

---

[28] FIGUEIREDO, Carlos Mauricio; NÓBREGA, Marcos. *Responsabilidade fiscal*: aspectos polêmicos. Belo Horizonte: Fórum, 2006. p. 138.

[29] Ibidem, p. 140.

Por sua vez, a letra "**d**" do inc. I do art. 4º tinha a seguinte redação antes de ser vetada:

> Art. 4º (...)
> I – (...)
> d) destinação de recursos provenientes das operações de crédito, inclusive por antecipação de receita;

As razões do veto levaram em consideração que as operações de crédito por antecipação de receita têm como objetivo legal a recomposição momentânea do fluxo de caixa global do órgão ou da entidade. Assim, não existe a possibilidade de indicar, com antecedência, a destinação dos recursos provenientes dessas operações. Nessa mesma linha de raciocínio, o dispositivo mostrava-se dúbio, com relação às demais operações de crédito, uma vez que ao se referir à "destinação dos recursos" não especificou qual a classificação da despesa orçamentária que deveria ser considerada, se por funções ou por categorias econômicas, dentre outras.

Já o **inciso II** do art. 4º assim dispunha antes de sofrer o **veto**:

> Art. 4º (...)
> II – estabelecerá, para efeito de adoção das medidas especificadas nas alíneas deste inciso, limite referencial para o montante das despesas com juros, com base em percentual da receita corrente líquida, apurado na forma do § 3º do art. 2º, que, se excedido, implicará:
> a) vedação da realização de novas operações de crédito, ressalvadas as realizadas com a finalidade de pagamento de juros, as operações por antecipação de receita e as relativas ao refinanciamento da dívida;
> b) obtenção de resultado primário necessário à redução do montante da dívida e das despesas com juros, dentre outras medidas;

O dispositivo foi vetado pois se entendeu redundante a fixação de limites adicionais para a despesa com juros nominais, uma vez que a LRF já prevê a fixação de limites para a dívida consolidada de cada esfera de governo bem como a definição no âmbito da lei de diretrizes orçamentárias de metas de superávit primário a cada exercício. Salientou, outrossim, que já havia disciplina sobre limites da dívida pública e sanções decorrentes de sua inobservância, até com expressa determinação de se considerar na dívida consolidada os valores dos precatórios judiciais incluídos nos orçamentos e não pagos, e o princípio que norteia o estabelecimento na LRF de limites para a dívida é a manutenção do nível de endividamento público em patamar razoável. Assim, a introdução de limite para despesas com juros, ainda que com caráter referencial, suscitaria a interpretação de que o objetivo seria o não pagamento de juros, o que apresenta caráter bastante distinto, senão oposto, à tônica da LRF.

Finalmente, antes de ser **vetado**, o **inciso III** do art. 4º assim vinha consignado:

> Art. 4º (...)
> III – definirá limites e condições para a expansão das despesas obrigatórias de caráter continuado referidas no art. 17.

Entendeu-se, como razões de veto, que se as despesas já foram legalmente definidas como sendo "obrigatórias", não haveria por que se estabelecer limites e condições para a sua expansão, sendo que a LRF já estabelece as regras para a expansão das despesas obrigatórias de caráter continuado.

Uma das mais relevantes inovações trazidas pela LRF foi a previsão do **Anexo de Metas Fiscais**, documento que deve integrar o Projeto de Lei de Diretrizes Orçamentárias e abranger os três poderes, Legislativo, Executivo e Judiciário, bem como abranger os Órgãos da Administração Direta dos Poderes e demais entidades da Administração Indireta, apresentando relevantes padrões de informações fiscais, e estabelecendo metas anuais em valores correntes e constantes, relativos a receitas e despesas, para o exercício e para os dois seguintes.

As *Metas Fiscais* representam os resultados a serem alcançados para variáveis fiscais visando atingir os objetivos desejados pelo ente da Federação quanto à trajetória de endividamento no médio prazo. Pelo princípio da gestão fiscal responsável, as metas representam a conexão entre o planejamento, a elaboração e a execução do orçamento. Esses parâmetros indicam os rumos da condução da política fiscal para os próximos exercícios e servem de indicadores para a promoção da limitação de empenho e de movimentação financeira.[30]

Assim, o Anexo de Metas Fiscais deverá conter: a) avaliação do cumprimento das metas relativas ao ano anterior; b) demonstrativo das metas anuais, instruído com memória e metodologia de cálculo que justifiquem os resultados pretendidos; c) consistência das metas fixadas nos três exercícios anteriores, com as premissas e objetivos da política econômica nacional; d)

---

[30] BRASIL. Secretaria do Tesouro Nacional. *Manual de demonstrativos fiscais*: aplicado à União e aos Estados, Distrito Federal e Municípios. 10. ed. Brasília: Secretaria do Tesouro Nacional, Coordenação-Geral de Normas de Contabilidade Aplicadas à Federação, 2019. p. 60.

a evolução do patrimônio líquido, destacando a origem e aplicação dos recursos obtidos com a alienação de ativos; e) avaliação da situação financeira e atuarial do RPPS e demais fundos públicos; f) demonstrativo da estimativa e compensação da renúncia de receita e da margem de expansão das despesas obrigatórias de caráter continuado.

Para tanto, estabelece o *Manual de Demonstrativos Fiscais* (MDF) – Anexo de Metas Fiscais,[31] editado pela Secretaria do Tesouro Nacional, que este documento deve ser composto pelos seguintes demonstrativos:

a) **Demonstrativo I – Metas Anuais**: contempla as informações relativas às receitas (total e primárias), despesas (total e primárias), resultados primário e nominal, dívida pública consolidada e dívida consolidada líquida, para o ano de referência da LDO e para os dois anos seguintes, em valores corrente e constante, tendo como objetivo, além de dar transparência sobre as metas fiscais relativas ao ente da Federação, dando base à avaliação da política fiscal estabelecida pelo chefe do Poder Executivo para o triênio, orientar a elaboração do projeto de lei orçamentária anual de forma a permitir o alcance das metas conforme planejado. Os valores das metas fiscais para o exercício orçamentário a que se refere a LDO deverão basear-se no cenário macroeconômico, tendo como parâmetros básicos: o crescimento real do PIB (% anual); o Índice de Inflação anual; relatórios de mercado divulgados pelo Banco Central – BACEN e pelo Instituto de Pesquisa Econômica Aplicada – IPEA, que trazem as expectativas de mercado para a taxa de inflação, de câmbio, de juros, dentre outros indicadores; pesquisa mensal de comércio divulgada pelo IBGE e especificada por Unidade da Federação; pesquisa industrial mensal produção física/regional divulgada pelo IBGE e especificada por Estados/Regiões industriais; variação no valor das transferências constitucionais recebidas, quando esse for relevante em relação ao total das receitas auferidas pelo ente.

b) **Demonstrativo II – Avaliação do Cumprimento das Metas Fiscais do Exercício Anterior**: a finalidade deste demonstrativo é a de estabelecer uma comparação entre as metas fixadas e o resultado obtido no exercício orçamentário anterior ao que se refere a LDO, incluindo análise dos fatores determinantes para o alcance ou não dos valores estabelecidos como metas. Alguns fatores, tais como, o cenário macroeconômico, o desempenho das

---

[31] BRASIL. Secretaria do Tesouro Nacional. *Manual de demonstrativos fiscais*: aplicado à União e aos Estados, Distrito Federal e Municípios. 10. ed. Brasília: Secretaria do Tesouro Nacional, Coordenação-Geral de Normas de Contabilidade Aplicadas à Federação, 2019. p. 59-153.

empresas estatais, as taxas de câmbio e de inflação, devem ser motivo de explanação a respeito dos resultados obtidos.

c) **Demonstrativo III – Metas Fiscais Atuais Comparadas com as Metas Fiscais Fixadas nos Três Exercícios Anteriores**: o objetivo do Demonstrativo é dar transparência às informações sobre as metas fiscais dos três exercícios anteriores e dos três exercícios seguintes, para uma melhor avaliação da política fiscal do ente federativo, de forma a permitir a análise da política fiscal em uma linha do tempo, combinando execução passada e perspectivas futuras, validando a consistência dessas últimas.

d) **Demonstrativo IV – Evolução do Patrimônio Líquido**: deve trazer em conjunto uma análise dos valores apresentados, com as causas das variações do PL do ente da Federação como, por exemplo, fatos que venham a causar desequilíbrio entre as variações ativas e passivas e outros que contribuam para o aumento ou a diminuição da situação líquida patrimonial. O conceito de Patrimônio Líquido está vinculado ao de Patrimônio Público, que, segundo o Manual de Contabilidade Aplicada ao Setor Público (MCASP),[32] é o conjunto de direitos e bens, tangíveis ou intangíveis, onerados ou não, adquiridos, formados, produzidos, recebidos, mantidos ou utilizados pelas entidades do setor público, que seja portador ou represente um fluxo de benefícios, presente ou futuro, inerente à prestação de serviços públicos ou à exploração econômica por entidades do setor público e suas obrigações. Assim, o Patrimônio Líquido representa o valor residual dos ativos da entidade depois de deduzidos todos seus passivos. Integram o Patrimônio Líquido o patrimônio (no caso dos órgãos da administração direta) ou capital social (no caso das empresas estatais), as reservas de capital, os ajustes de avaliação patrimonial, as reservas de lucros, as ações em tesouraria, os resultados acumulados e outros desdobramentos do saldo patrimonial.

e) **Demonstrativo V – Origem e Aplicação dos Recursos Obtidos com a Alienação de Ativos**: o seu objetivo é assegurar a transparência da forma como o ente utilizou os recursos obtidos com a alienação de ativos, com vistas à preservação do patrimônio público, devendo conter informações sobre as receitas realizadas por meio da alienação de ativos (discriminando as alienações de bens móveis e imóveis) e as despesas executadas resultantes da aplicação dos recursos obtidos com a alienação de ativos, discriminando

---

[32] BRASIL. Ministério da Fazenda. Secretaria do Tesouro Nacional. *Manual de Contabilidade Aplicada ao Setor Público*. Parte II – Procedimentos Contábeis Patrimoniais. Portaria STN nº 437/2012. 5. ed. Brasília: Secretaria do Tesouro Nacional, Coordenação-Geral de Normas de Contabilidade Aplicadas à Federação, 2013.

as despesas de capital e as despesas correntes dos regimes de previdência. É importante ressaltar o disposto no art. 44 da LRF, segundo o qual é vedada a aplicação de receita de capital derivada da alienação de bens e direitos que integram o patrimônio público para o financiamento de despesa corrente, salvo se destinada por lei ao Regime Geral de Previdência Social ou aos RPPS.

f) **Demonstrativo VI – Avaliação da Situação Financeira e Atuarial do RPPS**: conterá as receitas e as despesas previdenciárias, discriminando as intraorçamentárias, bem como as classificando por categoria econômica. As informações deverão abranger os valores relativos aos três últimos exercícios anteriores ao ano de elaboração da LDO. A avaliação atuarial deve ser feita com base no Demonstrativo da Projeção Atuarial do Regime Próprio dos Servidores Públicos publicado no Relatório Resumido de Execução Orçamentária do último bimestre do ano anterior ao da edição da LDO. Eventuais mudanças nos cenários socioeconômicos que ensejem revisão das variáveis consideradas nas projeções atuariais implicam a elaboração de novas projeções. Cumpre destacar outros dois artigos da LRF, que servirão de base para a avaliação financeira e atuarial do RPPS: a) o art. 24 estabelece que nenhum benefício ou serviço relativo à seguridade social poderá ser criado, majorado ou estendido sem a indicação da fonte de custeio total, nos termos do § 5º do art. 195 da Constituição, atendidas ainda as exigências do art. 17; b) o § 1º do art. 43 dispõe que as disponibilidades de caixa dos regimes de previdência social, geral e próprio dos servidores públicos, ainda que vinculadas a fundos específicos a que se referem os arts. 249 e 250 da Constituição, ficarão depositadas em conta separadas das demais disponibilidades de cada ente e aplicadas nas condições de mercado, com observância dos limites e condições de proteção e prudência financeira.

g) **Demonstrativo VII – Estimativa e Compensação da Renúncia de Receita**: tem por objetivo dar transparência às renúncias de receita previstas no projeto de LDO, para uma melhor avaliação do seu impacto nas metas fiscais fixadas, além de orientar a elaboração da LOA considerando o montante das renúncias fiscais concedidas, identificando os tributos para os quais estão previstas renúncias de receita, destacando-se a modalidade da renúncia (anistia, remissão, subsídio, crédito presumido etc.), os setores/programas/beneficiários a serem favorecidos, a previsão da renúncia para o ano de referência da LDO e para os dois exercícios seguintes, e as medidas de compensação pela perda prevista de receita com a renúncia. Deverá ser acompanhado de análise dos critérios estabelecidos para as renúncias de receitas e suas respectivas compensações, a fim de dar maior consistência aos valores apresentados, devendo o ente indicar quais condições irá utilizar para cada renúncia de receita, a fim de atender ao disposto no *caput* do art. 14 da LRF, sendo necessário que o valor da compensação, prevista no demonstrativo, seja suficiente para cobrir o valor da renúncia fiscal respectiva.

h) **Demonstrativo VIII – Margem de Expansão das Despesas Obrigatórias de Caráter Continuado**: informa os valores previstos de novas despesas obrigatórias de caráter continuado (DOCC) para o exercício a que se refere a LDO, deduzindo-as da margem bruta de expansão (aumento permanente de receita e redução permanente de despesa). Objetiva conferir transparência às novas DOCC previstas, se estão cobertas por aumento permanente de receita e redução permanente de despesa, para avaliação do impacto nas metas fiscais estabelecidas pelo ente, além de orientar a elaboração da LOA considerando o montante das Despesas Obrigatórias de Caráter Continuado concedidas.

E, conforme estabelecido pelo inciso III do art. 63 da LRF, a elaboração do Anexo de Metas Fiscais, por municípios com população inferior a cinquenta mil habitantes, passou a ser obrigatória a partir do exercício de 2005.

Outro importante documento instituído pela LRF para integrar a LDO é o **Anexo de Riscos Fiscais**, onde serão avaliados os passivos contingentes e outros riscos capazes de afetar as contas públicas, informando as providências a serem tomadas, caso se concretizem.

Tem por objetivo dar transparência sobre os possíveis eventos com potencial para afetar o equilíbrio fiscal do ente da Federação, descrevendo as providências a serem tomadas caso se concretizem.

Riscos Fiscais podem ser conceituados como a possibilidade da ocorrência de eventos que venham a impactar negativamente as contas públicas, eventos estes resultantes da realização das ações previstas no programa de trabalho para o exercício ou decorrentes das metas de resultados, correspondendo, assim, aos riscos provenientes das obrigações financeiras do governo. É importante ressaltar que riscos repetitivos deixam de ser riscos, devendo ser tratados no âmbito do planejamento, ou seja, devem ser incluídos como ações na Lei de Diretrizes Orçamentárias e na Lei Orçamentária Anual do ente federativo. Por exemplo, se a ocorrência de catástrofes naturais – como secas ou inundações – ou de epidemias – como a dengue – tem sazonalidade conhecida, as ações para mitigar seus efeitos, assim como as despesas decorrentes, devem ser previstas na LDO e na LOA do ente federativo afetado, e não ser tratada como risco fiscal no Anexo de Riscos Fiscais.[33]

---

[33] BRASIL. Secretaria do Tesouro Nacional. *Manual de demonstrativos fiscais*: aplicado à União e aos Estados, Distrito Federal e Municípios. 10. ed. Brasília: Secretaria do Tesouro Nacional, Coordenação-Geral de Normas de Contabilidade Aplicadas à Federação, 2019. p. 39.

Os riscos orçamentários referem-se à possibilidade de as obrigações explícitas diretas sofrerem impactos negativos devido a fatores tais como as receitas previstas não se realizarem ou à necessidade de execução de despesas inicialmente não fixadas ou orçadas a menor.

Como riscos orçamentários, podem-se citar, dentre outros casos: a) frustração na arrecadação devido a fatos não previstos à época da elaboração da peça orçamentária; b) restituição de tributos realizada a maior que a prevista nas deduções da receita orçamentária; c) discrepância entre as projeções de nível de atividade econômica, taxa de inflação e taxa de câmbio quando da elaboração do orçamento e os valores efetivamente observados durante a execução orçamentária, afetando o montante de recursos arrecadados; d) discrepância entre as projeções, quando da elaboração do orçamento, de taxas de juros e taxa de câmbio incidente sobre títulos vincendos e os valores efetivamente observados durante a execução orçamentária, resultando em aumento do serviço da dívida pública; e) ocorrência de epidemias, enchentes, abalos sísmicos, guerras e outras situações de calamidade pública que não possam ser planejadas e que demandem do Estado ações emergenciais, com consequente aumento de despesas.[34]

Os passivos contingentes decorrem de compromissos firmados pelo Governo em função de lei ou contrato e que dependem da ocorrência de um ou mais eventos futuros para gerar compromissos de pagamento. Tais eventos futuros não estão totalmente sob o controle da entidade, e podem ou não ocorrer. Como a probabilidade de ocorrência do evento e a magnitude da despesa resultante dependem de condições externas, a estimativa desses passivos é, muitas vezes, difícil e imprecisa. No entanto, o Anexo de Riscos Fiscais deve espelhar a situação da forma mais fiel possível.

Como exemplos de passivos contingentes podem-se citar, dentre outros casos: a) demandas judiciais contra a atividade reguladora do Estado, com impacto na despesa pública: em sua maior parte, controvérsias sobre indexação e controles de preços praticados durante planos de estabilização e soluções propostas para sua compensação, bem como questionamentos de ordem tributária e previdenciária; b) demandas judiciais contra empresas estatais dependentes; c) demandas judiciais contra a administração do ente, tais como privatizações, liquidação ou extinção de órgãos ou de empresas, e reajustes salariais não concedidos em desrespeito à lei; d) demandas trabalhistas contra o ente federativo e órgãos da sua administração indireta; e) dívidas em processo de reconhecimento pelo ente e sob sua responsabilida-

---

[34] Ibidem, p. 39.

de; f) avais e garantias concedidas pelo ente a entidades públicas, tais como empresas e bancos estatais, a entidades privadas e a fundos de pensão, além de outros riscos.

Registre-se que os precatórios não se enquadram no conceito de risco fiscal por se tratarem de passivos obrigatoriamente alocados no orçamento, devendo ser reconhecidos, quantificados e planejados como despesas na Lei Orçamentária Anual.[35]

Finalmente, a LRF prevê o encaminhamento de **Mensagem do Projeto de LDO**, apresentando os objetivos das políticas monetária, creditícia e cambial, bem como os parâmetros e as projeções para seus principais agregados e variáveis, e ainda as metas de inflação, para o exercício subsequente.

Explica Ernane Galvêas que a política monetária tem por escopo "o controle da liquidez do sistema econômico, isto é, o volume dos meios de pagamento à disposição da sociedade". Trata-se pois de eficiente instrumento de adequação da economia utilizado no sentido de manter o equilíbrio do sistema de circulação da moeda a fim de que "a expansão da moeda não se transformasse num foco autônomo de pressão inflacionária".[36]

Os objetivos das políticas monetária, creditícia e cambial são, respectivamente, o alcance, pelo Banco Central do Brasil, da meta de inflação fixada pelo Conselho Monetário Nacional (CMN); a manutenção das condições prudenciais e regulamentares para que a expansão do mercado de crédito ocorra em ambiente que preserve a estabilidade do sistema financeiro nacional; e a preservação do regime de taxa de câmbio flutuante.

O atingimento desses objetivos deve observar a evolução da economia brasileira, em linha com as medidas conjunturais implementadas. Nesse sentido, a política monetária deve contribuir para a consolidação de ambiente macroeconômico favorável em horizontes mais longos.

---

[35] Conforme prevê o § 1º do art. 100 da Constituição Federal: "É obrigatória a inclusão, no orçamento das entidades de direito público, de verba necessária ao pagamento de seus débitos oriundos de sentenças transitadas em julgado, constantes de precatórios judiciários, apresentados até 1º de julho, fazendo-se o pagamento até o final do exercício seguinte, quando terão seus valores atualizados monetariamente".

[36] GALVÊAS, Ernane. A política econômico-financeira do governo. *Revista de Finanças Públicas*, Brasília, Secretaria de Economia e Finanças do Ministério da Fazenda, 350:27, abr.-maio-jun. 1982 apud MARTINS, Ives Gandra da Silva; NASCIMENTO, Carlos Valder do (org.). *Comentários à Lei de Responsabilidade Fiscal*. 6. ed. São Paulo: Saraiva, 2012. p. 83.

Seção III
Da Lei Orçamentária Anual

Art. 5º O projeto de lei orçamentária anual, elaborado de forma compatível com o plano plurianual, com a lei de diretrizes orçamentárias e com as normas desta Lei Complementar:

I – conterá, em anexo, demonstrativo da compatibilidade da programação dos orçamentos com os objetivos e metas constantes do documento de que trata o § 1º do art. 4º;

II – será acompanhado do documento a que se refere o § 6º do art. 165 da Constituição, bem como das medidas de compensação a renúncias de receita e ao aumento de despesas obrigatórias de caráter continuado;

III – conterá reserva de contingência, cuja forma de utilização e montante, definido com base na receita corrente líquida, serão estabelecidos na lei de diretrizes orçamentárias, destinada ao:

a) (VETADO)

b) atendimento de passivos contingentes e outros riscos e eventos fiscais imprevistos.

§ 1º Todas as despesas relativas à dívida pública, mobiliária ou contratual, e as receitas que as atenderão, constarão da lei orçamentária anual.

§ 2º O refinanciamento da dívida pública constará separadamente na lei orçamentária e nas de crédito adicional.

§ 3º A atualização monetária do principal da dívida mobiliária refinanciada não poderá superar a variação do índice de preços previsto na lei de diretrizes orçamentárias, ou em legislação específica.

§ 4º É vedado consignar na lei orçamentária crédito com finalidade imprecisa ou com dotação ilimitada.

§ 5º A lei orçamentária não consignará dotação para investimento com duração superior a um exercício financeiro que não esteja previsto no plano plurianual ou em lei que autorize a sua inclusão, conforme disposto no § 1º do art. 167 da Constituição.

§ 6º Integrarão as despesas da União, e serão incluídas na lei orçamentária, as do Banco Central do Brasil relativas a pessoal e encargos sociais, custeio administrativo, inclusive os destinados a benefícios e assistência aos servidores, e a investimentos.

§ 7º (VETADO)

A **Lei Orçamentária Anual** destina-se a possibilitar a execução dos planejamentos constantes na lei do plano plurianual e na lei de diretrizes orçamentárias, e engloba: I – *o orçamento fiscal* referente aos Poderes da União, seus fundos, órgãos e entidades da administração direta e indireta, inclusive fundações instituídas e mantidas pelo Poder Público; II – *o orçamento de investimento* das empresas em que a União, direta ou indiretamente, detenha a maioria do capital social com direito a voto; III – *o orçamento da seguridade social*, abrangendo todas as entidades e órgãos a ela vinculados, da administração direta ou indireta, bem como os fundos e fundações instituídos e mantidos pelo Poder Público (art. 165, § 5º, da CF/1988).

Trata-se de uma lei anual, cujo projeto deve ser encaminhado ao Poder Legislativo até 31 de agosto de cada ano, para viger no exercício financeiro seguinte. Enquanto a lei do plano plurianual refere-se ao planejamento estratégico de longo prazo, a lei de diretrizes orçamentárias apresenta o planejamento operacional de curto prazo, para o período de um ano, influenciando diretamente a elaboração da lei orçamentária anual, que é a lei de execução do orçamento para o exercício seguinte, onde se tem a estimativa de receita e a autorização das despesas. As duas primeiras planejam e a última executa.

É o documento básico e fundamental para a realização da atividade financeira do Estado. Nela, temos a previsão de todas as receitas públicas e a fixação de todas as despesas públicas, para os três Poderes, seus órgãos, fundos e entidades da administração direta e indireta, inclusive as fundações públicas, e também todas as despesas relativas à dívida pública, mobiliária ou contratual, e as receitas que as atenderão.

Portanto, tudo referente a receitas e despesas constará da lei orçamentária anual, naquilo que se denomina de princípio orçamentário da *discriminação*, o qual visa à identificação precisa e específica das receitas e despesas estabelecidas na lei orçamentária, não sendo possível a adoção de dotações genéricas. É também conhecido por princípio orçamentário da *especificação*.

Sua origem encontra-se no art. 15 da Lei nº 4.320/1964, ao estabelecer que "na Lei de Orçamento a discriminação da despesa far-se-á no mínimo por elementos", entendendo-se por elementos o desdobramento da despesa. Trata-se, ademais, de um reforço ao comando contido no art. 5º da mesma lei, estatuindo que "a Lei de Orçamento não consignará dotações globais", exceto nos casos de certos programas especiais de investimentos que, por sua natureza, poderão ser custeados por dotações globais (art. 20).

A LRF, além de exigir no **caput** do seu **art. 5º** a *compatibilidade* do projeto de lei orçamentária anual (LOA) com o plano plurianual (PPA) e com a lei de diretrizes orçamentárias (LDO), dentro do ideal de planejamento orçamentário, demanda, também, no **inciso I**, apresentação de demonstrativo da compatibilidade com o Anexo de Metas Fiscais da LDO, ou seja, deverá estar alinhada com as propostas de resultado a serem alcançadas em valores correntes e constantes, relativos a receitas e despesas, e evolução patrimonial, para o exercício e para os dois seguintes. Em termos exemplificativos, se foi estabelecido como meta um superávit nominal de 2%, a estimativa de receita deverá superar nos mesmos 2% o valor da fixação da despesa.[37]

Por sua vez, o **inciso II** determina que o projeto de LOA será acompanhado do documento do impacto orçamentário das renúncias fiscais exigido no § 6º do art. 165 da Constituição. Esse demonstrativo regionalizado do efeito, sobre as receitas e despesas, decorrente de isenções, anistias, remissões, subsídios e benefícios de natureza financeira, tributária e creditícia, deverá indicar as respectivas medidas compensatórias, pois sempre que houver uma renúncia fiscal, ela deverá ser compensada com aumento de receita ou redução de despesas.

De acordo com o **inciso III**, o projeto de LOA conterá *reserva de contingência* – espécie de dotação orçamentária no campo das despesas destinada especificamente para atender aos riscos fiscais e passivos contingentes – cuja forma de utilização e montante serão calculados com base na receita corrente líquida (RCL). Seu objetivo é o de atender a pagamentos inesperados que não possam ser previstos durante a programação do orçamento. São exemplos de passivos contingentes aqueles decorrentes de ações judiciais trabalhistas, cíveis, previdenciárias, indenizações por desapropriações e outros que poderão causar perdas ou danos ao patrimônio da entidade e desestabilizar a programação orçamentária. E, para dar continuidade e regularidade a esses pagamentos sem interrupção, estabelece-se a constituição de um Fundo Especial Contingencial, na forma do art. 71 da Lei 4.320/1964.

A alínea "a" do **inciso III** do **art. 5º**, que continha a seguinte redação: "a) pagamento de restos a pagar que excederem as disponibilidades de caixa ao final do exercício, nos termos do art. 41", foi **vetada** na Mensagem Presidencial 627/2000. Entendeu-se que o dispositivo não respeitava o princípio da prudência orçamentária, pois a reserva de contingência deveria representar apenas a proteção contra riscos e passivos contingentes capazes de ameaçar o equilíbrio orçamentário e, como tal, destinar-se a gastos novos, imprevistos. Ao prever a cobertura de despesas que não foram contempladas no período anterior por insuficiência de disponibilidade financeira (pagamento de restos

---

[37] TOLEDO JUNIOR, Flávio C.; ROSSI, Sérgio Ciqueira de. *Lei de Responsabilidade Fiscal*: comentada artigo por artigo. 2. ed. São Paulo: NDJ, 2002. p. 62.

a pagar que excederem as disponibilidades de caixa ao final do exercício), o dispositivo feriria o princípio em que se assenta a reserva de contingência, que nenhuma relação possui com o conceito de saldo financeiro. Além disso, o dispositivo apresentava-se flagrantemente contrário à responsabilidade fiscal, na medida em que pressupõe a execução de despesas acima das disponibilidades financeiras do exercício.

O § 1º determina que as despesas relativas à dívida, conhecidas também por *serviço da dívida* – principal, juros e demais encargos financeiros –, bem como as receitas que as atenderão, deverão constar da LOA. Entretanto, com o objetivo de discriminar a rubrica, em homenagem ao princípio da transparência, determina o § 2º que as despesas de refinanciamento da dívida (pagamento do principal e atualização monetária através da emissão de novos títulos públicos) constem separadamente na LOA, assim como nas leis que autorizam os créditos adicionais. Por sua vez, a atualização monetária do refinanciamento da dívida, segundo o § 3º, não poderá ser superior ao índice de preços previsto na LDO ou em legislação específica, comando que busca a manutenção do equilíbrio fiscal.

A **dívida pública** constitui o somatório das obrigações do Estado perante todos os seus credores referentes aos empréstimos públicos contraídos no mercado interno ou externo, seja através dos contratos diretos com instituições financeiras ou demais credores, seja pela emissão de títulos, para financiar as despesas públicas não cobertas pelas receitas públicas ordinárias, especialmente as tributárias. Há quem inclua, também, no conceito de dívida pública as garantias prestadas pelo Estado, uma vez que estas podem se converter em obrigação. Mas, sob a ótica de um conceito mais amplo, é comum a referência à **dívida pública consolidada**, que engloba as obrigações relativas aos empréstimos de longo prazo, juntamente com todas as demais obrigações estatais, tais como as obrigações previdenciárias, com o pagamento de salários, aquisição de móveis ou imóveis, pagamento de fornecedores e prestadores de serviços, precatórios etc.

A vedação constante do § 4º, de que a LOA não pode conter crédito impreciso ou ilimitado, decorre dos princípios orçamentários da transparência e da limitação. O **princípio orçamentário da transparência** obriga não somente à ampla divulgação do orçamento, mas principalmente a que as previsões orçamentárias, tanto de receitas, despesas, renúncias ou programas, sejam dispostas de maneira facilmente compreensível para todos, não apenas para o seu executor, como também para o cidadão interessado, e, inclusive, para os órgãos de controle e fiscalização. Pretende, principalmente, coibir a existência de despesas obscuras ou a inclusão de verbas, programas, projetos ou benefícios fiscais imprecisos ou inexplicáveis que, por falta de clareza ou transparência, possam induzir a erro ou serem manipulados para atender a objetivos diversos dos originalmente previstos e aprovados. Por sua vez, o **princípio orçamentário da limitação** condiciona a realização de despesas e a utilização de créditos ao montante previsto no orçamento. Decorre do art. 167 da Constituição Federal, que veda o início de programas ou projetos não incluídos na lei orçamentária anual, a realização de despesas ou a assunção de obrigações diretas que excedam os créditos orçamentários ou adicionais, a realização de operações de créditos que excedam o montante das despesas de capital (ressalvadas as autorizadas mediante créditos suplementares ou especiais com finalidade precisa), a abertura de crédito suplementar ou especial sem prévia autorização legislativa e sem indicação dos recursos correspondentes, a transposição, o remanejamento ou a transferência de recursos de uma categoria de programação para outra ou de um órgão para outro, sem prévia autorização legislativa, a concessão ou utilização de créditos ilimitados, a utilização, sem autorização legislativa específica, de recursos dos orçamentos fiscal e da seguridade social para suprir necessidade ou cobrir déficit de empresas, fundações e fundos.

A propósito do tema, na lição de José Afonso da Silva:

> a regra que veda a concessão ou utilização de créditos ilimitados impede a fixação da despesa por critério indexado, bem como a autorização para atualização monetária do orçamento, pois em tais casos temos formas de fixação de despesas indefinidas que equivalem a tornar ilimitados os créditos autorizados. Esse princípio está também vinculado ao do orçamento bruto, que só pode materializar-se mediante a quantificação expressa em totais definidos em moeda corrente.[38]

A LRF reforçou, no § 5º ora em comento, a previsão constitucional contida no § 1º do art. 167, que expressamente determina que "nenhum investimento cuja execução ultrapasse um exercício financeiro poderá ser iniciado sem prévia inclusão no plano plurianual, ou sem lei que autorize a inclusão, sob pena de crime de responsabilidade". Enquanto na Constituição a vedação recai sobre o início do investimento, a LRF, de maneira ainda mais restritiva, veda a inserção de tal despesa na LOA. O TCU já teve a oportunidade, mais de uma vez, de julgar irregulares empreendimentos com duração superior a um exercício financeiro que não estejam previstos no plano plurianual ou

---

[38] SILVA, José Afonso da. *Curso de direito constitucional positivo.* 10. ed. São Paulo: Malheiros, 1995. p. 678.

em lei que autorize a sua inclusão, como no caso da Linha 3 do Metrô do Rio de Janeiro.[39]

Por sua vez, o § 6º registra como despesas da União, a serem incluídas na LOA, aquelas relativas a investimentos, servidores e custeio administrativo do Banco Central do Brasil, por se tratar de autarquia federal integrante do Sistema Financeiro Nacional. Segundo os arts. 12 e 13 da Lei 4.320/1964, as despesas relativas a pessoal e custeio administrativo são classificadas como *despesas correntes*, que se caracterizam por serem contínuas, rotineiras ou periódicas, sendo estas integrantes da espécie *despesas de custeio*, pois se referem àquelas dotações em que há uma contraprestação ao pagamento que o Estado realiza periodicamente, incluindo-se a manutenção do funcionamento da estrutura administrativa. Já as despesas de encargos sociais e assistenciais aos servidores classificam-se em *transferências correntes*, pois se referem a despesas igualmente periódicas, porém caracterizadas por não gerarem uma contraprestação específica e direta em bens ou serviços, inclusive servindo para atender a outras entidades de direito público ou privado. E as despesas de investimento inserem-se na categoria de *despesas de capital*, que se caracterizam por serem eventuais e desprovidas de periodicidade.

O § 7º possuía o seguinte texto antes de ser vetado: "O projeto de lei orçamentária anual será encaminhado ao Poder Legislativo até o dia quinze de agosto de cada ano". Mas a Mensagem Presidencial 627/2000 considerou que a Constituição Federal (art. 35, § 2º, do ADCT) determina que o projeto de lei orçamentária da União seja encaminhado até quatro meses antes do encerramento do exercício financeiro, ao passo que Estados e Municípios possuem prazos de encaminhamento que são determinados, respectivamente, pelas Constituições Estaduais e pelas Leis Orgânicas Municipais, sendo que a fixação de uma mesma data para que a União, os Estados e os Municípios encaminhassem, ao Poder Legislativo, o projeto de lei orçamentária anual contrariaria o interesse público, na medida em que não levaria em consideração a complexidade, as particularidades e as necessidades de cada ente da Federação, inclusive os pequenos municípios. Além disso, a fixação de uma mesma data não consideraria a dependência de informações entre esses entes, principalmente quanto à estimativa de receita, que historicamente tem sido responsável pela precedência da União na elaboração do projeto de lei orçamentária.

Há certa flexibilidade para o exercício da autonomia normativa dos entes federativos, sobretudo no que se refere às questões orçamentárias de natureza secundá-

---

[39] TCU, Acórdão 1.472/2007 (AC-1472-32/07-P), Rel. Min. Marcos Vinicios Vilaça, Plenário, Sessão: 01.08.2007, *DOU* 03.08.2007.

ria (aspecto não substancial), como, por exemplo, a liberdade na fixação de prazos próprios para apresentação e encaminhamento dos projetos de leis orçamentárias (PPA, LDO e LOA).[40] A propósito, no julgamento da ADI nº 253 (17/06/2015), o relator Ministro Gilmar Mendes afirmou que: "A observância da simetria não significa que cabe ao constituinte estadual apenas copiar as normas federais".

Art. 6º (VETADO)

O **art. 6º**, antes de ser **vetado** na Mensagem Presidencial 627/2000, continha a seguinte redação:

> Art. 6º Se o orçamento não for sancionado até o final do exercício de seu encaminhamento ao Poder Legislativo, sua programação poderá ser executada, até o limite de dois doze avos do total de cada dotação, observadas as condições constantes da lei de diretrizes orçamentárias.

Entendeu-se, como razões do veto, que parcela significativa da despesa orçamentária não tem sua execução sob a forma de duodécimos ao longo do exercício financeiro. Assim, a autorização para a execução, sem exceção, de apenas dois doze avos do total de cada dotação, constante do projeto de lei orçamentária, caso não seja ele sancionado até o final do exercício de seu encaminhamento ao Poder Legislativo, poderia trazer sérios transtornos à Administração Pública, principalmente no que tange ao pagamento de salários, aposentadorias, ao serviço da dívida e às transferências constitucionais a Estados e Municípios.

> **Art. 7º O resultado do Banco Central do Brasil, apurado após a constituição ou reversão de reservas, constitui receita do Tesouro Nacional, e será transferido até o décimo dia útil subsequente à aprovação dos balanços semestrais.**
>
> **§ 1º O resultado negativo constituirá obrigação do Tesouro para com o Banco Central do Brasil e será consignado em dotação específica no orçamento.**

---

[40] "Constitucional. Direito Financeiro e Orçamentário. Constitucional. Direito Financeiro e Orçamentário. Emenda Constitucional 59/2011 do Estado do Rio Grande do Sul. Alteração dos prazos de encaminhamento de leis orçamentárias. Ofensa aos arts. 165 e 166 da Constituição Federal e ao Princípio da Simetria. Não ocorrência. Autonomia dos Estados-Membros. Ausência de Normas Gerais da União. Competência legislativa plena dos Estados (art. 24, § 3º, CF). Improcedência." (STF, ADI 4.629, Pleno, Rel. Min. Alexandre de Moraes, j. 20.09.2019, *DJe* 03.10.2019).

> § 2º O impacto e o custo fiscal das operações realizadas pelo Banco Central do Brasil serão demonstrados trimestralmente, nos termos em que dispuser a lei de diretrizes orçamentárias da União.
>
> § 3º Os balanços trimestrais do Banco Central do Brasil conterão notas explicativas sobre os custos da remuneração das disponibilidades do Tesouro Nacional e da manutenção das reservas cambiais e a rentabilidade de sua carteira de títulos, destacando os de emissão da União.

O **Banco Central do Brasil (BACEN)**, autarquia federal integrante do Sistema Financeiro Nacional, foi criado em 31.12.1964, com a promulgação da Lei 4.595. Antes da criação do Banco Central, o papel de autoridade monetária era desempenhado pela Superintendência da Moeda e do Crédito – Sumoc, pelo Banco do Brasil – BB e pelo Tesouro Nacional. A Sumoc, criada em 1945 com a finalidade de exercer o controle monetário e preparar a organização de um banco central, tinha a responsabilidade de fixar os percentuais de reservas obrigatórias dos bancos comerciais, as taxas do redesconto e da assistência financeira de liquidez, bem como os juros sobre depósitos bancários. Além disso, supervisionava a atuação dos bancos comerciais, orientava a política cambial e representava o país junto a organismos internacionais. O Banco do Brasil desempenhava as funções de banco do governo, incumbindo-lhe o controle das operações de comércio exterior, o recebimento dos depósitos compulsórios e voluntários dos bancos comerciais e a execução de operações de câmbio em nome de empresas públicas e do Tesouro Nacional, de acordo com as normas estabelecidas pela Sumoc e pelo Banco de Crédito Agrícola, Comercial e Industrial. O Tesouro Nacional era o órgão emissor de papel-moeda. Importante ressaltar que a Constituição de 1988 prevê ainda, em seu art. 192, a elaboração de Lei Complementar do Sistema Financeiro Nacional, que deverá substituir a Lei 4.595/1964 e redefinir as atribuições e a estrutura do Banco Central do Brasil.

Uma das mais relevantes funções do BACEN refere-se ao Crédito e Dívida Pública Interna, matérias que são estabelecidas pela Constituição Federal de 1988 (art. 164 da CF). Atua como um órgão estatal controlador e disciplinador do mercado financeiro brasileiro. Possui diversas atribuições, dentre as quais se destacam o exercício exclusivo da competência para emitir moeda, para comprar e vender títulos de emissão do Tesouro Nacional, para regular a oferta de moeda ou taxa de juros, e para depositar as disponibilidades de caixa da União. Assim, por exemplo, quando houver excesso de dinheiro em circulação que possa gerar inflação, o Banco Central poderá vender títulos públicos e enxugar a oferta de capitais ou, ao contrário, comprar os títulos e recolocar o dinheiro disponível no mercado. Além destas atribuições previstas na Constituição Federal, identificamos nos arts. 10 e

11 da Lei 4.595/1964 as seguintes atribuições do Banco Central: a) realizar operações de redesconto e empréstimo a instituições financeiras bancárias; b) efetuar o controle dos capitais estrangeiros; c) exercer a fiscalização das instituições financeiras e aplicar as penalidades previstas; d) conceder autorizações às instituições financeiras; e) exercer permanente vigilância nos mercados financeiros e de capitais.

Dentro desta atividade de regulação e política monetária exercida pelo BACEN, a LRF vem trazer regras para estabelecer *transparência* e *clareza* no relacionamento financeiro entre este banco e o Tesouro Nacional.

Assim, determina o **art. 7º** que o **resultado positivo** do BACEN constituirá receita da União (Tesouro Nacional) a ser transferida até o décimo dia útil subsequente à aprovação dos balanços semestrais (repasse semestral); e, ao contrário, o **resultado negativo** do BACEN constituirá obrigação a ser incluída como despesa em rubrica específica na LOA (repasse anual). Em outras palavras, tem-se que o resultado do Banco Central do Brasil considera as receitas e despesas de todas as suas operações, sendo que os resultados positivos são transferidos como receitas e os negativos são cobertos como despesas do Tesouro Nacional, e tais resultados são contemplados no Orçamento Fiscal à conta do Tesouro Nacional.

Finalmente, o **custo** de suas operações deverá ser evidenciado em demonstrativos trimestrais. Assim, trimestralmente, o BACEN deverá informar: a) o impacto e o custo fiscal de suas operações; b) o custo da remuneração das disponibilidades do Tesouro Nacional; c) o custo da manutenção das reservas cambiais; d) a rentabilidade de sua carteira de títulos, destacando os de emissão da União.

Seção IV
Da Execução Orçamentária e do Cumprimento das Metas

Art. 8º Até trinta dias após a publicação dos orçamentos, nos termos em que dispuser a lei de diretrizes orçamentárias e observado o disposto na alínea *c* do inciso I do art. 4º, o Poder Executivo estabelecerá a programação financeira e o cronograma de execução mensal de desembolso.

Parágrafo único. Os recursos legalmente vinculados a finalidade específica serão utilizados exclusivamente para atender ao objeto de sua vinculação, ainda que em exercício diverso daquele em que ocorrer o ingresso.

A execução orçamentária se realiza diariamente, iniciando-se em primeiro de janeiro e se encerrando em trinta e um de dezembro de cada ano.

É através dela que se materializa o que foi estabelecido na Lei Orçamentária Anual de cada ente federativo, desde a arrecadação das receitas previstas até a realização das despesas autorizadas. Assim, para garantir o seu fiel cumprimento e resguardar o equilíbrio fiscal, o **art. 8º** da LRF estabelece regras de *acompanhamento periódico* da execução orçamentária, de maneira mensal, bimestral, quadrimestral e semestral.

A **Programação Financeira** compreende um conjunto de atividades com o objetivo de ajustar o ritmo de execução do orçamento ao fluxo provável de recursos financeiros. Logo após a sanção presidencial à Lei Orçamentária aprovada pelo Congresso Nacional, o Poder Executivo mediante *decreto* estabelece em até trinta dias a programação financeira e o cronograma de desembolso mensal por órgãos, observadas as metas de resultados fiscais dispostas na Lei de Diretrizes Orçamentárias.

No âmbito federal, o estabelecimento da programação financeira pelo Poder Executivo é materializado por decreto da Presidência da República, com fundamento no uso das atribuições que lhe confere o art. 84, IV e VI, *a*, da Constituição. Apenas a título ilustrativo, citamos, exemplificativamente, o Decreto nº 10.249/2020 para o exercício de 2019.

A Programação Financeira federal se realiza em três planos distintos, sendo a Secretaria do Tesouro Nacional o órgão central, contando ainda com a participação das Subsecretarias de Planejamento, Orçamento e Administração (ou equivalentes os órgãos setoriais – OSPF) e as Unidades Gestoras Executoras (UGE). Compete ao Tesouro Nacional estabelecer as diretrizes para a elaboração e formulação da programação financeira mensal e anual, bem como a adoção dos procedimentos necessários a sua execução. Aos órgãos setoriais competem a consolidação das propostas de programação financeira dos órgãos vinculados (UGE) e a descentralização dos recursos financeiros recebidos do órgão central. Às Unidades Gestoras Executoras cabe a realização da despesa pública nas suas três etapas, ou seja: o empenho, a liquidação e o pagamento.

O tema vinha tratado nos arts. 47 a 50 da Lei 4.320/1964, a partir da aprovação pelo Executivo de um quadro de cotas trimestrais da despesa. Temos que esta programação trimestral restou superada a partir do estabelecimento na LRF do cronograma de desembolso mensal. Neste sentido, analisando a questão em nível municipal, afirma Flávio C. de Toledo Jr.:

> Há os que digam que esse dispositivo não contradiz o art. 47 da Lei nº 4.320: a programação financeira continuaria trimestral, a despeito de mensal o cronograma de desembolso.
>
> De nossa parte, entendemos redundante a Prefeitura determinar quota financeira trimestral para a Câmara de Vereadores, por exemplo, essa unidade do orçamento local, e, no contexto de tal quota, definir quando será desembolsado a cada mês. Planeja-se o todo, o trimestre; depois, o conteúdo, o mês. Tais procedimentos não parecem soar lógicos.

Assim, quando o tema é programação de desembolsos, há conflito de prazos entre a Lei nº 4.320 e a LRF; esta, contudo, prevalece sobre aquela, posto que mais recente. Assim, a planificação financeira passa a referenciar-se no mês; não mais no trimestre.[41]

O **parágrafo único** traz o comando de respeito à vinculação da utilização de recursos para as respectivas finalidades. Não deixa de ser uma espécie de *princípio da vinculação*, numa tentativa de reforçar a ideia de conclusão dos programas e ações estabelecidas a partir da vinculação de recursos públicos.

De fato, existem diversas previsões constitucionais a respeito deste princípio da vinculação de receitas públicas. O inciso IV do art. 167 da Constituição Federal de 1988, com a redação dada pela EC 42/2003, impõe a vinculação de receitas nos casos da repartição do produto da arrecadação dos impostos, da destinação de recursos para as ações e serviços públicos de saúde, para manutenção e desenvolvimento do ensino[42] e para a realização de atividades da administração tributária, e da prestação de garantias às operações de crédito por antecipação de receita. O § 2º do art. 198 da Constituição traz a vinculação de receitas na aplicação anual de recursos mínimos em ações e serviços públicos de saúde. Por sua vez, o parágrafo único do art. 204 faculta a vinculação de certo percentual das receitas tributárias (o que inclui receita de impostos) a programa de apoio à inclusão e promoção social, proibindo, entretanto, a aplicação desses recursos no pagamento de despesas com pessoal e encargos sociais, serviço da dívida ou de qualquer outra despesa corrente não vinculada diretamente aos investimentos ou ações apoiados. Já o art. 212

---

[41] TOLEDO JUNIOR, Flávio C.; ROSSI, Sérgio Ciqueira de. *Lei de Responsabilidade Fiscal*: comentada artigo por artigo. 2. ed. São Paulo: NDJ, 2002. p. 71.

[42] "1. As verbas que compõem o FUNDEB não estão compreendidas nas receitas tributárias, nem nas transferências que pertencem aos municípios, nos termos dos arts. 153, § 5º, 158 e 159 da CF/88. Logo, devem ser excluídas da base de cálculo dos duodécimos repassados pela União às Casas Legislativas Municipais, nos moldes do art. 29-A, da CF/88. 2. A expressão 'efetivamente realizada', constante do art. 29-A do Texto Constitucional, significa a receita que foi arrecadada e incorporada ao patrimônio do Município no exercício anterior. Não se consideram, portanto, para fins de apuração dessa quantia, os valores que devam ser arrecadados no corrente exercício, tais como a complementação do FUNDEB. 3. Além disso, os recursos do FUNDEB, independentemente da origem, não podem ser utilizados para fins diversos de suas destinações constitucional e legalmente definidas – art. 60, *caput*, e I, da CF/88 e 8º, parágrafo único, da Lei Complementar n. 101/00 – isto é, a educação básica e a remuneração dos trabalhadores da educação, o que reforça a compreensão de que devem ser excluídos do cálculo do repasse previsto no art. 29-A da CF/88". (STJ, RMS 44.795, 2ª Turma, Rel. Min. Humberto Martins, Rel. p/ Acórdão Min. Og Fernandes, j. 03.11.2015, *DJe* 12.02.2016).

determina a aplicação de percentual mínimo da arrecadação de impostos na manutenção e desenvolvimento do ensino.[43]

O TCU já teve a oportunidade de declarar irregular a prática, por exemplo, de remanejar, sem justificativa, recursos vinculados ao financiamento de atenção à saúde de média e alta complexidade em outras ações e serviços de saúde não relacionados a estas finalidades, por violação do art. 8º, parágrafo único, da LRF,[44] bem como a situação em que os recursos do FUNDEF (Fundo de Manutenção e Desenvolvimento do Ensino Fundamental e de Valorização do Magistério) foram utilizados para custear outras despesas da administração municipal.[45]

Contudo, o mesmo TCU admite que este parágrafo único do art. 8º implicitamente possibilita que, mediante a inequívoca modificação das leis instituidoras dos fundos ou das leis que destinam recursos à finalidade específica, haja a alteração da vinculação originária dos recursos (isto é, desde que observado o princípio da legalidade).[46]

> **Art. 9º** Se verificado, ao final de um bimestre, que a realização da receita poderá não comportar o cumprimento das metas de resultado primário ou nominal estabelecidas no Anexo de Metas Fiscais, os Poderes e o Ministério Público promoverão, por ato próprio e nos montantes necessários, nos trinta dias subsequentes, limitação de empenho e movimentação financeira, segundo os critérios fixados pela lei de diretrizes orçamentárias.
>
> § 1º No caso de restabelecimento da receita prevista, ainda que parcial, a recomposição das dotações cujos empenhos foram limitados dar-se-á de forma proporcional às reduções efetivadas.

---

[43] A Emenda Constitucional 108, de 26 de agosto de 2020, inseriu no texto constitucional o novo art. 212-A, determinando que os Estados, o Distrito Federal e os Municípios destinarão parte dos recursos a que se refere o caput do art. 212 à manutenção e ao desenvolvimento do ensino na educação básica e à remuneração condigna de seus profissionais. A distribuição dos recursos para estes fins se dará mediante a instituição, no âmbito de cada Estado e do Distrito Federal, de um Fundo de Manutenção e Desenvolvimento da Educação Básica e de Valorização dos Profissionais da Educação (Fundeb), de natureza contábil. Os demais incisos do novo art. 212-A trazem uma série de regras detalhadas sobre a partição de recursos deste novo Fundeb.

[44] TCU, Acórdão 295/2011 (AC-0295-04/11-P), Rel. Min. José Jorge, Plenário, Sessão: 09.02.2011, *DOU* 14.02.2011.

[45] TCU, Acórdão 7.079/2010 (AC-7079-40/10-2), Rel. Min. André Luís de Carvalho, 2ª Câmara, Sessão: 23.11.2010.

[46] TCU, Acórdão 2.737/2018, Rel. Min. Vital do Rêgo, Plenário, Sessão: 28.11.2018, Boletim de Jurisprudência nº 247 de 21.01.2019 – Enunciado paradigmático.

§ 2º Não serão objeto de limitação as despesas que constituam obrigações constitucionais e legais do ente, inclusive aquelas destinadas ao pagamento do serviço da dívida, e as ressalvadas pela lei de diretrizes orçamentárias.

§ 3º No caso de os Poderes Legislativo e Judiciário e o Ministério Público não promoverem a limitação no prazo estabelecido no *caput*, é o Poder Executivo autorizado a limitar os valores financeiros segundo os critérios fixados pela lei de diretrizes orçamentárias.

§ 4º Até o final dos meses de maio, setembro e fevereiro, o Poder Executivo demonstrará e avaliará o cumprimento das metas fiscais de cada quadrimestre, em audiência pública na comissão referida no § 1o do art. 166 da Constituição ou equivalente nas Casas Legislativas estaduais e municipais.

§ 5º No prazo de noventa dias após o encerramento de cada semestre, o Banco Central do Brasil apresentará, em reunião conjunta das comissões temáticas pertinentes do Congresso Nacional, avaliação do cumprimento dos objetivos e metas das políticas monetária, creditícia e cambial, evidenciando o impacto e o custo fiscal de suas operações e os resultados demonstrados nos balanços.

Com a preocupação de buscar a compatibilização entre as receitas e despesas na manutenção do equilíbrio fiscal, o art. 9º da LRF instituiu o mecanismo da limitação de empenho, derivado do *budget sequestration*[47] do modelo fiscal norte-americano, que impõe uma contenção nos gastos públicos, em despesas consideradas discricionárias, quando a receita correspondente não se realizar como originalmente previsto na proposta orçamentária.

Assim, os Poderes e o Ministério Público devem limitar os gastos "flexíveis" quando, ao final de um bimestre, as receitas para o seu financiamento

---

[47] "'Sequestration' is a process of automatic, largely across-the-board spending reductions under which budgetary resources are permanently canceled to enforce certain budget policy goals. It was first authorized by the Balanced Budget and Emergency Deficit Control Act of 1985 (BBEDCA, Title II of P.L. 99-177, commonly known as the Gramm-Rudman-Hollings Act). In the 1990s, sequestration was used to enforce statutory limits on discretionary spending and a pay-as-you-go (PAYGO) requirement on direct spending and revenue legislation. On direct spending and revenue legislation. Most recently, under the Budget Control Act of 2011 (BCA, P.L. 112-25), sequestration was tied to enforcement of new statutory limits on discretionary spending and achievement of the budget goal established for the Joint Select Committee on Deficit Reduction" (SPAR, Karen. *Budget "Sequestration" and Selected Program Exemptions and Special Rules*. Washington, D.C.: Congressional Research Service, 2013).

não se concretizarem da maneira esperada, o que poderá afetar o cumprimento das metas de resultado primário ou nominal estabelecidas no Anexo de Metas Fiscais. O resultado orçamentário primário é a diferença decorrente entre o total de todas as receitas, excluindo-se destas as receitas do recebimento de amortizações dos empréstimos e respectivos juros, menos o total de todas as despesas, excluídas destas todos os pagamentos feitos com as amortizações dos empréstimos tomados e seus respectivos juros. Já o *resultado orçamentário nominal* é a diferença entre o somatório de todas as receitas, incluindo-se as receitas decorrentes do recebimento de amortização de empréstimos concedidos e seus respectivos juros, menos o total de despesas, incluindo-se entre estas as despesas com o pagamento de amortização de empréstimos tomados e seus respectivos serviços da dívida (juros).

A limitação de empenho nada mais é do que a suspensão momentânea ou contingenciamento – até o restabelecimento da receita prevista, ainda que proporcional – da autorização para a realização de determinadas despesas autorizadas na lei orçamentária, quando as receitas efetivamente arrecadadas estiverem abaixo das estimativas previstas, podendo afetar o cumprimento das metas do resultado primário. Mas, nos bimestres subsequentes, se a tendência for revertida, as limitações poderão ser liberadas, na mesma medida em que estiver ocorrendo a recuperação.

Em voto sobre a questão, o Ministro do TCU Raimundo Carreiro apresentou duas possíveis linhas de interpretação sobre a limitação de empenho prevista no art. 9º, *caput*.

A primeira é mais estrita e literal, ao entender que a LRF somente aponta para a necessidade de limitação de empenho e movimentação financeira quando houver frustração das receitas estimadas, mas não haveria limitação quando houvesse aumento de despesa (o art. 9º, *caput*, refere-se tão somente à "realização da receita"). Esta posição homenageia o princípio da independência dos Poderes, pois os resguarda de eventual aumento de despesa em outro Poder.

Por outro lado, o atingimento do resultado primário pode decorrer tanto da frustração da receita quanto do aumento da despesa. Se o aumento de despesas não fosse considerado para efeito de limitação de empenho, poder-se-ia: a) dificultar a concessão de créditos adicionais, inclusive extraordinários, à conta de recursos de superávit primário de exercício anterior; b) dificultar o pagamento de restos a pagar; c) provocar injustificável aumento da carga tributária federal, em prejuízo do contribuinte.[48]

---

[48] TCU, Acórdão 2.659/2009 (AC-2659-48/09-P), Rel. Min. Raimundo Carreiro, Plenário, Sessão: 11.11.2009, *DOU* 13.11.2009.

Não são todas as despesas que poderão ser contingenciadas. Não serão objeto de limitação as despesas que constituam obrigações constitucionais e legais do ente, inclusive aquelas destinadas ao pagamento do serviço da dívida, e as ressalvadas pela lei de diretrizes orçamentárias. Exemplos que constituem obrigações constitucionais são as despesas para alimentação escolar (Lei 11.947/2009), benefícios do regime geral de previdência social (Lei 8.213/1991), bolsa de qualificação profissional do trabalhador (MP 2.164-41/2001), pagamento de benefício do abono salarial (Lei 7.998/1990), pagamento do seguro-desemprego (Lei 7.998/1990), transferência de renda diretamente às famílias em condições de pobreza extrema (Lei 10.836, de 09.01.2004), despesas de pessoal e encargos sociais, pagamento de sentenças judiciais transitadas em julgado (precatórios), inclusive as consideradas de pequeno valor, pagamento de serviço da dívida, transferências constitucionais ou legais por repartição de receita etc.

Outrossim, em caso de decretação de calamidade pública, nos termos do inc. II do art. 65 da LRF, a aplicação do mecanismo da limitação de empenho fica dispensada.

Acerca do contingenciamento, a Corte Especial do STJ, no AgRg na SLS 1.120/SP (suspensão de liminar e de sentença), ao confirmar a suspensão de decisão que ordenava a imediata liberação de recursos contingenciados ao Fundo Nacional de Segurança e Educação no Trânsito, afirmou que tal liberação causaria impacto no equilíbrio das contas públicas e no cumprimento das metas de resultado primário:

> Entendo presentes os requisitos necessários ao deferimento do pedido, cabendo assinalar, desde logo, que a inicial demonstra, suficientemente, a possibilidade de grave lesão à economia, referindo-se à necessidade e à legalidade do contingenciamento de despesa com o propósito de sustentar projetos indispensáveis ao equilíbrio das contas públicas.
>
> Em primeiro lugar, observo que, segundo a requerente, "a sentença determinou o repasse imediato do acumulado, em virtude da reserva de contingência para superávit (o que totaliza hoje, aproximadamente, R$ 1,65 bilhão), além da transferência dos recursos dos anos a partir da sentença" (fl. 26).
>
> De fato, os antigos valores referidos nos autos originários, conforme extraio da documentação juntada, são muito elevados. Nesse caso, o contingenciamento de despesas serve como controle de gastos e de manutenção de metas econômicas por parte da União, viabilizando despesas outras, indispensáveis à sociedade e à solidez da economia pública. Daí

que a Lei de Responsabilidade Fiscal (LC n. 101, de 4.5.2000), no seu art. 9º, dispõe: (...)

"Isto posto, fica patente que a programação de uma parcela expressiva das receitas vinculadas em reservas de contingências concorre significativamente para o cumprimento da meta anual de superávit primário, estabelecida pela Lei de Diretrizes Orçamentárias. Em outros termos, caso tal prática não seja mais permitida, à União restará a alternativa de reduzir a meta de superávit ou inviabilizar a execução de outros programas, a exemplo dos relativos às políticas sociais, ou ainda a combinação de ambas as alternativas. Em quaisquer situações, não restam dúvidas quanto aos efeitos nefastos delas decorrentes".[49]

Determina o § 4º que, até o final dos meses de maio, setembro e fevereiro de cada ano, o Poder Executivo deverá demonstrar e avaliar o cumprimento das metas fiscais de cada *quadrimestre*, em audiência pública na Comissão Mista de Senadores e Deputados (art. 166, § 1º, da CF) e nas equivalentes nas Casas Legislativas estaduais e municipais). E, no prazo de noventa dias após o encerramento de cada *semestre*, o Banco Central do Brasil apresentará, em reunião conjunta das comissões temáticas pertinentes do Congresso Nacional, avaliação do cumprimento dos objetivos e metas das políticas monetária, creditícia e cambial, evidenciando o impacto e o custo fiscal de suas operações e os resultados demonstrados nos balanços.

Finalmente, cabe registrar que o **§ 3º** teve a sua vigência suspensa no julgamento pelo STF da medida cautelar na **ADI 2.238-5**. Entendeu a Suprema Corte que a autorização dada pelo referido dispositivo na LRF – para que o Poder Executivo pudesse limitar os valores transferidos ao Legislativo e Judiciário, bem como ao Ministério Público caso estes não promovessem a respectiva limitação de empenho quando necessária – acarretaria uma violação à autonomia dos Poderes e invasão de competência, dado que tal norma viabilizaria uma interferência do Poder Executivo em domínio constitucionalmente reservado à atuação autônoma dos Poderes Legislativo e Judiciário e do Ministério Público.

No julgamento final desta ADI, o voto do Relator, Ministro Alexandre de Moraes (acompanhado por Rosa Weber, Cármen Lúcia, Ricardo Lewandowski e Luiz Fux) reputou inconstitucional a norma, pois esta não teria guardado pertinência com o modelo de freios e contrapesos fixado constitucionalmente

---

[49] STJ, AgRg na SLS 1.120/SP, Corte Especial, Rel. Min. Cesar Asfor Rocha, j. 18.08.2010, *DJe* 10.09.2010.

para assegurar o exercício responsável da autonomia financeira por parte dos Poderes Legislativo e Judiciário, bem como do Ministério Público e da Defensoria Pública. Ao estabelecer inconstitucional hierarquização subserviente em relação ao Executivo, permitiu que, unilateralmente, restringisse os valores financeiros segundo os critérios fixados pela lei de diretrizes orçamentárias no caso daqueles Poderes e instituições não promoverem a limitação no prazo previsto no *caput*.

Para o Ministro Alexandre de Moraes, a solução para o descumprimento do limite de empenho não pode ser a imposição deste limite pelo Poder Executivo aos outros Poderes e órgãos autônomos, mas sim a submissão dos gestores dos Poderes, do Ministério Público e das Defensorias a inúmeros controles internos e externos, bem como à responsabilização no âmbito penal, civil e administrativo no caso de descumprimento da LRF.

Em divergência, os ministros Dias Toffoli, Edson Fachin, Roberto Barroso, Gilmar Mendes e Marco Aurélio votaram pela interpretação do art. 9º, § 3º, da LRF conforme a Constituição, para admitir a limitação orçamentária por parte do Executivo, desde que feita de forma linear (para todos os Poderes, Ministério Público e Defensoria Pública), na proporção dos respectivos orçamentos, com disponibilização de acesso aos dados relativos à arrecadação e à justificativa de sua frustração, para que seja possível realizar a adequação orçamentária dentro desses limites.

Assim, a limitação dos valores financeiros pelo Executivo, na forma do § 3º do art. 9º da LRF deveria se dar no limite do orçamento realizado no ente federativo respectivo, observada a exigência de desconto linear e uniforme da receita corrente líquida prevista na lei orçamentária anual, com a possibilidade de arrestos nas contas do ente federativo respectivo no caso de desrespeito à regra do art. 168 da CF. Consideraram que essa solução impede uma preponderância do Executivo, mas, ao mesmo tempo, evita que seja o único Poder ou ente autônomo a arcar com a total frustração de receita.[50]

Em sessão do Plenário do STF de 24/06/2020, o Ministro Celso de Mello encerrou a votação da ADI nº 2.238 proferindo voto de desempate na controvérsia (maioria de 6 a 5) e acompanhando o Ministro Alexandre de Moraes (Relator) para declarar a inconstitucionalidade material deste § 3º do art. 9º, nos termos já anteriormente apresentados do voto do Relator, restando vencida a tese de interpretação conforme a Constituição.

---

[50] STF. Informativo nº 948, publ. 28.08.2019.

> **Art. 10. A execução orçamentária e financeira identificará os beneficiários de pagamento de sentenças judiciais, por meio de sistema de contabilidade e administração financeira, para fins de observância da ordem cronológica determinada no art. 100 da Constituição.**

Ainda com o escopo de garantir o equilíbrio fiscal, para que não se comprometa a programação financeira dos entes federativos, o art. 10 da LRF demonstra cuidado com o pagamento dos precatórios e seu cronograma de desembolso com estrita observância da ordem cronológica prevista na Constituição, ao determinar que a *execução orçamentária* e financeira deverá identificar os beneficiários de pagamento de sentenças judiciais, por meio de sistema de contabilidade e administração financeira.

De maneira simplificada, podemos dizer que o **precatório** é a requisição formal de pagamento que a Fazenda Pública é condenada judicialmente a realizar. Assim, diversamente do particular que, quando condenado, é obrigado a realizar o pagamento imediatamente em dinheiro ao vencedor da demanda judicial, a Fazenda Pública condenada em uma ação realiza o respectivo pagamento apenas no exercício financeiro seguinte, após a inclusão de tal despesa no seu orçamento, desde que apresentada até 1º de julho do ano anterior.

A razão da existência dos precatórios se dá pela necessidade de um mecanismo que possibilite a previsão orçamentária de despesas públicas originárias de condenações judiciais, uma vez que há certeza quanto a sua ocorrência, porém, incerteza quanto ao valor e quanto ao momento do seu pagamento. Essa previsibilidade se concretiza a partir do comando constitucional que estabelece ser obrigatória a inclusão, no orçamento das entidades de direito público, de verba necessária ao pagamento de seus débitos, oriundos de sentenças transitadas em julgado, constantes de precatórios judiciários apresentados até 1º de julho, fazendo-se o pagamento até o final do exercício seguinte, quando terão seus valores atualizados monetariamente.

A origem advém da "precatória de vênia", instituto criado no final do século XIX pela legislação processual civil brasileira[51] para requisitar ao Tesouro recursos para o pagamento nas condenações da Fazenda Pública, diante da impenhorabilidade dos bens públicos.

Hoje, este instituto jurídico decorre do **art. 100 da Constituição Federal** de 1988 (com redação dada pela Emenda Constitucional 62/2009,[52] posterior-

---

[51] Decreto 3.084, de 5 de novembro de 1898, que aprovou a Consolidação das Leis referentes à Justiça Federal (art. 41).

[52] A Emenda Constitucional 62/2009 trouxe uma série de modificações ao regime de pagamento de precatórios previsto no artigo 100 da Constituição Federal de 1998, tais

mente alterada pela Emenda Constitucional 94/2016[53]), determinando que os pagamentos devidos pelas Fazendas Públicas Federal, Estaduais, Distrital e Municipais, em virtude de sentença judiciária, far-se-ão exclusivamente na ordem cronológica de apresentação dos precatórios e à conta dos créditos respectivos, proibida a designação de casos ou de pessoas nas dotações orçamentárias e nos créditos adicionais abertos para esse fim.

Uma vez transitada em julgado a ação e definido o valor devido pela Fazenda Pública, seu processamento se inicia a partir da solicitação que o juiz da causa faz ao presidente do respectivo Tribunal para que este requisite a verba necessária ao pagamento do credor. Essa solicitação dirigida ao presidente do Tribunal denomina-se *ofício requisitório*. Nesse documento será informado o número do processo, o nome das partes, a natureza da obrigação e do crédito, o valor individualizado por beneficiário, a data-base para efeitos de atualização etc. Por sua vez, o presidente do Tribunal irá comunicar à Fazenda Pública a existência da obrigação, para ser consignada no orçamento como despesa pública a ser paga no exercício financeiro seguinte (se comunicado ao presidente do tribunal até 1º de julho do ano; caso contrário, a demanda ingressará na ordem

---

como o seu parcelamento em até 15 anos, a criação de leilões "reversos" de deságio, a modificação da forma de atualização monetária, a fixação de limites orçamentários para o seu pagamento pelos entes federativos, a compensação com créditos da Fazenda Pública e a criação de preferências no pagamento de precatórios alimentares. Entretanto, no dia 14 de março de 2013, o Plenário do Supremo Tribunal Federal (STF), por maioria, julgou parcialmente procedentes as Ações Diretas de Inconstitucionalidade (ADIs) 4.357 e 4.425, propostas pelo Conselho Federal da Ordem dos Advogados do Brasil e pela Confederação Nacional das Indústrias – CNI, para declarar a inconstitucionalidade de parte da EC 62/2009. Com a decisão, foram declarados inconstitucionais dispositivos do art. 100 da Constituição Federal, nos pontos que tratam da restrição à preferência de pagamento a credores com mais de 60 anos, da fixação da taxa de correção monetária e das regras de compensação de créditos, bem como se julgou integralmente inconstitucional o art. 97 do Ato das Disposições Constitucionais Transitórias (ADCT), que cria o regime especial de pagamento. Assim, foi declarada a inconstitucionalidade: a) da expressão "na data de expedição do precatório", contida no § 2º do art. 100 da CF; b) os §§ 9º e 10 do art. 100 da CF; c) da expressão "índice oficial de remuneração básica da caderneta de poupança", constante do § 12 do art. 100 da CF, do inciso II do § 1º e do § 16, ambos do art. 97 do ADCT; d) do fraseado "independentemente de sua natureza", inserido no § 12 do art. 100 da CF, para que aos precatórios de natureza tributária se apliquem os mesmos juros de mora incidentes sobre o crédito tributário; e) por arrastamento, do art. 5º da Lei 11.960/2009; e f) do § 15 do art. 100 da CF e de todo o art. 97 do ADCT (especificamente o *caput* e os §§ 1º, 2º, 4º, 6º, 8º, 9º, 14 e 15, sendo os demais por arrastamento ou reverberação normativa).

[53] Originária da PEC 233/2016, proposta devido ao julgamento das ADI 4.425 e 4.357, que declarou parte das alterações introduzidas pela Emenda Constitucional 62/2009 inconstitucional.

de pagamentos do ano subsequente). Essa ordem de pagamento dos precatórios é rígida e deve ser seguida, para que não haja tratamento anti-isonômico entre os credores. Inclusive, o § 7º do art. 100 da Constituição prevê que o Presidente do Tribunal competente que, por ato comissivo ou omissivo, retardar ou tentar frustrar a liquidação regular de precatórios, incorrerá em crime de responsabilidade e responderá, também, perante o Conselho Nacional de Justiça.

Além dos créditos ordinários que são pagos regularmente através da metodologia da expedição de precatórios, podemos dizer que existem outras duas espécies de pagamentos decorrentes de condenação judicial da Fazenda Pública, que possuem especificidades próprias nas regras dos precatórios. São os créditos de natureza alimentar e os créditos de pequeno valor. Os primeiros são pagos antes dos demais precatórios e os segundos ficam fora da metodologia de pagamento por precatórios. Podemos, portanto, dizer que, para o pagamento de condenações judiciais da Fazenda Pública, existem três métodos: a) os *precatórios comuns*, pagos segundo as regras ora analisadas, sem qualquer preferência ou prioridade; b) os *precatórios alimentares*,[54] que preferem aos comuns; c) os *créditos de pequeno valor*, que não se submetem às regras de precatórios.

Importante registrar que não é permitida a expedição de precatório complementar ou suplementar de valor pago, bem como o fracionamento, repartição ou quebra do valor da execução para fins de enquadramento no crédito de pequeno valor. O STF, entretanto, admite o precatório complementar apenas em caso de erro material, aritmético ou inexatidão dos cálculos (AI 456.185-SP, Min. Cezar Peluso).

Para garantir a efetividade da metodologia e o pagamento dos precatórios, a Constituição prevê a possibilidade de o credor requerer ao Presidente do respectivo Tribunal o sequestro do valor a ser pago em caso de não alocação orçamentária ou de preterição na ordem cronológica dos precatórios. Assim, as dotações orçamentárias e os créditos abertos serão consignados diretamente ao Poder Judiciário, cabendo ao Presidente do Tribunal que proferir a decisão exequenda determinar o pagamento integral e autorizar, a requerimento do credor e exclusivamente para os casos de preterimento de seu direito de precedência ou de não alocação orçamentária do valor necessário à satisfação do seu débito, o sequestro da quantia respectiva (art. 100, § 6º, da CF/1988).

Relevante mecanismo introduzido pela Emenda Constitucional 62/2009 e que, infelizmente, foi julgado inconstitucional pelo STF (ADIs 4.357 e 4.425,

---

[54] A EC 94/2016 ampliou as hipóteses de titulares de débitos de natureza alimentícia. São beneficiados com a regra da preferência os titulares originários ou por sucessão hereditária, que possuam 60 anos ou mais, ou que sejam portadores de doença grave, ou pessoas com deficiência.

em 14.03.2013), foi o da proteção ao crédito público pela denominada "compensação do precatório", segundo o qual deveria ser deduzido do valor a ser pago por precatório o montante da dívida do exequente perante a Fazenda Pública. A proposta do legislador constituinte derivado, ao criar e incluir no texto constitucional o referido mecanismo foi, essencialmente, de zelar pelo Erário, dando efetividade e otimização à recuperação dos créditos públicos. Nada mais razoável do que se verificar, antes de o Estado realizar qualquer pagamento a um credor, inclusive por decorrência de decisão judicial transitada em julgado (precatórios), se este credor não é – ao mesmo tempo – seu devedor, para, neste caso, efetivar uma compensação entre seus créditos e débitos. Afinal, pagar ao seu próprio devedor não é uma prática que se coaduna com o princípio da moralidade, insculpido no art. 37 da Carta Maior. Mas o Plenário do STF, ao declarar inconstitucionais os §§ 9º e 10 do art. 100 da Constituição, entendeu que tais dispositivos consagrariam superioridade processual da parte pública – no que concerne aos créditos privados reconhecidos em decisão judicial com trânsito em julgado – sem considerar a garantia do devido processo legal e de seus principais desdobramentos: o contraditório e a ampla defesa, além de entender que esse tipo unilateral e automático de compensação de valores embaraçaria a efetividade da jurisdição, desrespeitaria a coisa julgada e afetaria o princípio da separação dos Poderes.

Devido ao teor do julgamento das ADI 4.425 e 4.357, que declarou inconstitucional parte das alterações introduzidas pela EC 62/2009, promulgou-se, em 15 de dezembro de 2016, a Emenda Constitucional 94/2016, a qual alterou o texto do § 2º (em que se majorou o rol de preferências), incluiu os §§ 17, 18, 19 e 20 ao art. 100 da Constituição, e inseriu também os arts. 101 a 105 no Ato das Disposições Constitucionais Transitórias, introduzindo um novo "regime especial" de precatórios.

Por fim, a EC 99/2017 estabeleceu que os Estados, o Distrito Federal e os Municípios que, em 25 de março de 2015, se encontravam em mora no pagamento de seus precatórios quitarão, até 31 de dezembro de 2024,[55] seus

---

[55] Pela PEC nº 95/2019, intitulada "PEC dos Precatórios", pretende-se prorrogar para os Estados, Distrito Federal e Municípios, até 31 de dezembro de 2028, o prazo de vigência do regime especial de pagamento de precatórios previsto no art. 101 do ADCT (atualmente, o prazo é até 31 de dezembro de 2024). O autor da PEC, Senador José Serra, justificou-a em razão da continuidade da grave situação de crise fiscal que impacta a Estados e Municípios, de modo a disporem de mais tempo para equilibrarem seus orçamentos. Cabe registrar que a proposta, contudo, mantém o prazo até o final de 2024 para pagamento dos débitos de precatórios de natureza alimentícia. Andou bem nesse aspecto a PEC ao não dilatar ainda mais este prazo. Entendemos

débitos vencidos e os que vencerão dentro desse período, atualizados pelo Índice Nacional de Preços ao Consumidor Amplo Especial (IPCA-E), ou por outro índice que venha a substituí-lo, depositando mensalmente em conta especial do Tribunal de Justiça local, sob única e exclusiva administração deste, 1/12 (um doze avos) do valor calculado percentualmente sobre suas receitas correntes líquidas apuradas no segundo mês anterior ao mês de pagamento, em percentual suficiente para a quitação de seus débitos e, ainda que variável, nunca inferior, em cada exercício, ao percentual praticado na data da entrada em vigor do regime especial a que se refere o artigo 101 do ADCT, em conformidade com plano de pagamento a ser anualmente apresentado ao Tribunal de Justiça local. Neste caso, entende-se como receita corrente líquida, o somatório das receitas tributárias, patrimoniais, industriais, agropecuárias, de contribuições e de serviços, de transferências correntes e outras receitas correntes, incluindo as oriundas do § 1º do art. 20 da Constituição Federal, verificado no período compreendido pelo segundo mês imediatamente anterior ao de referência e os 11 (onze) meses precedentes, excluídas as duplicidades, e deduzidas: I - nos Estados, as parcelas entregues aos Municípios por determinação constitucional; II - nos Estados, no Distrito Federal e nos Municípios, a contribuição dos servidores para custeio de seu sistema de previdência e assistência social e as receitas provenientes da compensação financeira referida no § 9º do art. 201 da Constituição Federal (art. 101, ADCT).

Ainda acerca dos precatórios, o TCU decidiu que, no pagamento de precatórios, deverão ser observados os limites de gasto com pessoal e de dívida consolidada, conforme preceituam os arts. 19 e 31 da LRF, sendo também ilegal e inconstitucional o pagamento de passivo a servidor público pela via administrativa, quando não houve a instauração do processo judicial de execução relativo à decisão judicial transitada em julgado que reconheceu o seu direito creditício. Isso porque os pagamentos devidos pela Fazenda Pública em virtude de sentença judiciária, ainda que haja disponibilidade de créditos orçamentários e recursos financeiros, devem obedecer exclusivamente à ordem cronológica de apresentação dos precatórios correspondentes, nos termos do art. 100 da Constituição Federal e deste art. 10 da LRF.[56]

---

que a prorrogação, originariamente feita pela EC nº 99/2017, já violava o direito do titular de créditos alimentares, dada a natureza desta verba, que não deveria sequer ser parcelada, uma vez que estes se referem a valores necessários à subsistência do credor e decorrem dos princípios da dignidade da pessoa humana e do mínimo existencial. O crédito de natureza alimentar é indispensável ao sustento do credor e de sua família.

[56] TCU, Acórdão 3.201/2016, Rel. Min. Raimundo Carreiro, Plenário, Sessão: 07.12.2016, Boletim de Jurisprudência nº 156 de 30.01.2017 – Enunciado paradigmático.

> **CAPÍTULO III**
> **DA RECEITA PÚBLICA**
>
> **Seção I**
> **Da Previsão e da Arrecadação**
>
> **Art. 11. Constituem requisitos essenciais da responsabilidade na gestão fiscal a instituição, previsão e efetiva arrecadação de todos os tributos da competência constitucional do ente da Federação.**
>
> **Parágrafo único. É vedada a realização de transferências voluntárias para o ente que não observe o disposto no *caput*, no que se refere aos impostos.**

O presente **art. 11** retrata a preocupação da LRF não apenas com as despesas, mas também com as receitas públicas.

Ao prescrever que a previsão e efetiva arrecadação de todos os tributos pelo ente federativo constituem requisitos essenciais da responsabilidade na gestão fiscal, pretende impor a eficiência na gestão das receitas públicas como instrumento viabilizador das despesas e respectivas políticas públicas. E impõe, como sanção para o descumprimento deste comando pelo ente, a vedação ao recebimento de transferências voluntárias.

Entende-se por **transferência voluntária** a entrega de recursos correntes ou de capital a outro ente da Federação, a título de cooperação, auxílio ou assistência financeira, que não decorra de determinação constitucional, legal ou os destinados ao Sistema Único de Saúde (art. 25), sendo que esta não se confunde com a *transferência obrigatória*, que decorre de previsão constitucional e não pode ser restringida ou limitada.

Percebe-se que a LRF, além de trabalhar o viés da limitação de gastos (despesas), estabelece a necessidade de potencialização do esforço arrecadatório (receitas), como desdobramento do ideal de equilíbrio fiscal.

Comentando o dispositivo, Antonio Benedito Alves afirma:

> Isso será de grande auxílio para o cumprimento das metas fiscais e alocação de recursos para fazer frente às diferentes despesas públicas, devendo o administrador público aumentar o zelo na cobrança dos impostos de competência privativa, o que, até então, não era levado a sério pelos gestores públicos que, confiados nas receitas de outros entes da Federação, agiam com ineficiência na cobrança de seus tributos, ocasionando perdas de receitas próprias e prejuízos à sociedade.[57]

---

[57] ALVES, Benedito Antonio; GOMES, Sebastião Edilson; AFFONSO, Antonio Geraldo. *Lei de Responsabilidade Fiscal comentada e anotada*. 4. ed. São Paulo: Juarez de Oliveira, 2002. p. 35-36.

Mas o tema traz especial preocupação na esfera municipal e já foi objeto de nossa manifestação alhures.[58] Isso porque não é incomum a ausência de exercício da competência tributária – a não instituição e cobrança de impostos – por parte de diversos municípios, que passam a se apoiar, exclusivamente, no financiamento originário dos recursos advindos da repartição constitucional das receitas tributárias.

A doutrina clássica sempre caracterizou a competência tributária – aptidão de que são dotadas as pessoas políticas para expedir regras jurídicas tributárias inovando o ordenamento jurídico –, entre outros aspectos, como sendo de natureza facultativa.[59] O Código Tributário Nacional reconhece essa característica no seu art. 8º, ao estabelecer que "o não exercício da competência tributária não a defere a pessoa jurídica de direito público diversa daquela a que a Constituição a tenha atribuído". Concretamente, vemos essa facultatividade ocorrer com a União Federal, já que ela mesma ainda não instituiu o Imposto sobre Grandes Fortunas (IGF)[60] previsto no art. 153, VII, da Constituição Federal.

Porém, a nosso ver, não é possível realizar adequadamente as políticas públicas e atender às necessidades da coletividade constitucionalmente asseguradas sem a totalidade dos recursos financeiros que seriam oriundos de uma competência tributária que acaba por não ser exercida.

Tal faculdade – de não cobrar tributos –, em nosso entendimento, não seria ampla e irrestrita, pois embora não haja qualquer ilegalidade propria-

---

[58] ABRAHAM, Marcus. *Curso de direito financeiro brasileiro*. 5. ed. Rio de Janeiro: Forense, 2018. p. 49 e ss.

[59] Neste sentido, Paulo de Barros Carvalho afirma: "A boa doutrina costuma examinar a competência tributária no que diz com suas características, isto é, quanto aos aspectos que, de algum modo, poderiam conotar sua presença em face de outras categorias. Assim o faz o ilustre professor Roque A. Carrazza, salientando seis qualidades, quais sejam, privatividade (i), indelegabilidade (ii), incaducibilidade (iii), inalterabilidade (iv), irrenunciabilidade (v) e, por fim, facultatividade do exercício (vi)". Mas o mestre paulista excetua dessa regra o ICMS, para quem: 'Por sua índole eminentemente nacional, não é dado a qualquer Estado-membro ou ao Distrito Federal operar por omissão, deixando de legislar sobre esse gravame'" (CARVALHO, Paulo de Barros. *Curso de direito tributário*. 19. ed. São Paulo: Saraiva, 2007. p. 239-247).

[60] A criação deste imposto, apesar de ainda tratar-se de algo remoto, vem sendo discutida em nosso Congresso Nacional desde 1989, quando o então Senador Fernando Henrique Cardoso apresentou o Projeto PLP 202/1989. Atualmente, temos em discussão no Parlamento o Projeto de Lei Complementar 277/2008 (autoria da Deputada Federal Luciana Genro), que retoma o debate sobre a instituição do Imposto sobre Grandes Fortunas (apensados: PLP 26/2011, PLP 62/2011 e PLP 130/2012).

mente dita à luz do nosso ordenamento jurídico, esse comportamento seria inadequado e enfraqueceria a ideia da autonomia financeira dos entes federativos (parte do ideário do federalismo fiscal).

Nesse sentido, adverte Celso Antônio Bandeira de Mello que

> na esfera do Direito Público os poderes assinados ao sujeito não se apresentam como situações subjetivas a serem consideradas apenas pelo ângulo ativo. É que, encartados no exercício de funções, implicam dever de atuar no interesse alheio – o do corpo social –, compondo, portanto, uma situação de sujeição. Vale dizer, os titulares destas situações subjetivas recebem suas competências para as exercerem em prol de um terceiro: a coletividade que representam. Então, posto que as competências lhes são outorgadas única e exclusivamente para atender à finalidade em vista da qual foram instituídas, ou seja, para cumprir o interesse público que preside sua instituição, resulta que se lhes propõe uma situação de dever: o de prover àquele interesse.[61]

O fato é que não há uma vedação legal expressa a tal comportamento. Ao contrário, reconhece a LRF como possível a conduta ao aplicar uma única e branda sanção para o não exercício da competência tributária pelos entes federativos, prevista no parágrafo único deste art. 11: a restrição ao recebimento de transferências voluntárias[62] (aquelas decorrentes de convênios, para a assistência ou auxílio financeiro entre os entes), não atingindo o recebimento dos repasses constitucionais obrigatórios.

Apesar dos indiscutíveis benefícios da efetiva cobrança dos impostos, especialmente em razão da independência política dos entes subnacionais

---

[61] MELLO, Celso Antônio Bandeira de. *Curso de direito administrativo*. 27. ed. São Paulo: Malheiros, 2010. p. 143.

[62] Constava contra o parágrafo único do art. 11 da LRF a ADI nº 2.238-DF (nova relatoria do Ministro Alexandre de Moraes), afirmando haver violação e contrariedade ao art. 160 da CF/1988, dispositivo que veda qualquer condição ou restrição a entrega ou repasse de recursos aos entes federativos. Em sede liminar, o STF negou provimento ao pedido de suspensão imediata deste parágrafo único. No mérito, julgado em 21/08/2019, a norma foi reputada constitucional, uma vez que "o parágrafo único do art. 11 da LRF instiga o exercício pleno das competências impositivas dos entes locais e não conflita com a CF, traduzindo, na verdade, um raciocínio de subsidiariedade totalmente consentâneo com o princípio federativo, pois não é saudável para a Federação que determinadas entidades federativas não exerçam suas competências constitucionais tributárias, aguardando compensações não obrigatórias da União. Tal prática sobrecarrega o conjunto de Estados e Municípios, e erroneamente privilegia o populismo político local" (STF. Informativo nº 948, publ. 28.08.2019).

decorrente da sua autonomia financeira, resta pouco estimulado o cumprimento da norma insculpida no ora analisado art. 11.

> Art. 12. As previsões de receita observarão as normas técnicas e legais, considerarão os efeitos das alterações na legislação, da variação do índice de preços, do crescimento econômico ou de qualquer outro fator relevante e serão acompanhadas de demonstrativo de sua evolução nos últimos três anos, da projeção para os dois seguintes àquele a que se referirem, e da metodologia de cálculo e premissas utilizadas.
>
> § 1º Reestimativa de receita por parte do Poder Legislativo só será admitida se comprovado erro ou omissão de ordem técnica ou legal.
>
> § 2º O montante previsto para as receitas de operações de crédito não poderá ser superior ao das despesas de capital constantes do projeto de lei orçamentária.
>
> § 3º O Poder Executivo de cada ente colocará à disposição dos demais Poderes e do Ministério Público, no mínimo trinta dias antes do prazo final para encaminhamento de suas propostas orçamentárias, os estudos e as estimativas das receitas para o exercício subsequente, inclusive da corrente líquida, e as respectivas memórias de cálculo.

Dentro do ideal de equilíbrio fiscal, entende-se que, para toda despesa a ser realizada, deverá haver uma receita suficiente a lhe custear. É com base na previsão de receitas que o ente público traçará os seus programas para o exercício financeiro seguinte, definindo as políticas públicas que irá implementar e, por conseguinte, as despesas que irá realizar.

Por isso, de nada adiantaria uma previsão de receita que fosse irreal e que não representasse o efetivo valor a ser arrecadado pelo ente. Mas infelizmente, a prática de se estimar a receita pública de maneira infundada e ilusória, inflando-se os seus valores na pretensão de se justificar despesas utópicas ou irrealizáveis, muitas vezes de caráter populista, é uma realidade brasileira cuja consequência enseja a criação de déficits fiscais contínuos e progressivos. Por essa razão, o **art. 12** da LRF enfatiza a necessidade da observância das normas técnicas e legais na sua previsão.

A **previsão da receita** é a estimativa de arrecadação para cada uma das espécies de receitas públicas, resultante de certa metodologia de projeção adotada. Essa projeção de arrecadação é relevante, uma vez que permite a determinação da quantidade de receitas públicas que possivelmente serão disponibilizadas para financiar as despesas públicas estatais. Normalmente, busca-se identificar através da série histórica de arrecadação daquela receita (meses ou anos anteriores) um valor provável para a arrecadação futura. Essa série histórica é processada através de fórmulas matemáticas e estatísticas que envolvem inúmeras variáveis, que vão desde sua atualização monetária, o comportamento da economia nacional e estrangeira em cada segmento e as eventuais mudanças na legislação. Levam-se em consideração dados econômicos, como o Produto Interno Bruto Real do Brasil – PIB real; o crescimento real das importações ou das exportações; a variação real na produção mineral do país; a variação real da produção industrial; a variação real da produção agrícola; o crescimento vegetativo da folha de pagamento do funcionalismo público; o crescimento da massa salarial; o aumento na arrecadação como função do aumento do número de fiscais no país ou mesmo do incremento tecnológico na forma de arrecadação; o aumento do número de alunos matriculados em uma escola; e assim por diante.

Segundo ensina Heilio Kohama:[63]

> com o advento de novas técnicas de elaboração orçamentária, preconizando a integração do planejamento ao orçamento, a receita que era feita através de planejamento empírico começou a sofrer alterações com a introdução de métodos e processos, calcados em bases técnicas e independentes, todavia autônomas, cujo significado moderno é precisamente ligar os sistemas de planejamento e finanças na expressão quantitativa financeira e física aos objetivos e metas governamentais. Contrariamente ao que muitos pensam, a previsão da receita orçamentária tem um significado importante na elaboração dos programas de governo, pois a viabilização deles dependerá de certa forma da existência de recursos, que a máquina arrecadadora da receita for capaz de produzir.

A questão da **reestimativa de receita** durante o processo de aprovação das leis orçamentárias é outra preocupação da LRF. Isso porque, regularmente elaborados pelo Executivo, os projetos de lei relativos ao plano plurianual, às diretrizes orçamentárias, ao orçamento anual e aos créditos adicionais serão apreciados pelas duas Casas do Congresso Nacional, na forma do regimento comum (art. 166 da CF/1988). A partir desse momento, a competência para dar seguimento à criação das leis orçamentárias passa a ser do Poder Legislativo. É a concretização da participação popular no orçamento, através dos seus representantes eleitos, sendo que a apreciação dos projetos ficará a cargo

---

[63] KOHAMA, Heilio. *Contabilidade pública* – teoria e prática. 6. ed. São Paulo: Atlas, 1998. p. 85.

da *Comissão Mista* permanente de Senadores e Deputados a que alude o § 1º do art. 166 da Constituição Federal.

Durante a análise e apreciação dos projetos, será possível aos congressistas oferecerem *emendas aos projetos de leis orçamentárias*, que serão apresentadas na Comissão mista, que sobre elas emitirá parecer, e apreciadas, na forma regimental, pelo Plenário das duas Casas do Congresso Nacional. As emendas ao projeto de lei do orçamento anual ou aos projetos que o modifiquem somente podem ser aprovadas caso: I – sejam compatíveis com o plano plurianual e com a lei de diretrizes orçamentárias; II – indiquem os recursos necessários, admitidos apenas os provenientes de anulação de despesa, excluídas as que incidam sobre: a) dotações para pessoal e seus encargos; b) serviço da dívida; c) transferências tributárias constitucionais para Estados, Municípios e Distrito Federal; ou III – sejam relacionadas: a) com a correção de erros ou omissões; ou b) com os dispositivos do texto do projeto de lei (art. 166, §§ 2º e 3º, da CF/1988).

Assim, a LRF deixa evidente a melhor interpretação da norma constitucional, no sentido de que a reestimativa de receitas realizada pelo Poder Legislativo – que muitas vezes buscava elevá-la para, apropriando-se da diferença, fazer frente as emendas que introduziam despesas adicionais – só é admitida de maneira comprovada e fundamentada de que tenha ocorrido erro ou omissão de ordem técnica ou legal na sua previsão.

Registre-se que o STF, na ADI 2.238, conferiu interpretação ao § 2º conforme ao inciso III do art. 167 da Constituição Federal, em ordem a explicitar que a proibição ali prevista não abrange operações de crédito autorizadas mediante créditos suplementares ou especiais com finalidade precisa, aprovados pelo Poder Legislativo por maioria absoluta.[64] Considerou-se que, ao primeiro exame, a Lei Complementar não pode editar norma absoluta, desprezando a ressalva da Constituição Federal, uma vez que ela teria estabelecido regra bem mais restritiva que o texto constitucional.

E, finalmente, dentro do espírito de transparência fiscal, os estudos de estimativa de arrecadação – incluindo a receita corrente líquida e memórias de cálculo – elaborados pelo Poder Executivo serão disponibilizados aos demais Poderes e Ministério Público, no prazo de trinta dias antes do final do prazo para que estes encaminhem sua proposta de orçamento, a fim de que possam fazer as respectivas análises e ajustes, e então encaminhar as suas propostas parciais para que sejam inseridas e consolidadas pelo órgão central orçamentário, dentro do processo de elaboração das leis orçamentárias. A lógica da

---

[64] STF. Informativo nº 948, publ. 28.08.2019.

norma está em que o Poder Executivo está melhor aparelhado, dispondo de melhor estrutura técnica e pessoal, para esta tarefa de realização de estudos e estimativas, sobretudo por ser sua atribuição a realização da consolidação de todos os dados, cometido este que não compete aos demais Poderes, os quais inclusive contam com número menor de servidores para elaboração de suas propostas orçamentárias setoriais.

Conforme esclarece José Maurício Conti,[65]

> essa norma permite aos Poderes e instituições independentes ter conhecimento dos valores e das razões que levaram a eles, quando de sua elaboração por parte do Poder Executivo, a fim de dar maior transparência e permitir eventual questionamento, uma vez que tais cálculos darão o limite de suas respectivas propostas orçamentárias.

Isto se dá porque todos os poderes, individualmente, elaboram suas próprias propostas de orçamento para cada ano, encaminhando-as ao Poder Executivo para consolidá-las e encaminhá-las ao Legislativo para votação e aprovação, tal como disciplina a Constituição.

Registre-se, contudo, que apenas a consolidação dos dados será feita pelo Poder Executivo, não podendo este imiscuir-se indevidamente nas propostas elaboradas setorialmente. O responsável pela análise do orçamento setorial dos demais Poderes e do Ministério Público é o Poder Legislativo, cabendo a este, se entender devido, realizar as alterações e reduções necessárias. A este respeito, esclarecedor o trecho de decisão do Ministro Joaquim Barbosa: "De fato, o sistema de controles recíprocos (*checks and counterchecks*) assegura aos Poderes a elaboração desembaraçada de suas previsões de dispêndio, ao passo que a aprovação desses dispêndios compete, inicialmente, ao Legislativo".[66]

---

[65] CONTI, José Maurício. *Orçamentos públicos* – a Lei 4.320/1964 comentada. 2. ed. São Paulo: RT, 2010. p. 118.

[66] "Segundo a distribuição dos mecanismos de controle recíprocos delineada na Constituição, cabe ao o chefe de cada Poder (art. 99, § 2º) e ao chefe do Ministério Público (art. 127, §§ 2º e 3º) elaborar as respectivas propostas orçamentárias. Em seguida, a Presidência da República deve consolidar as propostas orçamentárias de todos os componentes da União, isto é, o Executivo, o Legislativo, o Judiciário e o Ministério Público (art. 84, XXIII). O terceiro estágio preserva a histórica função primordial do Legislativo de aprovar as previsões de gastos estatais. De fato, o sistema de controles recíprocos (*checks and counterchecks*) assegura aos Poderes a elaboração desembaraçada de suas previsões de dispêndio, ao passo que a aprovação desses dispêndios compete, inicialmente, ao Legislativo. Portanto, a rigor, a Presidência da República

Não deve o Poder Executivo, mesmo que repute inadequadas as propostas dos demais Poderes ou do Ministério Público, violar a prerrogativa do Poder Legislativo de apreciar o orçamento, ou mesmo a autonomia dos demais Poderes e do Ministério Público de elaborarem os orçamentos setoriais que entendam necessários para atender às suas necessidades, desde que dentro do prazo e em conformidade com a LDO. Eventuais cortes nos orçamentos setoriais somente poderão ocorrer por ato do Legislativo.

Neste sentido, vale apresentar também trecho de decisão monocrática do Min. Marco Aurélio Mello sobre o tema: "Há muito tempo, o Supremo fixou competir ao Poder Executivo a consolidação da proposta orçamentária, observando, conforme apresentada, a alusiva ao Judiciário. Cumpre ao Legislativo, em fase subsequente, apreciá-la".[67]

---

deve assegurar ao Congresso Nacional o conhecimento amplo e irrestrito das expectativas do Ministério Público Federal. O acesso à proposta original é condição inafastável para que os representantes políticos dos cidadãos brasileiros exerçam esse poder-dever de verificar a conveniência e a oportunidade de autorização dos dispêndios previstos. Assim, ao menos nesta primeira leitura, o exercício da competência para "adequar" a proposta orçamentária deve ser conciliado tanto com a expectativa do Ministério Público Federal como com a do Congresso Nacional de ampla cognição das necessidades de custeio vislumbradas pelo procurador-geral da República. Isso não significa que o Congresso Nacional esteja obrigado a aceitar pura e simplesmente (verbatim) a proposta elaborada pelos demais Poderes ou instituições estatais. Há um campo de grande latitude governado pelos critérios de conveniência e oportunidade que tornam as decisões tomadas no ciclo orçamentário típicas questões políticas, imunes à intervenção jurisdicional. Parece-me que a situação se resolve com a preservação de todas as instituições estatais se for preservada a plena competência da Presidência da República para indicar as razões pelas quais entende inadequadas (juízo político) ou ilegais (juízo de validade) as pretensões do Ministério Público, porém, cabendo o envio da proposta integral, tal como originalmente formulada pelo Poder ou instituição estatal. A propósito, a Constituição de 1988 partilhou a competência pertinente ao processo orçamentário com o objetivo de assegurar a independência entre os Poderes, de forma que nenhum deles pudesse subjugar os demais" (STF, MS 31.618 MC, Rel. Min. Joaquim Barbosa, j. 13.11.2012, DJe 19.11.2012).

[67] "2. Há muito tempo, o Supremo fixou competir ao Poder Executivo a consolidação da proposta orçamentária, observando, conforme apresentada, a alusiva ao Judiciário. Cumpre ao Legislativo, em fase subsequente, apreciá-la. É incompreensível que o Executivo, mesmo diante de pronunciamentos do órgão máximo da Justiça brasileira, insista, a partir de política governamental distorcida, porque conflitante com a Constituição Federal, em certa óptica e invada campo no qual o Judiciário goza de autonomia. Constata-se, realmente, a quadra vivenciada. Impõe-se a correção de rumos. Impõe-se o respeito às regras estabelecidas por aqueles que personificam o Estado/gênero. 3. Defiro

Somente quando os demais Poderes não entregarem suas propostas setoriais dentro do prazo, ou quando as entregarem em desacordo com as limitações da LDO, estará o Executivo autorizado a ajustá-las, nos termos precisos das exceções previstas nos §§ 3º e 4º do art. 99 e nos §§ 4º e 5º do art. 127 da Constituição.

Não à toa, como já visto anteriormente, o STF, por maioria, declarou a inconstitucionalidade do **§ 3º do art. 9º**, no julgamento da **ADI 2.238-5**, justamente por compreender que a autorização dada pelo referido dispositivo da LRF para que o Poder Executivo pudesse limitar os valores transferidos ao Legislativo e Judiciário, bem como ao Ministério Público, caso estes não promovessem a respectiva limitação de empenho quando necessária, acarretaria uma violação à autonomia dos Poderes.

> **Art. 13. No prazo previsto no art. 8º, as receitas previstas serão desdobradas, pelo Poder Executivo, em metas bimestrais de arrecadação, com a especificação, em separado, quando cabível, das medidas de combate à evasão e à sonegação, da quantidade e valores de ações ajuizadas para cobrança da dívida ativa, bem como da evolução do montante dos créditos tributários passíveis de cobrança administrativa.**

---

a medida acauteladora para que o Estado de Alagoas, de posse da lei orçamentária, implemente nova consolidação – presentes os orçamentos do Executivo e do Judiciário –, levando em conta a proposta aprovada e encaminhada pelo Tribunal de Justiça" (STF, MS 28.405, Rel. Min. Marco Aurélio, dec. monoc., j. 15.11.2009, *DJe* 25.11.2009). No mesmo sentido: "4. Se ao Ministério Público é garantida a elaboração de sua proposta orçamentária dentro dos limites estabelecidos na lei de diretrizes orçamentárias, como preceitua o § 3º do artigo 127 da Constituição Federal, conclui-se que esse é o meio normativo próprio (idôneo) para a imposição de eventual contenção de gastos. A autonomia financeira não se exaure na simples elaboração da proposta orçamentária, sendo consagrada, inclusive, na execução concreta do orçamento e na utilização das dotações postas em favor do Ministério Público. Nesse ponto, o artigo 6º da Lei estadual nº 14.506/09 faz ingerência indevida na atuação do Ministério Público, uma vez que o limitador ali presente incide invariavelmente sobre despesas com pessoal devidamente amparadas por previsões na lei de diretrizes orçamentárias e na lei orçamentária anual, que não estampam qualquer ressalva a respeito" (STF, ADI 4.356, Pleno, Rel. Min. Dias Toffoli, j. 09.02.2011, *DJe* 12.05.2011); "Ação direta de inconstitucionalidade. Lei de Diretrizes Orçamentárias do Estado do Paraná. Medida cautelar. Limite percentual destinado ao Judiciário estipulado à revelia do Tribunal de Justiça do Estado. Aspecto de bom direito reconhecido na ausência de tal participação na fixação do referido limite (artigo 99 – par-1. da Constituição). *Periculum in mora* situado na iminência do ano de 1993, a que se dirigem as destinações legais. Medida cautelar concedida" (STF, ADI 810 MC, Pleno, Rel. Min. Francisco Rezek, j. 10.12.1992, *DJ* 19.02.1993).

Dentro do escopo de planejamento e na busca da máxima eficiência na gestão fiscal, a fim de se permitir o melhor acompanhamento do cumprimento das metas e eventuais tendências arrecadatórias, o **art. 13** da LRF determina que, até trinta dias após a publicação dos orçamentos, os entes deverão desdobrar as receitas estimadas na lei orçamentária em **metas bimestrais de arrecadação**, de maneira criteriosa e distinguindo-se no perfil de arrecadação os programas e medidas adotadas relativas ao combate à sonegação e evasão fiscal, levantamento da cobrança judicial da dívida ativa e da cobrança administrativa de créditos fiscais.

A palavra "evasão" advém do termo latino *evasio*, e significa o "ato de evadir-se; fuga". A **evasão fiscal** é terminologia oriunda da ciência das finanças, que, sob uma perspectiva econômico-financeira, ocorre quando o contribuinte deixa de pagar integralmente ao Fisco um tributo, considerado devido por força de determinação legal. Mas em um conceito mais amplo de evasão fiscal, Hermes Marcelo Huck afirma ser toda e qualquer ação ou omissão tendente a elidir, reduzir ou retardar o cumprimento de uma obrigação tributária, não importando serem lícitos ou ilícitos os meios utilizados neste processo.[68]

Por sua vez, a fraude ou **sonegação fiscal** é considerada a ação consciente e voluntária do contribuinte tendente a, por meios ilícitos, eliminar, reduzir ou retardar o pagamento de tributo efetivamente devido. A Lei 8.137/1990, que define os crimes contra a ordem econômica e tributária, estabelece que constitui crime, suprimir ou reduzir tributo ou qualquer acessório, mediante, por exemplo, as seguintes condutas ou procedimentos: a) omitir informação, ou prestar declaração falsa às autoridades fazendárias; b) fraudar a fiscalização tributária inserindo elementos inexatos, ou omitindo operação de qualquer natureza, em documento ou livro exigido pela lei fiscal; c) falsificar ou alterar nota fiscal, fatura, duplicata, nota de venda, ou qualquer outro documento relativo à operação tributável; d) elaborar, distribuir, fornecer, emitir ou atualizar documento que saiba ou deva saber falso ou inexato; e) negar ou deixar de fornecer, quando obrigatória, nota fiscal ou documento equivalente, relativa à venda de mercadoria ou prestação de serviço efetivamente realizada, ou fornecê-la em desacordo com a legislação; f) fazer declaração falsa ou omitir declaração sobre rendas, bens ou fatos, ou empregar outra fraude, para eximir-se, total ou parcialmente, de pagamento de tributos; g) deixar de recolher, no prazo legal, valor de tributo descontado ou cobrado, na qualidade de sujeito passivo de obrigação e que deveria recolher aos cofres públicos.

---

[68] HUCK, Hermes Marcelo. *Evasão e elisão*: rotas nacionais e internacionais. São Paulo: Saraiva, 1997. p. 15-30.

A **Dívida Ativa** abrange os créditos a favor da Fazenda Pública, cuja certeza e liquidez foram apuradas, e que não foram efetivamente recebidos nas datas aprazadas. É, portanto, uma fonte potencial de fluxos de caixa, com impacto positivo pela recuperação de valores, espelhando créditos a receber, sendo contabilmente alocada no Ativo. Podem ser inscritos em dívida ativa tanto os créditos tributários quanto os não tributários, assim considerados: *dívida ativa tributária* é o crédito da Fazenda Pública dessa natureza, proveniente de obrigação legal relativa a tributos e respectivos adicionais e multas, e *dívida ativa não tributária* são os demais créditos da Fazenda Pública, tais como os provenientes de empréstimos compulsórios, contribuições estabelecidas em lei, multa de qualquer origem ou natureza, exceto as tributárias, foros, laudêmios, aluguéis ou taxas de ocupação, custas processuais, preços de serviços prestados por estabelecimentos públicos, indenizações, reposições, restituições, bem assim os créditos decorrentes de obrigações em moeda estrangeira, de sub-rogação de hipoteca, fiança, aval ou outra garantia, de contratos em geral ou de outras obrigações legais.

Dentro dos esforços estabelecidos pela LRF no sentido de considerar requisito essencial da responsabilidade na gestão fiscal a efetiva arrecadação de todas as receitas, inclusive as tributárias (art. 11), os entes deverão implementar na sua gestão – e demonstrá-las nos relatórios bimestrais a que alude o dispositivo ora em análise – medidas de combate a evasão e sonegação fiscal e de cobrança da sua dívida ativa, dentre as quais exemplificamos: a) ampliação das atividades de monitoramento fiscal, com a utilização das informações disponíveis para acompanhamento do comportamento tributário dos contribuintes e identificação de eventuais inconsistências; b) realização de auditorias em empresas que não correspondam ao monitoramento e em outras em que haja indícios relevantes de descumprimento de obrigações fiscais; c) monitoramento de contribuintes em situação de omissão de recolhimento de tributos e inadimplência para com o parcelamentos de débitos, para cobrança amigável e estímulo à regularização voluntária dos débitos levantados, ou indicação para lançamento de ofício, caso não satisfeita a obrigação; d) fiscalização de mercadorias em trânsito mais eficiente; e) ampliação de diligências para verificação e apuração da instalação de fato de contribuintes com indícios de sonegação fiscal, inclusive com ações fiscais de busca e apreensão de documentos, instruídas com mandados judiciais, para obtenção de documentos, livros e informações de contribuintes com indícios de sonegação; f) desenvolvimento e/ou aprimoramento de sistemas de gerenciamento de contencioso administrativo fiscal, inclusive com a modernização da emissão dos Certificados de Dívida Ativa – CDA para facilitar e agilizar o processo de execução fiscal; g) priorização da análise e julgamento dos processos do contencioso administrativo; h) implementação de programas de educação fiscal etc.

Seção II
Da Renúncia de Receita

Art. 14. A concessão ou ampliação de incentivo ou benefício de natureza tributária da qual decorra renúncia de receita deverá estar acompanhada de estimativa do impacto orçamentário-financeiro no exercício em que deva iniciar sua vigência e nos dois seguintes, atender ao disposto na lei de diretrizes orçamentárias e a pelo menos uma das seguintes condições:

I – demonstração pelo proponente de que a renúncia foi considerada na estimativa de receita da lei orçamentária, na forma do art. 12, e de que não afetará as metas de resultados fiscais previstas no anexo próprio da lei de diretrizes orçamentárias;

II – estar acompanhada de medidas de compensação, no período mencionado no *caput*, por meio do aumento de receita, proveniente da elevação de alíquotas, ampliação da base de cálculo, majoração ou criação de tributo ou contribuição.

§ 1º A renúncia compreende anistia, remissão, subsídio, crédito presumido, concessão de isenção em caráter não geral, alteração de alíquota ou modificação de base de cálculo que implique redução discriminada de tributos ou contribuições, e outros benefícios que correspondam a tratamento diferenciado.

§ 2º Se o ato de concessão ou ampliação do incentivo ou benefício de que trata o *caput* deste artigo decorrer da condição contida no inciso II, o benefício só entrará em vigor quando implementadas as medidas referidas no mencionado inciso.

§ 3º O disposto neste artigo não se aplica:

I – às alterações das alíquotas dos impostos previstos nos incisos I, II, IV e V do art. 153 da Constituição, na forma do seu § 1º;

II – ao cancelamento de débito cujo montante seja inferior ao dos respectivos custos de cobrança.

A fixação de limites e condições para renúncias de receitas e geração de despesas é mais um dos mecanismos instituídos pela LRF para manter o equilíbrio fiscal, retirando do administrador público a liberdade plena e irrestrita que possuía para gastar ilimitadamente ou para conceder incentivos fiscais sem qualquer controle. Se antes bastava a previsão de crédito orçamentário para a realização de uma determinada despesa, a partir da LRF, através do presente art. 14, impõem-se limites, prazos e condições para tanto.

As exigências para a realização de gastos e a concessão de desonerações fiscais se justificam porque, por muito tempo, a irresponsabilidade do administrador público, aliada às suas pretensões eleitoreiras de cunho populista e ao descaso em relação às gestões subsequentes, ensejava práticas extremamente danosas às contas públicas. Não era incomum, sobretudo em finais de mandatos, os gestores deixarem os chamados "testamentos políticos", oferecendo graciosos aumentos ao funcionalismo, comprometendo a gestão dos seus sucessores.[69] Igualmente, as concessões de incentivos ou renúncias fiscais muitas vezes eram feitas desprovidas de necessidade ou interesse público, com nítido atendimento a interesses particulares.

Assim, como sempre pautada pelos ideais de transparência e de controle fiscal, a LRF sabiamente atribui às renúncias de receitas igual importância a que dá às despesas públicas, vislumbrando o mesmo efeito matemático entre a renúncia de receita e um gasto, uma vez que o montante financeiro cujo ingresso era considerado no orçamento, por força da renúncia fiscal, acaba por desfalcar as disponibilidades daquele ente. Atribui-se a esses benefícios a expressão "Tax Expenditure" ou gasto tributário.

No mesmo sentido, e aproveitando a lógica de responsabilidade fiscal presente neste art. 14, o constituinte derivado entendeu por também constitucionalizar a norma que exige a previsão de impacto orçamentário e financeiro sempre que estivermos diante de uma hipótese de renúncia fiscal. Trata-se do art. 113 do ADCT, inserido pela Emenda Constitucional 95/2016, prevendo que "a proposição legislativa que crie ou altere despesa obrigatória ou renúncia de receita deverá ser acompanhada da estimativa do seu impacto orçamentário e financeiro".

As **renúncias de receitas** concedidas a título de incentivos fiscais se operacionalizam, em regra, através de anistias, remissões, subsídios, créditos fiscais, isenções, redução de alíquotas ou base de cálculo.

Anistia é a exclusão do crédito fiscal a partir do perdão da infração e das penalidades correspondentes, com a dispensa do pagamento de multa e juros de mora.[70] *Remissão* é a dispensa total ou parcial do pagamento de crédito fiscal, seja pela situação econômica do sujeito passivo, do reduzido valor do tributário devido, por equidade em relação com as características pessoais ou materiais, ou em face de circunstâncias de determinada região.[71]

---

[69] FIGUEIREDO, Carlos Mauricio; NÓBREGA, Marcos. *Responsabilidade fiscal*: aspectos polêmicos. Belo Horizonte: Fórum, 2006. p. 68.

[70] O STJ classificou como ato de improbidade administrativa de autoridades do Poder Executivo municipal o perdão de multa referente ao ISS sem que houvesse lei autorizativa, por se tratar de renúncia de receita, nos termos do art. 14, § 1º, LRF e do art. 150, § 6º, CF/88 (STJ, AREsp 1.342.583, 2ª Turma, Rel. Min. Francisco Falcão, j. 23.05.2019, *DJe* 07.06.2019).

[71] "Os conselhos de fiscalização profissional, embora não se submetam aos limites específicos definidos na Lei de Responsabilidade Fiscal, devem estimar em sua

Subsídio é a dotação orçamentária classificada como "subvenção econômica" que representa a diferença entre o preço real de um produto e o preço (abaixo do real) pelo qual ele acaba sendo oferecido ao mercado, concedido pelo ente a produtor ou comerciante, com a função de corrigir distorções de preço no mercado, equilibrar a concorrência, ou para incentivar a produção e consumo de determinados bens considerados de interesse público. *Crédito presumido* é o mecanismo pelo qual o ente tributante reduz o montante devido do tributo, através de um ressarcimento ou compensação do próprio tributo a ser apurado, incidente sobre determinadas operações. *Isenção* é a dispensa legal do pagamento de determinado tributo ou obrigação fiscal para determinados fatos, circunstâncias ou pessoas abrangidas pela norma isentiva, fazendo com que a obrigação fiscal não se materialize. *Redução de alíquota* ou *base de cálculo* é a alteração dos critérios quantitativos de incidência dos tributos, afetando a forma de calcular a obrigação tributária e reduzindo, ao final, a carga fiscal em determinada operação.

A esse respeito, o STF entendeu que o fim da compulsoriedade da contribuição sindical, retirando-lhe o caráter de tributo, não configurou renúncia de receita, mas mero exercício da prerrogativa de extinguir ou modificar a natureza de contribuições existentes, não se sujeitando ao previsto no art. 14 da Lei de Responsabilidade Fiscal.[72]

Tampouco a moratória consubstancia renúncia de receita nos termos do art. 14 da LRF, uma vez que é mera causa de suspensão do crédito tributário, conforme preceitua o inciso I do art. 151 do CTN, consistindo na concessão de prazo diferenciado para o recolhimento do tributo ou contribuição.[73]

A regra do art. 14 da LRF também não se aplica à regularização de incentivos fiscais de ICMS concedidos no passado sem a aprovação do Conselho Nacional de Política Fazendária (CONFAZ), em violação ao art. 155, § 2º, inciso XII, alínea "g", da Constituição. Mas, neste caso, a ressalva se encontra em outra lei complementar: a LC nº 160/2017, a qual, em seu art. 4º, prevê serem "afastadas as restrições decorrentes da aplicação do art. 14 da Lei Complementar nº 101, de

---

proposta orçamentária o efeito dos descontos concedidos sobre as suas receitas, em observância aos princípios do planejamento e da transparência fiscal subjacentes ao art. 165, § 7º, da Constituição Federal, ao art. 113 do ADCT e ao art. 14 da LC 101/2000". (TCU, Acórdão 692/2018, Rel. Min. Weder de Oliveira, Plenário, Sessão: 28.03.2018).

[72] STF, ADI 5.794, Pleno, Rel. Min. Edson Fachin, Rel. p/ acórdão Min. Luiz Fux, j. 29.06.2018, *DJe* 23.04.2019.

[73] STJ, REsp 1.081.099, 1ª Turma, Rel. Min. Benedito Gonçalves, j. 03.03.2015, *DJe* 09.03.2015.

4 de maio de 2000, que possam comprometer a implementação das disposições desta Lei Complementar". Assim, será possível convalidar benefícios fiscais de ICMS irregulares celebrados anteriormente ao advento da LC nº 160/2017 sem necessidade de atender aos ditames do art. 14 da LRF.

Não obstante o efeito esperado do incentivo seja a adoção de uma determinada prática ou conduta do beneficiário do incentivo que gere, por consequência, um ganho à comunidade local, sempre se questionou se estes incentivos fiscais são realmente eficientes na busca do fomento e do desenvolvimento de determinadas atividades, regiões ou de setores econômicos ou sociais, a partir de uma ponderação entre os custos financeiros desses incentivos fiscais e os resultados efetivamente materializados, em contrapartida da aplicação direta dos subsídios ou transferências financeiras,[74] além, é claro, dos nefastos efeitos da competição horizontal entre os entes da Federação, fenômeno comumente conhecido por "guerra fiscal".

Diante desses problemas, e pela dificuldade de quantificação orçamentária e de dimensionamento dos resultados em detrimento da redução arrecadatória decorrente dos incentivos fiscais, a LRF, para conferir maior racionalidade, controle e transparência, determinou que a concessão ou ampliação de incentivo ou benefício de natureza tributária da qual decorra renúncia de receita deverá estar acompanhada de estimativa do impacto orçamentário-financeiro no exercício em que deva iniciar sua vigência e nos dois seguintes, atender ao disposto na lei de diretrizes orçamentárias, bem como observar pelo menos uma das seguintes condições: a) demonstração de que a renúncia foi considerada na estimativa de receita da lei orçamentária, e que não afetará as metas de resultados; b) estar acompanhada de medidas de compensação, por meio do aumento de receita, proveniente da elevação de alíquotas, ampliação da base de cálculo, majoração ou criação de tributo ou contribuição.

De acordo com o § 2º, se o ato de concessão ou ampliação do incentivo ou benefício decorrer de medidas de compensação (art. 14, inciso II, LRF), o benefício só entrará em vigor quando implementadas as referidas medidas. Para o TCU, esta exigência de implementação de medidas de compensação considera-se cumprida a partir da elevação de alíquotas de tributos, na data de publicação da lei ou do decreto, ou da conversão da medida provisória em lei, ainda que tais tributos devam obediência ao princípio da anterioridade nonagesimal, desde que o ato normativo que promova a elevação de alíquota se mantenha eficaz ao longo de todo o exercício financeiro e que o valor a ser

---

[74] NEUMARK, Fritz. *Problemas económicos y financieros del Estado intervencionista*. Madrid: Editorial de Derecho Financiero, 1964.

arrecadado após a noventena, dentro do mesmo exercício, seja suficiente para neutralizar o impacto orçamentário-financeiro da renúncia naquele exercício.[75]

Entretanto, segundo o § 3º, a regra não se aplica às alterações das alíquotas dos impostos previstos nos incisos I, II, IV e V do art. 153 da Constituição Federal de 1988 (II, IE, IPI e IOF), exatamente por se tratarem de impostos extrafiscais, fazendo parte da própria mecânica a alternância e variabilidade da carga fiscal na sua incidência, não caracterizando a eventual redução de alíquota uma renúncia fiscal. Igualmente, a ressalva é feita quanto ao cancelamento de débito cujo montante seja inferior ao dos respectivos custos de cobrança, por força do princípio da eficiência. A este respeito, o TCU já eximiu a ANATEL de cobrar valores vencidos e não pagos de taxa de fiscalização de funcionamento cujos custos de cobrança seriam superiores aos valores a serem arrecadados.[76]

Registre-se que essas exigências, aliás, acompanham a previsão do art. 165, § 6º, da Constituição, que impõe que o projeto de Lei Orçamentária Anual seja acompanhado de demonstrativo regionalizado do efeito, sobre as receitas e despesas, decorrente de isenções, anistias, remissões, subsídios e benefícios de natureza financeira, tributária e creditícia.

> **CAPÍTULO IV**
> **DA DESPESA PÚBLICA**
>
> **Seção I**
> **Da Geração da Despesa**
>
> **Art. 15.** Serão consideradas não autorizadas, irregulares e lesivas ao patrimônio público a geração de despesa ou assunção de obrigação que não atendam o disposto nos arts. 16 e 17.

Trata-se o presente **art. 15** de um dos principais dispositivos da LRF, uma vez que a preocupação com a **despesa pública** foi um dos pilares da lei, estabelecendo-se limites e condições para a sua realização.[77]

---

[75] TCU, Acórdão 263/2016, Rel. Min. Raimundo Carreiro, Plenário, Sessão: 17.02.2016. Boletim de Jurisprudência nº 114 de 07.03.2016 – Enunciado paradigmático.
[76] TCU, Acórdão 2.294/2009 (AC-2294-40/09-P), Rel. Min. Augusto Sherman Cavalcanti, Plenário, Sessão: 30.09.2009, *DOU* 02.10.2009.
[77] Promulgada no final do ano de 2016, conhecida por "Emenda do Teto de Gastos Públicos", a EC 95/2016 incluiu os arts. 106 a 114 no ADCT, instituindo o Regime Fiscal das Despesas, estabelecendo por vinte exercícios financeiros um limite de gastos individualizado para a despesa primária total em cada ano (excluídas as relativas à dívida pública) para todos os Poderes da União, corrigido apenas pela variação do

Enquanto a Lei 4.320/1964 preocupou-se apenas com o *processo de controle* para sua realização no exercício financeiro, percorrendo o empenho, a verificação da certeza e liquidez do crédito, até chegar ao respectivo pagamento, a LRF, por sua vez, para garantir o equilíbrio fiscal e evitar déficit orçamentário, criou mecanismos que consideram a criação ou o aumento da despesa pública exigindo a estimativa de impacto orçamentário e a sua adequação à LOA e compatibilidade com a LDO e com o PPA, sob pena de serem tidas como despesas não autorizadas, irregulares ou lesivas ao patrimônio público.

Inegável reconhecer que sempre houve maior preocupação com a arrecadação das receitas públicas, especialmente a tributária, do que com a gestão e a aplicação de tais recursos. Os gastos públicos acabavam sempre por ficar em segundo plano de importância se comparados com a tributação e o Direito Tributário. Tanto assim que esse ramo do Direito ganhou destaque e autonomia própria. Mas, hodiernamente, o foco tem sido redirecionado com o reconhecimento da devida relevância e efetividade do Direito Financeiro, suas normas e objetivos, em especial a partir da LRF. De nada adiantaria a preocupação com os instrumentos de obtenção de receitas públicas se não houvesse, na mesma esteira, normas regulando a aplicação desses recursos pelo Estado. Afinal, receitas e despesas integram o mesmo processo da atividade financeira estatal.

Despesa pública é o conjunto de gastos realizados pelo Estado no seu funcionamento. Noutras palavras, é a aplicação de recursos financeiros em bens e serviços destinados a satisfazer as necessidades coletivas. A origem etimológica da palavra despesa vem do latim *dispendere*, que significa "distribuir, administrar, gastar" e, portanto, nos indica sua função: utilizar os recursos estatais na execução da sua finalidade. Apesar de utilizarmos a palavra "gasto" como sinônimo de despesa, no direito financeiro não há uma conotação negativa, como usualmente é empregada no dia a dia, no sentido de desperdício ou de esbanjamento. Muito pelo contrário, o gasto do dinheiro público deve ser sempre feito e considerado como um emprego da verba pública de maneira positiva, ou seja, um investimento na sociedade ou no patrimônio estatal, agregando-se valor através da despesa pública, em bens ou serviços de interesse da coletividade.

Segundo Dejalma de Campos,[78] "a despesa pública é a aplicação de certa importância em dinheiro, por autoridade pública, de acordo com autorização do Poder Legislativo, para a execução de serviços a cargo do Governo".

IPCA/IBGE. Embora não traga alteração direta nos dispositivos da LRF, a emenda traz limitações financeiras para grande parte das despesas públicas federais.

[78] CAMPOS, Dejalma. *Direito financeiro e orçamentário*. 3. ed. São Paulo: Atlas, 2005. p. 49.

Para Alberto Deodato,[79] "a despesa é o gasto da riqueza pública autorizado pelo poder competente, com o fim de socorrer a uma necessidade pública". Finalmente, nas palavras de Aliomar Baleeiro,[80] a despesa pública "designa o conjunto de dispêndios do Estado, ou de outra pessoa de Direito Público, para o funcionamento dos serviços públicos".

Porém, a despesa pública deve ser compreendida numa acepção mais ampla no plano financeiro. Isso porque, além do emprego nas necessidades básicas coletivas, o Estado destina parte das receitas públicas em ações devidamente programadas para propiciar o desenvolvimento social e econômico. Daí por que dizemos que a despesa pública se relaciona diretamente com a política fiscal, mecanismo pelo qual é exercida a administração financeira dos gastos e do emprego dos recursos públicos, de maneira planejada e direcionada para realização de um determinado fim específico. E, como vivemos em um Estado de Direito, onde o administrador da coisa pública não está livre para empregá-la da maneira que melhor lhe convier, este encontrará os parâmetros para sua atuação na lei financeira, razão pela qual as despesas públicas deverão estar incondicionalmente previstas nas leis orçamentárias.

Neste sentido, a LRF considera como não autorizada, irregular ou lesiva ao patrimônio público a geração de despesa ou a assunção de obrigação que acarrete aumento de despesa sem que esta seja acompanhada da respectiva análise de impacto orçamentário e da declaração de compatibilidade e adequação orçamentária, comprovando-se que a despesa criada ou aumentada não afetará as metas de resultados fiscais, bem como se demonstrando a origem dos recursos para seu custeio. Assim, em caso de criação, expansão ou aperfeiçoamento de ação governamental que acarrete aumento da despesa, esta será acompanhada de estimativa do impacto orçamentário-financeiro no exercício em que deva entrar em vigor e nos dois subsequentes, bem como de declaração do ordenador da despesa atestando que o aumento tem adequação orçamentária e financeira com a lei orçamentária anual e compatibilidade com o plano plurianual e com a lei de diretrizes orçamentárias.

Ressalte-se que a jurisprudência do STJ consolidou-se no sentido de que os limites previstos na LRF, mormente os relacionados às despesas com pessoal de ente público, não são aptos a justificar o descumprimento dos direitos subjetivos do servidor público, como é o caso de recebimento de

---

[79] DEODATO, Alberto. *Manual de ciência das finanças*. 10. ed. São Paulo: Saraiva, 1967. p. 135.
[80] BALEEIRO, Aliomar. *Uma introdução à ciência das finanças*. 15. ed. Rio de Janeiro: Forense, 1997. p. 73.

vantagens asseguradas por lei e reconhecidos pela Administração Pública[81] ou por decisão judicial.[82]

A inobservância dos preceitos da LRF, como categoricamente afirma o art. 15, ensejará considerar a despesa como não autorizada, irregular e lesiva ao patrimônio público.

Advirta-se que, não obstante a doutrina administrativista utilize a expressão "atos irregulares" para aqueles atos "padecentes de vícios materiais irrelevantes",[83] fato é que a lesividade ao patrimônio público a que alude o art. 15 da LRF encontra previsão no art. 10 da Lei de Improbidade Administrativa (Lei 8.429/1992), que caracteriza como sendo ato de improbidade aquele causador de *lesão ao erário*, dentre os quais, especificamente em relação à despesa, o seu inciso IX, que expressamente tipifica: "ordenar ou permitir a realização de despesas não autorizadas em lei ou regulamento". Portanto, o uso do termo no direito administrativo e na LRF não guarda o mesmo sentido.

Ademais, o ato administrativo lesivo ao patrimônio público é passível de nulidade segundo a Lei 4.717/1965 (Lei da Ação Popular), segundo a qual são

---

[81] "Recurso ordinário em mandado de segurança. Administrativo. Servidor público. Incorporação de quintos. Direito decorrente de lei e reconhecido pela Administração Pública. Pagamento parcial. Limites orçamentários. Lei de Responsabilidade Fiscal. Motivação inidônea. Ato ilegal e abusivo. Ordem concedida. Recurso improvido. 1. Os limites previstos nas normas da Lei de Responsabilidade Fiscal (LRF) – mormente os relacionados às despesas com pessoal de ente público – não são aptos a justificar o descumprimento dos direitos subjetivos do servidor público, como é o recebimento de vantagens asseguradas por lei e reconhecidos pela Administração Pública. Precedentes. 2. Agravo regimental a que se nega provimento" (STJ. AgRg no RMS 30.424/RO, 5ª Turma, Rel. Min. Jorge Mussi, j. 19.08.2014, *DJe* 27.08.2014).

[82] "Agravo regimental no agravo em recurso especial. Administrativo. Servidor público estadual. Reajuste concedido pela Lei estadual 8.369/2006. Reajuste geral anual. Inaplicabilidade dos limites orçamentários previstos na Lei de Responsabilidade Fiscal à hipótese dos autos. Exceção prevista no art. 19, § 1º, IV da LC 101/2000. Agravo regimental do Estado do Maranhão desprovido. (...) 2. Ainda que superado referido óbice, é pacífica a orientação jurisprudencial desta Corte de que os limites orçamentários previstos na Lei de Responsabilidade Fiscal, no que se refere às despesas com pessoal do ente público, não podem servir de fundamento para o não cumprimento de direitos subjetivos do servidor, sobretudo na hipótese de despesas decorrentes de decisão judicial, excluídas do limite de 60% (sessenta por cento) fixado para os Estados e Municípios por força do disposto no art. 19, § 1º, IV da Lei Complementar 101/2000. 4. Agravo Regimental do Estado do MARANHÃO desprovido" (STJ, AgRg no AREsp 457.813, 1ª Turma, Rel. Min. Napoleão Nunes Maia Filho, j. 13.05.2014, *DJe* 28.05.2014).

[83] MELLO, Celso Antônio Bandeira de. *Curso de direito administrativo*. 26. ed. São Paulo: Malheiros, 2008. p. 463.

nulos os atos lesivos ao patrimônio público quando o ato importe violação de lei, regulamento ou outro ato normativo (art. 2º, parágrafo único, c). A esse respeito, a administrativista Maria Sylvia Zanella Di Pietro leciona sobre o desfazimento de ato administrativo nulo:

> Anulação, que alguns preferem chamar de invalidação, é o desfazimento do ato administrativo por razões de ilegalidade. Como a desconformidade com a lei atinge o ato em suas origens, a anulação produz efeitos retroativos à data em que foi emitido (efeitos *ex tunc*, ou seja, a partir de então).
>
> A anulação pode ser feita pela Administração Pública, com base no seu poder de autotutela sobre os próprios atos, conforme entendimento já consagrado pelo STF por meio das Súmulas nº 346 e 473. Pela primeira, "a Administração Pública pode declarar a nulidade de seus próprios atos"; e nos termos da segunda, "a Administração pode anular seus próprios atos, quando eivados de vícios que os tornem ilegais, porque deles não se originam direitos, ou revogá-los, por motivo de conveniência ou oportunidade, respeitados os direitos adquiridos e ressalvada, em todos os casos, a apreciação judicial".
>
> E a anulação pode também ser feita pelo Poder Judiciário, mediante provocação dos interessados, que poderão utilizar, para esse fim, quer as ações ordinárias e especiais previstas na legislação processual, quer os remédios constitucionais de controle judicial da Administração Pública.[84]

O STJ, no julgamento do REsp 1.322.391/AP, teve a oportunidade de declarar nulo ato judicial que homologara acordo extrajudicial de pagamento de dívida de ente público de mais de 7 milhões de reais diretamente em depósito na conta do advogado da empresa credora e sem expedição de precatório judicial, em flagrante contrariedade ao sistema previsto no art. 100 da CF/1988 e por desatenção aos arts. 15, 16 e 17 da LC 101/2000.[85]

---

[84] DI PIETRO, Maria Sylvia Zanella. *Direito administrativo*. 25. ed. São Paulo: Atlas, 2012. p. 243.

[85] "9. Inobservância do art. 129, do CPC – No mérito, gravíssimo o *error in iudicando* do Tribunal de Justiça, que homologou acordo manifestamente contrário à ordem jurídico-constitucional, uma vez que o item 3.3 da cláusula III estabelecia o pagamento de mais de R$ 7 milhões de reais (hoje atualizado para 8.7 milhões conforme Tabela Prática do TJSP) mediante onze parcelas mensais e subsequentes, à época estipuladas no valor de aproximadamente R$ 700 mil reais cada (hoje equivalente a R$ 842.163,39, segundo Tabela Prática TJSP), em flagrante contrariedade à norma estampada no art. 100 da Constituição Federal, que reclama sejam os pagamentos devidos pela Fazenda Pública efetuados exclusivamente por precatórios – ressalvados

Além dos graves efeitos da lei sobre a própria despesa, é de se registrar a possível aplicação de sanção civil, penal ou administrativa ao gestor público responsável pela despesa (ordenador de despesa), sujeito, inclusive, ao tipo penal descrito no **art. 359-D do Código Penal** ("ordenação de despesa não autorizada", com pena de reclusão de um a quatro anos). Neste tipo penal, temos uma norma penal em branco, cuja conduta descrita deve ser conjugada com a lei orçamentária autorizativa de despesas. Assim, qualquer um que detenha o poder para realizar a ação típica de ordenar despesa, e se esta for desprovida da respectiva autorização em lei orçamentária, cometerá o crime, de *natureza formal*, que independe do resultado, vale dizer, não se considera o pagamento daquela despesa ordenada como relevante para a configuração do delito.

Finalmente, é de se relembrar, além de tudo o que já foi destacado, que, em relação às despesas, vigora o *princípio orçamentário da legalidade*, determinando que a Administração Pública realize suas atividades segundo as estritas previsões das leis orçamentárias, sob pena de se configurar uma conduta ilícita, prevista no art. 315 do Código Penal, que tipifica o ato de "Dar às verbas ou rendas públicas aplicação diversa da estabelecida em lei". Porém, mais relevante é a limitação prevista no inciso II do art. 167 da Constituição Federal, que veda "a realização de despesas ou a assunção de obrigações diretas que excedam os créditos orçamentários ou adicionais".

---

os inferiores a 40 salários mínimos – e segundo a ordem cronológica de apresentação. Nesse contexto, era dever do Judiciário local rejeitar a homologação do acordo por força do art. 129 do CPC, conforme orientação já assentada no julgamento do AgRg no REsp 1.090.695/MS, nestes termos: 'Incumbe ao juiz, nos termos do art. 129 do CPC, recusar-se a homologar acordo que entende, pelas circunstâncias do fato, ter objeto ilícito ou de licitude duvidosa; violar os princípios gerais que informam o ordenamento jurídico brasileiro (entre os quais os princípios da moralidade, da impessoalidade, da isonomia e da boa-fé objetiva); ou atentar contra a dignidade da justiça' (Rel. Ministro Herman Benjamin, Segunda Turma, *DJe* 4.11.2009). O caso ora examinado, todavia, reveste-se ainda de maior gravidade, uma vez que o precatório judicial nem havia sido expedido. 10. Desatenção aos arts. 15, 16 e 17 da LC 101/2000 e ao art. 167 da CRFB/88 – Na mesma toada, a rejeição da homologação judicial do acordo também se impunha ante o flagrante desrespeito aos arts. 15, 16 e 17 da LC 101/2000 e, reflexamente, ao art. 167 da Constituição da República, normas que pautam a conduta do Administrador Público pelos princípios de programação/planejamento orçamentário, de unidade, de universalidade e responsabilidade fiscal, todos desprestigiados pelo acórdão recorrido. Autoevidente a completa ilicitude do acordo indevidamente autorizado (...). Afronta aos princípios constitucionais e legais da legalidade, da moralidade e da impessoalidade" (STJ, REsp 1.322.391, 2ª Turma, Rel. Min. Herman Benjamin, j. 19.09.2013, *DJe* 30.09.2013).

Art. 16. A criação, expansão ou aperfeiçoamento de ação governamental que acarrete aumento da despesa será acompanhado de:

I – estimativa do impacto orçamentário-financeiro no exercício em que deva entrar em vigor e nos dois subsequentes;

II – declaração do ordenador da despesa de que o aumento tem adequação orçamentária e financeira com a lei orçamentária anual e compatibilidade com o plano plurianual e com a lei de diretrizes orçamentárias.

§ 1º Para os fins desta Lei Complementar, considera-se:

I – adequada com a lei orçamentária anual, a despesa objeto de dotação específica e suficiente, ou que esteja abrangida por crédito genérico, de forma que somadas todas as despesas da mesma espécie, realizadas e a realizar, previstas no programa de trabalho, não sejam ultrapassados os limites estabelecidos para o exercício;

II – compatível com o plano plurianual e a lei de diretrizes orçamentárias, a despesa que se conforme com as diretrizes, objetivos, prioridades e metas previstos nesses instrumentos e não infrinja qualquer de suas disposições.

§ 2º A estimativa de que trata o inciso I do *caput* será acompanhada das premissas e metodologia de cálculo utilizadas.

§ 3º Ressalva-se do disposto neste artigo a despesa considerada irrelevante, nos termos em que dispuser a lei de diretrizes orçamentárias.

§ 4º As normas do *caput* constituem condição prévia para:

I – empenho e licitação de serviços, fornecimento de bens ou execução de obras;

II – desapropriação de imóveis urbanos a que se refere o § 3º do art. 182 da Constituição.

Preocupando-se com a manutenção do equilíbrio fiscal e utilizando o princípio da prudência, o **art. 16** da LRF estabelece condições para a realização de ações governamentais que gerem aumento de despesas, exigindo uma estimativa de impacto orçamentário e uma declaração do ordenador de despesas de que o aumento é compatível com as leis orçamentárias.

Consideram-se **ações governamentais** ou *políticas públicas*[86] o conjunto de programas, ações e atividades desenvolvidas pelo Estado brasi-

---

[86] As políticas públicas são planejadas e implementadas a partir da integração entre planos, programas, ações e atividades. Os *planos* estabelecem diretrizes, prioridades

leiro no sentido de assegurar a realização de direitos constitucionalmente previstos, tais como saúde, educação, segurança, meio ambiente, dentre outros, principalmente destinados aos setores considerados marginalizados da sociedade. São identificados a partir da sua inserção nos orçamentos públicos por iniciativa do Poder Executivo ou por emendas parlamentares durante o processo de elaboração orçamentária, em espontânea efetivação dos preceitos constitucionais ou em atendimento das demandas propostas pela própria sociedade.

A realização dos ideais sintetizados no preâmbulo da nossa Carta Constitucional e a implementação dos direitos fundamentais e sociais[87] lá previstos dependem, essencialmente, da efetiva vontade do Estado na realização do seu múnus.

Neste sentido, Aliomar Baleeiro[88] já nos ensinava que

> em todos os tempos e lugares, a escolha do objetivo da despesa envolve um ato político, que também se funda em critérios políticos, isto é, nas ideias, convicções, aspirações e interesses revelados no entrechoque dos

---

e objetivos gerais a serem alcançados em determinados períodos. Os *programas* estabelecem, por sua vez, objetivos gerais e específicos focados em determinado tema. As *ações* visam ao alcance de determinado objetivo estabelecido pelo programa e a *atividade*, por sua vez, visa dar concretude à ação.

[87] Luís Roberto Barroso explica que "direitos sociais são comumente identificados como aqueles que envolvem prestações positivas por parte do Estado, razão pela qual demandariam investimento de recursos, nem sempre disponíveis. Esses direitos, também referidos como prestacionais, se materializam com a entrega de determinadas utilidades concretas, como educação e saúde. É certo, todavia, que já não prevalece hoje a ideia de que os direitos liberais – como os políticos e os individuais – realizam-se por mera abstenção do Estado, com um simples *non facere*. Pelo contrário, produziu-se já razoável consenso de que também eles consomem recursos públicos. Por exemplo: a realização de eleições e a organização da Justiça Eleitoral consomem gastos vultosos, a exemplo da manutenção da polícia, do corpo de bombeiros e do próprio Judiciário, instituições importantes na proteção da propriedade. Sobre o tema, vejam-se: Stephen Holmes e Cass Sunstein, *The cost of rights*, 1999; Flávio Galdino, *Introdução à teoria dos custos dos direitos*: direitos não nascem em árvores, 2005; e Ana Paula de Barcellos, *A eficácia jurídica dos princípios constitucionais*: o princípio da dignidade da pessoa humana, 2002." (BARROSO, Luís Roberto. Da falta de efetividade à judicialização excessiva: direito à saúde, fornecimento gratuito de medicamentos e parâmetros para a atuação judicial. *In*: SARMENTO, Daniel; SOUZA NETO, Cláudio Pereira de (org.). *Direitos sociais*: fundamentos, judicialização e direitos sociais em espécie. Rio de Janeiro: Lumen Juris, 2008. p. 877).

[88] BALEEIRO, Aliomar. *Uma introdução à ciência das finanças*. 15. ed. Rio de Janeiro: Forense, 1997. p. 73.

grupos detentores do poder. Determinar quais as necessidades de um grupo social a serem satisfeitas por meio do serviço público, e, portanto, pelo processo da despesa pública, ressalvada a hipótese de concessão, constitui missão dos órgãos políticos e questão essencialmente política.

Na mesma esteira, entende Regis Fernandes de Oliveira[89] que

> a decisão de gastar é, fundamentalmente, uma decisão política. A decisão política já vem inserta no documento solene de previsão de despesas. Dependendo das convicções políticas, religiosas, sociais, ideológicas, o governante elabora seu plano de gastos.

Entretanto, há quem faça a distinção entre, de um lado, as *despesas rotineiras* ou de simples manutenção e funcionamento do Estado e, de outro, as ações governamentais para fins das exigências deste dispositivo.

Assim, as ações governamentais configurariam o *conjunto de decisões*[90] dos governantes em relação à realização, direta ou indiretamente pelo Estado, de uma ou várias iniciativas em benefício da sociedade, dentro do conceito de políticas públicas, sendo aquelas de que trata o art. 16 e cujo aumento de despesa depende da apresentação de estimativa de impacto orçamentário e de declaração do ordenador da despesa quanto à adequação às leis orçamentárias.

Por outro lado, não se aplica a regra do art. 16 para as despe*sas rotineiras*, tal como prescreve a Orientação Normativa 1/2009 do Núcleo de Assessoramento Jurídico da AGU-MG:

> Não se aplica o art. 16 da LRF quando a despesa não se referir a criação, expansão ou aperfeiçoamento de ação governamental. Não se considera ação governamental a despesa destinada ao custeio de atividades rotineiras e habituais dos órgãos federais, ainda que haja aumento no custo de tais atividades, em virtude de sua expansão ou aperfeiçoamento. (Acórdãos 883/2005 e 107/2007 – Plenário – TCU)

---

[89] OLIVEIRA, Regis Fernandes. *Curso de direito financeiro*. 2. ed. São Paulo: RT, 2008. p. 243.

[90] O processo de formulação de Políticas Públicas, também chamado de Ciclo das Políticas Públicas, apresenta diversas fases: Primeira Fase – Formação da Agenda (Seleção das Prioridades); Segunda Fase – Formulação de Políticas (Apresentação de Soluções ou Alternativas); Terceira Fase – Processo de Tomada de Decisão (Escolha das Ações); Quarta Fase – Implementação (ou Execução das Ações); Quinta Fase – Avaliação (cf. CALDAS, Ricardo Wahrendorff (coord.). *Políticas públicas*: conceitos e práticas. Belo Horizonte: Sebrae/MG, 2008. p. 10).

Nesta linha, consta do referido Acórdão 883/2005 do TCU o seguinte entendimento:

> O corolário dessa construção hermenêutica seria o de que nem todas as despesas públicas, independentemente de valor, sujeitam-se à exigência de figuração no demonstrativo de impacto orçamentário-financeiro exigido pela Lei de Responsabilidade Fiscal, cuja preocupação seria apenas com a despesa que afete o resultado fiscal, ainda que futuramente. Já as despesas contínuas, mormente as relacionadas a serviços de manutenção e funcionamento do setor público, por não serem criadas ou aumentadas em suas renovações contratuais ou licitações anuais, não se sujeitariam aos preceitos dos arts. 16 e 17, em virtude de não constituírem gastos novos (foram criadas no passado e, portanto, já fizeram parte de leis orçamentárias pretéritas) e porque previstas na lei orçamentária vigente por força do dispositivo das LDO determinando que os Poderes Legislativo e Judiciário e o Ministério Público da União terão como limites de despesas correntes e de capital, para efeito de elaboração dos respectivos orçamentos, o conjunto de dotações fixadas na lei orçamentária anterior.

Este, aliás, é o entendimento manifestado por Ivan Barbosa Rigolin:[91]

> O legislador federal deve ter querido, com ação governamental na LRF, art. 16, *caput*, referir um programa diferenciado de governo, uma atividade nova de serviço à população, um projeto de atuação governamental que seja distinto e distinguível dos demais, ou, como bem informa o dispositivo, a expansão ou o aperfeiçoamento de algum deles, que signifique a modificação, para mais onerosa, de qualquer uma daquelas ofensivas governamentais, que a própria lei. (...)
>
> Se ação governamental fora qualquer despesa, não teria sido dividido o Cap. IV da LRF em art. 16, com sua ação governamental, e art. 17, com sua despesa obrigatória de caráter continuado. Não precisaria o legislador ter partido o conceito em dois diversos, como aliás nem precisaria ter instituído qualquer dos dois conceitos: bastaria ter mencionado "despesa", sem precisar delimitar conceitos novos como ação governamental e despesa obrigatória de caráter continuado, se fora para falar de despesas públicas indiferenciadamente. (...)
>
> Reconhece-se, entretanto, que mesmo que se considere, corretamente, ação governamental como sendo um programa diferenciado de governo

---

[91] RIGOLIN, Ivan Barbosa. Que significa ação governamental no art. 16 da Lei de Responsabilidade Fiscal? Sobre a necessidade de clareza das leis. *Boletim de Direito Municipal*, v. 19, n. 1, p. 9-11, jan. 2003, p. 9.

– e não qualquer despesa pública como, por exemplo, as de suprimento de material de escritório, ou em outro exemplo, serviços contínuos e necessários como manutenção de equipamentos, aluguel de prédios para funcionamento das repartições, limpeza, vigilância, zeladoria ou outros inumeráveis serviços que precisam ser prestados sempre para que a Administração possa funcionar –, mesmo assim não é tão fácil tratar a ação governamental na melhor técnica conceitual.

Se um projeto de assistência social é criado pelo governo para atender uma região onde não era prestado à população, temos aí inquestionavelmente uma ação governamental, tanto para os fins da LRF quanto para quaisquer outros. Se, semelhantemente a isso, a assistência social é estendida ou aperfeiçoada, de modo a acrescer a despesa pública nela envolvida, idem, aí está uma ação governamental para os efeitos da LRF.

O *caput* do dispositivo se refere à criação, expansão ou aperfeiçoamento de ações governamentais que acarretem aumento de despesa pública. A *criação* é o ato que institui uma nova atividade estatal que não havia sido prevista ou programada anteriormente, ao passo que a *expansão* e o *aperfeiçoamento* referem-se aos programas e ações já existentes e que receberão um incremento na sua execução, gerando, em todos os casos, a necessidade de disponibilização de mais recursos financeiros, razão pela qual a LRF exige a demonstração de que estas despesas não acarretarão desequilíbrio fiscal.

A primeira exigência da LRF é a apresentação de **estimativa do impacto orçamentário-financeiro** no exercício em que deva entrar em vigor e nos dois subsequentes, representando a identificação e a apuração do valor a ser gasto na expansão das despesas decorrentes de ação governamental, tendo por finalidades a comprovação de que o crédito constante do orçamento será suficiente para cobertura da despesa que se pretende realizar, para, ao final, garantir-se a manutenção do equilíbrio financeiro na execução do orçamento, e permitir o acompanhamento orçamentário, especialmente no que se refere ao comprometimento de períodos seguintes, de forma a subsidiar a elaboração dos orçamentos posteriores e melhor dimensionar a inclusão de novos investimentos.

Para garantir a sua efetividade, o documento que apresentar a estimativa do impacto orçamentário-financeiro deverá conter, além das premissas e metodologia de cálculo (memória), as seguintes informações: I – descrição da despesa, com a especificação detalhada e sua correlação com os programas previstos na LOA, levando em conta a obrigatoriedade da existência de dotação específica e suficiente para a ação governamental cuja criação ou aumento de despesa estão sendo propostos; II – especificação dos itens que compõem a despesa e os respectivos valores; III – programação de pagamentos para o exercício em que a despesa entrar em vigor e para os dois exercícios subsequentes; IV – fonte de recursos que irá financiar a despesa; V – tipo de ação governamental: criação, expansão ou aperfeiçoamento de ação governamental ou despesa corrente obrigatória de caráter continuado decorrente de lei ou ato administrativo normativo; VI – especificação dos mecanismos de compensação da despesa, sempre que for o caso.

O outro documento exigido pela LRF é a **declaração do ordenador da despesa** de que o aumento é adequado e compatível com as leis orçamentárias. Sua finalidade é impor responsabilidade àquele que irá ordenar a execução das despesas orçamentárias autorizando pagamentos, e a sua previsão está contida no parágrafo único do art. 80 do Decreto-lei 200/1967, o qual dispõe que o "Ordenador de despesas é toda e qualquer autoridade de cujos atos resultarem emissão de empenho, autorização de pagamento, suprimento ou dispêndio de recursos da União ou pela qual esta responda".

A **adequação da despesa** com a Lei Orçamentária Anual nada mais é que a identificação de dotação orçamentária suficiente para a sua execução, para que não gere *déficit* nas contas públicas, dentro do espírito da LRF de se garantir a manutenção do equilíbrio fiscal.

Por sua vez, a **compatibilidade da despesa** com o PPA e com a LDO relaciona-se com o ideal de planejamento orçamentário, significando a sua obediência e harmonização com as proposições constantes daqueles relevantes instrumentos de planejamento orçamentário, uma vez que o Brasil adota o modelo de orçamento-programa (art. 2º da Lei 4.320/1964)[92] – surgido nos Estados Unidos, na década de 1950, com o nome de *Planning-Programming- -Budgeting System* (PPBS) – que contempla, além das informações financeiras sobre as receitas e despesas, os programas de ação do Estado, pela identificação dos projetos, planos, objetivos e metas, sendo fundamental para o planejamento governamental. Assim, no orçamento-programa se relacionam os meios e recursos em função de objetivos e metas específicos a se atingirem

---

[92] Segundo James Giacomoni, do Orçamento-programa constam os seguintes elementos essenciais: a) os objetivos e propósitos perseguidos pela instituição e para cuja consecução são utilizados os recursos orçamentários; b) os programas, isto é, os instrumentos de integração dos esforços governamentais no sentido da concretização dos objetivos; c) os custos dos programas medidos por meio da identificação dos meios ou insumos (pessoal, material, equipamentos, serviços etc.) necessários para a obtenção dos resultados; e d) medidas de desempenho com a finalidade de medir as realizações (produto final) e os esforços despendidos na execução dos programas (GIACOMONI, James. *Orçamento público*. 15. ed. São Paulo: Atlas, 2010. p. 166).

num período determinado, sendo possível identificar, segmentadamente, os gastos com cada um dos projetos e seus custos, permitindo-se realizar, ao final, o controle quanto à eficiência do planejamento.

O TCU, por diversas vezes, já determinou a órgãos da Administração Federal que apresentassem a estimativa do impacto orçamentário-financeiro e a declaração do ordenador de despesas. Contudo, em algumas hipóteses específicas, entendeu que as atividades não se submetiam ao previsto no art. 16 da LRF, como no caso do Programa Emergencial de Trafegabilidade e Segurança nas Estradas – PETSE. A lógica estaria em que, quando são realizadas operações de modo contínuo e permanente, necessárias à **manutenção** da ação de governo (e não operações limitadas no tempo, das quais decorre um produto para **expansão** ou **aperfeiçoamento** da ação de governo), não há falar em submissão ao art. 16 da LRF, pois este prevê apenas a **criação, expansão ou aperfeiçoamento de ação governamental**, mas não a mera manutenção de ação governamental. Veja-se trecho do voto do Min. Relator Augusto Nardes no Acórdão TCU 1973/2006:

> 36. O programa adotado refere-se à Manutenção da malha rodoviária federal e, segundo o Manual de Conservação Rodoviária, publicado pelo Dnit, "Manutenção: refere-se às intervenções periódicas, de maior monta, que serão executadas para restabelecer os parâmetros técnicos preestabelecidos quando eles atingirem os respectivos limiares mínimos, após os trabalhos de Recuperação e/ou Melhoramentos". Ou seja, trata-se de atividades periódicas que visam restabelecer as condições iniciais da rodovia.
>
> 37. Por outro lado, a Portaria nº 42/1999, do Ministério do Orçamento e Gestão, ao tratar sobre os conceitos de função, subfunção, programa, projeto e atividade, assim dispõe:
>
> "Art. 2º Para os efeitos da presente Portaria, entendem-se por: (...)
>
> b) Projeto, um instrumento de programação para alcançar o objetivo de um programa, envolvendo um conjunto de operações, limitadas no tempo, das quais resulta um produto que concorre para a expansão ou o aperfeiçoamento da ação de governo;
>
> c) Atividade, um instrumento de programação para alcançar o objetivo de um programa, envolvendo um conjunto de operações que se realizam de modo contínuo e permanente, das quais resulta um produto necessário à manutenção da ação de governo; (...)"
>
> 38. Nota-se, claramente, uma inconsistência entre o programa Manutenção da malha rodoviária federal e a denominação projeto utilizada para as ações de "Obras Rodoviárias Emergenciais (Crédito extraordinário) – Nacional" e "Recuperação de Rodovias – Nacional (Crédito extraordinário)". Essas

ações estariam mais adequadas sob a denominação atividade, na qual são realizadas operações de modo contínuo e permanente, necessárias à manutenção da ação de governo. Dessa forma, o conceito estaria coerente tanto com o programa Manutenção da malha rodoviária federal como com as próprias intervenções previstas no âmbito do Petse, que incluem ações para restabelecer a integridade física e as condições de trafegabilidade e segurança nas rodovias.

39. Com relação à aplicabilidade do art. 16 da LRF, é razoável concluir que esta só faz sentido em relação a projetos da forma como foram definidos na Portaria nº 42/1999, ou seja, operações limitadas no tempo, das quais decorre um produto para expansão ou aperfeiçoamento da ação de governo. Não se estende, portanto, às atividades de manutenção das ações de governo.

40. (...) É razoável admitir, entretanto, que a definição dessas obras como "projeto" é inadequada e incompatível tanto com a natureza das intervenções previstas como com o próprio programa referente à "manutenção da malha rodoviária federal". Ora, se as obras destinam-se a restabelecer as condições de trafegabilidade das rodovias, está-se tratando de ações de manutenção dessas rodovias, que estariam mais bem enquadradas no conceito de "atividade" estabelecido na Portaria nº 42/1999.

41. Diante do exposto, entende-se que a interpretação dada pelo DNIT no sentido de que o art. 16 da LRF não se aplica às obras realizadas no âmbito do PETSE encontra respaldo na legislação vigente.[93]

A **despesa considerada irrelevante** é aquela que a LDO estabelece como tal, a partir da fixação de limites percentuais ou em valores específicos para determinada rubrica.[94] Não obstante, tem sido comum a adoção, como parâmetro valorativo, daqueles limites estabelecidos na Lei 8.666/1993 (Lei de Licitações) para os casos de dispensa de licitação (art. 24), ou daquele referente às despesas de "pequenas compras de pronto pagamento" previstas no parágrafo único do seu art. 60.

---

[93] TCU, Acórdão 1.973/2006 (AC-1973-43/06-P), Rel. Min. Augusto Nardes, Plenário, Sessão: 25.10.2006.

[94] A esse respeito, o STF já decidiu que lei estadual que obriga o Poder Executivo a divulgar na imprensa oficial e na internet dados relativos a contratos de obras públicas, para além de inspirar-se no princípio da publicidade (na sua vertente mais específica, a da transparência dos atos do Poder Público), é constitucional também no viés orçamentário, pois o custo gerado para o cumprimento da norma seria irrisório, sendo todo o aparato administrativo necessário ao cumprimento da determinação legal preexistente (STF, ADI 2.444, Pleno, Rel. Min. Dias Toffoli, j. 06.11.2014, *DJe* 02.02.2015).

Portanto, segundo o que estabelece o ora analisado art. 16 da LRF, primeiro apura-se o custo da ação governamental que gerará um aumento de despesa que já não esteja contemplada no orçamento; depois, verifica-se a existência e origem da receita orçamentária que irá financiá-la; em seguida, demonstra-se e declara-se a sua adequação e compatibilidade com as peças orçamentárias, para, finalmente, executar-se a despesa pública pretendida, condicionando-se a tal procedimento, como expressamente consta da lei, o empenho e licitação de serviços, fornecimento de bens ou execução de obras, assim como a desapropriação de imóveis urbanos. Ressalvam-se desta regra, apenas, as despesas consideradas irrelevantes, ou seja, aquelas de menor expressão, tal como estabelecido na LDO.

Subseção I
Da Despesa Obrigatória de Caráter Continuado

Art. 17. Considera-se obrigatória de caráter continuado a despesa corrente derivada de lei, medida provisória ou ato administrativo normativo que fixem para o ente a obrigação legal de sua execução por um período superior a dois exercícios.

§ 1º Os atos que criarem ou aumentarem despesa de que trata o *caput* deverão ser instruídos com a estimativa prevista no inciso I do art. 16 e demonstrar a origem dos recursos para seu custeio.

§ 2º Para efeito do atendimento do § 1º, o ato será acompanhado de comprovação de que a despesa criada ou aumentada não afetará as metas de resultados fiscais previstas no anexo referido no § 1º do art. 4º, devendo seus efeitos financeiros, nos períodos seguintes, ser compensados pelo aumento permanente de receita ou pela redução permanente de despesa.

§ 3º Para efeito do § 2º, considera-se aumento permanente de receita o proveniente da elevação de alíquotas, ampliação da base de cálculo, majoração ou criação de tributo ou contribuição.

§ 4º A comprovação referida no § 2º, apresentada pelo proponente, conterá as premissas e metodologia de cálculo utilizadas, sem prejuízo do exame de compatibilidade da despesa com as demais normas do plano plurianual e da lei de diretrizes orçamentárias.

§ 5º A despesa de que trata este artigo não será executada antes da implementação das medidas referidas no § 2º, as quais integrarão o instrumento que a criar ou aumentar.

> § 6º O disposto no § 1º não se aplica às despesas destinadas ao serviço da dívida nem ao reajustamento de remuneração de pessoal de que trata o inciso X do art. 37 da Constituição.
>
> § 7º Considera-se aumento de despesa a prorrogação daquela criada por prazo determinado.

Percebe-se claramente a preocupação da LRF com aquelas despesas fixas e contínuas que se repetem e se protraem sucessivamente no tempo por mais de dois exercícios financeiros e que, por isso, podem afetar o planejamento orçamentário e comprometer a manutenção do equilíbrio fiscal. Tais despesas caracterizam-se por serem obrigatórias e independerem da lei orçamentária, já que a obrigação de pagamento precede e determina a sua inclusão na LOA. Por essa razão o **art. 17** da LRF estabelece condições para a sua criação ou majoração, tais como a sua estimativa trienal, a indicação da origem dos recursos que as suportarão, a comprovação de que não afetarão as metas fiscais e um plano de compensação mediante aumento permanente de receitas ou diminuição de despesas.

A Lei 4.320/1964 classifica as despesas públicas em *despesas correntes*, de natureza rotineira, e *despesas de capital*, tipicamente eventuais. As **despesas correntes** caracterizam-se por serem contínuas ou periódicas, destinadas, por exemplo, ao pagamento do funcionamento ou manutenção da estrutura estatal (máquina administrativa), à remuneração de inativos, ao pagamento de juros etc., e são subdivididas em despesas de custeio e transferências correntes. Já as **despesas de capital** caracterizam-se por serem eventuais, ou seja, desprovidas de periodicidade, e apresentam na sua realização uma operação financeira relativa a uma aquisição patrimonial (obras, bens móveis ou imóveis, valores mobiliários etc.) ou a uma redução da dívida pública, e são divididas em três espécies: investimentos, inversões financeiras ou transferências de capital.

Temos, também, os conceitos de **despesas obrigatórias**, como sendo aquelas que a Administração Pública não pode suspender ou deixar de pagar, e as despesas **discricionárias**, que são realizadas a partir de uma escolha estatal, desde que haja interesse público e recursos disponíveis, podendo ser suspensas ou contingenciadas por decisão administrativa.

Sobre as despesas obrigatórias, leciona o professor italiano Emanuele Morselli:

> As despesas obrigatórias, denominadas também intangíveis, são despesas taxativamente impostas ao governo pelas leis e regulamentos em vigor e das quais, portanto, ele não se pode subtrair sem violar as próprias normas. Dessas despesas o governo não pode limitar o montante, tratando-

-se ordinariamente de gastos que encontram seu título legal nos atos de compromissos precedentemente assumidos pelo Estado ou, seja como for, referentes ao andamento de serviços públicos ou à manutenção de órgãos constitucionais, dos quais não é possível limitar os fundos correspondentes. Tais são as despesas atinentes aos juros da dívida pública, às consignações de rendas, à dotação e à consignação pessoal ao chefe do Estado, à câmara legislativa, à representação diplomática, às pensões etc.[95]

Do conceito de *despesa corrente* e de *despesa obrigatória* ora apresentados extraímos o de **despesa pública obrigatória de caráter continuado**, como sendo aquela despesa fixa estabelecida em lei ou ato administrativo que obrigue à Administração Pública, por ao menos três anos consecutivos, a alocar recursos para o seu pagamento, independente de disponibilidade financeira. Ou seja, é a despesa não facultativa e incondicionada, cuja obrigação a ser cumprida pelo Estado deriva de uma imposição normativa (lei ou ato administrativo) que precede a sua inclusão na LOA, e, por se alongar por no mínimo três exercícios financeiros, deverá ser obrigatoriamente incluída nos orçamentos.

Assim, podemos dizer que essas despesas obrigatórias de caráter continuado caracterizam-se por: a) terem natureza de despesa corrente, ou seja, que concorrem para a manutenção e o funcionamento dos serviços públicos em geral; b) decorrerem de ato normativo ou lei específica; c) prolongarem-se por pelo menos mais de dois anos, sejam elas despesas novas ou a prorrogação de anteriores criadas por prazo determinado.

São, tipicamente, as despesas com o preenchimento de novas funções ou cargos públicos, novas gratificações remuneratórias, concessão de aumento salarial real ao funcionalismo etc. Igualmente integram este conceito a prorrogação de despesa instituída com prazo determinado. Mas excluem-se de tal classificação as despesas destinadas ao serviço da dívida (juros) e a revisão anual de remuneração de pessoal de que trata o inciso X do art. 37 da Constituição (mero reajustamento ou recomposição inflacionária). Também ficam de fora desta regra as substituições de pessoal em decorrência de aposentadoria, falecimento ou exoneração, uma vez que não acarretam criação ou aumento de despesa, mas apenas a reposição do servidor.[96]

Os atos de *criação* ou de *aumento* de despesas obrigatórias de caráter continuado deverão ser instruídos com uma **estimativa do impacto orça-**

---

[95] MORSELLI, Emanuele. *Curso de ciências das finanças públicas* – introdução e princípios gerais. Rio de Janeiro: Financeiras, 1959. p. 84.
[96] SILVA, Moacir Marques da; AMORIM, Francisco Antonio; SILVA, Valmir Leôncio da. *Lei de Responsabilidade Fiscal para os municípios*. 2. ed. São Paulo: Atlas, 2007. p. 40.

mentário-financeiro no exercício em que deva entrar em vigor e nos dois subsequentes, visando identificar o montante a ser dispendido e comprovar a existência de crédito orçamentário suficiente para cobertura do incremento de gastos, apontando-se, inclusive, a origem dos recursos para o respectivo custeio.

Além disso, em respeito ao princípio da transparência fiscal, deverá ser devidamente comprovado, com a apresentação de documento que contenha as premissas e a metodologia de cálculo utilizadas, que a despesa criada ou aumentada não afetará as **metas de resultados fiscais**, tal como estabelecido no *Anexo de Metas Fiscais*, documento que integra a LDO e que estabelece metas anuais em valores correntes e constantes, relativos a receitas e despesas, para o exercício e para os dois seguintes.

Outrossim, além de comprovar a integralidade das metas fiscais, deverão os efeitos financeiros da ampliação de despesas obrigatórias de caráter continuado, nos períodos seguintes, serem *compensados*, respectivamente, pelo aumento ou redução permanentes de receita ou de despesa, inclusive com a demonstração de compatibilidade com o PPA e a LDO. Tal aumento de receita decorrerá da elevação de alíquota, base de cálculo ou criação de tributo novo, ou da redução ou extinção de benefício fiscal, e condiciona o pagamento das despesas obrigatórias de caráter continuado criadas ou majoradas.

Esta **compensação** estabelecida na LRF é inspirada no mecanismo da legislação norte-americana conhecido por "PAYGO" ou "Pay as you go",[97] originário do *Budget Enforcement Act de 1990*, quando o então Presidente George W. Bush e a liderança do Congresso Norte-Americano negociaram um grande pacote de redução do déficit público com cortes de gastos e aumentos de tributos. Simplificadamente, o mecanismo da compensação da LRF estabelece que, para haver qualquer aumento de despesa obrigatória de caráter continuado, esta deverá ser acompanhada pela majoração de receitas tributárias ou por uma redução de despesas em outra área ou de outra natureza.

---

[97] Sobre o tema, recomenda-se a leitura dos seguintes textos: DAVIS, Al. Federal budget process. In: CORDES, Joseph J.; EBEL, Robert D.; GRAVELLE, and Jane G. (eds.). *NTA Encyclopedia of Taxation and Tax Policy*. 2. ed. Washington: Urban Institute Press, 2005; KEITH, Robert. *The House's "Pay-As-You-Go" (PAYGO) Rule in the 110th Congress*: a Brief Overview. Congressional Research Service Report RL33850, January 31, 2007; MACGUINEAS, Maya C. Renewing Statutory PAYGO. Testimony Before the House Budget Committee, July 25, 2007.

Entretanto, importante lembrança trazida por Flávio C. de Toledo Jr. e Sérgio Rossi, no sentido de que "as medidas compensatórias não se realizam somente pela ação direta do Poder Público. Fundada no crescimento econômico local, a ampliação permanente da base tributária pode, de igual modo, compensar a nova despesa".[98]

Ao analisar, em sede de medida cautelar na ADI 2.238, a constitucionalidade deste art. 17, o STF entendeu que deveria ser mantido o dispositivo, pois o fato de que o aumento de despesa de caráter continuado esteja condicionado à redução de despesa ou aumento de receita, também em caráter continuado, é proposição que, por achar-se em sintonia com a lógica, não pode ser considerada responsável pelo engessamento de qualquer dos Poderes de Estado ou órgãos da Administração e, portanto, não sendo ofensiva ao princípio da separação dos Poderes, tampouco sendo atentatória ao princípio da autonomia dos entes federados. O incremento da arrecadação pelas formas indicadas no § 3º do art. 17 da LRF se reveste de previsibilidade e se presta, por isso, para um cálculo de compensação, que há de ser, tanto quanto possível, exato. O STF, ao julgar definitivamente tal dispositivo, afastou sua alegada inconstitucionalidade por não vislumbrar ofensa aos princípios e regras federativas.[99]

Seção II
Das Despesas com Pessoal

Subseção I
Definições e Limites

Art. 18. Para os efeitos desta Lei Complementar, entende-se como despesa total com pessoal: o somatório dos gastos do ente da Federação com os ativos, os inativos e os pensionistas, relativos a mandatos eletivos, cargos, funções ou empregos, civis, militares e de membros de Poder, com quaisquer espécies remuneratórias, tais como vencimentos e vantagens, fixas e variáveis, subsídios, proventos da aposentadoria, reformas e pensões, inclusive adicionais, gratificações, horas extras e vantagens pessoais de qualquer natureza, bem como encargos sociais e contribuições recolhidas pelo ente às entidades de previdência.

---

[98] TOLEDO JUNIOR, Flávio C.; ROSSI, Sérgio Ciqueira de. *Lei de Responsabilidade Fiscal*: comentada artigo por artigo. 2. ed. São Paulo: NDJ, 2002. p. 117.
[99] STF. Informativo nº 948, publ. 28.08.2019.

§ 1º Os valores dos contratos de terceirização de mão de obra que se referem à substituição de servidores e empregados públicos serão contabilizados como "Outras Despesas de Pessoal".

§ 2º A despesa total com pessoal será apurada somando-se a realizada no mês em referência com as dos onze imediatamente anteriores, adotando-se o regime de competência.

Como se pode perceber, dentre as despesas públicas em geral, as **despesas de pessoal** são consideradas pela LRF como um dos aspectos mais relevantes dos gastos estatais, disciplinando o tema com detalhamento e rigor, definindo e impondo limites para esses gastos às três esferas federativas, de forma a evitar o comprometimento de grande parte, ou mesmo toda a receita de órgão ou ente público, em sacrifício dos recursos destinados a investimentos ou a implantação de políticas públicas, sendo certo que a violação de tal regramento enseja uma série de restrições e sanções, dentre as quais a vedação da criação de cargos, reajustes salariais, recebimento de transferências voluntárias, obtenção de garantias e da contratação de operações de crédito.

Tal postura pode ser explicada, em primeiro lugar, porque a Constituição Federal de 1988, ao entrar em vigor, incorporou e estabilizou um número expressivo de trabalhadores que não haviam sido admitidos por concurso público, mas que já estavam em exercício há pelo menos 5 anos antes da promulgação da Carta (art. 19 do ADCT), estendendo a eles todos os direitos e benefícios dos demais servidores públicos. E, com o incremento do contingente de servidores públicos, a política salarial do funcionalismo, que sempre foi objeto de críticas – especialmente pela forma irresponsável na sua condução, sendo, inclusive, mecanismo de manobra eleitoreira –, tornou-se poderoso instrumento de influência de massas, gerando um aumento expressivo desses gastos ao longo dos anos. Essas despesas, que consumiam significativo percentual das receitas públicas totais, ainda provocavam um reflexo considerável nas despesas previdenciárias – com aposentadorias e pensões – pagas pelo setor público.

Porém, mesmo antes de a LRF tratar do tema, a Constituição Federal de 1988 já se preocupava com as despesas de pessoal e estabelecia algumas condições para a sua realização: a) possuir prévia dotação orçamentária e não exceder os limites estabelecidos em lei complementar (art. 169 da CF/1988); b) ser vedada a vinculação ou equiparação de quaisquer espécies remuneratórias para o efeito de remuneração de pessoal do serviço público (art. 37, XIII, da CF/1988); c) os acréscimos pecuniários percebidos por servidor público não serão computados nem acumulados para fins de concessão de acréscimos ulteriores (art. 37, XIII e IV, da CF/1988).

Com a finalidade de estabelecer um padrão para análise comparativa entre as diversas espécies de despesas, e, principalmente, para definir quais despesas integram os cálculos para fins do *limite de comprometimento* da Receita Corrente Líquida (RCL) a que alude o art. 19, o ora analisado **art. 18** da LRF estabelece como **despesa total com pessoal** o somatório dos gastos do ente da Federação com os ativos, os inativos e os pensionistas, relativos a mandatos eletivos, cargos, funções ou empregos, civis, militares e de membros de Poder, com quaisquer espécies remuneratórias, tais como vencimentos e vantagens, fixas e variáveis, subsídios, proventos de aposentadoria, reformas e pensões, inclusive adicionais, gratificações, horas extras e vantagens pessoais de qualquer natureza, bem como encargos sociais e contribuições recolhidas pelo ente às entidades de previdência.

Podemos organizar os elementos integrantes do conceito de "pessoal" descrito no *caput* para fins de consideração desta despesa em: a) quanto aos servidores públicos: ativo, inativo e pensionista; b) quanto à espécie do vínculo: mandatos eletivos, cargos, funções ou empregos; c) quanto à natureza: civis, militares e membros de Poder.

Quanto às espécies remuneratórias relacionadas nos dispositivos em análise, na lição de Maria Sylvia Zanella Di Pietro,[100] em tais gastos consideram-se incluídos:

> *a) vencimentos:* retribuição pecuniária pelo exercício de cargo público, com valor fixado em lei (conforme conceito contido no art. 40 da Lei Federal n. 8.112, de 11 de dezembro de 1990, que dispõe sobre o regime jurídico dos servidores públicos civis da União, e que pode variar conforme a legislação estatutária estadual ou municipal aplicável);
>
> *b) vantagens, fixas e variáveis, de qualquer natureza:* tais vantagens são previstas na legislação estatutária de cada ente da Federação e em leis esparsas; todas elas são abrangidas pelo dispositivo;
>
> *c) subsídios:* forma de retribuição pecuniária instituída pela Emenda Constitucional n. 19/98, com a alteração introduzida no art. 39, § 4º, para determinadas categorias de agentes públicos, caracterizando-se por corresponder a parcela única, sendo vedado o acréscimo de qualquer gratificação, adicional, abono, prêmio, verba de representação ou outra espécie remuneratória;
>
> *d) proventos da aposentadoria, reformas e pensões:* aqui se deve entender que se trata dos proventos pagos ao servidor aposentado e ao militar reformado ou da pensão paga ao dependente do servidor falecido, com recursos pro-

---

[100] DI PIETRO, Maria Sylvia Zanella. Comentário ao art. 18 da LRF. In: MARTINS, Ives Gandra da Silva; NASCIMENTO, Carlos Valder do (org.). *Comentários à Lei de Responsabilidade Fiscal*. 6. ed. São Paulo: Saraiva, 2012. p. 159.

venientes dos cofres públicos do próprio ente da Federação (União, Estados e Municípios), sem contribuição por parte do servidor; no caso de servidor que já foi inserido em regime contributivo (seja o do art. 40, seja o dos arts. 194 e s. da CF), os proventos de aposentadoria, reforma e pensão são pagos pela entidade de previdência ou por fundo específico instituído para esse fim; essas despesas estão expressamente excluídas do conceito de despesa total com pessoal, contido no art. 18, conforme se verifica pelo art. 19, § 1º, VI;

e) adicionais, gratificações, horas extras e vantagens pessoais de qualquer natureza: o dispositivo é repetitivo porque já mencionara as "vantagens, fixas e variáveis"; de qualquer forma, deixa claro que as vantagens pecuniárias de qualquer natureza, recebidas pelo servidor ativo, pelo aposentado, pelo militar reformado e pelo pensionista, estão incluídas no conceito de despesa total com pessoal;

f) encargos sociais: são recolhimentos a que se obriga o Poder Público em decorrência de sua condição de empregador, tais como os relativos ao Fundo PIS-Pasep e ao FGTS;

g) contribuições recolhidas pelo ente às entidades de previdência: trata-se das contribuições sociais referidas no art. 195, I, *a*, da Constituição, correspondentes a recolhimentos feitos ao INSS, pelo Poder Público, na qualidade de empregador, para fins de financiamento da seguridade social, com relação aos servidores filiados ao regime geral da seguridade social, na forma do art. 40, § 13, da Constituição, introduzido pela Emenda Constitucional n. 20/98; para os servidores filiados a regime contributivo instituído com base no art. 40, *caput*, as contribuições são recolhidas à entidade previdenciária de cada nível de governo; todas essas contribuições são incluídas no conceito de despesa total com pessoal.

Importante registrar que o **conceito de despesa com pessoal** estabelecido pela LRF não depende da natureza do vínculo empregatício. Assim, as despesas com servidores, independentemente do regime de trabalho a que estejam submetidos, integram a despesa total com pessoal e compõem o cálculo do limite de gasto com pessoal. Consideram-se incluídos tanto servidores efetivos, como cargos em comissão, celetistas, empregados públicos e agentes políticos. Ademais, o conceito também não depende de avaliação jurídica sobre a legalidade ou não da contratação. Assim, tanto as contratações por tempo determinado para atender necessidade temporária de excepcional interesse público, como as que poderão vir a ser contestadas à luz do instituto constitucional do concurso público, por exemplo, deverão ser registradas na despesa com pessoal, independentemente da verificação da legalidade ou validade das contratações. Outrossim, este conceito de despesa bruta com pessoal tem caráter exemplificativo, e inclui "quaisquer espécies remuneratórias", inclusive "vantagens pessoais de qualquer natureza" atribuídas a ativos, inativos e pensionistas,[101] além de outras despesas com pessoal decorrentes de contratos de terceirização, aplicando-se o princípio da prevalência da essência sobre a forma. Inclui, também, despesas de natureza previdenciária, tais como encargos sociais e contribuições recolhidas pelo ente às entidades de previdência.[102]

Por sua vez, o § 1º determina a contabilização como "outras despesas de pessoal" dos valores relativos aos contratos de **terceirização de mão de obra** que se referem à *substituição* de servidores e empregados públicos.

Importante esclarecer que a LRF não se refere a todo e qualquer contrato desta natureza, mas apenas àquela terceirização que se refere à substituição de servidores e empregados públicos, ou seja, da atividade finalística estatal, ficando de fora da regra a terceirização das atividades-meio.[103]

Segundo Vilson Antonio Rodrigues Bilhalva, "terceirização é a transferência da execução de determinadas atividades empresariais, até então realizadas por pessoal próprio, para parceiros idôneos e especializados".[104] Este fenômeno reflete uma tendência de redução da estrutura pública diante de uma nova realidade que o mundo moderno atravessa, inclusive o Brasil, na busca de maior eficiência no atendimento das necessidades públicas com a especial preocupação com o custo-benefício de atividades alheias à finalidade estatal (atividades-meio).

---

[101] "As despesas concernentes a ativos, inativos e pensionistas da União relativas ao auxílio-invalidez e aos benefícios previdenciários, inclusive salário-família e auxílio-reclusão, integram as despesas de pessoal para fins do que estabelece o art. 18 da Lei Complementar 101/2000 (LRF), não devendo ser contabilizados para esse fim os valores associados a auxílio-creche ou assistência pré-escolar, nem os benefícios não previdenciários previstos no Plano de Seguridade Social do Servidor, atualmente representados pelo auxílio-natalidade, auxílio-funeral e assistência-saúde, com fundamento no art. 5º da Lei 9.717/1998, c/c o art. 18 da Lei 8.213/1991 e o art. 185 da Lei 8.112/1990". (TCU, Acórdão 894/2012, Rel. Min. Valmir Campelo, Plenário, Sessão: 18.04.2012).

[102] BRASIL. Secretaria do Tesouro Nacional. *Manual de demonstrativos fiscais*: aplicado à União e aos Estados, Distrito Federal e Municípios. 5. ed. Brasília: Secretaria do Tesouro Nacional, Coordenação-Geral de Normas de Contabilidade Aplicadas à Federação, 2012. p. 508-509 e 527-528.

[103] "Nem todo gasto com terceirização de mão de obra deve fazer parte do cálculo dos limites de despesa com pessoal, pois o art. 18, § 1º, da LRF exige apenas a contabilização dos gastos com contratos de terceirização de mão de obra que se referirem a substituição de servidores e empregados públicos". (TCU, Acórdão 2.444/2016, Rel. Min. Bruno Dantas, Plenário, Sessão: 21.09.2016, Boletim de Jurisprudência nº 145 de 10.10.2016).

[104] BILHALVA, Vilson Antônio Rodrigues. Terceirização. *Revista Síntese Trabalhista*, Porto Alegre, n. 96, jun. 97, p. 22.

Como se sabe, de acordo com as normas administrativas vigentes, a contratação de serviços de terceirização visando à substituição de servidores e empregados da atividade finalística é uma irregularidade. A única forma legal de provimento de cargos efetivos no âmbito da Administração Pública Federal é o concurso público e, em casos excepcionais, a contratação temporária, por meio de processo simplificado. Entretanto, há que se distinguir a utilização de contratos de terceirização de mão de obra em *atividades-fim* do Estado, dos contratos relativos a *atividades-meio* do Estado, para as quais tal contratação tem sido aceita e amplamente utilizada.

Assim, nosso entendimento é que esta despesa – relativa aos contratos de terceirização de mão de obra que se referem à substituição de servidores e empregados públicos – deve se enquadrar em um subitem da despesa de pessoal e **deve ser considerada para fins de inclusão no limite de gastos com pessoal previsto na LRF**, desde que se refira, exclusiva e especificamente, aos contratos de terceirização para a substituição de servidores ou de empregados públicos integrantes das categorias funcionais abrangidas por plano de cargos do quadro de pessoal do órgão ou ente, e não para todo e qualquer contrato de terceirização de mão de obra (independentemente da legalidade ou validade destes contratos).[105] Isso porque há outros contratos de terceirização, que normalmente não se relacionam às atividades-fim do órgão ou ente estatal, mas, sim, a certas atividades-meio, tais como a conservação, limpeza, segurança, vigilância, transportes etc., e que, por isso, não são objeto da norma e não se enquadram nos respectivos limites fixados pela LRF.

A respeito da necessidade de distinção entre as atividades finalísticas do Estado e as demais atividades-meio para correta aplicação da norma da LRF sobre os contratos de terceirização de mão de obra, o TCU já se manifestou com veemência no Acórdão 283/2011:

> (...) verificou-se ausência de contabilização de mão de obra terceirizada em substituição de servidores e empregados públicos (§ 1º do art. 18 da LRF), em que pese o fato de reiterados Acórdãos desta Corte de Contas terem identificado em vários órgãos e entidades da Administração Pública Federal, no âmbito do Poder Executivo, a prática da contratação de mão

---

[105] "O valor referente ao pagamento da remuneração do pessoal que exerce atividade-fim de ente público nas organizações sociais deve, de acordo com o Manual de Demonstrativos Fiscais da STN (8ª e 9ª edições) e com a Portaria 233/2019 do Ministério da Economia, ser incluído no total apurado para verificação dos limites de gastos com pessoal estipulados na LRF (Lei Complementar 101/2000)". (TCU, Acórdão 1.187/2019, Rel. Min. Bruno Dantas, Plenário, Sessão: 22.05.2019, Boletim de Jurisprudência nº 266 de 10.06.2019).

de obra terceirizada para o exercício de serviços típicos de suas áreas finalísticas (Acórdão 341/2009 – TCU – Plenário, Acórdão 2.731/2008 – TCU – Plenário e Acórdão 1.508/2008 – TCU – Plenário).[106]

Esta, aliás, é a maneira como deve ser tratada a despesa dos contratos de terceirização de mão de obra, segundo o que estabelece o Manual de Demonstrativos Fiscais da Secretaria do Tesouro Nacional que, de maneira esclarecedora, assim dispõe:

> O conceito de despesa com pessoal não depende da natureza do vínculo empregatício. Assim, as despesas com servidores, independentemente do regime de trabalho a que estejam submetidos, integram a despesa total com pessoal e compõem o cálculo do limite de gasto com pessoal. Assim, consideram-se incluídos tanto servidores efetivos, como cargos em comissão, celetistas, empregados públicos e agentes políticos. (...)
>
> O conceito de despesa com pessoal também não depende de avaliação jurídica sobre a legalidade ou não da contratação. Assim, tanto as contratações por tempo determinado para atender necessidade temporária de excepcional interesse público como as que poderão vir a ser contestadas à luz do instituto constitucional do concurso público, por exemplo, deverão ser registradas na despesa com pessoal, independentemente da verificação da legalidade ou validade das contratações, bem como das eventuais cominações que possam advir. (...)
>
> As despesas relativas à mão de obra, constantes dos contratos de terceirização, empregada em atividade-fim da instituição ou inerentes a categorias funcionais abrangidas pelo respectivo plano de cargos e salários do quadro de pessoal, serão classificadas no grupo de despesa "3 – Outras Despesas Correntes", elemento de despesa "34 – Outras Despesas de Pessoal" decorrentes de Contratos de Terceirização. Essas despesas devem ser incluídas no cálculo da despesa com pessoal por força do § 1º do art. 18 da LRF. (...)
>
> A LRF não faz referência a toda terceirização, mas apenas àquela que se relaciona à substituição de servidor ou empregado público. Assim, não são consideradas no bojo das despesas com pessoal as terceirizações que se destinem à execução indireta de atividades que, simultaneamente: a) sejam acessórias, instrumentais ou complementares aos assuntos que constituem área de competência legal do órgão ou entidade (atividades-meio), na forma de regulamento, tais como: conservação, limpeza, segurança, vigilância, transportes, informática – quando esta não for atividade-fim do órgão ou en-

---

[106] No mesmo sentido: TCU, Acórdão 3.005/2009 (AC-3005-53/09-P), Rel. Min. Augusto Nardes, Plenário, Sessão: 09.12.2009, *DOU* 11.12.2009; Decisão 1.084/2001 (DC-1084--56/01-P), Rel. Min. Walton Alencar Rodrigues, Plenário, Sessão: 12.12.2001, *DOU* 24.01.2002.

tidade – copeiragem, recepção, reprografia, telecomunicações e manutenção de prédios, equipamentos e instalações; b) não sejam inerentes a categorias funcionais abrangidas por plano de cargos do quadro de pessoal do órgão ou entidade, salvo expressa disposição legal em contrário, ou seja relativas a cargo ou categoria extintos, total ou parcialmente; e c) não caracterizem relação direta de emprego, como, por exemplo, estagiários.[107]

De qualquer forma, sempre perfilhamos o entendimento de que a terceirização de mão de obra não pode ser utilizada de maneira abusiva e como mecanismo para burlar e fugir dos limites impostos na lei para as despesas de pessoal, sob pena de malferir o espírito de controle de gastos de pessoal que a LRF estabelece dentro do princípio do equilíbrio fiscal. E o presente dispositivo vem, na realidade, tornar ineficazes certas práticas em que o gestor público utilizava mecanismos alternativos para fugir do cumprimento dos limites de pessoal fixados pela lei.

Este também o entendimento do STF ao julgar a medida cautelar na ADI 2.238-MC: a norma do art. 18, § 1º, visa evitar que a terceirização de mão de obra venha a ser utilizada com o fim de ladear o limite de gasto com pessoal. Tem, ainda, o mérito de erguer um dique à contratação indiscriminada de prestadores de serviço, valorizando o servidor público e o concurso. Esta compreensão foi confirmada quando do julgamento definitivo deste dispositivo pelo STF, sendo reputado constitucional sob o argumento de que

> o § 1º pretende impedir eventuais fraudes, determina que sejam contabilizados, como despesa de pessoal, os valores dos contratos de terceirização de mão de obra que se referem à substituição de servidores e empregados públicos, obviamente desde que lícitos. O Administrador não pode utilizar a terceirização com o intuito de evitar o teto de gastos com o funcionalismo.[108]

Finalmente, a apuração da despesa total com pessoal será feita somando-se aquela realizada no mês em referência com aquelas dos onze meses imediatamente anteriores, adotando-se o **regime de competência**. Neste ponto, é de se registrar que, de acordo com esse regime, nos termos do inciso II do art. 35 da Lei 4.320/1964, somente pertencem a um determinado exercício financeiro as despesas nele legalmente empenhadas.

---

[107] BRASIL. Secretaria do Tesouro Nacional. *Manual de demonstrativos fiscais*: aplicado à União e aos Estados, Distrito Federal e Municípios. 10. ed. Brasília: Secretaria do Tesouro Nacional, Coordenação-Geral de Normas de Contabilidade Aplicadas à Federação, 2019. p. 512; 518-519.
[108] STF. Informativo nº 948, publ. 28.08.2019.

> Art. 19. Para os fins do disposto no *caput* do art. 169 da Constituição, a despesa total com pessoal, em cada período de apuração e em cada ente da Federação, não poderá exceder os percentuais da receita corrente líquida, a seguir discriminados:
>
> I – União: 50% (cinquenta por cento);
>
> II – Estados: 60% (sessenta por cento);
>
> III – Municípios: 60% (sessenta por cento).
>
> § 1º Na verificação do atendimento dos limites definidos neste artigo, não serão computadas as despesas:
>
> I – de indenização por demissão de servidores ou empregados;
>
> II – relativas a incentivos à demissão voluntária;
>
> III – derivadas da aplicação do disposto no inciso II do § 6º do art. 57 da Constituição;
>
> IV – decorrentes de decisão judicial e da competência de período anterior ao da apuração a que se refere o § 2º do art. 18;
>
> V – com pessoal, do Distrito Federal e dos Estados do Amapá e Roraima, custeadas com recursos transferidos pela União na forma dos incisos XIII e XIV do art. 21 da Constituição e do art. 31 da Emenda Constitucional nº 19;
>
> VI – com inativos, ainda que por intermédio de fundo específico, custeadas por recursos provenientes:
>
> a) da arrecadação de contribuições dos segurados;
>
> b) da compensação financeira de que trata o § 9º do art. 201 da Constituição;
>
> c) das demais receitas diretamente arrecadadas por fundo vinculado a tal finalidade, inclusive o produto da alienação de bens, direitos e ativos, bem como seu superávit financeiro.
>
> § 2º Observado o disposto no inciso IV do § 1º, as despesas com pessoal decorrentes de sentenças judiciais serão incluídas no limite do respectivo Poder ou órgão referido no art. 20.

A Constituição Federal, preocupada com os aspectos relacionados ao federalismo fiscal brasileiro, elegeu o instrumento de lei complementar – que exige *quórum qualificado* para deliberação – para tratar dos temas de interesse nacional e que demandam um especial consenso dos parlamentares brasileiros. Dentre estes relevantes temas reservados à lei complementar está a fixação dos limites para as despesas de pessoal. Explica Alexandre de Moraes que

> a razão da existência da lei complementar consubstancia-se no fato do legislador constituinte ter entendido que determinadas matérias, apesar da evidente importância, não deveriam ser regulamentadas na própria

Constituição Federal, sob pena de engessamento de futuras alterações; mas, ao mesmo tempo, não poderiam comportar constantes alterações através do processo legislativo ordinário.[109]

Assim sendo, atendendo ao disposto no art. 169 da Constituição,[110] que estabelece a necessidade de fixação por *lei complementar* de **limites máximos para as despesas de pessoal** ativo e inativo de todos os Poderes e entes federativos, o **art. 19** da LRF, ora em comento, estabelece que o limite global para a despesa total com pessoal, em cada período de apuração e em cada ente da Federação, não poderá exceder os percentuais de 50% para a União, e de 60% para Estados e Municípios, das respectivas receitas correntes líquidas, excluindo-se do seu cômputo aquelas exceptuadas nos §§ 1º e 2º.

Os limites em percentuais fixados pela LRF – de **50% para a União e de 60% para Estados e Municípios** – incidem sobre a *receita corrente líquida*, que, conforme estabelece o inciso IV do art. 2º, é o valor bruto resultante do somatório das receitas tributárias, de contribuições, patrimoniais, industriais, agropecuárias, de serviços, transferências correntes e outras receitas também correntes, diminuído das deduções estabelecidas na lei, principalmente aquelas referentes aos valores transferidos, por determinação constitucional ou legal, aos Estados e Municípios, no caso da União, e aos Municípios, no caso dos Estados. É calculada de forma consolidada pelos integrantes do respectivo ente federativo (excluem-se as duplicidades), levando em consideração doze meses de arrecadação, somados da seguinte maneira: a receita do mês de apuração e a dos onze anteriores, neutralizando-se as sazonalidades e refletindo-se a efetiva capacidade de arrecadação.

No cálculo desses limites, estabelece a LRF que não serão computadas as despesas: I – de indenização por demissão de servidores ou empregados; II – relativas a incentivos à demissão voluntária; III – derivadas de convocação extraordinária do Congresso Nacional em caso de urgência ou interesse público relevante (dispositivo inaplicável a partir da EC 50/2006); IV – decorrentes de decisão judicial (da competência de período anterior ao da apuração);[111] V – com pessoal, do Distrito Federal e dos Estados do

---

[109] MORAES, Alexandre de. *Direito constitucional*. 15. ed. São Paulo: Atlas, 2004. p. 569.
[110] Registre-se que as Leis Complementares 82/1995 e 96/1999 (Lei Camata I e II), revogadas pela Lei de Responsabilidade Fiscal, já haviam fixado tais percentuais como limites para despesa de pessoal.
[111] O STF já decidiu, no AI 363.129 AgR/PB, que o art. 169 da Constituição não é oponível ao direito subjetivo do servidor ou inativo a determinada vantagem, pois não está na violação de direitos subjetivos o caminho legítimo para reduzir ao limite decorrente

Amapá e Roraima, custeadas com recursos transferidos pela União; VI – com inativos, ainda que por intermédio de fundo específico, custeadas por recursos provenientes: a) da arrecadação de contribuições dos segurados; b) da compensação financeira entre os regimes público e privado de previdência; c) das demais receitas diretamente arrecadadas por fundo vinculado a tal finalidade, inclusive o produto da alienação de bens, direitos e ativos, bem como seu superávit financeiro.

As ressalvas dos incisos I e II quanto às despesas de *indenização* (por demissão ou por adesão aos programas de demissão voluntária) não se caracterizam como despesas remuneratórias e, por isso, restaram excluídas do cálculo do limite. Aliás, nesta mesma linha, e por terem natureza indenizatória, ficam também de fora do cômputo do limite, mesmo que não expressamente mencionados pela LRF, os benefícios como ajuda de custo, diárias, auxílio-moradia, vale-refeição, vale-transporte, licença-prêmio etc., e, igualmente, os de caráter assistencial, tais como auxílio-funeral, auxílio-creche ou assistência pré-escolar, auxílio-natalidade, assistência à saúde e outros.

Já a ressalva feita no inciso III – quanto à parcela indenizatória relativa à convocação extraordinária do Congresso Nacional em caso de urgência ou interesse público relevante – perdeu o sentido uma vez que o pagamento de parcela indenizatória nas sessões extraordinárias do Poder Legislativo está vedado desde a Emenda Constitucional 50/2006, que alterou o art. 57, § 7º, da Constituição. A vedação aplica-se não só ao pagamento de senadores, deputados e vereadores, mas também a todos os servidores do Poder Legislativo de todos os entes da Federação. Mas a parcela indenizatória não se confunde com o pagamento de horas-extras eventualmente trabalhadas no período da convocação extraordinária, às quais os servidores possuem direito.

Quanto à ressalva prevista no inciso VI, o TCU já decidiu, no Acórdão TCU 1.059/2009, que não se pode considerar, no cálculo da dedução da despesa bruta de pessoal referente ao pagamento de Inativos com Recursos

---

daquele preceito as despesas de pessoal do Estado. O STJ possui jurisprudência consolidada no sentido de que os limites orçamentários previstos na Lei de Responsabilidade Fiscal, no que se refere às despesas com pessoal do ente público, não podem servir de fundamento para o não cumprimento de direitos subjetivos do servidor, sobretudo na hipótese de despesas decorrentes de decisão judicial, excluídas do limite de 60% (sessenta por cento) fixado para os Estados e Municípios por força do disposto no art. 19, § 1º, IV, da Lei Complementar 101/2000. A este respeito: AgInt no AREsp 1.459.785/RN; AgInt no AgInt no REsp 1.431.119/RN; AgInt no AREsp 1.138.607/RN; AgRg no AREsp 561.051/RN; AgRg no REsp 1.433.550/RN; AgRg no AREsp 457.813/MA; AgRg no REsp 1.412.173/RN; AgRg no RMS 30.455/RO; AgRg no AREsp 117.428/MG; AgRg no AREsp 79.803/PI; AgRg no AgRg no AREsp 86.640/PI; AgRg no RMS 30.456/RO.

Vinculados, as despesas custeadas com recursos da Contribuição Social sobre o Lucro Líquido das Pessoas Jurídicas, tendo em vista que tais recursos não figuram entre as deduções previstas no art. 19, § 1º, VI, *a* a *c*, da LRF.

Apesar de os recursos da arrecadação da CSLL serem destinados ao custeio de ações relacionadas à seguridade social, não se destinam especificamente ao pagamento de pessoal inativo, tampouco se originam da contribuição dos segurados, da cota patronal ou de fundo específico criado para tal finalidade. Por outro lado, é possível considerar, no cálculo das deduções da despesa bruta de pessoal referente ao pagamento de Inativos com Recursos Vinculados, os recursos provenientes da Contribuição do Servidor para o Plano de Seguridade Social do Servidor Público e da Contribuição Patronal para o Plano de Seguridade Social do Servidor Público, uma vez que contemplados no art. 19, § 1º, VI, da LRF.[112]

Finalmente, mais uma vez em homenagem ao princípio da transparência fiscal, a LRF determina que os **precatórios** (decorrentes de sentença judicial) a serem pagos relativos a despesas de pessoal devem ser discriminados individualmente por Poder, e incluídos no respectivo limite, o que possibilita melhor visualização e controle deste tipo de despesa.

> **Art. 20. A repartição dos limites globais do art. 19 não poderá exceder os seguintes percentuais:**
>
> **I – na esfera federal:**
>
> **a) 2,5% (dois inteiros e cinco décimos por cento) para o Legislativo, incluído o Tribunal de Contas da União;**
>
> **b) 6% (seis por cento) para o Judiciário;**
>
> **c) 40,9% (quarenta inteiros e nove décimos por cento) para o Executivo, destacando-se 3% (três por cento) para as despesas com pessoal decorrentes do que dispõem os incisos XIII e XIV do art. 21 da Constituição e o art. 31 da Emenda Constitucional nº 19, repartidos de forma proporcional à média das despesas relativas a cada um destes dispositivos, em percentual da receita corrente líquida, verificadas nos três exercícios financeiros imediatamente anteriores ao da publicação desta Lei Complementar; (Vide Decreto 3.917, de 2001)**
>
> **d) 0,6% (seis décimos por cento) para o Ministério Público da União;**
>
> **II – na esfera estadual:**
>
> **a) 3% (três por cento) para o Legislativo, incluído o Tribunal de Contas do Estado;**

---

[112] TCU, Acórdão 1.059/2009 (AC-1059-19/09-P), Rel. Min. Augusto Nardes, Plenário, Sessão 20.05.2009, *DOU* 22.05.2009.

b) 6% (seis por cento) para o Judiciário;

c) 49% (quarenta e nove por cento) para o Executivo;

d) 2% (dois por cento) para o Ministério Público dos Estados;

III – na esfera municipal:

a) 6% (seis por cento) para o Legislativo, incluído o Tribunal de Contas do Município, quando houver;

b) 54% (cinquenta e quatro por cento) para o Executivo.

§ 1º Nos Poderes Legislativo e Judiciário de cada esfera, os limites serão repartidos entre seus órgãos de forma proporcional à média das despesas com pessoal, em percentual da receita corrente líquida, verificadas nos três exercícios financeiros imediatamente anteriores ao da publicação desta Lei Complementar.

§ 2º Para efeito deste artigo entende-se como órgão:

I – o Ministério Público;

II – no Poder Legislativo:

a) Federal, as respectivas Casas e o Tribunal de Contas da União;

b) Estadual, a Assembleia Legislativa e os Tribunais de Contas;

c) do Distrito Federal, a Câmara Legislativa e o Tribunal de Contas do Distrito Federal;

d) Municipal, a Câmara de Vereadores e o Tribunal de Contas do Município, quando houver;

III – no Poder Judiciário:

a) Federal, os tribunais referidos no art. 92 da Constituição;

b) Estadual, o Tribunal de Justiça e outros, quando houver.

§ 3º Os limites para as despesas com pessoal do Poder Judiciário, a cargo da União por força do inciso XIII do art. 21 da Constituição, serão estabelecidos mediante aplicação da regra do § 1º.

§ 4º Nos Estados em que houver Tribunal de Contas dos Municípios, os percentuais definidos nas alíneas *a* e *c* do inciso II do *caput* serão, respectivamente, acrescidos e reduzidos em 0,4% (quatro décimos por cento).

§ 5º Para os fins previstos no art. 168 da Constituição, a entrega dos recursos financeiros correspondentes à despesa total com pessoal por Poder e órgão será a resultante da aplicação dos percentuais definidos neste artigo, ou aqueles fixados na lei de diretrizes orçamentárias.

§ 6º (VETADO)

Enquanto o artigo anterior disciplinou os limites globais de cada ente da federação relativo as suas despesas de pessoal, o presente **art. 20** estabelece a repartição desses limites individualmente por poderes e respectivos órgãos com autonomia administrativa, orçamentária e financeira para a União, Estados e Municípios.

Assim, a **repartição dos limites globais para despesa de pessoal de 50%** da RCL para a União e de 60% da RCL para Estados e Municípios não poderá exceder os seguintes percentuais de **limites individuais por poder ou órgão** dos respectivos entes federativos: I – na esfera federal: a) 2,5% (dois inteiros e cinco décimos por cento) para o Legislativo, incluído o Tribunal de Contas da União; b) 6% (seis por cento) para o Judiciário; c) 40,9% (quarenta inteiros e nove décimos por cento) para o Executivo; d) 0,6% (seis décimos por cento) para o Ministério Público da União; II – na esfera estadual:[113] a) 3% (três por cento) para o Legislativo, incluído o Tribunal de Contas do Estado; b) 6% (seis por cento) para o Judiciário; c) 49% (quarenta e nove por cento) para o Executivo; d) 2% (dois por cento) para o Ministério Público dos Estados; III – na esfera municipal: a) 6% (seis por cento) para o Legislativo, incluído o Tribunal de Contas do Município, quando houver; b) 54% (cinquenta e quatro por cento) para o Executivo.

---

[113] O STF decidiu que não era possível à lei local estadual alterar os percentuais previstos na LRF: "CONSTITUCIONAL E FINANCEIRO. ART. 50, DA LEI 1.005/15, DO ESTADO DE RORAIMA. FIXAÇÃO DE DIRETRIZES ORÇAMENTÁRIAS LOCAIS PARA O EXERCÍCIO DE 2016. MODIFICAÇÃO DOS LIMITES DE GASTOS COM PESSOAL DOS PODERES EXECUTIVO E LEGISLATIVO. SUPERAÇÃO DO TETO PREVISTO NA LEGISLAÇÃO FEDERAL, NESTE ÚLTIMO CASO. PLAUSÍVEL USURPAÇÃO DA COMPETÊNCIA PRIVATIVA DA UNIÃO (ART. 169, DA CF). RISCO DE PREJUÍZO AO ERÁRIO LOCAL COM A VIGÊNCIA DA NORMA. CAUTELAR PARCIALMENTE CONCEDIDA. 1. Leis orçamentárias que materializem atos de aplicação primária da Constituição Federal podem ser submetidas a controle de constitucionalidade em processos objetivos. Precedentes. 2. A incompatibilidade entre os termos do dispositivo impugnado e os padrões da lei de responsabilidade fiscal (Lei Federal Complementar 101/00) não se resume a uma crise de legalidade. Traduz, em verdade, um problema de envergadura maior, a envolver a indevida apropriação de competências da União, em especial a de conceber limites de despesas com pessoal ativo e inativo (art. 169, *caput*, da CF), controvérsia que comporta solução na via da ação direta de inconstitucionalidade. 3. Os limites traçados pela lei de responsabilidade para os gastos com pessoal ativo e inativo nos Estados, Distrito Federal e Municípios valem como referência nacional a ser respeitada por todos os entes federativos, que ficam incontornavelmente vinculados aos parâmetros máximos de valor nela previstos. 4. Ao contemplar um limite de gastos mais generoso para o Poder Legislativo local, o dispositivo impugnado se indispõe abertamente com os parâmetros normativos da lei de responsabilidade fiscal, e com isso, se sobrepõs à autoridade da União para dispor no tema, pelo que fica caracterizada a lesão ao art. 169, *caput*, da CF." (STF, ADI 5.449 MC-Ref, Pleno, Rel. Min. Teori Zavascki, j. 10.03.2016, *DJe* 22.04.2016)

No julgamento da medida cautelar na ADI 2.238, o Plenário do STF entendeu que o art. 169 da Carta Magna não veda que se faça uma distribuição entre os Poderes dos limites de despesa com pessoal. Ao contrário, para tornar eficaz o limite, há de se dividir internamente as responsabilidades, como o fez o presente art. 20. Este entendimento foi confirmado quando do julgamento definitivo da constitucionalidade do art. 20:

> Prosseguindo no julgamento, o Plenário, por maioria, reputou constitucional o art. 20 da LRF, o qual estabelece limites de despesas com pessoal, com previsão de subtetos, escalonados por poder e por órgão constitucionalmente autônomo.
>
> Editou-se uma lei nacional que vale para todos os Poderes no âmbito dos três entes federativos. A definição de um teto de gastos particularizado, conforme os respectivos poderes ou órgãos afetados, não representou uma intromissão nos centros de autonomia financeira dos entes subnacionais, nem em relação aos Poderes de Estado e órgãos autônomos. Ao contrário, consagrou o necessário equacionamento das exigências constitucionais definidas nos arts. 167, X e 169, da CF, e no art. 38 do ADCT.
>
> Não procede, ademais, o argumento de arbitrariedade ou falta de razoabilidade na definição dos percentuais estabelecidos. Os tetos têm, como parâmetro, a média de gastos, nos últimos cinco anos, de cada um dos Poderes, nos três níveis da Federação, com a previsão de um crescimento, não só vegetativo, como de pessoal.[114]

Em outros termos, a despesa com pessoal ativo, inativo e pensionista de cada um dos **Poderes e órgãos com autonomia administrativa, orçamentária e financeira**, em cada período de apuração, não poderá exceder percentuais da Receita Corrente Líquida – RCL previstos na LRF, conforme os limites máximos do quadro abaixo:

Ente	Poder Executivo	Poder Legislativo	Poder Judiciário	Ministério Público	Total
União	40,9%	2,5%	6,0%	0,6%	50,0%
Estados/DF	49,0%	3,0%	6,0%	2,0%	60,0%
Municípios	54,0%	6,0%	–	–	60,0%

---

[114] STF. Informativo nº 948, publ. 28.08.2019.

O Pleno do STF, ao referendar medidas cautelares nas Ações Cautelares 2.659/MS[115] e 2.197/DF[116] e na Ação Cível Originária 1.431/MA,[117] entendeu que o Poder Executivo estadual não pode sofrer sanções nem ser exposto a restrições emanadas da União, em matéria de realização de operações de crédito, sob a alegação de que outros Poderes ou órgãos autônomos como o Poder Judiciário, a Assembleia Legislativa, o Tribunal de Contas e o Ministério Público locais teriam descumprido o limite individual a eles imposto pela Lei de Responsabilidade Fiscal, pois o Governo do Estado não tem competência para intervir na esfera orgânica de referidas instituições, que dispõem de plena autonomia institucional a elas outorgada por efeito de expressa determinação constitucional.

Relembre-se aqui que, segundo o STF, na ADI 3.756/DF, o limite de gastos com pessoal do Poder Legislativo do Distrito Federal não é aquele previsto para os Municípios (6% da receita corrente líquida), mas sim para o Legislativo Estadual (3% da receita corrente líquida). O STF entendeu que o Distrito Federal está bem mais próximo da estruturação dos Estados-membros do que da arquitetura constitucional dos Municípios. A LRF conferiu ao DF um tratamento em consonância com sua favorecida situação tributário-financeira, por desfrutar de fontes cumulativas de receitas tributárias, na medida em que adiciona às arrecadações próprias dos Estados aquelas dos Municípios. Ademais, o DF goza do favor constitucional de não custear seus órgãos judiciário e ministerial público, tanto quanto a sua Defensoria Pública, Polícias Civil e Militar e ainda seu Corpo de Bombeiros Militar. Por tudo isso, deve se submeter ao limite estadual de gastos com pessoal do Legislativo de 3% (mais rigoroso).[118]

---

[115] AC 2.659 MC-REF, Pleno, Celso de Mello, j. 12.08.2010, DJe 24.09.2010.
[116] AC 2.197 MC-REF, Pleno, Celso de Mello, j. 13.11.2008, DJe 13.11.2009.
[117] ACO 1.431 MC-REF, Pleno, Celso de Mello, j. 16.09.2009, DJe 23.10.2009.
[118] "Constitucional. Ação direta de inconstitucionalidade. Impugnação do inciso II do § 3º do art. 1º, bem como dos incisos II e III do art. 20 da Lei Complementar nº 101, de 04 de maio de 2000. 1. É de se reconhecer a legitimidade ativa ad causam da Câmara Legislativa do Distrito Federal, dado que a presente impugnação tem por alvo dispositivos da LC 101/00. Dispositivos que versam, justamente, sobre a aplicação dos limites globais das despesas com pessoal do Poder Legislativo distrital. 2. O Distrito Federal é uma unidade federativa de compostura singular, dado que: a) desfruta de competências que são próprias dos Estados e dos Municípios, cumulativamente (art. 32, § 1º, CF); b) algumas de suas instituições elementares são organizadas e mantidas pela União (art. 21, XIII e XIV, CF); c) os serviços públicos a cuja prestação está jungido são financiados, em parte, pela mesma pessoa federada central, que é a União (art. 21, XIV, parte final, CF). 3. Conquanto submetido a regime constitucional diferenciado, o Distrito Federal está bem mais próximo da estruturação dos Estados-membros do que da arquitetura constitucional dos Municípios. Isto porque: a) ao tratar da competência concorrente, a Lei Maior colocou o Distrito Federal em pé de

Registre-se que a **letra "c" do inciso I do *caput*** traz um destaque no montante de **3% (três por cento)** em relação aos 40,9% (quarenta inteiros e nove décimos por cento) fixados para o Executivo, para os seguintes gastos: 1) despesas com pessoal para organizar e manter o Poder Judiciário, o Ministério Público do Distrito Federal e dos Territórios e a Defensoria Pública dos Territórios (art. 21, XIII, CF/88); 2); despesas para organizar e manter a polícia civil, a polícia penal, a polícia militar e o corpo de bombeiros militar do Distrito Federal, bem como para prestar assistência financeira ao Distrito Federal para a execução de serviços públicos, por meio de fundo próprio (art. 21, XIV, CF/88); 3) despesas para manutenção dos servidores públicos dos ex-Territórios Federais do Amapá e de Roraima (art. 31 da Emenda Constitucional nº 19). Tais recursos são repartidos de forma proporcional à média das despesas relativas a cada um, em percentual da receita corrente líquida, verificadas nos três exercícios financeiros imediatamente anteriores ao da publicação da LRF.

Esse percentual de 3% (três por cento) é repartido de acordo com o Decreto 3.917/2001 (com a redação dada pelo Decreto 10.120/2019), da seguinte forma: I – 0,399% para o Tribunal de Justiça do Distrito Federal e dos Territórios; II – 0,133% para o Ministério Público do Distrito Federal e

---

igualdade com os Estados e a União (art. 24); b) ao versar o tema da intervenção, a Constituição dispôs que a 'União não intervirá nos Estados nem no Distrito Federal' (art. 34), reservando para os Municípios um artigo em apartado (art. 35); c) o Distrito Federal tem, em plenitude, os três orgânicos Poderes estatais, ao passo que os Municípios somente dois (inciso I do art. 29); d) a Constituição tratou de maneira uniforme os Estados-membros e o Distrito Federal quanto ao número de deputados distritais, à duração dos respectivos mandatos, aos subsídios dos parlamentares, etc. (§ 3º do art. 32); e) no tocante à legitimação para propositura de ação direta de inconstitucionalidade perante o STF, a Magna Carta dispensou à Mesa da Câmara Legislativa do Distrito Federal o mesmo tratamento dado às Assembleias Legislativas estaduais (inciso IV do art. 103); f) no modelo constitucional brasileiro, o Distrito Federal se coloca ao lado dos Estados-membros para compor a pessoa jurídica da União; g) tanto os Estados-membros como o Distrito Federal participam da formação da vontade legislativa da União (arts. 45 e 46). 4. A LC 101/00 conferiu ao Distrito Federal um tratamento rimado com a sua peculiar e favorecida situação tributário-financeira, porquanto desfruta de fontes cumulativas de receitas tributárias, na medida em que adiciona às arrecadações próprias dos Estados aquelas que timbram o perfil constitucional dos Municípios. 5. Razoável é o critério de que se valeram os dispositivos legais agora questionados. Se irrazoabilidade houvesse, ela estaria em igualar o Distrito Federal aos Municípios, visto que o primeiro é, superlativamente, aquinhoado com receitas tributárias. Ademais, goza do favor constitucional de não custear seus órgãos judiciário e ministerial público, tanto quanto a sua Defensoria Pública, Polícias Civil e Militar e ainda seu Corpo de Bombeiros Militar" (ADI 3.756, Pleno, Rel. Min. Carlos Britto, j. 21.06.2007, *DJe* 19.10.2007).

Territórios;[119] III – 0,099% para o ex-Território de Roraima; IV – 0,169% para o ex-Território do Amapá; e V – 2,200% para o Distrito Federal.

Nos termos da jurisprudência do TCU, é possível ao Presidente da República, por meio de decreto, alterar os percentuais inicialmente estipulados pelo Decreto 3.917/2001, com vistas ao remanejamento de parcelas decorrentes do limite de 3% estabelecido para as despesas com pessoal entre os órgãos e entes alcançados pelo art. 20, inciso I, "c", da LRF. Deste modo, harmonizam-se os percentuais fixados em decorrência da repartição com as reais necessidades da Administração, observado sempre, e em qualquer caso, o limite global de 3%. Contudo, ao efetuar esse remanejamento por decreto, o Poder Executivo Federal está obrigado a fazê-lo deliberando em conjunto com os órgãos e entes alcançados.[120]

Na forma do que estabelece o § 1º, nos Poderes Legislativo e Judiciário de cada esfera, os limites foram repartidos entre seus órgãos, de forma proporcional à média das despesas com pessoal, em percentual da RCL, verificadas nos três exercícios financeiros imediatamente anteriores ao exercício de 2000.

Por sua vez, o § 2º traz a definição do que está contemplado no **conceito de órgão**, a saber: I – o Ministério Público; II – no Poder Legislativo: a) Federal, as respectivas Casas e o Tribunal de Contas da União; b) Estadual, a Assembleia Legislativa e os Tribunais de Contas; c) do Distrito Federal, a Câmara Legislativa e o Tribunal de Contas do Distrito Federal; d) Municipal, a Câmara de Vereadores e o Tribunal de Contas do Município, quando houver; III – no Poder Judiciário: a) Federal: o Supremo Tribunal Federal, o Conselho Nacional de Justiça, o Superior Tribunal de Justiça; os Tribunais Regionais Federais e Juízes Federais; os Tribunais e Juízes do Trabalho; os Tribunais e Juízes Eleitorais; os Tribunais e Juízes Militares; os Tribunais e Juízes do Distrito Federal e Territórios; b) Estadual, o Tribunal de Justiça e outros, quando houver.

É de se registrar o esclarecimento de Maria Sylvia Zanella Di Pietro[121] no sentido de que a menção separada do Ministério Público justifica-se pela

---

[119] "MINISTÉRIO PÚBLICO DA UNIÃO – GASTO COM PESSOAL. O fato de incumbir à União organizar e manter o Ministério Público do Distrito Federal sinaliza a inadequação de considerar-se percentual do que previsto, para gasto pessoal, pelo Ministério Público Federal – inteligência dos artigos 21, inciso XIII, e 169 da Constituição Federal e 20, inciso I, alíneas 'c' e 'd', da Lei Complementar nº 101/2000" (STF, MS 25.997, 1ª Turma, Rel. Min. Marco Aurélio, j. 05.04.2016, *DJe* 30.05.2016).

[120] TCU, Acórdão 2.984/2018, Rel. Min. Vital do Rêgo, Plenário, Sessão: 12.12.2018, Boletim de Jurisprudência nº 249 de 04.02.2019 – Enunciado paradigmático.

[121] DI PIETRO, Maria Sylvia Zanella. Comentário ao art. 20 da LRF. In: MARTINS, Ives Gandra da Silva; NASCIMENTO, Carlos Valder do (org.). *Comentários à Lei de Responsabilidade Fiscal*. 6. ed. São Paulo: Saraiva, 2012. p. 205.

autonomia administrativa, financeira e orçamentária que lhe foi atribuída pelo art. 127, §§ 2º e 3º, da Constituição. Além disso, pelo art. 168 da Constituição, do mesmo modo que os Poderes Legislativo e Judiciário, o órgão recebe uma parcela de recursos correspondentes a dotações orçamentárias, compreendidos os créditos suplementares e especiais, que lhe são destinados até o dia 20 de cada mês. O Tribunal de Contas foi incluído no limite fixado para o Poder Legislativo, já que exerce funções auxiliares deste em matéria de fiscalização contábil, financeira e orçamentária. Ainda que tenha independência no exercício de suas atribuições, para fins administrativos, financeiros e orçamentários, integra o Poder Legislativo.

O § 3º estabelece que os limites para as despesas com pessoal do Poder Judiciário a cargo da União para organizar e manter o Poder Judiciário, o Ministério Público do Distrito Federal e dos Territórios e a Defensoria Pública dos Territórios, serão estabelecidos, de forma proporcional à média das despesas com pessoal, em percentual da RCL, verificadas nos três exercícios financeiros imediatamente anteriores ao exercício de 2000.

Nos Estados em que houver Tribunal de Contas dos Municípios, estabelece o § 4º que os percentuais definidos nas alíneas *a* e *c* do inciso II do *caput* serão, respectivamente, acrescidos e reduzidos em 0,4% (quatro décimos por cento).

Como estabelece o § 5º, os recursos correspondentes às dotações orçamentárias, compreendidos os créditos suplementares e especiais, destinados aos órgãos dos Poderes Legislativo e Judiciário, do Ministério Público e da Defensoria Pública, correspondentes à despesa total com pessoal por Poder e órgão, ser-lhes-ão entregues até o dia 20 de cada mês, em duodécimos, calculados pela aplicação dos percentuais definidos neste artigo, ou daqueles fixados na lei de diretrizes orçamentárias.

Merece registro que, no julgamento da ADPF nº 339 (18/05/2016), tratando do não repasse da dotação orçamentária à Defensoria Pública Estadual de determinado ente federativo sob a forma de duodécimos, restou consignado que:

> 1. Às Defensorias Públicas Estaduais são asseguradas autonomia funcional e administrativa, bem como a prerrogativa de formulação de sua própria proposta orçamentária (art. 134, § 2º, da CRFB/88), por força da Constituição da República, após a Emenda Constitucional nº 45/2004.
>
> 2. O repasse dos recursos correspondentes destinados à Defensoria Pública, ao Poder Judiciário, ao Poder Legislativo e ao Ministério Público sob a forma de duodécimos e até o dia 20 de cada mês (art. 168 da CRFB/88) é imposição constitucional; atuando o Executivo apenas como órgão arrecadador dos recursos orçamentários, os quais, todavia, a ele não pertencem.

3. O repasse dos duodécimos das verbas orçamentárias destinadas ao Poder Legislativo, ao Poder Judiciário, ao Ministério Público e à Defensoria Pública quando retidos pelo Governador do Estado constitui prática indevida em flagrante violação aos preceitos fundamentais esculpidos na CRFB/88. (...)

6. Arguição por descumprimento de preceito fundamental julgada procedente, para fixar a seguinte tese: "É dever constitucional do Poder Executivo o repasse, sob a forma de duodécimos e até o dia 20 de cada mês (art. 168 da CRFB/88), da integralidade dos recursos orçamentários destinados a outros Poderes e órgãos constitucionalmente autônomos, como o Ministério Público e a Defensoria Pública, conforme previsão da respectiva Lei Orçamentária Anual." [122]

Finalmente, o § 6º foi **vetado** na Mensagem Presidencial 627/2000. No texto original constava que "somente será aplicada a repartição dos limites estabelecidos no *caput*, caso a lei de diretrizes orçamentárias não disponha de forma diferente". Entretanto, prevaleceu o entendimento de que a possibilidade de que os limites de despesas de pessoal dos Poderes e órgãos possam ser alterados na lei de diretrizes orçamentárias poderá resultar em demandas ou incentivo, especialmente no âmbito dos Estados e Municípios, para que os gastos com pessoal e encargos sociais de determinado Poder ou órgão sejam ampliados em detrimento de outros, visto que o limite global do ente da Federação é fixado na Lei Complementar. A prevalecer o dispositivo, poder-se-ia prejudicar o objetivo da lei complementar em estabelecer limites efetivos de gastos de pessoal aos três Poderes.

Subseção II
Do Controle da Despesa Total com Pessoal

Art. 21. É nulo de pleno direito: (Redação dada pela Lei Complementar nº 173, de 2020)

I – o ato que provoque aumento da despesa com pessoal e não atenda:

a) às exigências dos arts. 16 e 17 desta Lei Complementar e o disposto no inciso XIII do *caput* do art. 37 e no § 1º do art. 169 da Constituição Federal; e (Incluído pela Lei Complementar nº 173, de 2020)

b) ao limite legal de comprometimento aplicado às despesas com pessoal inativo; (Incluído pela Lei Complementar nº 173, de 2020)

---
[122] STF, ADPF 339, Pleno, Rel. Min. Luiz Fux, j. 18.05.2016, *DJe* 01.08.2016.

II – o ato de que resulte aumento da despesa com pessoal nos 180 (cento e oitenta) dias anteriores ao final do mandato do titular de Poder ou órgão referido no art. 20; (Redação dada pela Lei Complementar nº 173, de 2020)

III – o ato de que resulte aumento da despesa com pessoal que preveja parcelas a serem implementadas em períodos posteriores ao final do mandato do titular de Poder ou órgão referido no art. 20; (Incluído pela Lei Complementar nº 173, de 2020)

IV – a aprovação, a edição ou a sanção, por Chefe do Poder Executivo, por Presidente e demais membros da Mesa ou órgão decisório equivalente do Poder Legislativo, por Presidente de Tribunal do Poder Judiciário e pelo Chefe do Ministério Público, da União e dos Estados, de norma legal contendo plano de alteração, reajuste e reestruturação de carreiras do setor público, ou a edição de ato, por esses agentes, para nomeação de aprovados em concurso público, quando: (Incluído pela Lei Complementar nº 173, de 2020)

a) resultar em aumento da despesa com pessoal nos 180 (cento e oitenta) dias anteriores ao final do mandato do titular do Poder Executivo; ou (Incluído pela Lei Complementar nº 173, de 2020)

b) resultar em aumento da despesa com pessoal que preveja parcelas a serem implementadas em períodos posteriores ao final do mandato do titular do Poder Executivo. (Incluído pela Lei Complementar nº 173, de 2020)

§ 1º As restrições de que tratam os incisos II, III e IV: (Incluído pela Lei Complementar nº 173, de 2020)

I – devem ser aplicadas inclusive durante o período de recondução ou reeleição para o cargo de titular do Poder ou órgão autônomo; e (Incluído pela Lei Complementar nº 173, de 2020)

II – aplicam-se somente aos titulares ocupantes de cargo eletivo dos Poderes referidos no art. 20. (Incluído pela Lei Complementar nº 173, de 2020)

§ 2º Para fins do disposto neste artigo, serão considerados atos de nomeação ou de provimento de cargo público aqueles referidos no § 1º do art. 169 da Constituição Federal ou aqueles que, de qualquer modo, acarretem a criação ou o aumento de despesa obrigatória. (Incluído pela Lei Complementar nº 173, de 2020)

Dentro do escopo da LRF de estabelecer rígidos parâmetros para a realização de despesas com pessoal e controlar os gastos públicos, a lei determina taxativamente, no *caput* do **art. 21**, a consequência de um ato que provoque aumento de gastos desta natureza que desatenda as suas previsões: a sua nulidade de pleno direito.

Registre-se que o **ato nulo de pleno direito** é aquele expressamente assim declarado pela norma, e que por isso nem mesmo chega a produzir efeitos. Em outras palavras, por se tratar de uma nulidade absoluta – e não relativa –, não é possível o seu aproveitamento ou convalidação. Neste sentido, Sílvio Rodrigues[123] lembra que o "ato nulo não produz qualquer efeito, pois *quod nullum est nullum effectum producit*". Contudo, por óbvio, para que esta nulidade se torne clara, será necessário um ato administrativo posterior ou uma decisão judicial certificando a nulidade *ab initio* do ato de que resultou aumento ilegal da despesa.

No **inciso I, letra "a"**, do artigo ora em comento, a lei apresenta as seguintes exigências:

a) *cumprimento do disposto no art. 16 da LRF*, que trata da criação, expansão ou aperfeiçoamento de ação governamental que acarrete aumento da despesa, e que exige que tal ato seja acompanhado de estimativa do impacto orçamentário-financeiro no exercício em que deva entrar em vigor e nos dois subsequentes, e a declaração do ordenador da despesa de que o aumento tem adequação orçamentária e financeira com a lei orçamentária anual e compatibilidade com o plano plurianual e com a lei de diretrizes orçamentárias;

b) *atendimento ao art. 17 da LRF*, o qual considera obrigatória de caráter continuado a despesa corrente derivada de lei, medida provisória ou ato administrativo normativo que fixem para o ente a obrigação legal de sua execução por um período superior a dois exercícios, que devem ser instruídos com a estimativa de impacto orçamentário-financeiro, demonstrando a origem dos recursos para seu custeio e a comprovação de que a despesa criada ou aumentada não afetará as metas de resultados fiscais;

c) *respeito ao disposto no inciso XIII do art. 37 da Constituição*, o qual estabelece ser vedada a vinculação ou equiparação de quaisquer espécies remuneratórias para o efeito de remuneração de pessoal do serviço público;

d) *cumprimento do § 1º do art. 169 da Constituição*, o qual determina que a concessão de qualquer vantagem ou aumento de remuneração, a criação de cargos, empregos e funções ou alteração de estrutura de carreiras, bem como a admissão ou contratação de pessoal, a qualquer título, pelos órgãos e entidades da administração direta ou indireta, inclusive fundações instituídas e mantidas pelo poder público, só poderão ser feitas: I – se houver

---

[123] RODRIGUES, Sílvio. *Direito civil*. 30. ed. São Paulo: Saraiva, 2007. v. I, p. 318.

prévia dotação orçamentária suficiente para atender às projeções de despesa de pessoal e aos acréscimos dela decorrentes; II – se houver autorização específica na lei de diretrizes orçamentárias, ressalvadas as empresas públicas e as sociedades de economia mista.

Observando o disposto no § *1º do art. 169 da Constituição – para que não ocorra a nulidade de pleno direito do ato que aumentar a despesa sem previsão na LOA –, o STF, no julgamento* do RE 905.357 (29/11/2019), em repercussão geral, consignou que, para a concessão de vantagens ou aumento de remuneração aos agentes públicos, exige-se o preenchimento de dois requisitos cumulativos: (I) dotação na Lei Orçamentária Anual e (II) autorização na Lei de Diretrizes Orçamentárias. Assim sendo, entendeu a Corte Suprema que não há direito à revisão geral anual da remuneração dos servidores públicos, quando se encontra prevista unicamente na Lei de Diretrizes Orçamentárias, pois é necessária, também, a dotação na Lei Orçamentária Anual.[124]

Por sua vez, o **inciso I, letra "b"**, deste artigo impõe a observância do limite de comprometimento aplicado às despesas com pessoal inativo, conforme era fixado na Lei 9.717/1998, que dispõe sobre os regimes de previdência social dos servidores públicos da União, dos Estados, do Distrito Federal e dos Municípios, dos militares dos Estados e do Distrito Federal. Entretanto, o STF, no julgamento da ADI 2.238-5, conferiu a este inciso interpretação conforme à Constituição Federal, "para que se entenda como limite legal o previsto em Lei Complementar", em razão do fato de o *caput* do art. 169 da Constituição estatuir que "a despesa com pessoal ativo e inativo da União, dos Estados, do Distrito Federal e dos Municípios não poderá exceder os limites estabelecidos em lei complementar".[125]

Também constitui exceção à norma do art. 21 o fato de que tal dispositivo não pode ser alegado pela Administração como pretexto para negar direitos subjetivos dos servidores. Assim, por exemplo, as despesas oriundas de liberação de recursos ou a inclusão, em folha de pagamento, de aumento, de equiparação ou de extensão de vantagem a servidores obtidos por meio de lei ou decisão judicial não poderão ser computadas para efeitos da nulidade aqui prevista, como já pacificado no âmbito do Superior Tribunal de Justiça.[126]

---

[124] STF, RE 905.357, Pleno, Rel. Min. Alexandre de Moraes, j. 29.11.2019, *DJe* 18.12.2019.
[125] STF. Informativo nº 948, publ. 28.08.2019.
[126] STJ, AgRg no REsp 1.432.061, 1ª Turma, Rel. Min. Regina Helena Costa, j. 22.09.2015, *DJe* 28.09.2015; AgRg no REsp 1.433.550, 2ª Turma, Rel. Min. Mauro Campbell Marques, j. 12.08.2014, *DJe* 19.08.2014. Também o STF já decidiu, no AI 363.129 AgR, que o art. 169 da Constituição não é oponível ao direito subjetivo do servidor ou inativo a

Já o **inciso II** do artigo impõe a nulidade ao ato de que resulte aumento da despesa com pessoal expedido nos cento e oitenta dias anteriores ao final do mandato do titular do respectivo Poder ou órgão.

A aplicação deste dispositivo sempre gerou algumas controvérsias. Por um lado, encontramos posicionamento do TCU que advoga uma interpretação não literal do dispositivo (Acórdão 1106/2008 – TCU – Plenário)[127] de que a nulidade aqui prevista não atinge aqueles atos que, embora praticados dentro desses 180 dias, tiveram autorização para sua prática anterior aos 180 dias anteriores ao final do mandato e obedecem aos ditames da LRF, bem como guardam compatibilidade com o Plano Plurianual e a com a Lei de Diretrizes Orçamentárias. Veja-se trechos relevantes deste acórdão:

> 13. Já o preceito contido no parágrafo único do referido art. 21, além do cunho de moralidade pública implícito no citado dispositivo legal, visa coibir a prática de atos de favorecimento relacionados com os quadros de pessoal, mediante concessões em final de mandato (contratações, nomeações, atribuição de vantagens etc.), no sentido de evitar o crescimento das despesas de pessoal, o consequente comprometimento dos orçamentos futuros e a inviabilização das novas gestões.
>
> 14. Entretanto, apesar de ser direcionado a todos os administradores públicos, o citado dispositivo, da mesma forma que o *caput* do artigo 21, não pode ser interpretado literalmente, sob pena de inviabilizar a administração nos últimos 180 dias da gestão de seus dirigentes, uma vez que, se assim fosse, nesse período, estariam impedidos de realizar qualquer tipo de ato que resultasse aumento de despesa. Dessa forma, considerando que o objetivo da norma contida no Parágrafo único do art. 21 da Lei Complementar nº 101/2000 é assegurar a moralidade pública, não pode ela atingir as ações dos administradores voltadas para o atingimento das metas previstas no planejamento do órgão.
>
> 15. Assim, para que haja a incidência da vedação prevista no mencionado dispositivo legal, com a consequente nulidade dos atos, é necessário que estes se apresentem conjugados dos seguintes pressupostos: resultar aumento da despesa com pessoal, refletir ato de favorecimento indevido e ser praticado nos 180 dias que antecedem o final do mandato.
>
> 16. Como consequência lógica, a nulidade prevista deixa de incidir sobre os atos de continuidade administrativa que, guardando adequação com

---

determinada vantagem, pois não está na violação de direitos subjetivos o caminho legítimo para reduzir ao limite decorrente daquele preceito as despesas de pessoal do Estado.

[127] TCU, Acórdão 1.106/2008 (AC-1106-22/08-P), Rel. Min. Augusto Nardes, Plenário, Sessão 11.06.2008.

a lei orçamentária anual, sejam objeto de dotação específica e suficiente, ou que estejam abrangidos por crédito genérico, de forma que, somadas todas as despesas da mesma espécie, realizadas e a realizar, previstas no programa de trabalho, não sejam ultrapassados os limites estabelecidos para o exercício, com compatibilidade com o Plano Plurianual e a com a Lei de Diretrizes Orçamentárias.

Por outro lado, encontra-se a posição de alguns Tribunais de Contas Estaduais de que a regra não proíbe a realização de concursos públicos, os atos de investidura ou reajustes de vencimentos, desde que o aumento da despesa seja compensado com atos de vacância, outras formas de redução de despesa de pessoal ou aumento da receita corrente líquida, para que se mantenha a despesa no mesmo montante ou, ao menos, seja compensada pelo aumento da arrecadação.

Por sua vez, o STJ já decidiu que:

> a LC n. 101/00 é expressa ao vedar a mera expedição, nos 180 dias anteriores ao final do mandato do titular do respectivo Poder, de ato que resulte o aumento de despesa com pessoal.
>
> 4. Nesse sentido, pouco importa se o resultado do ato somente virá na próxima gestão e, por isso mesmo, não procede o argumento de que o novo subsídio "só foi implantado no mandato subsequente, não no período vedado pela lei". Em verdade, entender o contrário resultaria em deixar à míngua de eficácia o art. 21, parágrafo único, da Lei de Responsabilidade Fiscal, pois se deixaria de evitar os riscos e de corrigir os desvios capazes de afetar o equilíbrio das contas públicas na próxima gestão.
>
> 5. E mais: tampouco interessa se o ato importa em aumento de verba paga a título de subsídio de agente político, já que a lei de responsabilidade fiscal não distingue a espécie de alteração no erário público, basta que, com a edição do ato normativo, haja exasperação do gasto público com o pessoal ativo e inativo do ente público. Em outros termos, a Lei de Responsabilidade Fiscal, em respeito ao artigo 163, incisos I, II, III e IV, e ao artigo 169 da Constituição Federal, visando uma gestão fiscal responsável, endereça-se indistintamente a todos os titulares de órgão ou poder, agentes políticos ou servidores públicos, conforme se infere do artigo 1º, § 1 e 2º da lei referida.[128]

De qualquer forma, o desígnio precípuo da norma é impedir que a máquina administrativa seja utilizada para realizar atos de natureza "populista"

---

[128] STJ, REsp 1.170.241, 2ª Turma, Rel. Min. Mauro Campbell Marques, j. 02.12.2010, DJe 14.12.2010.

ou que se comprometa o orçamento subsequente com "heranças fiscais" deixadas ao sucessor.

A proibição contida nesta norma também representa tipo penal disposto no art. 359-G do Código Penal (incluído pela Lei 10.028/2000), que prevê a pena de reclusão de 1 (um) a 4 (quatro) anos para aquele que "ordenar, autorizar ou executar ato que acarrete aumento de despesa total com pessoal, nos cento e oitenta dias anteriores ao final do mandato ou da legislatura".

Importante lembrar que, embora de natureza e objetivos distintos, a Lei Eleitoral 9.507/1997 já impõe determinadas vedações e proibições de atos de provimento em período eleitoral, tal como aquela do seu art. 73, VIII, que, para evitar condutas tendentes a afetar a igualdade de oportunidades entre candidatos nos pleitos eleitorais, proíbe fazer, na circunscrição do pleito, revisão geral da remuneração dos servidores públicos que exceda a recomposição da perda de seu poder aquisitivo ao longo do ano da eleição até a posse dos eleitos.

Do inciso III em diante deste art. 21, temos dispositivos novos, introduzidos pela LC nº 173/2020, que não constam do texto original da LRF, sendo que os anteriores até o momento comentados foram apenas renumerados. Assim, as disposições originais do *caput* e dos incisos I e II foram mantidas, mas reorganizadas, passando a estar presentes no novo inciso I, com suas novas alíneas "a" e "b", e o antigo parágrafo único do texto original se transformou no atual inciso II, com a mesma redação.

Por sua vez, foi inserido o novo **inciso III**, prevendo ser nulo de pleno direito o ato de que resulte aumento da despesa com pessoal que preveja parcelas a serem implementadas em períodos posteriores ao final do mandato do titular de Poder ou órgão referido no art. 20. A previsão salutar de responsabilidade fiscal do antigo parágrafo único do art. 21 (atual inciso II), que limita o aumento desses gastos nos últimos 180 dias do mandato, foi ampliada para abranger também toda e qualquer "herança" de parcelas de aumento de despesa com pessoal a serem suportadas pelo sucessor em exercícios fiscais seguintes. Doravante, o titular de Poder ou órgão, ao conceder aumentos de gastos com pessoal, terá de projetá-los dentro do período de seu próprio mandato, sem deixar passivos financeiros – também conhecidos por "esqueletos fiscais" –, que podem inviabilizar a gestão subsequente.

Portanto, a presente norma proíbe aumentos salariais parcelados cujo impacto se dê fora do mandato do governante. Essa medida é importante pois, no Brasil, o aumento salarial dado por lei é considerado direito adquirido e, assim, não pode ser revisto por um prefeito, governador ou presidente que herdou de seu antecessor reajustes salariais legalmente aprovados.

Neste sentido, merece trazermos a transcrição de trecho do parecer do Senador Davi Alcolumbre ao PLP 149/2019 (conhecido por "Plano Mansueto"), que tramitou no Senado Federal em conjunto com o PLP 39/2020:

> A motivação é impedir que os governantes e chefes de Poder atuais criem despesas novas para seus sucessores, inviabilizando, dessa forma, a futura administração. Muitos aqui sabem das dificuldades de administrar um Município ou um Estado, especialmente quando herdam dívidas contraídas pelo antecessor, que, em busca de dividendos políticos, compromete a sanidade das contas públicas. Consideramos que proibir isso, mais do que ajudar na presente crise, ajuda a resolver um problema mais estrutural, que a LRF, em sua redação original, não conseguiu plenamente.

Seguindo a mesma lógica, o **inciso IV** traz a vedação de aprovação de norma legal que veicule plano de alteração, reajuste e reestruturação de carreiras do setor público, bem como a vedação de ato que nomeie aprovados em concurso público, quando deles resultar: a) aumento da despesa com pessoal nos 180 (cento e oitenta) dias anteriores ao final do mandato do titular do Poder Executivo; ou b) aumento da despesa com pessoal que preveja parcelas a serem implementadas em períodos posteriores ao final do mandato do titular do Poder Executivo.

A vedação deste inciso IV abarca não apenas a sanção da norma legal pelo Chefe do Poder Executivo, mas também a própria edição da norma por parte do Presidente e demais membros da Mesa ou órgão equivalente do Poder Legislativo. Além destes, também os Presidentes de Tribunais do Poder Judiciário e os Chefes dos Ministérios Públicos da União e dos Estados ficam impedidos de editar ato nomeando aprovados em concurso público nas hipóteses previstas nas alíneas "a" e "b" do inciso IV anteriormente citadas.

Segundo o novo § 1º, as restrições anteriormente elencadas e previstas nos incisos II, III e IV: "I – devem ser aplicadas inclusive durante o período de recondução ou reeleição para o cargo de titular do Poder ou órgão autônomo; e II – aplicam-se somente aos titulares ocupantes de cargo eletivo dos Poderes referidos no art. 20".

Para que o disposto no § 1º, inc. II não seja incompatível com as restrições que recaem sobre qualquer titular de Poder ou órgão (englobando, portanto, Chefes do Executivo, Legislativo, Judiciário, bem como de órgãos autônomos como os Ministérios Públicos, Tribunais de Contas e Defensorias Públicas), por titular ocupante de cargo eletivo dos Poderes devemos entender não apenas aquele que chegou à chefia de um Poder ou órgão autônomo por meio de eleição popular, mas também por meio de eleição realizada entre os pares (como a eleição para Presidente de um Tribunal do Poder Judiciário ou de Tribunal de Contas, ou a eleição para chefia do Ministério Público).

Finalmente, embora o § 2º, de maneira salutar, dê amplitude à restrição de gastos, ao estabelecer que, para fins do disposto no art. 21, "serão considerados atos de nomeação ou de provimento de cargo público aqueles referidos no § 1º do art. 169 da Constituição Federal ou aqueles que, de qualquer modo, acarretem a criação ou o aumento de despesa obrigatória", a nosso ver, não deve ser classificado como criação ou aumento de despesas o provimento de cargo público para substituir meras vacâncias, em razão de exoneração, demissão, morte ou aposentadoria do agente público que anteriormente ocupava o cargo, uma vez que tal despesa já existia antes.

> **Art. 22. A verificação do cumprimento dos limites estabelecidos nos arts. 19 e 20 será realizada ao final de cada quadrimestre.**
>
> **Parágrafo único.** Se a despesa total com pessoal exceder a 95% (noventa e cinco por cento) do limite, são vedados ao Poder ou órgão referido no art. 20 que houver incorrido no excesso:
>
> **I** – concessão de vantagem, aumento, reajuste ou adequação de remuneração a qualquer título, salvo os derivados de sentença judicial ou de determinação legal ou contratual, ressalvada a revisão prevista no inciso X do art. 37 da Constituição;
>
> **II** – criação de cargo, emprego ou função;
>
> **III** – alteração de estrutura de carreira que implique aumento de despesa;
>
> **IV** – provimento de cargo público, admissão ou contratação de pessoal a qualquer título, ressalvada a reposição decorrente de aposentadoria ou falecimento de servidores das áreas de educação, saúde e segurança;
>
> **V** – contratação de hora extra, salvo no caso do disposto no inciso II do § 6º do art. 57 da Constituição e as situações previstas na lei de diretrizes orçamentárias.

Relevante medida adotada pela LRF neste **art. 22** é a fixação de **frequência quadrimestral** para a aferição e acompanhamento do cumprimento dos limites máximos globais para as despesas de pessoal ativo e inativo de todos os Poderes e entes federativos (arts. 19 e 20).

Assim, a referida verificação, a cargo dos Tribunais de Contas, juntamente com o sistema de controle interno de cada Poder (art. 59, III, § 1º, II, e § 2º, da LRF), se realizará ao final dos meses de abril, agosto e dezembro, levando em consideração o disposto no art. 18, § 2º, o qual estabelece que a despesa total com pessoal será apurada somando-se a realizada no mês em referência com as dos onze imediatamente anteriores, adotando-se o regime de competência.

Por sua vez, o parágrafo único estabelece o denominado **limite prudencial** de despesa com pessoal, no montante de 95% do limite máximo de gastos estabelecido na LRF com este tipo de despesa. Este mecanismo – dotado de efeito acautelatório e preventivo – funciona como uma espécie de "sinal de perigo", não apenas para alertar o poder público da aproximação dos limites máximos, mas, principalmente, por impor ao gestor restrições de gastos que evitem seu atingimento.

Assim, quando atingido o **percentual de 95% do limite de gastos com pessoal**, estará vedado ao Poder ou órgão que houver incorrido no excesso: I – conceder vantagem, aumento, reajuste ou adequação de remuneração a qualquer título, salvo os derivados de sentença judicial ou de determinação legal ou contratual, ressalvada a revisão geral anual da remuneração dos servidores públicos prevista no inciso X do art. 37 da Constituição;[129] II – criar

---

[129] STF, Pleno, ADPF 584, Rel. Min. Alexandre de Moraes, j. 21.02.2020, *DJe* 16.03.2020: "Constitucional. Lei 3.606/2017 do Município de Itaguaí/RJ. Servidor público. Suspensão de vantagens remuneratórias. Controle da despesa com pessoal ativo e inativo. Estabelecimento de sanções e consequências para descumprimento dos limites previstos na legislação de regência. Competência legislativa da União. Desrespeito às regras de distribuição de competência (artigos 30, 30, II; 163, I ao VII, e 169, *caput*, todos da Constituição Federal). Procedência da Arguição de Descumprimento de Preceito Fundamental. 1. As regras de distribuição de competências legislativas são alicerces do federalismo e consagram a fórmula de divisão de centros de poder em um Estado de Direito. Princípio da predominância do interesse. 2. A Constituição Federal de 1988, presumindo de forma absoluta para algumas matérias a presença do princípio da predominância do interesse, estabeleceu, a priori, diversas competências para cada um dos entes federativos, União, Estados-Membros, Distrito Federal e Municípios, e, a partir dessas opções, pode ora acentuar maior centralização de poder, principalmente na própria União (CF, art. 22), ora permitir uma maior descentralização nos Estados-Membros e nos Municípios (CF, arts. 24 e 30, inciso I). 3. No plano financeiro, a Constituição estabeleceu, em seu art. 169, *caput*, que a despesa com pessoal ativo e inativo da União, dos Estados, do Distrito Federal e dos Municípios respeite os limites estabelecidos em lei complementar de caráter nacional, atualmente, a Lei de Responsabilidade Fiscal (LC 101/2000). 4. A norma impugnada apartou-se do figurino constitucional e da legislação editada pela União ao vedar medidas que são expressamente autorizadas pela LRF (art. 22, parágrafo único, I), a qual, flexibilizando a proibição de concessão de vantagens, autoriza o pagamento decorrente de sentença judicial, determinação legal/contratual ou quando se tratar de revisão geral anual (CF, art. 37, X), mesmo no cenário de inobservância dos limites

cargo, emprego ou função; III – alterar estrutura de carreira que implique aumento de despesa; IV – prover cargo público, admitir ou contratar pessoal a qualquer título, ressalvada a reposição decorrente de aposentadoria ou falecimento de servidores das áreas de educação, saúde e segurança; V – contratar hora extra, salvo no caso de convocação extraordinária do Congresso Nacional em caso de urgência ou interesse público relevante (inciso II do § 6º do art. 57 da Constituição) e as situações previstas na Lei de Diretrizes Orçamentárias.

A obrigação de responsabilidade fiscal no atendimento ao limite de gastos com pessoal é tão séria que levou o STF a flexibilizar uma situação declarada inconstitucional de modo a que tais limites não fossem extrapolados. O Estado do Amazonas, de modo inconstitucional, editou leis estaduais que, sem concurso público específico, elevaram Comissários de Polícia a cargos de Delegados de Polícia.

Declarada inconstitucional esta ascensão funcional sem prévio concurso, a Secretaria Executiva do Tesouro Estadual comprovou a momentânea impossibilidade de incremento de despesas de pessoal com a contratação de novos Delegados mediante concurso público, motivada pelo atingimento do limite prudencial para gastos de pessoal previsto no art. 22, parágrafo único da LRF. O STF, em atenção ao equilíbrio fiscal do ente federado, modulou sua decisão para diferir, em 18 meses a partir da publicação da ata do julgamento, os efeitos da decisão de inconstitucionalidade das leis em questão, período dentro do qual o Estado do Amazonas poderia programar-se, nos planos administrativo e orçamentário, para o cumprimento da decisão.[130]

Em relação à parte final do inc. V do art. 22, deve-se fazer uma distinção. A LRF, por ter sido publicada em 2000, ainda prevê o pagamento de retribuição, com caráter indenizatório, aos membros do Congresso Nacional, quando convocados para atuar na sessão legislativa extraordinária.

Contudo, o § 7º do art. 57 da Constituição, com redação dada pela EC 50/2006 (portanto, posterior à LRF), veda o pagamento de parcela indenizatória aos parlamentares em razão da convocação extraordinária. A vedação aplica-se não só ao pagamento de senadores, deputados e vereadores, mas também a todos os servidores do Poder Legislativo de todos os entes da Federação. Mas a parcela indenizatória não se confunde com o pagamento

---

de gastos com despesa com pessoal ativo e inativo. 5. Arguição de Descumprimento de Preceito Fundamental julgada procedente".

[130] STF, Pleno, ADI 3.415 ED-segundos, Rel. Min. Alexandre de Moraes, j. 01.08.2018, *DJe* 28.09.2018.

de horas-extras eventualmente trabalhadas no período da convocação extraordinária, às quais os servidores possuem sim direito.

> Art. 23. Se a despesa total com pessoal, do Poder ou órgão referido no art. 20, ultrapassar os limites definidos no mesmo artigo, sem prejuízo das medidas previstas no art. 22, o percentual excedente terá de ser eliminado nos dois quadrimestres seguintes, sendo pelo menos um terço no primeiro, adotando-se, entre outras, as providências previstas nos §§ 3º e 4º do art. 169 da Constituição.
>
> § 1º No caso do inciso I do § 3º do art. 169 da Constituição, o objetivo poderá ser alcançado tanto pela extinção de cargos e funções quanto pela redução dos valores a eles atribuídos.
>
> § 2º É facultada a redução temporária da jornada de trabalho com adequação dos vencimentos à nova carga horária.
>
> § 3º Não alcançada a redução no prazo estabelecido, e enquanto perdurar o excesso, o ente não poderá:
>
> I – receber transferências voluntárias;
>
> II – obter garantia, direta ou indireta, de outro ente;
>
> III – contratar operações de crédito, ressalvadas as destinadas ao refinanciamento da dívida mobiliária e as que visem à redução das despesas com pessoal.
>
> § 4º As restrições do § 3º aplicam-se imediatamente se a despesa total com pessoal exceder o limite no primeiro quadrimestre do último ano do mandato dos titulares de Poder ou órgão referidos no art. 20.
>
> § 5º As restrições previstas no § 3º deste artigo não se aplicam ao Município em caso de queda de receita real superior a 10% (dez por cento), em comparação ao correspondente quadrimestre do exercício financeiro anterior, devido a: (Incluído pela Lei Complementar nº 164, de 2018)
>
> I – diminuição das transferências recebidas do Fundo de Participação dos Municípios decorrente de concessão de isenções tributárias pela União; e (Incluído pela Lei Complementar nº 164, de 2018)
>
> II – diminuição das receitas recebidas de royalties e participações especiais. (Incluído pela Lei Complementar nº 164, de 2018)
>
> § 6º O disposto no § 5º deste artigo só se aplica caso a despesa total com pessoal do quadrimestre vigente não ultrapasse o limite percentual previsto no art. 19 desta Lei Complementar, considerada,

para este cálculo, a receita corrente líquida do quadrimestre correspondente do ano anterior atualizada monetariamente. (Incluído pela Lei Complementar nº 164, de 2018)

Como medida para garantir a manutenção e o respeito dos limites estabelecidos de gastos com pessoal, o **art. 23** da LRF impõe, **em caso de descumprimento, a**lém das restrições adotadas para o excesso do limite prudencial vistas no dispositivo anterior, a eliminação do percentual que exceder o limite máximo, nos dois quadrimestres seguintes, sendo pelo menos um terço no primeiro.

Para o cumprimento desta norma, serão adotadas, dentre outras providências, a redução em pelo menos vinte por cento das despesas com cargos em comissão e funções de confiança e a exoneração dos servidores não estáveis e, se estas medidas não forem suficientes, o servidor estável poderá perder o cargo, desde que ato normativo motivado de cada um dos Poderes especifique a atividade funcional, o órgão ou unidade administrativa objeto da redução de pessoal (art. 169, §§ 3º e 4º, da CF). O servidor estável que perder o cargo fará jus a indenização correspondente a um mês de remuneração por ano de serviço (art. 169, § 5º, da CF) e o cargo objeto da redução será considerado extinto, vedada a criação de cargo, emprego ou função com atribuições iguais ou assemelhadas pelo prazo de quatro anos (art. 169, § 6º, da CF). Trata-se de medida drástica que relativiza a tradicional estabilidade dos servidores públicos já aprovados no estágio probatório, subordinando-a ao princípio do equilíbrio fiscal quando este estiver seriamente ameaçado.

O **§ 1º** estabelecia que o objetivo poderia ser alcançado tanto pela extinção de cargos e funções quanto pela redução dos valores a eles atribuídos. E o **§ 2º** facultava a redução temporária da jornada de trabalho com adequação dos vencimentos à nova carga horária. Entretanto, no julgamento da medida cautelar na **ADI 2.238-5**, foi deferida a medida para suspender até o julgamento final a parte final do § 1º, no que se refere à expressão "quanto pela redução dos valores a eles atribuídos", por violar o princípio da irredutibilidade dos vencimentos (art. 37, XV, da CF), bem como para suspender todo o texto do § 2º, por falta de previsão legal que autorizasse a redução da jornada de trabalho, e, por consequência, pela violação ao mesmo princípio já citado da irredutibilidade dos vencimentos. Esta última orientação referente ao § 2º foi consolidada pelo Plenário do STF no ARE 660.010 (repercussão geral).[131]

---

[131] STF, RE 660.010, Pleno, Rel. Min. Dias Toffoli, j. 30.10.2014, repercussão geral, *DJe* 19.02.2015.

Em sessão do Plenário do STF de 24/06/2020, o Ministro Celso de Mello encerrou a votação da ADI 2.238-5, proferindo voto de desempate sobre esse tema, dissentindo do Ministro Alexandre de Moraes (Relator). Acompanhou o voto divergente vencedor da Ministra Rosa Weber, confirmando a medida cautelar originalmente concedida pelas razões anteriormente expostas. Assim, o STF, por maioria de 6 votos a 5, declarou a inconstitucionalidade da expressão normativa "quanto pela redução dos valores a eles atribuídos", inscrita no § 1º, bem como do inteiro teor do § 2º do art. 23.

O § 3º determina que, enquanto perdurar o excesso, o ente não poderá: a) receber transferências voluntárias; b) obter garantia de outra unidade da Federação; c) contratar operação de crédito (exceto para refinanciar dívida mobiliária ou reduzir despesas com pessoal). Estas restrições, segundo o § 4º, aplicam-se, imediatamente se a despesa total com pessoal exceder o limite no primeiro quadrimestre do último ano do mandato dos titulares de Poder ou órgão.

O objetivo do § 4º é evitar que o gestor, com fins eleitoreiros ou de prejudicar seu sucessor, aumente de maneira desmedida os gastos de pessoal no seu último ano de mandato.

Observe-se que, para o STF, as sanções previstas no § 3º não podem ser aplicadas de modo indistinto ao ente quando o responsável pelo descumprimento é um órgão ou Poder dotado de autonomia constitucional, em razão do princípio da separação de poderes. Assim, por exemplo, se o Ministério Público ou Legislativo de um determinado ente federativo descumprir os limites de despesa total com pessoal, o Poder Executivo não será sancionado nos termos do art. 23, § 3º, pois não detém meios constitucionais de compelir um órgão autônomo a cumprir as metas, não podendo ser responsabilizado pelo descumprimento de outrem (princípio da intranscendência da pena).[132]

---

[132] STF: ACO 3.133 AgR, Pleno, Rel. Min. Gilmar Mendes, j. 30.08.2019, *DJe* 16.09.2019; ACO 2.888 AgR, Pleno, Rel. Min. Gilmar Mendes, j. 06.05.2019, *DJe* 17.05.2019; ACO 2.835 AgR, Pleno, Rel. Min. Gilmar Mendes, j. 08.02.2019, *DJe* 19.02.2019; ACO 3.047 AgR, Pleno, Rel. Min. Edson Fachin, j. 31.08.2018, *DJe* 11.09.2018; ACO 2.183 AgR, 1ª Turma, Rel. Min. Rosa Weber, j. 22.06.2018, *DJe* 01.08.2018; ACO 2.995 AgR, Pleno, Rel. Min. Ricardo Lewandowski, j. 23.02.2018, *DJe* 06.03.2018; ACO 1.154 AgR, Pleno, Rel. Min. Edson Fachin, j. 20.02.2018, *DJe* 09.05.2018; AC 2.650 AgR, Pleno, Rel. Min. Edson Fachin, j. 18.11.2016, *DJe* 02.12.2016; ACO 2.099 AgR, Pleno, Min. Teori Zavascki, j. 18.12.2015, *DJe* 22.02.2016; AC 3.952 MC-AgR, Pleno, Rel. Min. Celso de Mello, j. 25.11.2015, *DJe* 21.03.2016; AC 2.511 AgR, 1ª Turma, Rel. Min. Luiz Fux, j. 30.06.2015, *DJe* 26.08.2015; ACO 1.431 AgR, Pleno, Rel. Min. Celso de Mello, j. 17.06.2015, *DJe* 22.09.2015; ACO 1.501 AgR, 1ª Turma, Rel. Min. Luiz Fux, j. 09.06.2015, *DJe* 01.07.2015; ACO 2.661 MC-Ref, Pleno, Rel. Min. Celso

A jurisprudência de nossa Corte Suprema, ao interpretar o art. 23, § 3º, da LRF à luz dos princípios da separação de poderes e da intranscendência da pena, pacifica a questão, afastando interpretações como aquela dada pelo TCU no Acórdão 597/2009,[133] que aplicava tais sanções ao ente federativo, desde que qualquer Poder ou órgão definido no art. 20 extrapolasse seus respectivos limites e não conseguisse readequar-se no prazo fixado na lei, sem qualquer atenção ao fato de que órgãos e poderes autônomos estão constitucionalmente impedidos de interferir na gestão interna de cada um deles.

O **§ 5º**, inserido pela LC 164/2018, excepciona a aplicação das restrições previstas no § 3º sempre que o Município sofra queda de receita real superior a 10% (dez por cento), em comparação ao correspondente quadrimestre do exercício financeiro anterior, devido a: I – diminuição das transferências recebidas do Fundo de Participação dos Municípios (FPM) decorrente de concessão de isenções tributárias pela União; e II – diminuição das receitas recebidas de royalties e participações especiais.

O desiderato da nova norma é não penalizar ainda mais o Município que sofrer diminuição de recebimento de recursos sem culpa sua, uma vez que este não tem ingerência sobre concessões de isenções pela União que reflitam sobre os repasses ao FPM, nem sobre o percentual de recursos decorrentes de *royalties* e participações especiais na exploração de petróleo e de outros recursos minerais.

Contudo, o **§ 6º**, também inserido pela LC 164/2018, faz uma ressalva: o benefício do § 5º acima comentado somente se aplica caso a despesa total com pessoal do quadrimestre vigente não ultrapasse o limite percentual previsto no art. 19 da LRF, considerada, para este cálculo, a receita corrente líquida do quadrimestre correspondente do ano anterior atualizada monetariamente.

Portanto, o desgoverno nas despesas municipais de pessoal fará que as restrições do § 3º se apliquem ao Município, ainda que tenha ocorrido queda de receita municipal por diminuição das transferências recebidas do FPM decorrente de concessão de isenções tributárias pela União ou por diminuição das receitas recebidas de *royalties* e participações especiais.

---

de Mello, j. 13.05.2015, *DJe* 09.06.2015; AC 3.670 MC-AgR, Pleno, Rel. Min. Celso de Mello, j. 07.05.2015, *DJe* 13.08.2015; ACO 1.612 AgR, Pleno, Rel. Min. Celso de Mello, j. 27.11.2014, *DJe* 13.02.2015; ACO 1.848 AgR, Pleno, Rel. Min. Celso de Mello, j. 06.11.2014, *DJe* 06.02.2015; AC 2.873 MC-AgR, 1ª Turma, Rel. Min. Luiz Fux, j. 28.10.2014, *DJe* 17.11.2014; AC 2.659 MC-Ref, Pleno, Rel. Min. Celso de Mello, j. 12.08.2010, *DJe* 24.09.2010; ACO 970, tutela antecipada, Pleno, Rel. Min. Gilmar Mendes, j. 17.05.2007, *DJe* 19.12.2007.

[133] TCU, Acórdão 597/2009 (AC-0597-12/09-P), Rel. Min. Raimundo Carreiro, Plenário, Sessão: 01.04.2009.

A lógica é simples: se ao Município não se pode imputar culpa por essa queda, pode-se sim imputá-la pelo fato de não limitar os gastos com pessoal. Assim, o Município não poderia ser beneficiado com a exceção do § 5º para continuar gastando irresponsavelmente com pessoal.

> **Seção III**
> **Das Despesas com a Seguridade Social**
> Art. 24. Nenhum benefício ou serviço relativo à seguridade social poderá ser criado, majorado ou estendido sem a indicação da fonte de custeio total, nos termos do § 5º do art. 195 da Constituição, atendidas ainda as exigências do art. 17.
> § 1º É dispensada da compensação referida no art. 17 o aumento de despesa decorrente de:
> I – concessão de benefício a quem satisfaça as condições de habilitação prevista na legislação pertinente;
> II – expansão quantitativa do atendimento e dos serviços prestados;
> III – reajustamento de valor do benefício ou serviço, a fim de preservar o seu valor real.
> § 2º O disposto neste artigo aplica-se a benefício ou serviço de saúde, previdência e assistência social, inclusive os destinados aos servidores públicos e militares, ativos e inativos, e aos pensionistas.

A norma contida no *caput* do presente **art. 24** tem a finalidade de garantir o equilíbrio fiscal, face ao caráter contributivo das despesas previdenciárias com aposentadorias e pensões que foi conferido pela Emenda Constitucional 20/1998, na medida em que condiciona a criação, majoração ou ampliação de **despesas da seguridade social** à indicação da sua fonte de custeio, tal como já dispunha a Constituição Federal (art. 195, § 5º), além de, por se tratar de despesa obrigatória de caráter continuado, impor as exigências estabelecidas no art. 17 da LRF, tais como a sua estimativa trienal, a indicação da origem dos recursos que as suportarão, a comprovação de que não afetarão as metas fiscais e um plano de compensação mediante aumento permanente de receitas ou diminuição de despesas.

Neste sentido, leciona Maria Sylvia Zanella Di Pietro[134] que "o intuito do art. 24 é muito claro, pois, como tantos outros, quer evitar que o Poder

---

[134] DI PIETRO, Maria Sylvia Zanella. Comentário ao art. 18 da LRF. In: MARTINS, Ives Gandra da Silva; NASCIMENTO, Carlos Valder do (org.). *Comentários à Lei de Responsabilidade Fiscal*. 6. ed. São Paulo: Saraiva, 2012. p. 223.

Público conceda vantagens ou benefícios sem que demonstre a existência de recursos orçamentários para atender à despesa".

Entretanto, o § 1º excepciona a compensação realizada a partir de aumento de receitas ou da diminuição de despesas, exigida no art. 17, para os casos de concessão de benefício a quem satisfaça as condições de habilitação previstas na legislação pertinente; expansão quantitativa do atendimento e dos serviços prestados; e reajustamento de valor do benefício ou serviço, a fim de preservar o seu valor real.

Já o teor do § 2º não passa de mera síntese do que o art. 194 da Constituição já expressamente estabelece, ao prever que a seguridade social compreende um conjunto integrado de ações de iniciativa dos Poderes Públicos e da sociedade, destinadas a assegurar os direitos relativos à saúde, à previdência e à assistência social, com base na universalidade da cobertura e do atendimento; na uniformidade e equivalência dos benefícios e serviços às populações urbanas e rurais; na seletividade e distributividade na prestação dos benefícios e serviços; na irredutibilidade do valor dos benefícios; na equidade na forma de participação no custeio; na diversidade da base de financiamento, identificando-se, em rubricas contábeis específicas para cada área, as receitas e as despesas vinculadas a ações de saúde, previdência e assistência social, preservado o caráter contributivo da previdência social; e no caráter democrático e descentralizado da administração, mediante gestão quadripartite, com participação dos trabalhadores, dos empregadores, dos aposentados e do Governo nos órgãos colegiados.

CAPÍTULO V
DAS TRANSFERÊNCIAS VOLUNTÁRIAS

Art. 25. Para efeito desta Lei Complementar, entende-se por transferência voluntária a entrega de recursos correntes ou de capital a outro ente da Federação, a título de cooperação, auxílio ou assistência financeira, que não decorra de determinação constitucional, legal ou os destinados ao Sistema Único de Saúde.

§ 1º São exigências para a realização de transferência voluntária, além das estabelecidas na lei de diretrizes orçamentárias:

I – existência de dotação específica;

II – (VETADO)

III – observância do disposto no inciso X do art. 167 da Constituição;

IV – comprovação, por parte do beneficiário, de:

> a) que se acha em dia quanto ao pagamento de tributos, empréstimos e financiamentos devidos ao ente transferidor, bem como quanto à prestação de contas de recursos anteriormente dele recebidos;
>
> b) cumprimento dos limites constitucionais relativos à educação e à saúde;
>
> c) observância dos limites das dívidas consolidada e mobiliária, de operações de crédito, inclusive por antecipação de receita, de inscrição em Restos a Pagar e de despesa total com pessoal;
>
> d) previsão orçamentária de contrapartida.
>
> § 2º É vedada a utilização de recursos transferidos em finalidade diversa da pactuada.
>
> § 3º Para fins da aplicação das sanções de suspensão de transferências voluntárias constantes desta Lei Complementar, excetuam-se aquelas relativas a ações de educação, saúde e assistência social.

O art. 25 conceitua a **transferência voluntária**, típico mecanismo de cooperação financeira entre entes federativos, e estabelece as exigências e condições para a sua realização, disciplinando, inclusive, a aplicação da sanção na modalidade de suspensão temporária do recebimento. Registre-se que esta não se confunde com a *transferência obrigatória*, que decorre de previsão constitucional e não pode ser restringida ou limitada.

Assim, dentro do modelo de descentralização na execução de programas e ações governamentais, especialmente aquelas atividades de competência comum (art. 23 da CF) e com caráter tipicamente local, as atuações total ou parcialmente delegadas de um ente para outro, formalizadas através de convênios, contratos de repasse ou termos de parceria, se operacionalizam pelo repasse de recursos entre a União, Estados, Distrito Federal e Municípios, a título de cooperação, auxílio ou assistência financeira, não decorrentes de determinação constitucional ou legal ou destinados ao Sistema Único de Saúde.

Na esfera federal, o Decreto 6.170/2007 dispõe sobre as normas relativas às transferências de recursos da União mediante convênios,[135]

---

[135] Convênio é o acordo, ajuste ou qualquer outro instrumento que discipline a transferência de recursos financeiros de dotações consignadas nos Orçamentos Fiscal e da Seguridade Social da União e tenha como partícipe, de um lado, órgão ou entidade da administração pública federal, direta ou indireta, e, de outro lado, órgão ou entidade da administração pública estadual, distrital ou municipal, direta ou indireta,

contratos de repasse[136] e termos de execução descentralizada,[137] celebrados pelos órgãos e entidades da administração pública federal com órgãos ou entidades públicas ou privadas sem fins lucrativos, para a execução de programas, projetos e atividades que envolvam a transferência de recursos ou a descentralização de créditos oriundos dos Orçamentos Fiscal e da Seguridade Social da União.

Os recursos financeiros objeto das transferências voluntárias decorrem das receitas corrente ou de capital, cuja definição encontra-se no art. 11 da Lei 4.320/1964, segundo o qual são *receitas correntes* as receitas tributárias, de contribuições, patrimonial, agropecuária, industrial, de serviços e outras e, ainda, as provenientes de recursos financeiros recebidos de outras pessoas de direito público ou privado, quando destinadas a atender despesas classificáveis em despesas correntes; e são *receitas de capital* as provenientes da realização de recursos financeiros oriundos de constituição de dívidas; da conversão, em espécie, de bens e direitos; os recursos recebidos de outras pessoas de direito público ou privado destinados a atender despesas classificáveis em despesas de capital e, ainda, o *superávit* do orçamento corrente.

Pode-se dizer que o fator caracterizador das receitas correntes é a sua *estabilidade* como fonte de recursos, ou seja, considera-se que essas receitas fazem parte da arrecadação estatal de forma ordinária e não eventual. Assim, as receitas correntes são consideradas continuamente pelo Estado na elaboração do seu orçamento, já que estas possuem um caráter estável e definitivo no sistema financeiro, como no caso dos tributos. Já as receitas de capital são de natureza *eventual*, pois para existirem dependem de atos específicos e circunstâncias próprias, como no caso das receitas originárias dos empréstimos na emissão de títulos da dívida pública. Em qualquer dos

---

 ou ainda, entidades privadas sem fins lucrativos, visando a execução de programa de governo, envolvendo a realização de projeto, atividade, serviço, aquisição de bens ou evento de interesse recíproco, em regime de mútua cooperação (Decreto 6.170/2007, art. 1º, § 1º, I).

[136] Contrato de repasse é o instrumento administrativo, de interesse recíproco, por meio do qual a transferência dos recursos financeiros se processa por intermédio de instituição ou agente financeiro público federal, que atua como mandatário da União (Decreto 6.170/2007, art. 1º, § 1º, II).

[137] Termo de execução descentralizada é o instrumento por meio do qual é ajustada a descentralização de crédito entre órgãos e/ou entidades integrantes dos Orçamentos Fiscal e da Seguridade Social da União, para execução de ações de interesse da unidade orçamentária descentralizadora e consecução do objeto previsto no programa de trabalho, respeitada fielmente a classificação funcional programática (Decreto 6.170/2007, art. 1º, § 1º, III).

casos, tanto na receita corrente como na receita de capital, existe, segundo a própria lei, uma correlação entre estas e as respectivas despesas. Ou seja, para financiar as despesas correntes, como as de custeio, serão utilizadas as receitas correntes. Já para financiar as despesas de capital, como os investimentos, serão utilizadas as receitas de capital.[138]

O § 1º traz como condicionamentos para a realização de transferência voluntária, além das estabelecidas na lei de diretrizes orçamentárias, a existência de dotação específica, a vedação para pagamento de despesas com pessoal ativo, inativo e pensionista,[139] e a comprovação, por parte do beneficiário, de que: a) se acha em dia quanto ao pagamento de tributos, empréstimos e financiamentos devidos ao ente transferidor, bem como quanto à prestação de contas de recursos anteriormente dele recebidos; b) cumprimento dos limites constitucionais relativos à educação e à saúde; c) observância dos limites das dívidas consolidada e mobiliária, de operações de crédito, inclusive por antecipação de receita, de inscrição em Restos a Pagar e de despesa total com pessoal; d) previsão orçamentária de contrapartida.

É de se registrar que a vedação do uso de transferências voluntárias para pagamento de despesas com pessoal ativo, inativo e pensionista, prevista no inciso III deste § 1º, foi objeto do julgamento da ADPF 114 (23.08.2019), de relatoria do Ministro Luís Roberto Barroso, em que se firmou a tese de que os recursos públicos vinculados a convênios não podem ser bloqueados ou penhorados por decisão judicial para pagamento de débitos trabalhistas de sociedade de economia mista, ainda que as verbas tenham sido repassadas à estatal, em virtude do disposto no art. 167, VI e X, da CF/1988 e do princípio da separação de poderes (art. 2º da CF/1988). Na ocasião, afirmou-se que a proibição de uso de transferências voluntárias para pagamento de despesas com pessoal (art. 167, X, da CF/1988) visa fundamentalmente à responsabilidade fiscal e tem um intuito de impedir a dependência financeira dos entes federados menores em relação à União para arcar com despesas correntes. Dado o caráter permanente desses débitos, Estados e Municípios devem ser capazes de suportá-los com as suas próprias receitas.[140]

---

[138] ABRAHAM, Marcus. *Curso de direito financeiro brasileiro*. 5. ed. Rio de Janeiro: Forense, 2018. p. 140-141.

[139] "É vedado o uso de recursos de transferências voluntárias para pagamento de pessoal de ente da Federação, ainda que decorrente de contrato por tempo determinado" (TCU, Acórdão 2.588/2017, Rel. Min. Vital do Rêgo, Plenário, Sessão: 22.11.2017, Boletim de Jurisprudência nº 200 de 12.12.2017 – Enunciado paradigmático).

[140] STF, ADPF 114, Pleno, Rel. Min. Roberto Barroso, j. 23.08.2019, *DJe* 06.09.2019.

O inciso II deste parágrafo primeiro, que trazia como requisito a "formalização por meio de convênio", foi vetado ao argumento de que o estabelecimento desta exigência em lei complementar comprometeria importantes programas, onde a eliminação da figura do convênio proporcionou notável avanço quantitativo e qualitativo, além de inviabilizar futuras experiências de simplificação de procedimentos no âmbito da Administração Pública, em programas onde aquele instrumento mostra-se progressivamente dispensável ou substituível por outros mais modernos e eficazes. Para tanto, citou-se como exemplo o Programa Nacional de Alimentação Escolar e o Programa Dinheiro Direto na Escola, que atingiram grau de descentralização sem precedentes na história. Com base na Medida Provisória 1.979-17/2000, os recursos destinados aos dois programas constituem assistência financeira de caráter suplementar, calculada com base nos parâmetros fixados pelo Fundo Nacional de Desenvolvimento da Educação – FNDE, e são transferidos automaticamente pela Secretaria Executiva desse órgão aos Estados, Municípios e unidades executoras de escolas públicas, sem a necessidade de convênio, ajuste ou contrato.

Em relação ao requisito de o ente federado estar adimplente quanto ao pagamento de tributos, empréstimos e financiamentos devidos ao ente transferidor, bem como quanto à prestação de contas de recursos recebidos anteriormente dele (art. 25, § 1º, IV, "a"), o STF entende que viola o postulado constitucional do devido processo legal a inscrição do ente no cadastro de inadimplentes (tal como o cadastro federal do CAUC/SIAFI) sem que lhe seja garantido o contraditório e a ampla defesa. Ademais, sem a conclusão de tomadas de contas especial, ou de outro procedimento específico instituído por lei que permita a apuração dos danos ao erário e das respectivas responsabilidades, fica inviabilizada a imposição de restrições para a transferência de recursos entre entes federados.[141]

O STJ, por sua vez, em sua Súmula 615, fixou que "não pode ocorrer ou permanecer a inscrição do município em cadastros restritivos fundada em irregularidades na gestão anterior quando, na gestão sucessora, são tomadas as providências cabíveis à reparação dos danos eventualmente cometidos". Concretamente, nos casos analisados pelo STJ que geraram essa Súmula, são indicadas como "providências cabíveis", por exemplo, a realização de

---

[141] STF: ACO 2.803 AgR-segundo, Pleno, Rel. Min. Dias Toffoli, j. 29.09.2017, *DJe* 20.10.2017; ACO 2.811 AgR-segundo, Pleno, Rel. Min. Dias Toffoli, j. 25.08.2017, *DJe* 18.09.2017; ACO 2.591 AgR, Pleno, Rel. Min. Dias Toffoli, j. 18.11.2016, *DJe* 02.12.2016.

tomada de contas especial pelo novo gestor, o ajuizamento de ação contra o gestor público anterior buscando o ressarcimento do prejuízo ao erário e a representação ao Ministério Público para fins criminais.

Já o § 2º adverte ser vedada a utilização de recursos transferidos em finalidade diversa da pactuada. Tal dispositivo poderia ser considerado desnecessário, na medida em que o parágrafo único do art. 8º da LRF já trazia o comando no sentido de que os recursos legalmente vinculados a finalidade específica deverão ser utilizados exclusivamente para atender ao objeto de sua vinculação, ainda que em exercício diverso daquele em que ocorrer o ingresso.

O § 3º ressalva que estão excetuadas da suspensão das transferências voluntárias, em caso de aplicação de sanção, aquelas relativas a ações de educação, saúde e assistência social. Para além dessas exceções expressamente previstas na LRF, o TCU também já admitiu, numa interpretação ampliativa, outra exceção: a possibilidade de transferência voluntária de recursos na área de defesa nacional, ainda que o ente beneficiário tenha descumprido a LRF. Mas, neste caso, a União deve demonstrar que a execução indireta (por meio de convênio e transferência voluntária) é a única forma, indispensável e inadiável, para a realização das pretendidas ações de defesa nacional.[142]

O STJ, por sua vez, embora aceite pacificamente a aplicação deste § 3º para ações de educação e saúde,[143] consagrou uma interpretação restritiva do termo *ação social* para aplicação da exceção prevista neste parágrafo, pois "a interpretação da expressão 'ações sociais' não pode ser ampla ao ponto de incluir hipóteses não apontadas pelo legislador, haja vista que, se assim procedesse qualquer atuação governamental em favor da coletividade seria possível de enquadramento nesse conceito".[144] Busca-se com isso evitar a violação da LRF por meio de classificação inadequada de despesas como

---

[142] TCU, Acórdão 445/2009 (AC-0445-10/09-P), Rel. Min. Walton Alencar Rodrigues, Plenário, Sessão: 18.03.2009.

[143] STJ, AgInt no RMS 44.652/PR, 1ª Turma, Rel. Min. Napoleão Nunes Maia Filho, j. 01.06.2020, *DJe* 04.06.2020: "2. Este Superior Tribunal de Justiça firmou o entendimento de que a norma contida no art. 25, § 3º, da Lei Complementar 101/2000 – Lei de Responsabilidade Fiscal – estabelece que não serão aplicadas as sanções de suspensão das transferências voluntárias nas hipóteses em que os recursos transferidos destinam-se à aplicação nas áreas de saúde, educação e assistência social, hipótese dos autos. 3. A exigência de regularidade fiscal deve ser mitigada, notadamente considerando que esta atividade se dá em benefício do interesse público, suprindo a ausência de plena atuação estatal nestas áreas, aplicando o disposto no art. 25, § 3º, da LC 101/2000, independente de ser anterior ou posterior à formalização do convênio".

[144] STJ, AgRg no REsp 1.547.543/CE, 2ª Turma, Rel. Min. Humberto Martins, j. 13.10.2015, *DJe* 20.10.2015.

sendo decorrentes de ação social, de modo a tentar burlar a vedação às transferências voluntárias.

Assim, para o STJ, por exemplo, não foram classificadas como ações sociais previstas nas exceções deste § 3º a execução de serviços de pavimentação de vias públicas[145] e a reforma de prédio público.[146] Por outro lado, despesas com a execução de atividades inerentes ao atendimento de crianças e adolescentes em situação de risco pessoal e social foram enquadradas entre as exceções previstas no § 3º.[147]

Dentre as espécies de *sanções institucionais* – ou seja, aquelas penalidades de natureza financeira que atingem o próprio ente federativo, órgão ou poder que descumprir uma regra que lhe foi imposta – tem-se a suspensão das transferências voluntárias, a vedação à contratação de operações de crédito e à obtenção de garantias. Como exemplos de sanções institucionais que, segundo a LRF, acarretam a suspensão das transferências voluntárias, citamos a não previsão e a efetiva arrecadação de todos os impostos de competência do ente (art. 11, parágrafo único); a não redução ou o excesso dos limites de despesa de pessoal (art. 23, §§ 3º e 4º); o descumprimento dos prazos para a divulgação de relatórios fiscais RREO e RGF (art. 51). Aqui também, como já visto nos comentários ao art. 23, o Supremo Tribunal Federal aplica o princípio da intranscendência da pena, impedindo que se puna com a proibição de transferências voluntárias o Poder ou órgão autônomo que não deu causa ao descumprimento da LRF.

Por fim, importante lembrar de que a Lei Eleitoral (Lei 9.504/1997), para evitar o uso político das transferências voluntárias, através do seu art. 73, VI, *a*, vedou aos agentes públicos, servidores ou não, condutas tendentes a afetar a igualdade de oportunidades entre candidatos nos pleitos eleitorais, incluindo a proibição expressa de, nos três meses que antecedem o pleito, realizar transferência voluntária de recursos da União aos estados e municípios, e dos estados aos municípios, sob pena de nulidade de pleno direito (do ato que gerou tais transferências), ressalvados os recursos destinados a cumprir obrigação formal preexistente para execução de obra ou serviço em andamento e com cronograma prefixado, e os destinados a atender situações de emergência e de calamidade pública.

---

[145] STJ, AgRg no REsp 1.457.430, 1ª Turma, Rel. Min. Napoleão Nunes Maia Filho, j. 03.12.2015, *DJe* 15.12.2015; REsp 1.372.942, 1ª Turma, Rel. Min. Benedito Gonçalves, j. 01.04.2014, *DJe* 11.04.2014.
[146] STJ, AgRg no REsp 1.439.326, 2ª Turma, Rel. Min. Mauro Campbell Marques, j. 24.02.2015, *DJe* 02.03.2015.
[147] STJ, REsp 1.407.866, 2ª Turma, Rel. Min. Mauro Campbell Marques, j. 03.10.2013, *DJe* 11.10.2013.

CAPÍTULO VI
DA DESTINAÇÃO DE RECURSOS PÚBLICOS PARA O SETOR PRIVADO

Art. 26. A destinação de recursos para, direta ou indiretamente, cobrir necessidades de pessoas físicas ou déficits de pessoas jurídicas deverá ser autorizada por lei específica, atender às condições estabelecidas na lei de diretrizes orçamentárias e estar prevista no orçamento ou em seus créditos adicionais.

§ 1º O disposto no *caput* aplica-se a toda a administração indireta, inclusive fundações públicas e empresas estatais, exceto, no exercício de suas atribuições precípuas, as instituições financeiras e o Banco Central do Brasil.

§ 2º Compreende-se incluída a concessão de empréstimos, financiamentos e refinanciamentos, inclusive as respectivas prorrogações e a composição de dívidas, a concessão de subvenções e a participação em constituição ou aumento de capital.

O *caput* do **art. 26** em análise estabelece as condições para o repasse de recursos públicos para o **setor privado**, seja para pessoas físicas ou jurídicas, de maneira direta ou indireta, exigindo para a sua realização, além da sua previsão orçamentária e do atendimento das condições previstas na LDO, que seja expressamente autorizada por lei específica, impondo à destinação de recursos ao setor privado o *princípio da legalidade*.

Tais exigências, segundo os **parágrafos primeiro** e **segundo**, aplicam-se a toda a administração indireta, inclusive fundações públicas e empresas estatais, exceto, no exercício de suas atribuições precípuas, às instituições financeiras e ao Banco Central do Brasil, devendo ser incluídas a concessão de empréstimos, financiamentos e refinanciamentos, inclusive as respectivas prorrogações e a composição de dívidas, a concessão de subvenções e a participação em constituição ou aumento de capital.

A exceção feita às estatais que consubstanciam instituições financeiras (por exemplo, BNDES, CEF e Banco do Brasil) no parágrafo primeiro tem razões óbvias. Se suas atividades-fim são propriamente aquelas de natureza financeira, dentre as quais a de destinar recursos para o setor privado (por meio de empréstimos, financiamentos ou congêneres), não pode ser-lhes exigível que tais operações necessitem de autorização legal. Exigir tal autorização para essas empresas estatais, com o tempo de espera para os trâmites burocráticos de aprovação de uma lei perante o Legislativo, seria, na prática, inviabilizar a atividade de tais instituições financeiras estatais, o que redundaria em perda grave de competitividade em relação às instituições financeiras privadas. O mesmo se diga em relação ao Banco Central do Brasil, que deve estar dotado de agilidade para efetivamente poder atuar na regulação do sistema financeiro nacional.

Merece destaque a exigência da autorização legal específica, indicadora da destinação dos recursos e das características dos seus beneficiários, já que reduz a liberdade do administrador em conceder este tipo de auxílio financeiro, muitas vezes realizado com fins políticos e assistencialistas, trazendo maior controle e transparência para as finanças públicas, conferindo, assim, efetividade aos princípios da moralidade, impessoalidade, publicidade e transparência. Ademais, é de se recordar que o art. 359-D do Código Penal tipifica como crime contra as finanças públicas o ato de ordenar despesas não autorizadas em lei. O STJ já teve a oportunidade de confirmar a condenação penal de Prefeito que, no exercício de suas funções, realizou despesas com doações a pessoas físicas sem lei específica que autorizasse tal ato, o que contraria o disposto no art. 26 da LC 101/2000,[148] inclusive afastando o princípio da insignificância para este tipo de delito.[149]

A ajuda financeira ao setor privado operacionaliza-se, por exemplo, através de **subvenções**, que, segundo o art. 12, § 3º, da Lei 4.320/1964, são as transferências destinadas a cobrir despesas de custeio das entidades beneficiadas, distinguindo-se as *subvenções sociais*, que se destinam a instituições públicas ou privadas de caráter assistencial ou cultural, sem finalidade lucrativa, e as *subvenções econômicas*, que se destinam a empresas públicas ou privadas de caráter industrial, comercial, agrícola ou pastoril. Exemplo para as pessoas físicas são os programas de renda mínima e bolsa-família, apoio financeiro aos estudantes etc.

Art. 27. Na concessão de crédito por ente da Federação a pessoa física, ou jurídica que não esteja sob seu controle direto ou indireto,

---

[148] STJ, REsp 677.159/PE, 5ª Turma, Rel. Min. José Arnaldo da Fonseca, j. 22.02.2005, *DJ* 21.03.2005.

[149] STJ, REsp 609.061, 6ª Turma, Rel. Min. Celso Limongi (desembargador convocado), j. 15.12.2009, *DJe* 01.02.2010. Nesse julgado, entendeu-se que, nos termos da inicial acusatória, o alcaide, no exercício do mandato eletivo como Chefe do Executivo Municipal de Limoeiro, no período de 01 de junho a 21 de julho de 2000, realizou despesas com doações no valor de 4.980,73 UFIRs, sem lei específica que as regulamentasse, contrariando o disposto no art. 26, *caput*, da Lei de Responsabilidade Fiscal, sendo que aquele valor não poderia ser tido como insignificante e que, ademais, a jurisprudência do STJ é contrária à aplicação do princípio da insignificâncias para os delitos descritos no Decreto-Lei 201/1967.

> os encargos financeiros, comissões e despesas congêneres não serão inferiores aos definidos em lei ou ao custo de captação.
>
> **Parágrafo único.** Dependem de autorização em lei específica as prorrogações e composições de dívidas decorrentes de operações de crédito, bem como a concessão de empréstimos ou financiamentos em desacordo com o *caput*, sendo o subsídio correspondente consignado na lei orçamentária.

A norma constante do **art. 27** é singela e atende aos princípios da transparência fiscal e da moralidade administrativa, uma vez que tem como objetivo vedar que sejam concedidos créditos a particulares, sejam pessoas físicas ou jurídicas, com custo financeiro menor do que estes arcariam no mercado, evitando assim que condições favoráveis ou vantajosas lhes sejam dadas às custas do dinheiro público. Ressalva, entretanto, o *caput* do artigo para a concessão de crédito em favor daquelas pessoas jurídicas que estejam sob o controle direto ou indireto do ente federativo, em razão do vínculo jurídico.

Por sua vez, o **parágrafo único** autoriza a exceção à regra do *caput* do art. 27, nos casos em que haja interesse público a justificar o benefício pecuniário, desde que esteja autorizado por lei específica, e o subsídio correspondente seja devidamente demonstrado na lei orçamentária.

> **Art. 28.** Salvo mediante lei específica, não poderão ser utilizados recursos públicos, inclusive de operações de crédito, para socorrer instituições do Sistema Financeiro Nacional, ainda que mediante a concessão de empréstimos de recuperação ou financiamentos para mudança de controle acionário.
>
> § 1º A prevenção de insolvência e outros riscos ficará a cargo de fundos, e outros mecanismos, constituídos pelas instituições do Sistema Financeiro Nacional, na forma da lei.
>
> § 2º O disposto no *caput* não proíbe o Banco Central do Brasil de conceder às instituições financeiras operações de redesconto e de empréstimos de prazo inferior a trezentos e sessenta dias.

O presente **art. 28** é outro dispositivo da LRF que impõe o ideal de **moralidade pública** e responsabilidade com o erário, ao exigir *lei específica* para autorizar a utilização de recursos públicos com o objetivo de socorrer instituições financeiras, públicas e privadas, que estejam em situação de risco ou de bancarrota, e que possam contaminar todo o Sistema Financeiro Nacional, determinando, ainda, que a prevenção de insolvência destas instituições financeiras ficará a cargo de fundos específicos previstos em lei, ou através da atuação do BACEN, na realização de operações de redesconto ou concessão de empréstimos de curto prazo.

Segundo a Lei 4.595/1964, o Sistema Financeiro Nacional é constituído pelo Conselho Monetário Nacional, Banco Central do Brasil, Banco do Brasil S/A, Banco Nacional do Desenvolvimento Econômico (BNDES) e demais instituições financeiras públicas e privadas. Por sua vez, segundo o seu art. 17, consideram-se instituições financeiras as pessoas jurídicas públicas ou privadas, que tenham como atividade principal ou acessória a coleta, intermediação ou aplicação de recursos financeiros próprios ou de terceiros, em moeda nacional ou estrangeira, e a custódia de valor de propriedade de terceiros.

As regras do art. 28 originam-se a partir da experiência vivida com programas como PROER (Programa de Estímulo à Reestruturação e ao Fortalecimento do Sistema Financeiro Nacional) e PROES (Programa de Estímulo à Reestruturação e ao Fortalecimento do Sistema Financeiro Nacional), que utilizaram bilhões de reais dos cofres públicos entre os anos de 1995 e 2000. Tais programas foram instituídos para permitir a reestruturação e fortalecimento do Sistema Financeiro Nacional público e privado, devido aos graves problemas de caixa de inúmeros bancos, o que poderia gerar uma crise econômica sistêmica.

As normas que disciplinaram o PROER foram a Resolução 2.208/1995 do Conselho Monetário Nacional (CMN), e as Circulares Bacen 2.636/1995, 2.672/1996, 2.681/1996, 2.713/1996, que tratam da reestruturação da carteira de ativos e passivos; as Circulares 2.636/1995 e 2.681/1996, que tratam das fusões, transferência de controle acionário e modificação do objeto social; e, por fim, as Circulares 2.369/1997 e 2.748/1997, que dispõem sobre créditos junto ao FGC. Por sua vez, o PROES, Programa de Incentivo à Redução do Setor Público Estadual na Atividade Bancária, foi disciplinado pela Medida Provisória 1.514/1996 e seguintes, e visou ao refinanciamento dos Estados brasileiros endividados, com o fechamento ou venda de Bancos Estaduais Públicos, como o Banespa (SP) ou o Banerj (RJ).

CAPÍTULO VII
DA DÍVIDA E DO ENDIVIDAMENTO

Seção I
Definições Básicas

Art. 29. Para os efeitos desta Lei Complementar, são adotadas as seguintes definições:

I – dívida pública consolidada ou fundada: montante total, apurado sem duplicidade, das obrigações financeiras do ente da Federação, assumidas em virtude de leis, contratos, convênios ou tratados e da realização de operações de crédito, para amortização em prazo superior a doze meses;

II – dívida pública mobiliária: dívida pública representada por títulos emitidos pela União, inclusive os do Banco Central do Brasil, Estados e Municípios;

III – operação de crédito: compromisso financeiro assumido em razão de mútuo, abertura de crédito, emissão e aceite de título, aquisição financiada de bens, recebimento antecipado de valores provenientes da venda a termo de bens e serviços, arrendamento mercantil e outras operações assemelhadas, inclusive com o uso de derivativos financeiros;

IV – concessão de garantia: compromisso de adimplência de obrigação financeira ou contratual assumida por ente da Federação ou entidade a ele vinculada;

V – refinanciamento da dívida mobiliária: emissão de títulos para pagamento do principal acrescido da atualização monetária.

§ 1º Equipara-se a operação de crédito a assunção, o reconhecimento ou a confissão de dívidas pelo ente da Federação, sem prejuízo do cumprimento das exigências dos arts. 15 e 16.

§ 2º Será incluída na dívida pública consolidada da União a relativa à emissão de títulos de responsabilidade do Banco Central do Brasil.

§ 3º Também integram a dívida pública consolidada as operações de crédito de prazo inferior a doze meses cujas receitas tenham constado do orçamento.

§ 4º O refinanciamento do principal da dívida mobiliária não excederá, ao término de cada exercício financeiro, o montante do final do exercício anterior, somado ao das operações de crédito autorizadas no orçamento para este efeito e efetivamente realizadas, acrescido de atualização monetária.

Com uma necessidade crescente de investimentos e de gastos públicos, e diante da insuficiência das receitas públicas tributárias e patrimoniais, nas últimas décadas do século XX o Brasil passou a lançar mão do crédito público como instrumento financeiro de **autofinanciamento**.[150]

---

[150] Embora, historicamente, se possa encontrar a sua origem no Brasil no período colonial. Outrossim, é inequívoco que a criação do Banco do Brasil, em 1807, estava ligada à necessidade de a Coroa obter recursos para o seu financiamento. Relata

Entretanto, o descontrole e os excessos geraram um endividamento astronômico do país, comprometendo parcela expressiva da sua arrecadação com o pagamento de juros e encargos e com sua própria amortização. Por isso, um dos objetivos da LRF foi o de administrar o crescente e desproporcional passivo da dívida pública existente no momento da sua edição, bem como controlar o endividamento público futuro, de maneira a permitir o crescimento sustentado do Estado brasileiro. **Afinal, como bem observou o ex-Secretário e ex-Ministro da Fazenda Murilo Portugal**:[151]

> Em razão de sua conturbada história, a dívida pública brasileira ficou com uma imagem negativa perante a opinião pública. A dívida pública é associada tanto ao pagamento de juros elevados como proporção da receita fiscal e do produto doméstico bruto quanto à periódica ocorrência de calotes explícitos, problemas que infelizmente têm sido recorrentes na nossa história.
>
> Esses eventos negativos, entretanto, não decorrem de um problema inerente à natureza essencial da dívida pública. O endividamento público é um instrumento apropriado para financiar o investimento público na construção de ativos de elevado custo e longa duração, como uma hidrelétrica, um porto ou uma estrada. Nesse caso, o endividamento público permite distribuir equitativamente entre os contribuintes do presente e do futuro o custeio e os riscos da construção de ativos que vão gerar benefícios e rendimentos supostamente superiores ao seu custo por um longo período para várias gerações de contribuintes.
>
> Quando utilizada para financiar o investimento público produtivo, a dívida pública pode funcionar tanto como um mecanismo de equidade intergeracional quanto como um sistema de baixo risco de transferência intertemporal de consumo, gerando resultados sociais positivos para todos. A dívida pública é também um instrumento muito útil para o financiamento de despesas emergenciais e extraordinárias, mesmo que não sejam despesas de investimento, como as que ocorrem quando há uma calamidade pública ou outro tipo de choque temporário, até mes-

---

Valentim Bouças que o primeiro a mandar ordenar a escrituração das finanças da Colônia foi Luiz de Vasconcelos e Souza (vice-rei da idade de ouro do Brasil colonial) e que, segundo registros, de 1761 a 1780, a escrituração oficial acusava déficits anuais superiores a 100 contos, tendo-se elevado a dívida pública, naquele último ano, a mais de 1.200 contos (BOUÇAS, Valentim. *História da dívida externa*. 2. ed. Rio de Janeiro: Financeiras S.A., 1950).

[151] PORTUGAL, Murilo. Prefácio. In: SILVA, Anderson Caputo; CARVALHO, Lena Oliveira de; MEDEIROS, Otavio Ladeira de (org.). *Dívida pública*: a experiência brasileira. Brasília: Secretaria do Tesouro Nacional/Banco Mundial, 2009.

mo guerras. Aliás, a dívida pública brasileira começou a se formar para financiar a guerra de independência.

Assim, constou da Exposição de Motivos[152] da LRF que esta lei, dentre outros propósitos, "tem como objetivo a drástica e veloz redução do déficit público e a estabilização do montante da dívida pública em relação ao Produto Interno Bruto da economia".

Dentro desse espírito, a LRF estabeleceu inúmeras regras fiscais que impactaram sobremaneira a gestão da dívida pública nos três níveis de governo: federal, estadual e municipal. Iniciou fixando conceitos básicos de dívida pública. Em seguida, determinou rígidos limites para endividamento e operações de crédito, prevendo regras para a recondução da dívida aos limites de endividamento, na busca do equilíbrio fiscal. Foi sistemática nas normas para a realização das operações de crédito, inclusive das conduzidas pelo Banco Central, além de prever normas sobre garantias das operações.

Para se garantir a efetividade dos princípios de transparência, controle e responsabilidade pregados pela LRF e, sobretudo, poder-se dimensionar o seu real peso no orçamento, a Dívida Pública precisa ser identificada e registrada de forma detalhada, clara e precisa, destacando-se individualmente o tipo de dívida contraída, seu montante, o prazo de vencimento, os encargos incidentes e as garantias oferecidas.

Com esse objetivo, a LRF apresenta no **art. 29** os conceitos e definições pertinentes à **dívida pública**, que é o conjunto ou somatório de obrigações financeiras que o setor público tem para com o setor privado, seja na forma de *títulos públicos* (dívida mobiliária), *base monetária* (passivo da autoridade monetária), *dívida bancária* ou quaisquer outros contratos que resultem em direitos dos agentes privados contra o governo.

A **Dívida Pública consolidada ou fundada**, segundo a LRF, é composta pelos compromissos financeiros de exigibilidade superior a doze meses, contraídos por ente da federação, em virtude de lei, da emissão de títulos ou da celebração de contratos, convênios ou tratados, para atender as despesas públicas em geral, inclusive para a rolagem de dívida, quando as suas respectivas receitas públicas não forem suficientes para financiá-las. Integram também à dívida pública consolidada da União as relativas à emissão de títulos de responsabilidade do Banco Central do Brasil e as referentes às operações de crédito de prazo inferior a doze meses cujas receitas tenham constado do orçamento (§§ 2º e 3º).

---

[152] E. M. Interministerial 106/MOG/MF/MPAS (13.04.1999).

Outrossim, os precatórios judiciais não pagos durante a execução do orçamento em que houverem sido incluídos integram a dívida consolidada, para fins de aplicação dos limites da LRF (art. 30, § 7º).

Importante lembrar que a Lei 4.320/1964 já trazia um conceito para a *dívida fundada* no seu art. 98, como sendo "os compromissos de exigibilidade superior a doze meses, contraídos para atender a desequilíbrio orçamentário ou a financeiro de obras e serviços públicos". Por sua vez, o art. 92 desta lei geral orçamentária conceitua a *dívida flutuante*, compreendendo-se: I – os restos a pagar, excluídos os serviços da dívida; II – os serviços da dívida a pagar; III – os depósitos; IV – os débitos de tesouraria.

Segundo a LRF, a **dívida pública mobiliária** é a dívida pública representada por títulos emitidos pela União, inclusive os do Banco Central do Brasil, Estados e Municípios, tais como as Letras do Tesouro Nacional (LTN), Notas do Tesouro Nacional (NTN), Nota do Banco Central (NBC) etc.

Importante registrar que o art. 11 da LC 148/2014 vedou aos Estados, ao Distrito Federal e aos Municípios a emissão de títulos da dívida pública mobiliária.

As **operações de créditos** são conceituadas pela LRF de maneira ampla e não taxativa, como sendo os compromissos financeiros assumidos em razão de mútuo, abertura de crédito, emissão e aceite de título, aquisição financiada de bens, recebimento antecipado de valores provenientes da venda a termo de bens e serviços, arrendamento mercantil e outras operações assemelhadas, inclusive com o uso de derivativos financeiros. Equiparam-se, ainda, à operação de crédito, a assunção, o reconhecimento ou a confissão de dívidas pelo ente da Federação (§ 1º).

Tais operações de crédito podem ser de *curto prazo* (de até 12 meses), que integram a dívida flutuante, como as operações de Antecipação de Receitas Operacionais (ARO), destinadas a atender eventuais insuficiências de caixa durante o exercício financeiro, e de *longo prazo* (acima de 12 meses), as quais compõem a dívida fundada ou dívida consolidada e destinam-se a cobrir desequilíbrio orçamentário ou a financiar obras e serviços públicos, mediante contratos ou a emissão de títulos da dívida pública. A operação de longo prazo é dita operação de crédito interno, quando contratada com credores situados no país, e operação de crédito externo, quando contratada com agências de países estrangeiros, organismos internacionais ou instituições financeiras estrangeiras.

As operações de crédito tradicionais são aquelas relativas aos contratos de financiamento, empréstimo ou mútuo. A LRF englobou no mesmo conceito as operações "assemelhadas", tais como a compra financiada de bens ou serviços, o arrendamento mercantil e as operações de derivativos financeiros. Incluem-se também nessas categorias operações realizadas com instituição não financeira.

Por sua vez, a Resolução 48/2007 do Senado Federal estabelece, no seu art. 3º, que constituem operação de crédito os compromissos assumidos com credores situados no país ou no exterior, em razão de mútuo, abertura de crédito, emissão e aceite de título, aquisição financiada de bens, recebimento antecipado de valores provenientes da venda a termo de bens e serviços, arrendamento mercantil e outras operações assemelhadas, inclusive com o uso de derivativos financeiros. Equiparam-se a operações de crédito: I – recebimento antecipado de valores de empresa em que o Poder Público detenha, direta ou indiretamente, a maioria do capital social com direito a voto, salvo lucros e dividendos, na forma da legislação; II – assunção direta de compromisso, confissão de dívida ou operação assemelhada, com fornecedor de bens, mercadorias ou serviços, mediante emissão, aceite ou aval de títulos de crédito; III – assunção de obrigação, sem autorização orçamentária, com fornecedores para pagamento *a posteriori* de bens e serviços.

Já a **concessão de garantia** é tratada pela LRF como o compromisso de adimplência de obrigação financeira ou contratual assumida por ente da Federação ou entidade a ele vinculada. A preocupação da lei é mais do que razoável, já que uma eventual inadimplência do ente ou órgão tomador do recurso poderá acarretar obrigação ao respectivo garantidor. Trata-se, pois, de garantia à obrigação de terceiros.

Outrossim, a LRF dispõe sobre o **refinanciamento da dívida mobiliária**, considerando como tal a emissão de títulos para pagamento do principal acrescido da atualização monetária, não podendo exceder, ao término de cada exercício financeiro, o montante do final do exercício anterior, somado ao das operações de crédito autorizadas no orçamento para este efeito e efetivamente realizadas, acrescido de atualização monetária (§ 4º). O refinanciamento da dívida nada mais é do que a nova emissão de títulos para pagamento das obrigações já existentes, dentro da ideia de "rolagem da dívida" responsável.

A propósito, é de se registrar que a LRF inovou ao determinar que o Orçamento destaque o valor referente ao principal da Dívida Pública Federal (DPF) a ser refinanciado das demais despesas pagas com emissão de títulos. Tal medida permitiu maior transparência às contas públicas, aperfeiçoando o debate sobre o verdadeiro peso da dívida sobre o Orçamento Fiscal. A partir de então, os quadros consolidados da LOA passaram a separar as despesas da DPF, apresentando o item "amortização da dívida", que reflete o valor autorizado de despesas com o principal da DPF.[153]

---

[153] CARVALHO, Lena Oliveira de; MEDEIROS, Otavio Ladeira de; SILVA, Anderson Caputo (org.). *Dívida pública*: a experiência brasileira. Brasília: Secretaria do Tesouro Nacional/Banco Mundial, 2009. p. 228.

Cabe lembrar, finalmente, que o art. 5º da LRF traz as seguintes condições: a) todas as despesas relativas à dívida pública, mobiliária ou contratual, e as receitas que as atenderão, constarão da lei orçamentária anual (§ 1º); b) o refinanciamento da dívida pública constará separadamente na lei orçamentária e nas de crédito adicional (§ 2º); c) a atualização monetária do principal da dívida mobiliária refinanciada não poderá superar a variação do índice de preços previsto na lei de diretrizes orçamentárias, ou em legislação específica (§ 3º).

Registre-se, ainda, que a Lei 4.320/1964 pouco tratou da dívida pública, já que, ao tempo da sua edição, o mercado financeiro brasileiro ainda era embrionário, sendo este melhor desenvolvido a partir da década de 1970, o que permitiu aos governos subsequentes utilizarem mais intensamente os mecanismos de financiamento junto ao setor privado, tornando o serviço da dívida e a gestão de receitas e despesas financeiras variáveis relevantes no processo de gestão das finanças públicas.

Por fim, quase 15 anos depois da edição da LRF, ainda em função dos elevados encargos e crescentes dívidas de Estados e Municípios com a União, que sobrecarregavam as contas públicas daqueles entes, foi editada a **Lei Complementar 148/2014**, posteriormente alterada pela **Lei Complementar 151/2015**, dispondo sobre novos critérios de indexação de juros nos contratos de refinanciamento da dívida pública celebrados entre a União, Estados, Distrito Federal e Municípios. A União foi autorizada, desde que por meio de aditivos contratuais, a reduzir os juros de tais contratos para até 4% ao ano, mais atualização monetária com base no IPCA, podendo também ser utilizada a SELIC como limite para os encargos, caso isso seja mais vantajoso para o devedor. Anteriormente à LC 148/2014, tais encargos eram calculados com fundamento no IGP-DI (Índice Geral de Preços – Disponibilidade Interna), acompanhados de juros de até 9% ao ano, o que onerava sobremaneira Estados e Municípios.

Seção II
Dos Limites da Dívida Pública e das Operações de Crédito

Art. 30. No prazo de noventa dias após a publicação desta Lei Complementar, o Presidente da República submeterá ao:

I – Senado Federal: proposta de limites globais para o montante da dívida consolidada da União, Estados e Municípios, cumprindo o que estabelece o inciso VI do art. 52 da Constituição, bem como de limites e condições relativos aos incisos VII, VIII e IX do mesmo artigo;

II – Congresso Nacional: projeto de lei que estabeleça limites para o montante da dívida mobiliária federal a que se refere o inciso XIV do art. 48 da Constituição, acompanhado da demonstração de sua adequação aos limites fixados para a dívida consolidada da União, atendido o disposto no inciso I do § 1º deste artigo.

§ 1º As propostas referidas nos incisos I e II do *caput* e suas alterações conterão:

I – demonstração de que os limites e condições guardam coerência com as normas estabelecidas nesta Lei Complementar e com os objetivos da política fiscal;

II – estimativas do impacto da aplicação dos limites a cada uma das três esferas de governo;

III – razões de eventual proposição de limites diferenciados por esfera de governo;

IV – metodologia de apuração dos resultados primário e nominal.

§ 2º As propostas mencionadas nos incisos I e II do *caput* também poderão ser apresentadas em termos de dívida líquida, evidenciando a forma e a metodologia de sua apuração.

§ 3º Os limites de que tratam os incisos I e II do *caput* serão fixados em percentual da receita corrente líquida para cada esfera de governo e aplicados igualmente a todos os entes da Federação que a integrem, constituindo, para cada um deles, limites máximos.

§ 4º Para fins de verificação do atendimento do limite, a apuração do montante da dívida consolidada será efetuada ao final de cada quadrimestre.

§ 5º No prazo previsto no art. 5º, o Presidente da República enviará ao Senado Federal ou ao Congresso Nacional, conforme o caso, proposta de manutenção ou alteração dos limites e condições previstos nos incisos I e II do *caput*.

§ 6º Sempre que alterados os fundamentos das propostas de que trata este artigo, em razão de instabilidade econômica ou alterações nas políticas monetária ou cambial, o Presidente da República poderá encaminhar ao Senado Federal ou ao Congresso Nacional solicitação de revisão dos limites.

§ 7º Os precatórios judiciais não pagos durante a execução do orçamento em que houverem sido incluídos integram a dívida consolidada, para fins de aplicação dos limites.

Um dos parâmetros estabelecidos pela LRF em relação à dívida pública é o respeito ao equilíbrio da relação financeira entre a constituição da dívida e sua capacidade de pagamento. Tal objetivo visa atender ao disposto no inciso III do art. 167 da Constituição Federal, que proíbe que sejam realizadas operações de crédito que excedam o montante das despesas de capital, ressalvadas as autorizadas mediante créditos suplementares ou especiais com finalidade precisa, aprovados pelo Poder Legislativo por maioria absoluta.

Ademais, outro objetivo é o de evitar o pagamento de despesas correntes com recursos decorrentes de emissão ou contratação de novo endividamento.

Esta "regra de ouro" da dívida pública, expressa na ideia do endividamento *versus* capacidade de pagamento, pode ser também encontrada no art. 12, § 2º, da LRF, ao estabelecer que o montante previsto para as receitas de operações de crédito não poderá ser superior ao das despesas de capital constantes do projeto de lei orçamentária. Tal dispositivo objetiva evitar o pagamento de despesas correntes com recursos decorrentes de emissão ou contratação de novo endividamento, impondo-se que os empréstimos públicos somente deverão ser destinados a gastos com investimentos e não para financiar as despesas correntes.

Exatamente para realizar estes ideais, o **art. 30** da LRF prevê a necessidade de fixação de **limites para a dívida pública** e para as **operações de crédito**, que serão fixados em *percentual da receita corrente líquida* para cada esfera de governo e aplicados igualmente a todos os entes da Federação que a integrem, constituindo, para cada um deles, limites máximos, sendo seu atendimento verificado quadrimestralmente.

Para tanto, estabeleceu o **inciso I** a necessidade de o Senado Federal fixar, após proposta do Presidente da República, limites globais para o montante da dívida consolidada da União, dos Estados e dos Municípios, cumprindo o que estabelece a Constituição Federal, no seu art. 52: a) *inciso VI*: fixar, por proposta do Presidente da República, limites globais para o montante da dívida consolidada da União, dos Estados, do Distrito Federal e dos Municípios; b) *inciso VII*: dispor sobre limites globais e condições para as operações de crédito externo e interno da União, dos Estados, do Distrito Federal e dos Municípios, de suas autarquias e demais entidades controladas pelo Poder Público federal; c) *inciso VIII*: dispor sobre limites e condições para a concessão de garantia da União em operações de crédito externo e interno; d) *inciso IX*: estabelecer limites globais e condições para o montante da dívida mobiliária dos Estados, do Distrito Federal e dos Municípios.

Entretanto, uma vez alterados os fundamentos econômicos que deram base aos limites, em razão de instabilidade econômica ou alterações nas políticas monetária ou cambial, o Presidente da República poderá encaminhar ao Senado Federal ou ao Congresso Nacional solicitação de revisão dos limites (§ 6º).

Conforme a Mensagem Presidencial 1.069, de 3 de agosto de 2000, que na época apresentava a proposta de Resolução ao Senado Federal, a dívida consolidada da União não poderia ser superior a 3,5 vezes a sua Receita Corrente Líquida (RCL), ao passo que a dos Estados e DF teria como limite o valor equivalente a 2,0 vezes a sua RCL, e para os Municípios o respectivo limite seria de 1,2 vezes a RCL. Entretanto, cabe registrar que até o momento os limites globais da dívida consolidada da União ainda não foram fixados, sendo estes estabelecidos apenas para Estados e Municípios.[154]

Neste sentido, a Resolução 40/2001 do Senado Federal dispôs sobre os limites globais para o montante da dívida pública consolidada e da dívida pública mobiliária dos Estados, do Distrito Federal e dos Municípios. Por sua vez, a Resolução 43/2001 do Senado Federal dispôs sobre as operações de crédito interno e externo dos Estados, do Distrito Federal e dos Municípios, inclusive concessão de garantias, seus limites e condições de autorização, e dá outras providências. E a Resolução 48/2007 do Senado Federal dispôs sobre os limites globais para as operações de crédito externo e interno da União, de suas autarquias e demais entidades controladas pelo poder público federal (os quais não poderão ser superiores a 60% da Receita Corrente Líquida), bem como estabeleceu limites e condições para a concessão de garantia da União em operações de crédito externo e interno.

Assim, segundo a Resolução do Senado 40/2001, a dívida consolidada líquida dos Estados, do Distrito Federal e dos Municípios, ao final do ano de 2016, não poderá exceder, respectivamente: I) no caso dos Estados e do Distrito Federal, a 2 (duas) vezes a receita corrente líquida; II) no caso dos Municípios a 1,2 (um inteiro e dois décimos) vezes a receita corrente líquida.

E, conforme a Resolução do Senado 43/2001, as operações de crédito interno e externo dos Estados, do Distrito Federal, dos Municípios observarão,

---

[154] O Projeto de Resolução 84, de 2007, originário da Mensagem 154, de 2000 (1.069, de 2000, da Presidência da República), que encaminhava ao Senado Federal proposta de limites globais para o montante da dívida consolidada da União, fixava o limite para a Dívida Consolidada Líquida da União em valor equivalente a 3,5 vezes a Receita Corrente Líquida, e estabelecia como penalidade para o descumprimento do limite a proibição para contratar novas operações de crédito. Ocorre que a tramitação do PRS 84/2007 não foi concluída e a União permanece sem um limite máximo para sua dívida, não obstante a obrigação constitucional e legal para a fixação desse limite, já tendo se passado 32 anos desde a promulgação da Constituição e 20 anos desde a publicação da LRF.

ainda, os seguintes limites: I – o montante global das operações realizadas em um exercício financeiro não poderá ser superior a 16% (dezesseis por cento) da receita corrente líquida; II – o comprometimento anual com amortizações, juros e demais encargos da dívida consolidada, inclusive relativos a valores a desembolsar de operações de crédito já contratadas e a contratar, não poderá exceder a 11,5% (onze inteiros e cinco décimos por cento) da receita corrente líquida; III – o montante da dívida consolidada não poderá exceder o teto estabelecido pelo Senado Federal, conforme o disposto pela Resolução que fixa o limite global para o montante da dívida consolidada dos Estados, do Distrito Federal e dos Municípios.

Quanto à lei para estabelecer os limites da dívida mobiliária federal, prevista no **inciso II** do presente artigo, a mesma ainda não foi editada. Tramitava no Congresso o Projeto de Lei da Câmara 54/2009 (em conjunto com o PLS 567/2007), que dispunha sobre o tema e fixava que o montante da dívida pública mobiliária federal não poderia exceder a 650% (seiscentos e cinquenta por cento) da receita corrente líquida, mas os projetos foram arquivados.

Os §§ 1º, 2º e 3º veiculam a forma e exigências para apresentação das propostas referidas nos incisos I e II do *caput*. O § 4º estabelece que, para aferição dos limites da dívida, a periodicidade deve ser quadrimestral (ao final de cada quadrimestre). Esta verificação em período menor que um ano tem a vantagem de permitir a realização de uma correção de rumos com maior rapidez.

O § 5º, por sua vez, remete-nos a um dispositivo (o art. 5º, § 7º, da LRF) que foi vetado. Em sua redação original, o art. 5º, § 7º, previa que o projeto de LOA seria encaminhado ao Poder Legislativo até o dia quinze de agosto de cada ano. Contudo, com o veto, para que não reste inaplicável a previsão do presente § 5º, entendemos que a melhor interpretação a ser dada ao dispositivo é aquela de que o referido prazo é o mesmo estabelecido para encaminhamento do projeto da LOA federal ao Legislativo (até 31 de agosto de cada exercício financeiro, para o projeto de LOA da União – art. 35, § 2º, III, do ADCT).[155]

Por fim, em relação ao pagamento de precatórios, o § 7º veicula uma norma salutar a desestimular o "calote de precatórios", a saber, aquela de que os precatórios não pagos durante a execução do orçamento em que houverem

---

[155] No mesmo sentido, MARTINS, Ives Gandra da Silva. Comentário ao art. 30 da LRF. In: MARTINS, Ives Gandra da Silva; NASCIMENTO, Carlos Valder do (org.). *Comentários à Lei de Responsabilidade Fiscal*. 6. ed. São Paulo: Saraiva, 2012. p. 264.

sido incluídos passam a integrar a dívida consolidada. A importância deste dispositivo está em que tais valores não pagos comporão os limites da dívida consolidada. Tais limites, como veremos no art. 31, caso não sejam atendidos, ensejam sanções institucionais ao ente federativo. Ademais, o art. 10, item 5, da Lei 1.079/1950 (redação dada pelo art. 3º da Lei 10.028/2000) qualifica como crime de responsabilidade contra a lei orçamentária deixar de ordenar a redução do montante da dívida consolidada, nos prazos estabelecidos em lei, quando o montante ultrapassar o valor resultante da aplicação do limite máximo fixado pelo Senado Federal.

> **Seção III**
> **Da Recondução da Dívida aos Limites**
>
> Art. 31. Se a dívida consolidada de um ente da Federação ultrapassar o respectivo limite ao final de um quadrimestre, deverá ser a ele reconduzida até o término dos três subsequentes, reduzindo o excedente em pelo menos 25% (vinte e cinco por cento) no primeiro.
>
> § 1º Enquanto perdurar o excesso, o ente que nele houver incorrido:
>
> I – estará proibido de realizar operação de crédito interna ou externa, inclusive por antecipação de receita, ressalvado o refinanciamento do principal atualizado da dívida mobiliária;
>
> II – obterá resultado primário necessário à recondução da dívida ao limite, promovendo, entre outras medidas, limitação de empenho, na forma do art. 9º.
>
> § 2º Vencido o prazo para retorno da dívida ao limite, e enquanto perdurar o excesso, o ente ficará também impedido de receber transferências voluntárias da União ou do Estado.
>
> § 3º As restrições do § 1º aplicam-se imediatamente se o montante da dívida exceder o limite no primeiro quadrimestre do último ano do mandato do Chefe do Poder Executivo.
>
> § 4º O Ministério da Fazenda divulgará, mensalmente, a relação dos entes que tenham ultrapassado os limites das dívidas consolidada e mobiliária.
>
> § 5º As normas deste artigo serão observadas nos casos de descumprimento dos limites da dívida mobiliária e das operações de crédito internas e externas.

Além de estabelecer limites para o endividamento e operações de crédito, a LRF apresenta regras para a **recondução da dívida** aos limites de endividamento e penalidades enquanto perdurarem os excessos. Nada mais razoável.

Neste sentido, o *caput* do **art. 31** traz a regra de que a aferição dos limites de endividamento se dará de forma quadrimestral. Uma vez apurado o excesso ao final do período de medição, a dívida deverá retornar ao patamar estabelecido na LRF nos três quadrimestres seguintes (em 12 meses), sendo que, logo no primeiro quadrimestre, ela deverá ser reduzida em 25%.

Segundo Ives Gandra da Silva Martins,[156] "o critério das três apurações anuais é absolutamente correto para não permitir grandes distorções, de um lado, e possibilitar a correção a tempo, de outro".

E como penalidade imposta ao ente enquanto perdurar o excesso, este ficará proibido de realizar operação de crédito, inclusive por antecipação de receita, devendo obrigatoriamente contingenciar despesas através do mecanismo da limitação de empenho, a fim de reconduzir a dívida ao limite legal estabelecido. E, vencido o prazo, até que seja reconduzida ao limite, ao ente será também vedado receber transferências voluntárias.

Destaca-se o **§ 3º** ao impor imediatamente todas as restrições vistas já no primeiro quadrimestre do último ano de mandato, como medida que visa coibir práticas abusivas em anos eleitorais, especialmente decorrentes dos aumentos excessivos de gastos, que acabam financiados através do endividamento.

O **§ 4º** atribui ao Ministério da Fazenda (atualmente, Ministério da Economia) o cometido de divulgar mensalmente a relação dos entes que tenham ultrapassado os limites das dívidas consolidada e mobiliária, de forma a conferir publicidade e transparência ao processo de controle dos limites da dívida. O curioso é que a periodicidade de aferição dos limites é quadrimestral, como previsto no *caput* deste artigo e no § 4º do art. 30. Assim, o objetivo deste dispositivo somente pode ser o de conferir uma oportunidade ao ente violador de certificar o seu retorno aos limites adequados antes do término dos quadrimestres. Isto pode ser de grande valia, uma vez que o ente terá a oportunidade, mês a mês, de reconduzir a dívida aos limites dispostos na LRF, não tendo de aguardar o final do quadrimestre para ver suspensas as sanções que recaem sobre si.

Por fim, o **§ 5º** estende a aplicabilidade deste artigo e seus parágrafos também aos casos de descumprimento dos limites da dívida mobiliária e das operações de crédito internas e externas.

---

[156] MARTINS, Ives Gandra da Silva. Comentário ao art. 31 da LRF. In: MARTINS, Ives Gandra da Silva; NASCIMENTO, Carlos Valder do (org.). *Comentários à Lei de Responsabilidade Fiscal*. 6. ed. São Paulo: Saraiva, 2012. p. 268.

Seção IV

Das Operações de Crédito

Subseção I

Da Contratação

Art. 32. O Ministério da Fazenda verificará o cumprimento dos limites e condições relativos à realização de operações de crédito de cada ente da Federação, inclusive das empresas por eles controladas, direta ou indiretamente.

§ 1º O ente interessado formalizará seu pleito fundamentando-o em parecer de seus órgãos técnicos e jurídicos, demonstrando a relação custo-benefício, o interesse econômico e social da operação e o atendimento das seguintes condições:

I – existência de prévia e expressa autorização para a contratação, no texto da lei orçamentária, em créditos adicionais ou lei específica;

II – inclusão no orçamento ou em créditos adicionais dos recursos provenientes da operação, exceto no caso de operações por antecipação de receita;

III – observância dos limites e condições fixados pelo Senado Federal;

IV – autorização específica do Senado Federal, quando se tratar de operação de crédito externo;

V – atendimento do disposto no inciso III do art. 167 da Constituição;

VI – observância das demais restrições estabelecidas nesta Lei Complementar.

§ 2º As operações relativas à dívida mobiliária federal autorizadas, no texto da lei orçamentária ou de créditos adicionais, serão objeto de processo simplificado que atenda às suas especificidades.

§ 3º Para fins do disposto no inciso V do § 1º, considerar-se-á, em cada exercício financeiro, o total dos recursos de operações de crédito nele ingressados e o das despesas de capital executadas, observado o seguinte:

I – não serão computadas nas despesas de capital as realizadas sob a forma de empréstimo ou financiamento a contribuinte, com o intuito de promover incentivo fiscal, tendo por base tributo de competência do ente da Federação, se resultar a diminuição, direta ou indireta, do ônus deste;

II – se o empréstimo ou financiamento a que se refere o inciso I for concedido por instituição financeira controlada pelo ente da Federação, o valor da operação será deduzido das despesas de capital;

III – (VETADO)

§ 4º Sem prejuízo das atribuições próprias do Senado Federal e do Banco Central do Brasil, o Ministério da Fazenda efetuará o registro eletrônico centralizado e atualizado das dívidas públicas interna e externa, garantido o acesso público às informações, que incluirão:

I – encargos e condições de contratação;

II – saldos atualizados e limites relativos às dívidas consolidada e mobiliária, operações de crédito e concessão de garantias.

§ 5º Os contratos de operação de crédito externo não conterão cláusula que importe na compensação automática de débitos e créditos.

§ 6º O prazo de validade da verificação dos limites e das condições de que trata este artigo e da análise realizada para a concessão de garantia pela União será de, no mínimo, 90 (noventa) dias e, no máximo, 270 (duzentos e setenta) dias, a critério do Ministério da Fazenda. (Incluído pela Lei Complementar nº 159, de 2017)

O **art. 32** ora em análise traz a disciplina da regulação do crédito público, especialmente no que se refere aos entes da federação (Estados, DF e Municípios), assim como de suas empresas controladas, dentro da metodologia da LRF de estabelecer limites de endividamento por meio de normas jurídicas (*ruled-based approaches*).

Este controle dos limites e condições das operações de crédito, que antes era realizado pelo BACEN, passa ao Poder Executivo Federal, por meio do Ministério da Fazenda (atualmente, Ministério da Economia), concentrando no mesmo órgão e conferindo unidade e harmonia à orientação das políticas fiscais e creditícias.

O art. 29 da LRF conceitua a operação de crédito, objeto deste artigo, como sendo o compromisso financeiro assumido em razão de mútuo, abertura de crédito, emissão e aceite de título, aquisição financiada de bens, recebimento antecipado de valores provenientes da venda a termo de bens e serviços, arrendamento mercantil e outras operações assemelhadas, inclusive com o uso de derivativos financeiros. As operações de crédito tradicionais são aquelas relativas aos contratos de financiamento, empréstimo ou mútuo. Mas equiparam-se à operação de crédito, a assunção, o reconhecimento ou a confissão de dívidas pelo ente da Federação.

Além de atender aos limites fixados no art. 30 anteriormente analisado e as demais condições previstas na LRF, as **operações de crédito** deverão ser submetidas pelo ente federativo ao Ministério da Fazenda – atualmente, Ministério da Economia – (redação original da LRF, tacitamente revogada pelo art. 10 da LC 148/2014), juntamente com (§ 1º): a) parecer técnico e jurídico do órgão competente; b) demonstração do custo-benefício, em respeito ao princípio da eficiência; c) comprovação do interesse econômico e social da operação, revelando e vinculando as necessidades locais; d) autorização expressa na lei orçamentária para a contratação de créditos adicionais, bem como a inclusão destes recursos em rubrica própria no orçamento, exceto operações de antecipação de receita. Se, porventura, a operação for de crédito externo, deverá haver também autorização do Senado Federal, tal como prevê o inciso V do art. 52 da Constituição. Finalmente, são vedadas as operações de créditos que excedam o montante das despesas de capital, ressalvadas as autorizadas mediante créditos suplementares ou especiais com finalidade precisa, aprovados pelo Poder Legislativo por maioria absoluta, tal como previsto no inciso III do art. 167 da Constituição, norma garantidora de uma gestão fiscal responsável da dívida pública.

José Maurício Conti[157] nos recorda que, dentre as demais limitações à realização de operações de crédito fixadas pela LRF, destacam-se as seguintes: 1) vedação às operações de crédito entre entes da Federação, ainda que por meio da respectiva Administração indireta; 2) vedação às operações de crédito entre instituição financeira estatal e outro ente da Federação destinadas a financiar despesas correntes ou a refinanciar dívidas não contraídas junto à própria instituição concedente; 3) vedação às operações de crédito entre instituição financeira estatal e o ente que a controle; 4) vedação às operações de crédito com o Banco Central do Brasil.

Por sua vez, a LRF autoriza a adoção de **processo simplificado** para as operações relativas à dívida mobiliária federal previstas na LOA ou em créditos adicionais (§ 2º), uma vez que será o Tesouro Nacional que emitirá os títulos.

Considerando a norma que estabelece o limite do montante das despesas de capital para a realização das operações de crédito, a LRF esclarece no § 3º deste artigo que não serão computadas nestas despesas as realizadas sob a forma de empréstimo ou financiamento a contribuinte, com o intuito de promover incentivo fiscal. Se o empréstimo ou financiamento for concedido por instituição financeira controlada pelo ente da Federação, o valor da operação será deduzido das despesas de capital.

---

[157] CONTI, José Maurício. Comentário ao art. 32 da LRF. In: MARTINS, Ives Gandra da Silva; NASCIMENTO, Carlos Valder do (org.). *Comentários à Lei de Responsabilidade Fiscal*. 6. ed. São Paulo: Saraiva, 2012. p. 281-282.

Na Mensagem 627/2000 da Presidência da República, em que se vetou o inciso III do § 3º deste art. 32, no qual se equiparava a despesa de capital às de custeio dela decorrentes, bem como as destinadas à capacitação de servidores nas atividades-fim das áreas de educação, saúde, assistência social e segurança, constou como razões do veto a impossibilidade de se precisar o que seriam "despesas de custeio decorrentes de despesas de capital". Afirmou-se que, dependendo da interpretação, poder-se-ia chegar ao extremo de considerar que todas as despesas de manutenção e funcionamento são decorrentes da existência anterior de despesas de capital, como, por exemplo, caso se reputasse que as despesas de funcionamento (custeio) de uma escola ou de um hospital seriam decorrentes das despesas de capital com a prévia construção desses edifícios. Por outro lado, ao caracterizar como despesas de capital as de custeio delas decorrentes, entende-se que se estaria extrapolando as disposições do art. 167, III, da Constituição Federal, que não dá margem a interpretação extensiva.

Como mais um mecanismo de transparência fiscal, a LRF trouxe no respectivo **§ 4º** do art. 32 a obrigação do Ministério da Fazenda (atualmente, Ministério da Economia) de conferir publicidade e acesso para toda a sociedade das informações das dívidas públicas interna e externa devidamente registradas, incluindo os encargos e condições da contratação e saldos atualizados e limites relativos às dívidas consolidada e mobiliária, operações de crédito e concessão de garantias.

Já o **§ 5º** deste artigo veda a compensação automática entre credor e devedor inadimplente de uma contratação em operações de crédito externo, impondo a cobrança regular da obrigação e não a imediata. Tal regra evita o bloqueio e quitação da dívida com a utilização de recursos financeiros destinados a outros pagamentos.

Cabe esclarecer que o art. 10, *caput*, da **LC 148/2014**,[158] alterando a atribuição originalmente prevista neste art. 32, estabeleceu que o Ministério da Fazenda (atualmente, Ministério da Economia) não é mais o responsável

---

[158] LC 148/2014: "Art. 10. O Ministério da Fazenda, mediante ato normativo, estabelecerá critérios para a verificação prevista no art. 32 da Lei Complementar nº 101, de 4 de maio de 2000, diretamente pelas instituições financeiras de que trata o art. 33 da citada Lei Complementar, levando em consideração o valor da operação de crédito e a situação econômico-financeira do ente da Federação, de maneira a atender aos princípios da eficiência e da economicidade.

Parágrafo único. Na hipótese da verificação prevista no *caput*, deverá o Poder Executivo do ente da Federação formalizar o pleito à instituição financeira, acompanhado de demonstração da existência de margens da operação de crédito nos limites de

por esta verificação de limites e condições, devendo, mediante ato normativo, meramente estabelecer os critérios para a verificação prevista no art. 32 da LRF, a ser agora realizada *diretamente* pela instituição financeira que contratar operação de crédito com ente da Federação, levando em consideração o valor da operação de crédito e a situação econômico-financeira do ente federativo, de maneira a atender aos princípios da eficiência e da economicidade.

Por sua vez, o § 6º, inserido pela LC 159/2017, estabelece os prazos mínimo (90 dias) e máximo (270 dias) de validade da verificação dos limites e das condições relativos à realização de operações de crédito de cada ente da Federação e da análise realizada para a concessão de garantia pela União.

A Portaria nº 9/2017 da Secretaria do Tesouro Nacional regulamenta os procedimentos dos pedidos de verificação de limites e condições para que Estados, Municípios e suas entidades da Administração indireta possam contratar operações de crédito, com ou sem garantia da União.

Nos termos do art. 5º da Portaria, o deferimento destes pedidos de verificação terá o prazo de validade de 90, 180 ou 270 dias, de acordo com o nível de endividamento do ente beneficiário da operação de crédito ou que recebe a garantia da União. Quando o endividamento é maior, o prazo é de apenas 90 dias; se intermediário, 180 dias; se menor, o prazo será de 270 dias.[159]

Registre-se que, no entendimento do TCU, a "alteração contratual que implique aumento do montante de operação de crédito realizada é considerada nova operação de crédito, submetendo-se à verificação do Ministério da Fazenda", nos termos deste art. 32 da LRF, das resoluções do Senado Federal aplicáveis à matéria e da Portaria nº 9/2017 da Secretaria do Tesouro Nacional.[160]

---

endividamento e de certidão do Tribunal de Contas de sua jurisdição sobre o cumprimento das condições nos termos definidos pelo Senado Federal".

[159] "Art. 5º O deferimento dos Pedidos de Verificação de Limites e Condições, referentes ao art. 32 da Lei Complementar nº 101, de 2000, terá, no que se refere aos limites de endividamento previstos nos incisos I, II e III do art. 7º da Resolução do Senado Federal nº 43, de 2001, os seguintes prazos de validade:
I – 90 (noventa) dias: se o cálculo de qualquer dos limites a que se referem os incisos I, II e III do art. 7º da Resolução do Senado Federal nº 43, de 2001, resultar em percentual de comprometimento acima de 90%;
II – 180 (cento e oitenta) dias: se no cálculo a que se referem os incisos I, II e III do art. 7º da Resolução do Senado Federal nº 43, de 2001, o maior limite apurado resultar em percentual de comprometimento entre 80% e 90%;
III – 270 (duzentos e setenta) dias: se todos os limites a que se referem os incisos I, II e III do art. 7º da Resolução do Senado Federal nº 43, de 2001, resultarem em percentual de comprometimento inferior a 80%."

[160] TCU, Acórdão 620/2018, Rel. Min. Aroldo Cedraz, Plenário, Sessão: 21.03.2018.

> Art. 33. A instituição financeira que contratar operação de crédito com ente da Federação, exceto quando relativa à dívida mobiliária ou à externa, deverá exigir comprovação de que a operação atende às condições e limites estabelecidos.
>
> § 1º A operação realizada com infração do disposto nesta Lei Complementar será considerada nula, procedendo-se ao seu cancelamento, mediante a devolução do principal, vedados o pagamento de juros e demais encargos financeiros.
>
> § 2º Se a devolução não for efetuada no exercício de ingresso dos recursos, será consignada reserva específica na lei orçamentária para o exercício seguinte.
>
> § 3º Enquanto não efetuado o cancelamento, a amortização, ou constituída a reserva, aplicam-se as sanções previstas nos incisos do § 3º do art. 23.
>
> § 4º Também se constituirá reserva, no montante equivalente ao excesso, se não atendido o disposto no inciso III do art. 167 da Constituição, consideradas as disposições do § 3º do art. 32.

O presente **art. 33** representa mais uma regra da LRF de gestão fiscal responsável. Tem por escopo ampliar os mecanismos de **controle da dívida pública**, impondo à instituição financeira que contratar a operação de crédito com o ente público a obrigação de exigir a comprovação do atendimento das regras da LRF no que se refere aos limites e condições para a contratação, sob pena de consequências de ordem pecuniária.

Assim, ofertante e tomador do crédito ficam obrigados e responsáveis pela observância das normas para a realização de operação de crédito.

Deixa-se claro no § 1º que a infração às regras da LRF sobre operações de crédito acarretam a nulidade da contratação, com o seu cancelamento e respectiva devolução dos valores, sem acréscimos monetários (juros e encargos). Portanto, a punição para o ente será a devolução dos valores recebidos a título de empréstimo e, para o agente financeiro, será o não recebimento da remuneração financeira dos recursos emprestados.

Ademais, a devolução deverá ser realizada no mesmo exercício financeiro do ingresso dos recursos, para que não haja impacto e distorção nas contas de maneira artificial. Entretanto, se isto não ocorrer, deverá haver uma rubrica específica no orçamento do exercício posterior (§ 2º), e o ente não poderá (§ 3º): a) receber transferências voluntárias; b) obter garantia de outra unidade da Federação; c) contratar operação de crédito (exceto para refinanciar dívida mobiliária ou reduzir despesas com pessoal).

Por fim, a LRF traz o comando da formação de reservas financeiras para o pagamento dos excessos de endividamento, seja em caso de cancelamento e devolução em exercício financeiro seguinte, seja no caso de descumprimento da regra que fixa o limite ao montante de despesas de capital (§ 4º).

> *Subseção II*
> *Das Vedações*
> **Art. 34. O Banco Central do Brasil não emitirá títulos da dívida pública a partir de dois anos após a publicação desta Lei Complementar.**

O **Banco Central do Brasil**, autarquia federal integrante do Sistema Financeiro Nacional, foi criado em 31.12.1964, com a promulgação da Lei 4.595. Antes da criação do Banco Central, o papel de autoridade monetária era desempenhado pela Superintendência da Moeda e do Crédito – Sumoc, pelo Banco do Brasil – BB e pelo Tesouro Nacional.

Tratando-se de Crédito e de Dívida Pública Interna, o Banco Central do Brasil tem funções relevantes, estabelecidas pela Constituição Federal de 1988 (art. 164 da CF). Atua como um órgão estatal controlador e disciplinador do mercado financeiro brasileiro. Possui diversas atribuições, dentre as quais se destacam o exercício exclusivo da competência para emitir moeda, para comprar e vender títulos de emissão do Tesouro Nacional, para regular a oferta de moeda ou taxa de juros, e para depositar as disponibilidades de caixa da União.

Além destas atribuições previstas na Constituição Federal, identificamos nos arts. 10 e 11 da Lei 4.595/1964 as seguintes atribuições do Banco Central: a) realizar operações de redesconto e empréstimo a instituições financeiras bancárias; b) efetuar o controle dos capitais estrangeiros; c) exercer a fiscalização das instituições financeiras e aplicar as penalidades previstas; d) conceder autorizações às instituições financeiras; e) exercer permanente vigilância nos mercados financeiros e de capitais.

Segundo o **art. 34** ora em análise, como mais uma medida de gestão fiscal responsável da LRF, vedou-se ao Banco Central do Brasil financiar o Tesouro Nacional emitindo títulos da dívida pública a partir de dois anos após a sua publicação. Portanto, desde maio de 2002, o BCB não mais emite títulos de sua responsabilidade para fins de política monetária. A partir de então, o BCB passou a utilizar, em suas operações de mercado aberto, exclusivamente títulos de emissão do Tesouro Nacional. E, em novembro de 2006, o BCB resgatou os últimos títulos da dívida pública emitidos pela instituição que estavam circulando no mercado financeiro.

A propósito, não podemos deixar de lembrar que a Constituição Federal, no seu art. 164, § 1º, já vedava ao Banco Central conceder, direta ou indiretamente, empréstimos ao Tesouro Nacional e a qualquer órgão ou entidade que não seja instituição financeira, sendo que poderá comprar e vender títulos de emissão do Tesouro Nacional, com o objetivo de regular a oferta de moeda ou a taxa de juros (§ 2º).

> **Art. 35.** É vedada a realização de operação de crédito entre um ente da Federação, diretamente ou por intermédio de fundo, autarquia, fundação ou empresa estatal dependente, e outro, inclusive suas entidades da administração indireta, ainda que sob a forma de novação, refinanciamento ou postergação de dívida contraída anteriormente.
>
> **§ 1º** Excetuam-se da vedação a que se refere o *caput* as operações entre instituição financeira estatal e outro ente da Federação, inclusive suas entidades da administração indireta, que não se destinem a:
>
> I – financiar, direta ou indiretamente, despesas correntes;
>
> II – refinanciar dívidas não contraídas junto à própria instituição concedente.
>
> **§ 2º** O disposto no *caput* não impede Estados e Municípios de comprar títulos da dívida da União como aplicação de suas disponibilidades.

A LRF proíbe, no **art. 35** que ora se comenta, o **financiamento** direto ou indireto de um ente por outro, prática comum que acabava desestruturando o equilíbrio federativo, a partir da influência econômica e política exercida entre credor e devedor. A partir da lei, os entes só podem ser financiados por instituições financeiras, sejam elas públicas ou privadas.

Foi o fim dos refinanciamentos e rolagens das dívidas estaduais e municipais pela União, credora de boa parte das dívidas dos demais entes, e que normalmente as assumia e trocava por novas, com melhores condições de prazo e taxa de juros.[161]

A presente norma é extremamente importante sob o prisma do **federalismo fiscal**, expressão financeira da forma com que os entes federativos – União, Estados, Distrito Federal e Municípios – se organizam e se relacio-

---

[161] FIGUEIREDO, Carlos Maurício *et al. Comentários à Lei de Responsabilidade Fiscal.* 2. ed. São Paulo: RT, 2001. p. 205.

nam na realização do seu *múnus*, enfrentando e harmonizando as tensões oriundas de uma estrutura heterogênea, decorrente de uma multiplicidade de interesses e das diferenças regionais – culturais, sociais e econômicas –, na busca da implementação de um *modelo federal equilibrado e cooperativo*, a fim de realizar um objetivo comum para toda a nação.

Descrevendo o modelo federal cooperativo brasileiro, Tercio Sampaio Ferraz Júnior[162] utiliza a expressão *federalismo solidário*. Segundo ele,

> o federalismo solidário exige, pois, como condição de efetividade, a cooperação entre os entes federados, tanto no sentido vertical quanto horizontal. Na verdade, no contexto do federalismo solidário, ela não tem uma natureza contratual. Isto porque as relações interindividuais entre as entidades que compõem a federação, cujo objetivo deve ser o fomento das finalidades comuns, têm um sentido jurídico-político que as transcende.

Entretanto, a LRF, nos §§ 1º e 2º deste artigo, estabeleceu algumas exceções à vedação das operações de crédito entre entes federativos, permitindo a contratação: a) entre instituição financeira estatal e outro ente da federação, desde que não seja para financiar despesas correntes ou para refinanciar as próprias dívidas não contraídas junto à própria instituição financeira concedente do crédito;[163] b) da compra de títulos da dívida da União por Estados e Municípios como aplicação de seus recursos disponíveis com natureza de investimento financeiro.

---

[162] FERRAZ JR., Tercio Sampaio. Guerra fiscal, fomento e incentivo na Constituição Federal. In: SCHOUERI, Luis Eduardo (coord.). *Direito tributário:* estudos em homenagem a Brandão Machado. São Paulo: Dialética, 1998. p. 278.

[163] STF, AO 1.669 AgR, Pleno, Rel. Min. Gilmar Mendes, j. 06.05.2019, DJe 17.05.2019: "é possível operação de crédito entre Ente Federativo e instituição financeira de outra Entidade Estatal para financiamento de dívidas que não se enquadrem no conceito direto ou indireto de despesa corrente e, também, quando se estiver diante de refinanciamento de dívida contraída junto à própria instituição financeira concedente (o que para a lei equivale à novação ou à postergação da dívida, por se tratar da própria instituição financeira originária). Essa última situação é o caso dos autos, tendo em vista que se trata de repactuação de dívida contraída pelo Município de Montenegro junto ao Banrisul [Banco do Estado do Rio Grande do Sul], em nome do Estado do Rio Grande do Sul, com a interveniência da Companhia Estadual de Energia Elétrica, por meio do segundo aditivo ao convênio (o que corresponde à novação da dívida) [...] Destarte, ao contrário do alegado pela agravante, a operação de crédito realizada entre o Município de Montenegro e o Estado do Rio Grande do Sul (através do Banrisul) enquadra-se na exceção referida no § 1º do art. 35 da Lei de Responsabilidade Fiscal".

Registre-se que o art. 9º da **LC 148/2014** autorizou a União a formalizar aditivo aos contratos de refinanciamento de dívidas dos Estados e do Distrito Federal efetuados no âmbito da Lei 9.496/1997, no sentido de que, enquanto for exigível o Programa de Reestruturação e de Ajuste Fiscal, o contrato de refinanciamento deverá prever que a unidade da Federação somente poderá contrair novas dívidas desde que incluídas no Programa de Reestruturação e de Ajuste Fiscal (art. 3º, § 5º, da Lei 9.496/1997).

Os referidos **Programas de Acompanhamento Fiscal** impõem aos entes a que se submetem, além de objetivos específicos para cada unidade da Federação, metas ou compromissos quanto: I – à dívida consolidada; II – ao resultado primário, entendido como a diferença entre as receitas e as despesas não financeiras; III – à despesa com pessoal; IV – às receitas de arrecadação própria; V – à gestão pública; e VI – à disponibilidade de caixa (art. 5º da LC 148/2014).

E, finalmente, o art. 2º da **LC 151/2015** permitiu que se adotem, nos contratos de refinanciamento de dívidas celebradas entre a União, os Estados, o Distrito Federal e os Municípios, com base, respectivamente, na Lei 9.496, de 11 de setembro de 1997, e na Medida Provisória 2.185-35, de 24 de agosto de 2001, e nos contratos de empréstimos firmados com os Estados e o Distrito Federal ao amparo da Medida Provisória 2.192-70, de 24 de agosto de 2001, as seguintes condições, aplicadas a partir de 1º de janeiro de 2013: I – juros calculados e debitados mensalmente, à taxa nominal de 4% a.a. (quatro por cento ao ano) sobre o saldo devedor previamente atualizado; e II – atualização monetária calculada mensalmente com base na variação do Índice Nacional de Preços ao Consumidor Amplo (IPCA), apurado pela Fundação Instituto Brasileiro de Geografia e Estatística (IBGE), ou outro índice que venha a substituí-lo. Já o seu art. 3º previu que a União concederá descontos sobre os saldos devedores dos contratos referidos no art. 2º, em valor correspondente à diferença entre o montante do saldo devedor existente em 1º de janeiro de 2013 e aquele apurado utilizando-se a variação acumulada da taxa Selic desde a assinatura dos respectivos contratos, observadas todas as ocorrências que impactaram o saldo devedor no período.

Cabe registrar, finalmente, que a ADI 2.250-4, ajuizada pelo Governador de Minas Gerais, questionava o art. 35 da LRF, sob o argumento de que violaria o princípio federativo, ao retirar dos entes federados autonomia para realizar operações de créditos por meio de fundos. Ao final, o STF entendeu que o art. 35 estava em consonância com o § 9º, II, do art. 165 da Constituição.[164]

---

[164] "Art. 165. Leis de iniciativa do Poder Executivo estabelecerão: (...)
§ 9º Cabe à lei complementar: (...)

conforme trecho da ementa: "O art. 35 da Lei de Responsabilidade Fiscal, ao disciplinar as operações de crédito efetuadas por fundos, está em consonância com o inciso II do § 9º do art. 165 da Constituição Federal, não atentando, assim, contra a federação".

> **Art. 36.** É proibida a operação de crédito entre uma instituição financeira estatal e o ente da Federação que a controle, na qualidade de beneficiário do empréstimo.
>
> **Parágrafo único.** O disposto no *caput* não proíbe instituição financeira controlada de adquirir, no mercado, títulos da dívida pública para atender investimento de seus clientes, ou títulos da dívida de emissão da União para aplicação de recursos próprios.

Temos neste **art. 36** da LRF mais uma norma que impõe responsabilidade na gestão fiscal relativa ao endividamento, proibindo que qualquer ente da federação – União, Estados, DF ou Municípios –, através do seu poder e ingerência política, imponha a uma instituição financeira controlada a realização de operação de crédito que, além de poder ser economicamente desfavorável ao próprio banco, sob a ótica das finanças públicas do ente, pode gerar descontrole e endividamento fiscal excessivo.

Assim, por razões de transparência, controle e de gestão fiscal responsável, tendo como paradigma a crise dos bancos públicos que o país viveu na década de 1990 (PROER, PROES etc.), a LRF veda operação de crédito entre uma instituição financeira estatal e o ente da Federação que a controle, na qualidade de beneficiário do empréstimo. Visa impedir práticas de alavancagem financeira dos entes públicos com instituições financeiras por estes controladas.

Numa analogia ilustrativa, seria como se o dono de um banco pudesse pagar as suas despesas pessoais com recursos do caixa da sua própria instituição financeira, confundindo a origem dos recursos pessoais e empresariais. *Mutatis mutandis*, a LRF proíbe o governo de utilizar recursos financeiros dos seus bancos controlados para saldar as despesas públicas do ente através de operações de crédito.

Um exemplo desse tipo de operação – entre a União e seus bancos controlados – foi visto no ano de 2015 com os questionamentos realizados pelo TCU acerca das denominadas "pedaladas fiscais", suscitadas no bojo do Processo TC 005.335/2015-9. Naquele caso, a violação ao art. 36 da LRF seria

---

II – estabelecer normas de gestão financeira e patrimonial da administração direta e indireta bem como condições para a instituição e funcionamento de fundos".

originária dos adiantamentos concedidos para a União pela Caixa Econômica Federal para cobertura dos programas Bolsa Família, Seguro Desemprego e Abono Salarial de 2013/2014, dos adiantamentos concedidos pelo BNDES para a cobertura do Programa de Sustentação do Investimento de 2010/2014, e dos adiantamentos concedidos pelo FGTS nas despesas do Programa Minha Casa, Minha Vida de 2010/2014. E concluiu-se que:

> (...) a prática não configurava meros adiantamentos destinados a ajustes operacionais em razão de incertezas nos desembolsos... Em verdade, tais atrasos, longe de se justificarem por necessidades de adequações na dinâmica dos fluxos de desembolsos, redundaram na utilização da CEF como grande financiadora das políticas públicas de que tratam os benefícios em tela, por meio da realização de operações de crédito vedadas pela LRF (art. 36).

A mesma prática das pedaladas fiscais também havia sido objeto de análise pelo Plenário do TCU no Acórdão 825/2015,[165] em que o Ministro Relator José Múcio Monteiro chegou a equipará-las a um "cheque especial" da União na CEF, expressando, ao final, a sua perplexidade ao dizer que: "ainda não compreendo como é que dezenas de bilhões de reais em passivos da União tornaram-se imperceptíveis ou indiferentes aos olhos do Banco Central". Pelos cálculos do TCU, as manobras fizeram com que não fossem contabilizados R$ 40,2 bilhões na Dívida Líquida do Setor Público no ano de 2014. Esta mecânica foi assim explicada por aquele Ministro do TCU:

> O Tesouro deixa de repassar os valores a serem pagos, mas a instituição financeira efetua os pagamentos aos beneficiários, passando a ser credora da União pelo valor correspondente. (...) Ou seja, muito embora os benefícios estejam sendo pagos, por intermédio da Caixa, não são contabilizados como despesas no resultado primário da União, por meio da elevação da dívida do Tesouro junto à instituição financeira. Assim, somente no mês em que a União paga à Caixa pelos adiantamentos feitos é que os dispêndios são computados nas estatísticas oficiais, quando o correto é a contabilização da despesa e do consequente endividamento da União no mês do pagamento efetuado pela Caixa.

---

[165] "Constitui operação de crédito a concessão e a utilização de recursos próprios de instituições financeiras controladas pela União para o pagamento de benefícios de programas sociais, subsídios e subvenções de responsabilidade da controladora, em razão de atrasos sistemáticos e relevantes nos repasses dos valores devidos àquelas entidades, contrariando o que estabelecem os arts. 32, § 1º, inciso I, 36 e 38, inciso IV, alínea b, da LC 101/2000 (Lei de Responsabilidade Fiscal)" (TCU, Acórdão 825/2015, Rel. Min. José Mucio Monteiro, Plenário, Sessão: 15.04.2015 – Enunciado paradigmático).

Cabe registrar que as "pedaladas fiscais" foram quitadas no final de 2015 (em 30 de dezembro).[166] Reconhecendo o entendimento perfilhado pelo TCU, a União pagou R$ 72,375 bilhões em passivos junto a bancos públicos e ao Fundo de Garantia do Tempo de Serviço (FGTS). Do total, R$ 55,572 bilhões se referem aos passivos de 2014 e R$ 16,803 bilhões a obrigações de 2015. Entretanto, no dia 31 de agosto de 2016 encerrou-se o julgamento do processo de *impeachment*, e o Senado Federal entendeu que a Presidente da República Dilma Vana Rousseff havia cometido crimes de responsabilidade, dentre eles, o de contratar operações de crédito vedada com instituição financeira controlada pela União, ficando assim condenada à perda do cargo de Presidente da República Federativa do Brasil.

Por fim, como exceção à regra do presente artigo, a LRF, no seu parágrafo único, permite a aquisição de títulos da dívida pública emitidos pelo ente em operações realizadas pela instituição financeira para atender aos seus clientes, na qualidade de investidores, ou títulos da dívida de emissão da União, livremente acessíveis no mercado, para aplicação de recursos próprios da instituição financeira controladora.

> **Art. 37. Equiparam-se a operações de crédito e estão vedados:**
>
> **I – captação de recursos a título de antecipação de receita de tributo ou contribuição cujo fato gerador ainda não tenha ocorrido, sem prejuízo do disposto no § 7º do art. 150 da Constituição;**
>
> **II – recebimento antecipado de valores de empresa em que o Poder Público detenha, direta ou indiretamente, a maioria do capital social com direito a voto, salvo lucros e dividendos, na forma da legislação;**
>
> **III – assunção direta de compromisso, confissão de dívida ou operação assemelhada, com fornecedor de bens, mercadorias ou serviços, mediante emissão, aceite ou aval de título de crédito, não se aplicando esta vedação a empresas estatais dependentes;**
>
> **IV – assunção de obrigação, sem autorização orçamentária, com fornecedores para pagamento a *posteriori* de bens e serviços.**

---

[166] Todavia, o TCU também já afirmou que o "atraso substancial no pagamento de obrigações decorrentes de subvenções junto a instituição financeira estatal pelo ente da federação que a controla configura operação de crédito vedada pela LRF, não tendo relevância para a caracterização da irregularidade a circunstância de o débito ter sido pago no mesmo exercício". (TCU, Acórdão 2.523/2016, Rel. Min. José Mucio Monteiro, Plenário, Sessão: 05.10.2016).

Este **art. 37** tem como objetivo evitar a burla às normas da LRF que vedam os mecanismos de endividamento considerados irresponsáveis pela lei, estendendo ao conceito de operação de crédito vedada outras operações com ela equiparadas por este dispositivo.

A primeira equiparação vedada é a operação de crédito por antecipação de receita (ARO) originária de recursos auferidos com a cobrança de tributos a partir da substituição tributária "para frente" a que se refere o § 7º do art. 150 da Constituição. Observe-se que a metodologia de arrecadação tributária por substituição tributária "para frente" não é vedada, mas o produto da arrecadação tributária dela decorrente não pode ser utilizado para antecipação de receita (inciso I). Outra vedação por equiparação, constante do inciso II, é o adiantamento de recursos realizados por empresas controladas pelo próprio ente, o que poderia configurar uma espécie de empréstimo camuflado. Todavia, não se enquadram na vedação o recebimento de lucros e dividendos pagos pela empresa. Encontramos também a vedação da utilização de títulos de crédito na contratação com fornecedores, exceto com estatais dependentes[167] (III), ou a sua contratação para pagamento posterior sem previsão no orçamento (IV).

Subseção III
Das Operações de Crédito por Antecipação de Receita Orçamentária

Art. 38. A operação de crédito por antecipação de receita destina-se a atender insuficiência de caixa durante o exercício financeiro e cumprirá as exigências mencionadas no art. 32 e mais as seguintes:

I – realizar-se-á somente a partir do décimo dia do início do exercício;

II – deverá ser liquidada, com juros e outros encargos incidentes, até o dia dez de dezembro de cada ano;

III – não será autorizada se forem cobrados outros encargos que não a taxa de juros da operação, obrigatoriamente prefixada ou indexada à taxa básica financeira, ou à que vier a esta substituir;

IV – estará proibida:

a) enquanto existir operação anterior da mesma natureza não integralmente resgatada;

---

[167] Ainda que dependam de aportes constantes de recursos orçamentários para seu funcionamento, as estatais dependentes são empresas (pessoas jurídicas de direito privado), de modo que a utilização de títulos de crédito na vida negocial é corriqueira, razão pela qual foram excepcionadas da vedação constante do inciso III do art. 37 da LRF.

> b) no último ano de mandato do Presidente, Governador ou Prefeito Municipal.
>
> § 1º As operações de que trata este artigo não serão computadas para efeito do que dispõe o inciso III do art. 167 da Constituição, desde que liquidadas no prazo definido no inciso II do *caput*.
>
> § 2º As operações de crédito por antecipação de receita realizadas por Estados ou Municípios serão efetuadas mediante abertura de crédito junto à instituição financeira vencedora em processo competitivo eletrônico promovido pelo Banco Central do Brasil.
>
> § 3º O Banco Central do Brasil manterá sistema de acompanhamento e controle do saldo do crédito aberto e, no caso de inobservância dos limites, aplicará as sanções cabíveis à instituição credora.

A operação de crédito por **antecipação de receita orçamentária** (ARO) é o processo pelo qual o tesouro público está autorizado a contrair uma dívida por "antecipação de uma receita prevista", a qual será liquidada quando efetivada a entrada do respectivo numerário. Sua finalidade, tal como explicitada no **art. 38**, é a de atender a uma insuficiência de caixa momentânea, utilizando recursos que irão ingressar nos cofres públicos. Portanto, uma mera antecipação de receita prevista.

Para a realização deste tipo de operação, algumas condições devem ser atendidas. Primeiramente, aquelas fixadas no art. 32 da LRF, ou seja, deverão ser submetidos pelo ente federativo:[168] a) parecer técnico e jurídico do órgão competente; b) demonstração do custo-benefício, em respeito ao princípio da eficiência; c) comprovação do interesse econômico e social da operação, revelando e vinculando as necessidades locais; d) autorização expressa na lei orçamentária para a contratação de créditos adicionais, bem como a inclusão destes recursos em rubrica própria no orçamento, exceto operações de antecipação de receita.

Além destas, cumprirá as seguintes exigências trazidas no presente artigo: I – realizar-se-á somente a partir do décimo dia do início do exercício; II – deverá ser liquidada, com juros e outros encargos incidentes, até o dia dez de dezembro de cada ano; III – não será autorizada se forem cobrados outros encargos que não a taxa de juros da operação, obrigatoriamente prefixada ou indexada à taxa básica financeira, ou a que vier a esta substituir; IV – estará proibida: a) enquanto existir operação anterior da mesma natureza

---

[168] Na redação do art. 32 da LRF, dever-se-ia remeter a documentação ao Ministério da Fazenda para análise. Mas tal determinação foi tacitamente revogada pela superveniência do art. 10 da LC 148/2014, que estabelece ser a própria instituição financeira aquela a realizar a análise da documentação.

não integralmente resgatada; b) no último ano de mandato do Presidente, Governador ou Prefeito Municipal.

Se tais operações forem liquidadas até o dia dez de dezembro de cada ano, não serão computadas dentro dos limites das operações de créditos relativas ao montante das despesas de capital, tal como previsto no inciso III do art. 167 da Constituição (conhecida como "regra de ouro"), norma garantidora de uma gestão fiscal responsável da dívida pública e do respeito ao princípio da equidade intergeracional.

Finalmente, em se tratando de Estados e Municípios, o Banco Central exerce papel importante, que se instaura a partir do processo eletrônico de competição entre as instituições financeira para garantir a obtenção da melhor oferta de taxa na operação de crédito, e se desenvolve com o acompanhamento e controle do saldo do crédito concedido, bem como o respeito aos limites estabelecidos na LRF.

Subseção IV
Das Operações com o Banco Central do Brasil

Art. 39. Nas suas relações com ente da Federação, o Banco Central do Brasil está sujeito às vedações constantes do art. 35 e mais às seguintes:

I – compra de título da dívida, na data de sua colocação no mercado, ressalvado o disposto no § 2º deste artigo;

II – permuta, ainda que temporária, por intermédio de instituição financeira ou não, de título da dívida de ente da Federação por título da dívida pública federal, bem como a operação de compra e venda, a termo, daquele título, cujo efeito final seja semelhante à permuta;

III – concessão de garantia.

§ 1º O disposto no inciso II, *in fine*, não se aplica ao estoque de Letras do Banco Central do Brasil, Série Especial, existente na carteira das instituições financeiras, que pode ser refinanciado mediante novas operações de venda a termo.

§ 2º O Banco Central do Brasil só poderá comprar diretamente títulos emitidos pela União para refinanciar a dívida mobiliária federal que estiver vencendo na sua carteira.

§ 3º A operação mencionada no § 2º deverá ser realizada à taxa média e condições alcançadas no dia, em leilão público.

§ 4º É vedado ao Tesouro Nacional adquirir títulos da dívida pública federal existentes na carteira do Banco Central do Brasil, ainda que com cláusula de reversão, salvo para reduzir a dívida mobiliária.

O presente **art. 39** traz mais um conjunto de vedações que se direcionam ao **Banco Central do Brasil** em suas relações com os entes da federação, visando assegurar o controle e respeito às normas da LRF que impõem limitações e condições ao endividamento público para que se possa garantir uma gestão fiscal responsável.

Busca-se aqui evitar que o BACEN financie os gastos públicos pela realização de operações que, de maneira indireta, burlem as vedações e, por consequência, os objetivos da lei no que se refere ao controle do endividamento público.

Esta norma da LRF decorre da previsão constitucional do art. 164, § 1º, que veda ao banco central conceder, direta ou indiretamente, empréstimos ao Tesouro Nacional e a qualquer órgão ou entidade que não seja instituição financeira.

Assim, o presente dispositivo traz ao BACEN – além da proibição com a sua participação do financiamento direto ou indireto de um ente por outro, tal como expressa no art. 35 a que se remete – as seguintes vedações: a) compra de títulos da dívida no momento do seu lançamento, exceto no caso do refinanciamento da dívida mobiliária federal e desde que com a taxa média e condições do dia realizadas em leilão público; b) permuta de títulos de federação com títulos da dívida pública federal, inclusive a operação de compra e venda do título, a termo, cujo efeito final seja semelhante à permuta, exceto no caso do estoque de Letras do Banco Central do Brasil, Série Especial; c) concessão de garantia, já que a inadimplência da obrigação garantida gera a responsabilidade ao BACEN de quitá-la, acarretando maior endividamento; d) a venda ao Tesouro de títulos da dívida pública federal que estejam em sua carteira, ainda que com cláusula de reversão (condição de recompra), exceto se o propósito for o de reduzir a dívida mobiliária.

Seção V
Da Garantia e da Contragarantia

Art. 40. Os entes poderão conceder garantia em operações de crédito internas ou externas, observados o disposto neste artigo, as normas do art. 32 e, no caso da União, também os limites e as condições estabelecidos pelo Senado Federal.

§ 1º A garantia estará condicionada ao oferecimento de contragarantia, em valor igual ou superior ao da garantia a ser concedida, e à adimplência da entidade que a pleitear relativamente a suas obrigações junto ao garantidor e às entidades por este controladas, observado o seguinte:

I – não será exigida contragarantia de órgãos e entidades do próprio ente;

II – a contragarantia exigida pela União a Estado ou Município, ou pelos Estados aos Municípios, poderá consistir na vinculação de receitas tributárias diretamente arrecadadas e provenientes de transferências constitucionais, com outorga de poderes ao garantidor para retê-las e empregar o respectivo valor na liquidação da dívida vencida.

§ 2º No caso de operação de crédito junto a organismo financeiro internacional, ou a instituição federal de crédito e fomento para o repasse de recursos externos, a União só prestará garantia a ente que atenda, além do disposto no § 1º, as exigências legais para o recebimento de transferências voluntárias.

§ 3º (VETADO)

§ 4º (VETADO)

§ 5º É nula a garantia concedida acima dos limites fixados pelo Senado Federal.

§ 6º É vedado às entidades da administração indireta, inclusive suas empresas controladas e subsidiárias, conceder garantia, ainda que com recursos de fundos.

§ 7º O disposto no § 6º não se aplica à concessão de garantia por:

I – empresa controlada a subsidiária ou controlada sua, nem à prestação de contragarantia nas mesmas condições;

II – instituição financeira a empresa nacional, nos termos da lei.

§ 8º Excetua-se do disposto neste artigo a garantia prestada:

I – por instituições financeiras estatais, que se submeterão às normas aplicáveis às instituições financeiras privadas, de acordo com a legislação pertinente;

II – pela União, na forma de lei federal, a empresas de natureza financeira por ela controladas, direta e indiretamente, quanto às operações de seguro de crédito à exportação.

§ 9º Quando honrarem dívida de outro ente, em razão de garantia prestada, a União e os Estados poderão condicionar as transferências constitucionais ao ressarcimento daquele pagamento.

§ 10. O ente da Federação cuja dívida tiver sido honrada pela União ou por Estado, em decorrência de garantia prestada em operação de crédito, terá suspenso o acesso a novos créditos ou financiamentos até a total liquidação da mencionada dívida.

A presente seção da LRF, que trata das **garantias** e **contragarantias** concedidas por entes públicos, vem a regulamentar o disposto no art. 163, inciso III da Constituição Federal, o qual determina que *Lei Complementar* disponha sobre a concessão de garantias pelas entidades públicas.

Ademais, a importância do tema revela-se pelo fato de que há quem inclua a matéria dentro do conceito de dívida pública, uma vez que, diante de uma inadimplência, as garantias podem se converter em obrigação de pagar, portanto, com efeitos financeiros similares e o consequente endividamento.

Conceitualmente, uma *garantia* nada mais é do que uma caução, ou seja, corresponde ao compromisso de adimplência de obrigação financeira ou contratual, assumido por ente da federação ou entidade a ele vinculada, tal como previsto no inciso IV do art. 29, já analisado. Já a *contragarantia*, que tem a mesma natureza da garantia, é um bem ou direito do devedor, que pode ser assumido pelo garantidor, quando da ocorrência de inadimplência, e que segundo a LRF pode consistir na vinculação de receitas tributárias diretamente arrecadadas e provenientes de transferências constitucionais, com outorga de poderes ao garantidor para retê-las e empregar o respectivo valor na liquidação da dívida vencida.

A propósito, segundo as lições de Caio Mário da Silva Pereira,[169] "no gênero caução ou garantia compreende-se todo negócio jurídico com o objetivo de oferecer ao credor uma segurança de pagamento, além daquela genérica situada no patrimônio do devedor".

O *caput* deste **art. 40**, ao permitir que os entes possam prestar garantias nas operações de crédito, determina que sejam observados: a) as normas do art. 32; b) os limites e condições destas operações para a União previstas em resoluções do Senado Federal; c) as demais regras deste dispositivo.

Primeiramente, quanto ao referido art. 32, que já foi objeto de nossa análise, vimos que o controle dos limites e condições das operações de crédito seria realizado através do Ministério da Fazenda (atualmente, Ministério da Economia), submetida a proposta da operação pelo ente federativo, juntamente com um parecer técnico e jurídico do órgão competente, uma demonstração do custo-benefício (em respeito ao princípio da eficiência), a comprovação do interesse econômico e social da operação (revelando e vinculando as necessidades locais) e demais condições previstas nos incisos

---

[169] PEREIRA, Caio Mário da Silva. *Instituições de direito civil*: contratos. 11. ed. Rio de Janeiro: Forense, 2003. v. 3, p. 493.

do § 1º do art. 32. Mas a LC 148/2014 permitiu ao Ministério da Fazenda (atualmente, Ministério da Economia) transferir tais atribuições, mediante ato normativo, para a instituição financeira que contratar a operação de crédito, levando em consideração o valor da operação de crédito e a situação econômico-financeira do ente da Federação, de maneira a atender aos princípios da eficiência e da economicidade.

Já quanto aos limites e condições para a concessão de garantia da União em operações de crédito externo e interno, a Resolução 48/2007 do Senado Federal tratou do tema. Por sua vez, a Resolução 43/2001 do Senado Federal dispôs, para Estados, Distrito Federal e Municípios, sobre a concessão de garantias, seus limites e condições de autorização. O § 5º deste artigo estabelece que seja nula a garantia concedida acima dos limites fixados pelo Senado Federal. A interpretação literal conduz a que a garantia seja fulminada pela nulidade *in totum*, mesmo naquela parte que estaria dentro dos limites fixados pelo Senado Federal. Em outra interpretação mais liberal do dispositivo, caso se queira aproveitar a garantia dentro dos limites fixados pelo Senado, poder-se-ia argumentar que, na verdade, seria nula (*rectius*, ineficaz) apenas a parte da garantia que ultrapasse o montante fixado pelo Senado, mas poderia ser preservada a parte que se encontra dentro dos limites estabelecidos (princípio da conservação dos negócios jurídicos).

Quanto às condições específicas introduzidas pelo presente art. 40 da LRF, este dispositivo prevê que a concessão de garantia estará condicionada ao oferecimento de contragarantia, em valor igual ou superior ao da garantia a ser concedida, e à adimplência da entidade que a pleitear relativamente a suas obrigações junto ao garantidor e às entidades por este controladas. Entretanto, não será exigida contragarantia de órgãos e entidades do próprio ente.

Por sua vez, a contragarantia exigida pela União a Estado ou Município, ou pelos Estados aos Municípios, poderá consistir na vinculação de receitas tributárias diretamente arrecadadas e provenientes de transferências constitucionais, com outorga de poderes ao garantidor para retê-las e empregar o respectivo valor na liquidação da dívida vencida.

No caso de operação de crédito junto a organismo financeiro internacional, ou a instituição federal de crédito e fomento para o repasse de recursos externos, a União só prestará garantia a ente que atenda, além das regras anteriores mencionadas, as exigências legais para o recebimento de transferências voluntárias. A este respeito, já decidiu o TCU que

> a competência do Tribunal de Contas da União, no tocante às operações de crédito externo celebradas por pessoas jurídicas de direito público interno, com garantia da União, limita-se à fiscalização e controle das garantias

prestadas pela última, sem interferência direta nas aplicações dos recursos pelo ente federado contratante, em homenagem ao Princípio Federalista e, por consequência, à autonomia dos entes federados, insculpida no art. 18, *caput*, da Constituição Federal.[170]

Outrossim, é vedado às entidades da Administração indireta, inclusive suas empresas controladas e subsidiárias, conceder garantia, ainda que com recursos de fundos, exceto a concessão de garantia por: I – empresa controlada a subsidiária ou controlada sua, ou a prestação de contragarantia nas mesmas condições; II – instituição financeira a empresa nacional, nos termos da lei. A razão de tais exceções está no fato de que é comum, no mundo negocial, que empresas do mesmo grupo econômico (ainda que sejam estatais) ofereçam garantias umas pelas outras. Isto decorre diretamente do regime de direito privado a que estão submetidas. Já quanto às instituições financeiras, aquelas que são estatais também integram a Administração Indireta. É de sabença geral que a contratação de garantia, mediante contraprestação pecuniária (tais como cartas de fiança bancárias), é um produto usualmente ofertado por instituições financeiras privadas. Se isto não fosse permitido às instituições financeiras estatais (por exemplo, CEF e Banco do Brasil), seria impossível que tomassem parte nesta fatia de mercado, em detrimento da possibilidade de tais entidades estatais competirem com suas congêneres privadas.

Ressalvam-se das restrições da LRF as garantias prestadas por instituições financeiras estatais que se submetam às normas aplicáveis às instituições financeiras privadas e aquelas prestadas pela União às empresas de natureza financeira por ela controladas, direta e indiretamente, quanto às operações de seguro de crédito à exportação. Neste último caso, há um objetivo claro de conceder estímulos à exportação como forma de manter uma balança comercial favorável.

Ademais, quando honrarem dívida de outro ente, em razão de garantia prestada, a União e os Estados poderão condicionar as transferências constitucionais ao ressarcimento daquele pagamento (§ 9º), sendo que o ente devedor terá suspenso seu acesso a novos créditos ou financiamentos até a total liquidação da mencionada dívida (§ 10).

Finalmente, em relação aos vetos dos §§ 3º e 4º, estes dispositivos previam originalmente que seria possível a cobrança de comissão pela garantia prestada, na forma de percentual sobre o valor garantido, e exigido o ressarcimento das despesas efetuadas pelo garantidor à conta da operação; e que a falta de ressar-

---

[170] TCU, Acórdão 3.242/2010 (AC-3242-47/10-P), Rel. Min. Raimundo Carreiro, Plenário, Sessão: 01.12.2010.

cimento dos valores honrados, por mais de sessenta dias a partir da data de pagamento, importaria a execução da contragarantia, com os valores atualizados.

Como justificativa, entendeu-se que a cobrança de comissão pela garantia prestada elevaria o custo das operações para os Estados e Municípios que as contratassem, e que, ainda que este seja o procedimento usual no mercado financeiro, contrariaria o interesse público da Federação, cujo princípio é a solidariedade e o equilíbrio federativo, uma vez que o interesse da União está resguardado pela exigência de contragarantia; e a alteração do prazo para execução da contragarantia para sessenta dias, além de modificar os contratos a serem firmados, criaria dificuldades para manter os entes avalizados em posição corrente.

Seção VI
Dos Restos a Pagar

Art. 41. (VETADO)

O **art. 41**, que foi **vetado** integralmente através da Mensagem Presidencial 627/2000, estabelecia a regra de que, uma vez observados os limites globais de empenho e movimentação financeira, seriam inscritas em Restos a Pagar: I – as despesas legalmente empenhadas e liquidadas, mas não pagas no exercício; II – as despesas empenhadas e não liquidadas que correspondam a compromissos efetivamente assumidos em virtude de: a) normas legais e contratos administrativos; b) convênio, ajuste, acordo ou congênere, com outro ente da Federação, já assinado, publicado e em andamento. Considerava em andamento o convênio, ajuste, acordo ou congênere cujo objeto estivesse sendo alcançado no todo ou em parte. E, após fosse deduzido de suas disponibilidades de caixa o montante das inscrições realizadas tal como previsto na norma, o Poder ou órgão referidos no art. 20 da LRF poderiam inscrever as demais despesas empenhadas, até o limite do saldo remanescente. Finalmente, previa que os empenhos não liquidados e não inscritos seriam cancelados.

Entretanto, como razões de veto do dispositivo fundado na contrariedade ao interesse público, entendeu-se que, a exemplo de vários outros limites e restrições contidos no projeto de lei complementar, o sentido original da introdução de uma regra para Restos a Pagar era promover o equilíbrio entre as aspirações da sociedade e os recursos que esta coloca à disposição do governo, evitando déficits imoderados e reiterados. Neste intuito, os Restos a Pagar deveriam ficar limitados às disponibilidades de caixa como forma de não transferir despesa de um exercício para outro sem a correspondente fonte de custeio. Entretanto, a redação final do dispositivo não manteve esse sentido original que se assentava na restrição básica de contrapartida entre a disponibilidade financeira e a autorização orçamentária. O dispositivo permite, primeiro, inscrever em Restos a Pagar várias despesas para, apenas depois, condicionar a inscrição das demais à existência de recursos em caixa. Tal prática iria ferir o princípio do equilíbrio fiscal, pois faria com que fossem assumidos compromissos sem a disponibilidade financeira necessária para saldá-los, criando transtornos para a execução do orçamento e, finalmente, ocasionando o crescimento de Restos a Pagar que equivaleria, em termos financeiros, a crescimento de dívida pública.

> Art. 42. É vedado ao titular de Poder ou órgão referido no art. 20, nos últimos dois quadrimestres do seu mandato, contrair obrigação de despesa que não possa ser cumprida integralmente dentro dele, ou que tenha parcelas a serem pagas no exercício seguinte sem que haja suficiente disponibilidade de caixa para este efeito.
>
> Parágrafo único. Na determinação da disponibilidade de caixa serão considerados os encargos e despesas compromissadas a pagar até o final do exercício.

Aqui temos mais uma norma da LRF que visa impedir a utilização da máquina administrativa para realizar atos no último ano de gestão de natureza "populista" ou se comprometa o orçamento subsequente com "heranças fiscais" deixadas ao sucessor.

Segundo a norma do **art. 42**, nos últimos 8 meses do mandato, nenhuma despesa poderá ser contraída se esta não puder ser paga totalmente no mesmo exercício ou, caso venha a ultrapassar este, desde que haja disponibilidade financeira a ela previamente destinada para pagamento das parcelas pendentes em exercícios subsequentes. Evita-se, assim, a contração de obrigações que sejam custeadas com recursos futuros e comprometam orçamentos posteriores.[171]

---

[171] "ADMINISTRATIVO E PROCESSUAL CIVIL. IMPROBIDADE ADMINISTRATIVA. EX-PREFEITO. DESPESAS NOS ÚLTIMOS DOIS QUADRIMESTRES. LEI DE RESPONSABILIDADE FISCAL. DOLO CONFIGURADO. DOSIMETRIA DA PENALIDADE. [...] 7. O Tribunal de origem apreciou a conduta da parte recorrente afirmando que 'Restou incontroverso dos autos que o réu, ora apelante, na condição de Prefeito do Município de Queluz/SP, autorizou a realização de diversas despesas nos dois últimos quadrimestres do seu mandato, durante o exercício de 2008, sem a necessária provisão orçamentária, em flagrante violação ao preceito contido no art. 42 da Lei Complementar nº 101/00 ('Lei de Responsabilidade Fiscal')'. 8. No que

Esta norma não é nova, embora agora tenha maior alcance, aplicando-se a todos os entes federativos, uma vez que a **Lei 4.320/1964** já trazia este tipo de restrição destinada aos Municípios, ao prever no seu art. 59 que é vedado aos Municípios empenhar, no último mês do mandato do Prefeito, mais do que o duodécimo da despesa prevista no orçamento vigente (§ 2º), e vedando também aos Municípios, no mesmo período, assumir, por qualquer forma, compromissos financeiros para execução depois do término do mandato do Prefeito (§ 3º).

Aliás, a **Constituição Federal** de 1988 já veicula um comando que apresenta a mesma fundamentação – de planejamento fiscal –, mas direcionado a despesas de investimentos, prevendo não ser possível iniciá-los se a sua execução for ultrapassar um exercício financeiro sem prévia inclusão no plano plurianual, ou sem lei que autorize a inclusão, sob pena de crime de responsabilidade (art. 167, § 1º).

Outrossim, cabe registrar que o **Código Penal** tipifica a *inscrição de despesas não empenhadas em restos a pagar* no seu **art. 359-B**, ao estabelecer que ordenar ou autorizar a inscrição, em restos a pagar, de despesa que não tenha sido previamente empenhada ou que exceda limite estabelecido em lei, terá como pena a detenção, de 6 (seis) meses a 2 (dois) anos. Por sua vez, criminaliza *a assunção de obrigação no último ano de mandato ou legislatura* no seu **art. 359-C**, punindo com reclusão de 1 (um) a 4 (quatro) anos quem ordenar ou autorizar a assunção de obrigação, nos dois últimos quadrimestres do último ano do mandato ou legislatura, cuja despesa não possa ser paga no mesmo exercício financeiro ou, caso reste parcela a ser paga no exercício seguinte, que não tenha contrapartida suficiente de disponibilidade de caixa. E trata do *não cancelamento de restos a pagar* no **art. 359-F**, ao prever que deixar de ordenar, de autorizar ou de promover o cancelamento do montante

---

concerne à ofensa ao art. 42 da Lei de Responsabilidade Fiscal, restou comprovado nos autos que a parte recorrente no exercício do cargo de Prefeito contraiu obrigações nos últimos quadrimestres de seu mandato que não puderam ser adimplidas dentro do mesmo exercício financeiro e sem a existência de prévia fonte de custeio, não obstante ter sido advertido por oito vezes pelo Tribunal de Contas do Estado de São Paulo sobre a insuficiência de receitas para a cobertura das obrigações. 9. Tal prática administrativa configura a presença de dolo genérico e, também, de culpa grave, pois o recorrente, em razão da natureza do cargo ocupado (Prefeito) e do fato de ter total acesso e controle das despesas públicas realizadas no Município, tinha pleno conhecimento da ilicitude de sua conduta e agiu de forma livre e consciente ao permitir contrair a obrigação violando flagrantemente a Lei de Responsabilidade Fiscal." (STJ, AgInt no REsp 1.696.763, 2ª Turma, Rel. Min. Herman Benjamin, j. 07.06.2018, *DJe* 28.11.2018).

de restos a pagar inscrito em valor superior ao permitido em lei terá como pena a detenção, de 6 (seis) meses a 2 (dois) anos.

Entretanto, a controvérsia surge na interpretação do conceito de "obrigação de despesa", e se este envolveria simplesmente a assunção da obrigação ou contrato administrativo, independente do empenho da despesa, ou o conceito equivaleria apenas aos compromissos já empenhados e liquidados, ou seja, devidamente contabilizados com a respectiva dotação orçamentária.

Cabe lembrar que, segundo o art. 58 da Lei 4.320/1964, o empenho de despesa é o ato emanado de autoridade competente que cria para o Estado obrigação de pagamento pendente ou não de implemento de condição.

Ainda que haja entendimentos mais flexíveis,[172] somos pela rigidez da norma visando resguardar o seu objetivo precípuo da gestão responsável e o princípio do planejamento, no sentido de que qualquer compromisso assumido neste período, que vai de 1º de maio a 31 de dezembro do último ano do mandato, empenhado ou não, se submeteria à vedação do art. 42 tão logo contratado, já que o pretendido é não comprometer o caixa do gestor subsequente com obrigações por ele não assumidas. Segue-se o princípio geral de direito de que aquilo que a lei proíbe, ainda que não comine expressamente a nulidade, está eivado de nulidade *virtual* ou *implícita*,[173] de modo que seria nulo o próprio compromisso contraído em violação ao art. 42 da LRF.

O STJ, contudo, já chegou a decidir[174] que a norma do *caput* do art. 42 traz vedação tão somente ao titular de Poder ou órgão de que trata o art. 20 da LRF – com as consequências de natureza penal e administrativa previstas no Código Penal e na Lei de Improbidade Administrativa –, mas não

---

[172] TOLEDO JUNIOR, Flávio C.; ROSSI, Sérgio Ciqueira de. *Lei de Responsabilidade Fiscal*: comentada artigo por artigo. 2. ed. São Paulo: NDJ, 2002. p. 224.
[173] "É *nulo o* negócio jurídico, quando, em razão do defeito grave que o atinge, não pode produzir o almejado efeito. É a nulidade a sanção para a ofensa à predeterminação legal. Nem sempre, contudo, se acha declarada na própria lei. Às vezes, esta enuncia o princípio, imperativo ou proibitivo, cominando a pena específica ao transgressor, e, então diz-se que a nulidade é expressa ou *textual*; outras vezes, a lei proíbe o ato ou estipula a sua validade na dependência de certos requisitos, e, se é ofendida, existe igualmente nulidade, que se dirá *implícita* ou *virtual*" (PEREIRA, Caio Mário da Silva. *Instituições de direito civil*: introdução ao direito civil. 24. ed. Rio de Janeiro: Forense, 2011. v. 1, p. 529-530). Verificamos esta nulidade na parte final do art. 166, VII, do Código Civil: "Art. 166. É nulo o negócio jurídico quando: (...)
VII – a lei taxativamente o declarar nulo, ou proibir-lhe a prática, sem cominar sanção".
[174] STJ, REsp 706.744/MG, 2ª Turma, Rel. Min. Eliana Calmon, j. 07.02.2006, *DJ* 06.03.2006.

veicula qualquer previsão de nulidade dos atos administrativos praticados irregularmente. Concluiu aquela Corte que, ainda que irregular a despesa contratada com inobservância do art. 42 da LC 101/2000, o ato praticado pela Administração anterior pode gerar direito subjetivo de crédito a um terceiro, devendo-se evitar o enriquecimento ilícito da Administração, que se beneficiou com o cumprimento da obrigação da outra parte contratante e que se recusa ao adimplemento da sua contraprestação pecuniária.

CAPÍTULO VIII
DA GESTÃO PATRIMONIAL

Seção I
Das Disponibilidades de Caixa

Art. 43. As disponibilidades de caixa dos entes da Federação serão depositadas conforme estabelece o § 3º do art. 164 da Constituição.

§ 1º As disponibilidades de caixa dos regimes de previdência social, geral e próprio dos servidores públicos, ainda que vinculadas a fundos específicos a que se referem os arts. 249 e 250 da Constituição, ficarão depositadas em conta separada das demais disponibilidades de cada ente e aplicadas nas condições de mercado, com observância dos limites e condições de proteção e prudência financeira.

§ 2º É vedada a aplicação das disponibilidades de que trata o § 1º em:

I – títulos da dívida pública estadual e municipal, bem como em ações e outros papéis relativos às empresas controladas pelo respectivo ente da Federação;

II – empréstimos, de qualquer natureza, aos segurados e ao Poder Público, inclusive a suas empresas controladas.

Dentro da diretriz de impor aos entes uma gestão fiscal responsável, o presente **art. 43** traz um conjunto de regras que impedem a utilização de recursos para outros fins ou a cobertura de déficits financeiros, obrigando o depósito dos recursos disponíveis dos entes em bancos oficiais. Evita-se, com isso, a chamada "contabilidade fiscal criativa".

O *caput* deste dispositivo nos remete ao § 3º do art. 164 da Constituição, o qual estabelece que as disponibilidades de caixa da União serão depositadas no banco central; as dos Estados, do Distrito Federal, dos Municípios e dos órgãos ou entidades do Poder Público e das empresas por ele controladas, em instituições financeiras oficiais, ressalvados os casos previstos em lei.

O tema já foi objeto das ADIs 2.661-MC[175] e 2.600-MC,[176] em que o STF decidiu serem inconstitucionais leis estaduais que permitiam o depósito das disponibilidades de caixa do Poder Público estadual em entidades privadas integrantes do Sistema Financeiro Nacional. A ressalva prevista no § 3º do art. 164 da Constituição, que possibilita à lei estabelecer de modo diverso (ou seja, depósito não realizado em instituição financeira oficial), foi interpretada pelo STF como a exigir, no mínimo, lei ordinária federal, de caráter nacional (e não estadual). Ora, no momento em que a LRF (LC 101/2000), lei complementar federal, de caráter nacional, em seu art. 43, não trouxe qualquer exceção, as disponibilidades de caixa dos entes da Federação devem ser depositadas conforme estabelece o § 3º do art. 164 da Constituição.

Por sua vez, os seus parágrafos determinam que os recursos destinados ao custeio da previdência social, geral ou própria dos servidores públicos, deverão ser segregados e depositados separadamente dos demais recursos, não podendo ser utilizados para aplicação em títulos da dívida pública estadual e municipal, ou valores mobiliários emitidos por empresas controladas pelo respectivo ente, e nem para a concessão de empréstimos aos próprios segurados ou ao Poder Público. Por esse motivo, o STJ já teve a oportunidade de asseverar que o financiamento para aquisição de moradia própria de servidor público municipal, com uso de recursos do sistema próprio de previdência, viola o art. 43, § 2º, II, da LRF, criado exatamente para vedar essas operações subsidiadas que podem prejudicar a higidez do sistema previdenciário.[177]

Cabe registrar que a **Lei Complementar 151/2015** permitiu a disponibilidade e utilização de parcela dos depósitos judiciais e administrativos (referentes a processos judiciais ou administrativos) por parte do Poder Executivo dos entes estaduais, municipais e distrital, autorizando a utilização dos recursos para o pagamento de precatórios, da dívida pública e também para realização de investimentos.[178]

---

[175] STF, ADI 2.661 MC/MA, Pleno, Rel. Min. Celso de Mello, j. 05.06.2002, *DJ* 23.08.2002.
[176] STF, ADI 2.600 MC/ES, Pleno, Rel. Min. Ellen Gracie, j. 24.04.2002, *DJ* 25.10.2002.
[177] STJ, RMS 33.078/RJ, 2ª Turma, Rel. Min. Og Fernandes, j. 08.09.2015, *DJe* 18.09.2015; RMS 32.422/RJ, 2ª Turma, Rel. Min. Herman Benjamin, j. 01.09.2011, *DJe* 09.09.2011.
[178] A norma surge em decorrência da decisão do Supremo Tribunal Federal na ADI 4.425/DF, que julgou inconstitucional uma série de dispositivos introduzidos pela Emenda Constitucional 62/2009 que facilitavam aos entes públicos as modalidades de pagamento de precatórios. Assim, buscando outra forma de viabilizar a solvência dos precatórios, a LC 151/2015 permitiu a utilização de tais recursos. Contudo, a constitucionalidade da própria LC 151/2015 já está sendo questionada perante o STF, por meio da ADI 5.361, proposta pela Associação dos Magistrados Brasileiros.

Assim, a referida lei dispôs sobre os recursos relativos aos depósitos judiciais e administrativos referentes a processos, tributários ou não tributários, nos quais o Estado, o Distrito Federal ou os Municípios sejam parte, estabelecendo que estes valores devam ser efetuados em instituição financeira oficial federal, estadual ou distrital, e que a instituição financeira oficial transferirá para a conta única do Tesouro do Estado, do Distrito Federal ou do Município 70% (setenta por cento) do valor atualizado dos referidos depósitos.

Estes recursos serão aplicados, exclusivamente, no pagamento de: I – precatórios judiciais de qualquer natureza; II – dívida pública fundada, caso a lei orçamentária do ente federativo preveja dotações suficientes para o pagamento da totalidade dos precatórios judiciais exigíveis no exercício e não remanesçam precatórios não pagos referentes aos exercícios anteriores; III – despesas de capital, caso a lei orçamentária do ente federativo preveja dotações suficientes para o pagamento da totalidade dos precatórios judiciais exigíveis no exercício, não remanesçam precatórios não pagos referentes aos exercícios anteriores e o ente federado não conte com compromissos classificados como dívida pública fundada; IV – recomposição dos fluxos de pagamento e do equilíbrio atuarial dos fundos de previdência referentes aos regimes próprios de cada ente federado, nas mesmas hipóteses do inciso III.

Seção II
Da Preservação do Patrimônio Público

Art. 44. É vedada a aplicação da receita de capital derivada da alienação de bens e direitos que integram o patrimônio público para o financiamento de despesa corrente, salvo se destinada por lei aos regimes de previdência social, geral e próprio dos servidores públicos.

A LRF apresenta no presente **art. 44** a vedação de se utilizar receitas de capital para custear despesas correntes, exceto para despesas previdenciárias e desde que sejam autorizadas em lei, cujo fundamento decorre dos princípios do *equilíbrio fiscal* e da *proteção ao patrimônio público*.

A norma em comento segue a lógica de gestão responsável de que para financiar, de maneira saudável e equilibrada, as despesas correntes, devem ser utilizadas as receitas correntes; ao passo que o financiamento das despesas de capital caberá às receitas de capital.

Caso ausente tal norma, abrir-se-ia a possibilidade de uma ampla e geral dilapidação do patrimônio público, a partir da venda dos bens estatais (receitas de capital), para fazer frente ao custeio das despesas correntes.

A Lei 4.320/164 classifica as receitas em duas categorias: receitas correntes e receitas de capital (art. 11). Prevê que são **Receitas Correntes** as receitas tributárias, de contribuições, patrimonial, agropecuária, industrial, de serviços e outras e, ainda, as provenientes de recursos financeiros recebidos de outras pessoas de direito público ou privado, quando destinadas a atender despesas classificáveis em Despesas Correntes. Estabelece que as **Receitas de Capital** são as provenientes da realização de recursos financeiros oriundos de constituição de dívidas; da conversão, em espécie, de bens e direitos; os recursos recebidos de outras pessoas de direito público ou privado destinados a atender despesas classificáveis em Despesas de Capital e, ainda, o *superávit* do Orçamento Corrente.

Por questões de fluxo fiscal responsável, deve haver uma correlação entre a natureza das receitas e despesas. Pode-se dizer que o fator caracterizador das receitas correntes é a sua *estabilidade* como fonte de recursos, ou seja, considera-se que essas receitas fazem parte da arrecadação estatal de forma ordinária e não eventual. Assim, as receitas correntes são consideradas continuamente pelo Estado na elaboração do seu orçamento, já que estas possuem um caráter estável e definitivo no sistema financeiro, como no caso dos tributos. Já as receitas de capital são de natureza *eventual*, pois para existirem dependem de atos específicos e circunstâncias próprias, como no caso das receitas originárias dos empréstimos na emissão de títulos da dívida pública. Portanto, para despesas contínuas como as correntes, devem-se utilizar as receitas correntes.

Assim, nas claras palavras de Mizabel Machado Derzi,[179]

> Alienar bens para custear as despesas cotidianas da Administração equivale a dilapidar o patrimônio público. É norma de franca proteção do patrimônio estatal, que somente cede quando se trata da previdência social. Ressurge aqui a preocupação em assegurar recursos suficientes à consecução das finalidades constitucionais ligadas à previdência social geral ou própria dos servidores públicos.

Portanto, vê-se que o legislador adotou na LRF a valorização do patrimônio estatal e do equilíbrio fiscal com a imposição da utilização de recursos correntes para custear despesas da mesma natureza.

> **Art. 45. Observado o disposto no § 5º do art. 5º, a lei orçamentária e as de créditos adicionais só incluirão novos projetos após adequadamente atendidos os em andamento e contempladas as despesas de conservação do patrimônio público, nos termos em que dispuser a lei de diretrizes orçamentárias.**

---

[179] DERZI, Mizabel Machado. Comentário ao art. 44 da LRF. In: MARTINS, Ives Gandra da Silva; NASCIMENTO, Carlos Valder do (org.). *Comentários à Lei de Responsabilidade Fiscal*. 6. ed. São Paulo: Saraiva, 2012. p. 375.

> Parágrafo único. O Poder Executivo de cada ente encaminhará ao Legislativo, até a data do envio do projeto de lei de diretrizes orçamentárias, relatório com as informações necessárias ao cumprimento do disposto neste artigo, ao qual será dada ampla divulgação.

Este **art. 45** da LRF apresenta mais uma regra que visa à proteção e conservação do patrimônio público, dentro do escopo de implementar uma cultura de gestão responsável e, sobretudo, para se respeitar o *princípio orçamentário da programação*, evitando o início de projetos e obras públicas sem a conclusão de outras em andamento, que muitas vezes restavam inacabadas ou em prejuízo da manutenção e conservação do patrimônio existente, especialmente com a mudança do governante, configurando típico exemplo de descaso e desperdício do dinheiro público, fato que infelizmente se repetia ano após ano em nosso país.

O **princípio orçamentário da programação**[180] revela o atributo de instrumento de gestão que o orçamento possui, devendo apresentar programaticamente o plano de ação do governo para o período a que se refere, integrando, de modo harmônico, as previsões da lei orçamentária, da lei do plano plurianual e da lei de diretrizes orçamentárias. Este princípio, também denominado de *princípio do planejamento*, revela as diretrizes, metas e prioridades da Administração Pública, inclusive os programas de duração continuada. Não podemos considerar o orçamento uma programação financeira de um ano apenas, apesar de ser este o prazo de vigência da lei orçamentária. Isso porque ele é afetado pelo orçamento do ano anterior e influencia o do ano seguinte, criando uma sequência ininterrupta de programas que se ajustam constantemente de acordo com as necessidades públicas e conforme as políticas estabelecidas por cada governante.

Para dar efetividade à norma, o *caput* do dispositivo traz a regra de que os novos projetos devem ser inseridos no plano plurianual caso seja ultrapassado o exercício financeiro. Assim, consta da norma que a lei orçamentária não consignará dotação para investimento com duração superior a um exercício financeiro que não esteja previsto no plano plurianual ou em lei que autorize a sua inclusão, tal como determina o § 5º do art. 5º, uma vez que a Constituição estabelece que nenhum investimento cuja execução ultrapasse um exercício financeiro poderá ser iniciado sem prévia inclusão no plano plurianual, ou sem lei que autorize a inclusão, sob pena de crime de responsabilidade (art. 167, § 1º, da CF).

E, para fins de controle, e em respeito ao *princípio da transparência*, o **parágrafo único** deste artigo estabelece que Poder Executivo deverá encaminhar ao

---

[180] ABRAHAM, Marcus. *Curso de direito financeiro brasileiro*. 5. ed. Rio de Janeiro: Forense, 2018. p. 317.

Poder Legislativo, anualmente, antes do envio do projeto de LDO, um relatório específico demonstrando a situação dos projetos em curso e os novos que se pretende realizar, bem como as despesas de manutenção do patrimônio existente.

> **Art. 46.** É nulo de pleno direito ato de desapropriação de imóvel urbano expedido sem o atendimento do disposto no § 3º do art. 182 da Constituição, ou prévio depósito judicial do valor da indenização.

A norma contida no **art. 46**, ora em comento, apresenta mais uma regra que visa resguardar o *princípio orçamentário da programação* ao exigir, ainda que de maneira implícita, que os recursos financeiros necessários para o prévio pagamento ou depósito judicial para uma justa indenização em dinheiro em caso de desapropriação de imóvel urbano estejam disponíveis e, sobretudo, previstos no orçamento, fulminando com nulidade o ato de desapropriação que não atenda esta exigência.

O § 3º do art. 182 da Constituição, referido no texto do dispositivo, prevê que as desapropriações de imóveis urbanos serão feitas com prévia e justa indenização em dinheiro.

Segundo José dos Santos Carvalho Filho,[181] **desapropriação** "é o procedimento de direito público pelo qual o Poder Público transfere para si a propriedade de terceiro, por razões de utilidade pública ou de interesse social, normalmente mediante o pagamento de indenização". Lembra ainda o administrativista que, segundo a regra fundamental do art. 5º, XXIV, da CF, a indenização tem que ser prévia, justa e em dinheiro, sendo os seus princípios, respectivamente, da precedência, justiça e pecuniariedade.

A *indenização prévia* significa que deve ser ultimada antes da consumação da transferência do bem.[182] Por sua vez, *indenização justa* é explicada por Celso Antônio Bandeira de Mello[183] da seguinte forma: "é aquela que corresponde real e efetivamente ao valor do bem expropriado, ou seja, aquela cuja importância deixe o expropriado absolutamente indene, sem prejuízo algum em seu patrimônio". Por fim, a *indenização pecuniária* é aquela em que o expropriante deve pagá-la ou consigná-la judicialmente em espécie, para permitir que o expropriado possa, em tese, adquirir bem idêntico ao que constituiu objeto da desapropriação.[184]

---

[181] CARVALHO FILHO, José dos Santos. *Manual de direito administrativo*. 24. ed. Rio de Janeiro: Lumen Juris, 2011. p. 752.
[182] Ibidem, p. 783.
[183] MELLO, Celso Antônio Bandeira de. *Curso de direito administrativo*. 17. ed. São Paulo: Malheiros, 2004. p. 382.
[184] CARVALHO FILHO, José dos Santos. *Manual de direito administrativo*. 24. ed. Rio de Janeiro: Lumen Juris, 2011. p. 784.

Portanto, para que não se viole o direito à devida indenização daquele que tem o seu bem expropriado, e também para que não se desequilibre as finanças públicas com pagamentos não previstos, a LRF impõe a necessidade de previsão orçamentária dos gastos decorrentes de desapropriações de imóveis urbanos, seja na LDO, seja na LOA, sob pena da nulidade do ato.

Vale registrar que a Lei 13.867/2019, alterando o Decreto-lei nº 3.365/1941 (que dispõe sobre desapropriações por utilidade pública) passou a possibilitar a opção pela mediação ou pela via arbitral para a definição dos valores de indenização nas desapropriações por utilidade pública.

Seção III
Das Empresas Controladas pelo Setor Público

Art. 47. A empresa controlada que firmar contrato de gestão em que se estabeleçam objetivos e metas de desempenho, na forma da lei, disporá de autonomia gerencial, orçamentária e financeira, sem prejuízo do disposto no inciso II do § 5º do art. 165 da Constituição.

Parágrafo único. A empresa controlada incluirá em seus balanços trimestrais nota explicativa em que informará:

I – fornecimento de bens e serviços ao controlador, com respectivos preços e condições, comparando-os com os praticados no mercado;

II – recursos recebidos do controlador, a qualquer título, especificando valor, fonte e destinação;

III – venda de bens, prestação de serviços ou concessão de empréstimos e financiamentos com preços, taxas, prazos ou condições diferentes dos vigentes no mercado.

O presente **art. 47** faz referência aos **contratos de gestão**, modelo de avença de direito público celebrado entre o ente federativo e suas empresas controladas para a execução de atividades de interesse público e dentro de programas governamentais, criando uma esfera de responsabilidade própria e específica, conferindo maior eficiência e autonomia administrativa para a sua execução e controle de resultados.

A origem normativa deste tipo de contrato está no § 8º do art. 37 da Constituição, o qual prescreve que a autonomia gerencial, orçamentária e financeira dos órgãos e entidades da administração direta e indireta poderá ser ampliada mediante contrato, a ser firmado entre seus administradores e o poder público, que tenha por objeto a fixação de metas de desempenho para o órgão ou entidade.

Sua lei regulamentadora no âmbito federal (Lei 13.934/2019) o denomina "contrato de desempenho", tendo como objetivo fundamental a promoção da melhoria do desempenho do órgão contratante supervisionado, visando especialmente a: I – aperfeiçoar o acompanhamento e o controle de resultados da gestão pública, mediante instrumento caracterizado por consensualidade, objetividade, responsabilidade e transparência; II – compatibilizar as atividades do supervisionado com as políticas públicas e os programas governamentais; III – facilitar o controle social sobre a atividade administrativa; IV – estabelecer indicadores objetivos para o controle de resultados e o aperfeiçoamento das relações de cooperação e supervisão; V – fixar a responsabilidade de dirigentes quanto aos resultados; VI – promover o desenvolvimento e a implantação de modelos de gestão flexíveis, vinculados ao desempenho e propiciadores de envolvimento efetivo dos agentes e dos dirigentes na obtenção de melhorias contínuas da qualidade dos serviços prestados à comunidade.

Segundo Maristela Afonso de André:[185]

> Contrato de gestão é um instrumento de compromisso administrativo interno ao Estado, firmado entre o poder executivo e a diretoria de instituições de direito público e empresas estatais.
>
> O contrato de gestão propõe-se veículo de implantação de uma gestão pública por objetivos, como eixo central de um competente sistema de planejamento e controle da implantação de políticas públicas, cuja responsabilidade de execução couber à entidade assinante do compromisso.

Já Alexandre de Moraes[186] conceitua o instituto da seguinte forma:

> Contrato de gestão, portanto, é o avençado entre o poder público e determinada empresa estatal, fixando-se um plano de metas para essa, ao mesmo tempo em que aquele se compromete a assegurar maior autonomia e liberdade gerencial, orçamentária e financeira ao contratado na consecução de seus objetivos.

Para Maria Sylvia Di Pietro,[187] o objetivo dos contratos de gestão é o de conceder maior autonomia à entidade da Administração Indireta ou ao órgão da Administração Direta de modo a permitir a consecução de metas a serem alcançadas no prazo definido no contrato, prevendo o controle de resultados.

Embora este modelo de contrato seja utilizado também para a contratação pelo Poder Público com organizações não governamentais de fins

---

[185] ANDRÉ, Maristela Afonso de. A efetividade dos contratos de gestão na reforma do Estado. *Revista de Administração de Empresas*, v. 39, n. 3, jul.-set. 1999, p. 43.
[186] MORAES, Alexandre de. *Reforma administrativa*. 3. ed. São Paulo: Atlas, 1999. p. 59.
[187] DI PIETRO, Maria Sylvia Zanella. *Direito administrativo*. 12. ed. São Paulo: Atlas, 2000. p. 282.

sociais (ONGs, OSCIPs etc.), a LRF faz referência a sua adoção apenas com **empresa controlada**, que, segundo o **art. 2º, II**, da LRF, é a sociedade cuja maioria do capital social com direito a voto pertença, direta ou indiretamente, a ente da Federação, estando englobados os conceitos de empresa pública e de sociedade de economia mista.

Apesar da autonomia administrativa, financeira e orçamentária típicas deste tipo de contrato, o *caput* do artigo em análise ressalva que a lei orçamentária anual compreenderá também o orçamento desta empresa controlada.

O **parágrafo único** impõe uma regra de *transparência, eficiência* e *controle fiscal*, ao exigir, através de nota explicativa, a inclusão nos respectivos balanços trimestrais da empresa controlada das seguintes informações: I – fornecimento de bens e serviços ao controlador, com respectivos preços e condições, comparando-os com os praticados no mercado; II – recursos recebidos do controlador, a qualquer título, especificando valor, fonte e destinação; III – venda de bens, prestação de serviços ou concessão de empréstimos e financiamentos com preços, taxas, prazos ou condições diferentes dos vigentes no mercado.

A partir da análise destes dados é que a administração pública poderá avaliar o interesse e a conveniência na continuidade e renovação dos contratos.

CAPÍTULO IX
DA TRANSPARÊNCIA, CONTROLE E FISCALIZAÇÃO

Seção I
Da Transparência da Gestão Fiscal

Art. 48. São instrumentos de transparência da gestão fiscal, aos quais será dada ampla divulgação, inclusive em meios eletrônicos de acesso público: os planos, orçamentos e leis de diretrizes orçamentárias; as prestações de contas e o respectivo parecer prévio; o Relatório Resumido da Execução Orçamentária e o Relatório de Gestão Fiscal; e as versões simplificadas desses documentos.

§ 1º A transparência será assegurada também mediante: (Redação dada pela Lei Complementar nº 156, de 2016)

I – incentivo à participação popular e realização de audiências públicas, durante os processos de elaboração e discussão dos planos, lei de diretrizes orçamentárias e orçamentos; (Incluído pela Lei Complementar 131, de 2009)

II – liberação ao pleno conhecimento e acompanhamento da sociedade, em tempo real, de informações pormenorizadas sobre a execução orçamentária e financeira, em meios eletrônicos de acesso público; e (Redação dada pela Lei Complementar nº 156, de 2016)

III – adoção de sistema integrado de administração financeira e controle, que atenda a padrão mínimo de qualidade estabelecido pelo Poder Executivo da União e ao disposto no art. 48-A. (Incluído pela Lei Complementar 131, de 2009) (Vide Decreto 7.185, de 2010)

§ 2º A União, os Estados, o Distrito Federal e os Municípios disponibilizarão suas informações e dados contábeis, orçamentários e fiscais conforme periodicidade, formato e sistema estabelecidos pelo órgão central de contabilidade da União, os quais deverão ser divulgados em meio eletrônico de amplo acesso público. (Incluído pela Lei Complementar nº 156, de 2016)

§ 3º Os Estados, o Distrito Federal e os Municípios encaminharão ao Ministério da Fazenda, nos termos e na periodicidade a serem definidos em instrução específica deste órgão, as informações necessárias para a constituição do registro eletrônico centralizado e atualizado das dívidas públicas interna e externa, de que trata o § 4º do art. 32. (Incluído pela Lei Complementar nº 156, de 2016)

§ 4º A inobservância do disposto nos §§ 2º e 3º ensejará as penalidades previstas no § 2º do art. 51. (Incluído pela Lei Complementar nº 156, de 2016)

§ 5º Nos casos de envio conforme disposto no § 2º, para todos os efeitos, a União, os Estados, o Distrito Federal e os Municípios cumprem o dever de ampla divulgação a que se refere o *caput*. (Incluído pela Lei Complementar nº 156, de 2016)

§ 6º Todos os Poderes e órgãos referidos no art. 20, incluídos autarquias, fundações públicas, empresas estatais dependentes e fundos, do ente da Federação devem utilizar sistemas únicos de execução orçamentária e financeira, mantidos e gerenciados pelo Poder Executivo, resguardada a autonomia. (Incluído pela Lei Complementar nº 156, de 2016)

Um dos pilares sobre os quais está fundada a Lei de Responsabilidade Fiscal é a **transparência fiscal**, que se materializa a partir das suas previsões normativas, não apenas através dos mecanismos de divulgação ampla e geral de informações, como também no estímulo à participação popular, o que se revela através do seu viés de **cidadania fiscal**.

A *transparência fiscal* na prestação de contas, com a divulgação em veículos de fácil acesso, inclusive pela Internet, das finanças e de atividade financeira estatal, possibilita a qualquer cidadão acompanhar diariamente informações atualizadas sobre a execução do orçamento e obter informações sobre recursos públicos transferidos e sua aplicação direta (origens, valores, favorecidos).

Portanto, a LRF, além de instituir relatórios específicos para a gestão fiscal – Relatório Resumido de Execução Orçamentária, Relatório de Gestão

Fiscal e Prestação de Contas – e determinar sua ampla divulgação, inclusive por meios eletrônicos, incentiva a participação popular nas discussões de elaboração das peças orçamentárias e no acompanhamento da execução orçamentária, através de audiência pública.

Afinal, dentro do atual contexto de globalização, de avanço tecnológico e de amplo acesso às informações, as sociedades contemporâneas e os seus cidadãos exigem cada vez mais transparência nas atividades realizadas pelos governantes, obrigando o administrador público a adotar gestões mais democráticas e participativas, inclusive nas finanças públicas.[188]

Cabe registrar que, desde a edição da LRF, o Brasil vem se tornando referência em matéria de divulgação espontânea de informações governamentais,[189] e o cidadão bem informado possui melhores condições para participar ativamente da vida em sociedade, fortalecendo a cidadania fiscal brasileira. Afinal, nossa Constituição Federal dispõe, em seu art. 5º, XXXIII, "que todos têm direito a receber dos órgãos públicos informações do seu interesse particular, ou de interesse coletivo ou geral (...)". Esse tipo de divulgação tem sido seguidamente ratificada pela jurisprudência dos Tribunais Superiores,[190] os quais têm reputado constitucionais os diplomas normativos que viabilizam o princípio da transparência.

Como assevera Vanessa Cerqueira, "no atual estágio de desenvolvimento da sociedade brasileira, é imprescindível para concretização da cidadania participativa que haja transparência nas relações fiscais propostas e efetivadas pelo Estado".[191] E, por sua vez, Ricardo Lobo Torres adverte-nos que o Estado

---

[188] ABRAHAM, Marcus. Orçamento público como instrumento de cidadania fiscal. *Revista Direitos Fundamentais e Democracia*, Curitiba, v. 17, n. 17, jan.-jun. 2015, p. 189.

[189] Nessa esteira, vimos a promulgação da Lei de Acesso à Informação (Lei 12.527/2011) que, além de colocar à disposição todo o tipo de informação, inclusive as de natureza financeira, permite, também, o acesso à informação relativa à implementação, acompanhamento e resultados dos programas, projetos e ações dos órgãos e entidades públicas, bem como metas e indicadores propostos; ao resultado de inspeções, auditorias, prestações e tomadas de contas realizadas pelos órgãos de controle interno e externo, incluindo prestações de contas relativas a exercícios anteriores (art. 7º, VII). E, também, a promulgação da Lei 12.741, de 08.12.2012 (Lei de Transparência Tributária), que dispõe sobre as medidas de esclarecimento ao consumidor dos tributos incidentes sobre mercadorias e serviços de que trata o § 5º do art. 150 da Constituição Federal, bem como altera o inciso III do art. 6º e o inciso IV do art. 106 da Lei 8.078, de 11 de setembro de 1990 – Código de Defesa do Consumidor.

[190] STF, ADI 2.198, Pleno, Rel. Min. Dias Toffoli, j. 11.04.2013, *DJe* 19.08.2013; STJ, MS 16.903, 1ª Seção, Rel. Min. Arnaldo Esteves Lima, j. 14.11.2012, *DJe* 19.12.2012; STJ, MS 9.744, 1ª Seção, Rel. Min. José Delgado, j. 27.10.2004, *DJ* 04.04.2005.

[191] CARVALHO, Vanessa Cerqueira Reis de. Transparência fiscal. *Revista de Direito da Procuradoria-Geral do Estado do Rio de Janeiro*, Rio de Janeiro, n. 54, 2001, p. 88.

"deve revestir a sua atividade financeira da maior clareza e abertura, tanto na legislação instituidora de impostos, taxas, contribuições e empréstimos, como na feitura do orçamento e no controle da sua execução".[192]

O Ministro do STF Gilmar Mendes[193] lembra que a transparência fiscal decorre da própria Constituição e está vinculada ao ideal de *segurança orçamentária*:

> O princípio da transparência ou clareza foi estabelecido pela Constituição de 1988 como pedra de toque do Direito Financeiro. Poderia ser considerado mesmo um princípio constitucional vinculado à ideia de segurança orçamentária. Nesse sentido, a ideia de transparência possui a importante função de fornecer subsídios para o debate acerca das finanças públicas, o que permite uma maior fiscalização das contas públicas por parte dos órgãos competentes e, mais amplamente, da própria sociedade. A busca pela transparência é também a busca pela legitimidade.

Contudo, importante salientar que a transparência não se expressa apenas pela quantidade de informações, mas também pela sua qualidade, objetividade, inteligibilidade e, sobretudo, utilidade. Nesse passo, como ressalva Jean Starobinski,[194] a transparência fiscal não pode ser vista apenas, ou simplesmente, sob a ótica do acesso à informação, mas seu conceito deve ser compreendido de maneira abrangente, abarcando outros elementos tais como responsividade, *accountability*, combate à corrupção, prestação de serviços públicos, confiança, clareza e simplicidade.

Destaque-se que a Lei Complementar 131, de 27 de maio de 2009, denominada "Lei da Transparência", alterou a redação original da Lei de Responsabilidade Fiscal no que se refere à transparência da gestão fiscal, inovando ao determinar a disponibilização, em tempo real, de informações pormenorizadas sobre a execução orçamentária e financeira da União, dos Estados, do Distrito Federal e dos Municípios. Assim, todos os entes passaram a ter a obrigação de liberar ao pleno conhecimento e acompanhamento da sociedade, em tempo real, informações pormenorizadas sobre a execução orçamentária e financeira, em meios eletrônicos de acesso público, as quais precisam estar

---

[192] Citação de Ricardo Lobo Torres em conferência realizada em 27.10.2000 no XIV Congresso Brasileiro de Direito Tributário realizado pelo IDEPE/IBET, citado por CARVALHO, Vanessa Cerqueira Reis de. Transparência fiscal. *Revista de Direito da Procuradoria-Geral do Estado do Rio de Janeiro*, Rio de Janeiro, n. 54, 2001, p. 103.

[193] MENDES, Gilmar Ferreira. Comentário ao art. 48 da LRF. In: MARTINS, Ives Gandra da Silva; NASCIMENTO, Carlos Valder (org.). *Comentários à Lei de Responsabilidade Fiscal*. 6. ed. São Paulo: Saraiva, 2012. p. 395.

[194] STAROBINSKI, Jean. *Jean-Jacques Rousseau. A transparência e o obstáculo*: seguido de sete ensaios de Rousseau. Trad. Maria Lúcia Machado. São Paulo: Companhia das Letras, 2011. p. 25.

disponíveis na Internet, preferencialmente de maneira concentrada em um único sítio e de fácil acesso e manuseio (a exemplo do Portal da Transparência).

Para garantir a sua efetividade, a referida LC 131/2009 estabeleceu os seguintes prazos para o cumprimento das determinações dispostas nos incisos II e III do § 1º do art. 48 e no art. 48-A (através da inclusão do no art. 73-B da LRF): I – 1 (um) ano para a União, os Estados, o Distrito Federal e os Municípios com mais de 100.000 (cem mil) habitantes; II – 2 (dois) anos para os Municípios que tenham entre 50.000 (cinquenta mil) e 100.000 (cem mil) habitantes; III – 4 (quatro) anos para os Municípios que tenham até 50.000 (cinquenta mil) habitantes. O não atendimento destes prazos sujeita o ente à sanção de vedação ao recebimento de transferências voluntárias.

Antes das alterações introduzidas pela LC 131/2009, a redação original do dispositivo possuía um caráter essencialmente programático e desprovido de efetividade. A partir da mudança, passaram a existir obrigações concretas a serem cumpridas pelos entes, demonstrando inequívoco progresso normativo.

Segundo o que dispõe o **art. 48** ora em análise, são instrumentos de transparência na gestão fiscal, aos quais será dada ampla divulgação, inclusive em meios eletrônicos de acesso público e em tempo real: os planos, orçamentos e leis de diretrizes orçamentárias; as prestações de contas e o respectivo parecer prévio; o Relatório Resumido da Execução Orçamentária e o Relatório de Gestão Fiscal; e as versões simplificadas desses documentos.

Segundo o § 1º deste dispositivo, a transparência será assegurada, também, pelo: I – incentivo à participação popular e realização de audiências públicas, durante os processos de elaboração e discussão dos planos, lei de diretrizes orçamentárias e orçamentos; II – liberação ao pleno conhecimento e acompanhamento da sociedade, em tempo real, de informações pormenorizadas sobre a execução orçamentária e financeira, em meios eletrônicos de acesso público; III – adoção de sistema integrado de administração financeira e controle, que atenda a padrão mínimo de qualidade estabelecido pelo Poder Executivo da União.

Para regulamentar o disposto pela LC 131/2009, foi editado o Decreto 7.185/2010, que define o padrão mínimo de qualidade do sistema integrado de administração financeira e controle, nos termos do **inciso III**, § 1º, do art. 48 da LRF. Por sua vez, a Secretaria do Tesouro Nacional também editou a Portaria 548/2010, que estabelece os requisitos mínimos de segurança e contábeis do sistema integrado de administração financeira e controle utilizado no âmbito de cada ente da Federação.

Segundo a referida regulamentação[195] que disciplinou o **inciso III** do § 1º do art. 48, entende-se por: I – *sistema integrado*: as soluções de tecnologia da informação que, no todo ou em parte, funcionando em conjunto, suportam a

---

[195] Decreto 7.185/2010, art. 2º, § 2º.

execução orçamentária, financeira e contábil do ente da Federação, bem como a geração dos relatórios e demonstrativos previstos na legislação; II – *liberação em tempo real*: a disponibilização das informações, em meio eletrônico que possibilite amplo acesso público, até o primeiro dia útil subsequente à data do registro contábil no respectivo sistema, sem prejuízo do desempenho e da preservação das rotinas de segurança operacional necessários ao seu pleno funcionamento; III – *meio eletrônico de acesso público*: a Internet, sem exigências de cadastramento de usuários ou utilização de senhas para acesso; e IV – *unidade gestora*: a unidade orçamentária ou administrativa que realiza atos de gestão orçamentária, financeira ou patrimonial, cujo titular, em consequência, está sujeito à tomada de contas anual.

O dispositivo em análise, especialmente o contido no **inciso I** do § 1º do art. 48, ao estimular a participação do cidadão nas questões fiscais, ainda materializa outra questão: a da **cidadania fiscal**. Tal fato deriva do desenvolvimento da noção de um pacto social do qual o cidadão é parte, advindo daí o direito de ter acesso a mecanismos para participar ativamente na gestão dos custos da vida em sociedade ao lado dos poderes estatais, desde a formulação das políticas públicas, passando pelo dispêndio dos recursos, até o controle da execução orçamentária.

A cidadania participativa nas finanças públicas, especificamente denominada como cidadania fiscal, se expressa através das previsões legais que permitem o conhecimento e envolvimento do cidadão nas deliberações orçamentárias e no acompanhamento da sua execução. A promoção do acesso e da participação da sociedade em todos os fatores relacionados com a arrecadação financeira e a realização das despesas públicas se identifica nas seguintes propostas: a) programas de educação fiscal para a população; b) incentivo à participação popular na discussão e na elaboração das peças orçamentárias, inclusive com a realização de audiências públicas; c) ampla divulgação por diversos mecanismos, até por meios eletrônicos, dos relatórios, pareceres e demais documentos da gestão fiscal; d) disponibilização e publicidade das contas dos administradores durante todo o exercício financeiro; e) emissão de relatórios periódicos de gestão fiscal e de execução orçamentária; f) legitimação para o cidadão denunciar aos órgãos competentes irregularidades nas contas públicas.

E, como desdobramentos da transparência e cidadania fiscal, assistimos hoje em dia a inúmeros governos brasileiros, nos três níveis federativos, adotarem programas de educação fiscal, contribuindo para a melhoria da compreensão pública sobre tributação, responsabilidades do Estado e exercício da cidadania, aperfeiçoando, assim, a transparência na gestão pública e na prática da responsabilidade fiscal.

A **Educação Fiscal** deve ser compreendida como uma abordagem didático-pedagógica capaz de interpretar as vertentes financeiras da arrecadação e dos gastos públicos, estimulando o cidadão a compreender o seu dever de contribuir solidariamente em benefício do conjunto da sociedade e, por outro lado, estar consciente da importância de sua participação no acompanhamento da aplicação dos recursos arrecadados, com justiça, transparência, honestidade e eficiência, minimizando o conflito de relação entre o cidadão contribuinte e o Estado arrecadador. A Educação Fiscal deve tratar da compreensão do que é o Estado, suas origens, seus propósitos e da importância do controle da sociedade sobre o gasto público, através da participação de cada cidadão, concorrendo para o fortalecimento do ambiente democrático.

No âmbito federal, identificamos o relevante Programa Nacional de Educação Fiscal (PNEF), que objetiva sensibilizar o cidadão para a função socioeconômica do tributo, levando a todos os conhecimentos básicos sobre Administração Pública, incentivando o acompanhamento pela sociedade da aplicação dos recursos públicos, para, ao final, criar condições ideais de estabelecimento de uma relação harmoniosa entre o Estado e o cidadão. Tem como objetivo promover e institucionalizar a Educação Fiscal para o efetivo exercício da cidadania, visando ao constante aprimoramento da relação participativa e consciente entre o Estado e o cidadão e da defesa permanente das garantias constitucionais.

Podemos dizer que a transparência fiscal e o ativo exercício da cidadania fiscal propõem-se a, resumidamente: 1) ser um instrumento de fortalecimento permanente do Estado democrático; 2) contribuir para robustecer os mecanismos de transformação social por meio da educação; 3) difundir informações que possibilitem a construção da consciência cidadã; 4) ampliar a participação popular na gestão democrática do Estado; 5) contribuir para aperfeiçoar a ética na Administração Pública e na sociedade; 6) harmonizar a relação Estado-cidadão; 7) desenvolver a consciência crítica da sociedade para o exercício do controle social; 8) aumentar a eficiência, a eficácia e a transparência do Estado; 9) aumentar a responsabilidade fiscal; 10) obter o equilíbrio fiscal; 11) combater a corrupção; 12) promover a reflexão sobre nossas práticas sociais; 13) melhorar o perfil do homem público; 14) atenuar as desigualdades sociais.

Por fim, cabe registrar que a Lei Complementar 156/2016, além de alterar a redação do § 1º do art. 48, introduziu novos parágrafos ao dispositivo, dando maior detalhamento à transparência fiscal para os três entes federativos, sobretudo no quesito de disponibilização de informações fiscais pela internet. Assim, estabeleceu que a União, os Estados, o Distrito Federal e os Municípios deverão disponibilizar e divulgar suas informações e dados contábeis, orçamentários e fiscais em meio eletrônico de amplo acesso público (§ 2º), bem como encaminhar ao Ministério da Fazenda (atualmente, Ministério da Economia) as informações necessárias para a constituição do registro eletrônico centralizado e atualizado das dívidas públicas interna e externa (§ 3º).

Veja-se que a norma de publicidade e transparência presente no § 2º foi reputada tão relevante que mereceu ser transcrita, com mínimas alterações, no art. 163-A da Constituição, inserido pela Emenda Constitucional 108/2020, com o seguinte teor:

A União, os Estados, o Distrito Federal e os Municípios disponibilizarão suas informações e dados contábeis, orçamentários e fiscais, conforme periodicidade, formato e sistema estabelecidos pelo órgão central de contabilidade da União, de forma a garantir a rastreabilidade, a comparabilidade e a publicidade dos dados coletados, os quais deverão ser divulgados em meio eletrônico de amplo acesso público.

Nos termos do artigo 17, I, da Lei 10.180/2001, o órgão central de contabilidade da União mencionado tanto na LRF como na nova norma constitucional é a Secretaria do Tesouro Nacional.

Por sua vez, o § 4º determina que, caso não sejam disponibilizadas e divulgadas tais informações ou não encaminhados ao Ministério da Fazenda (atualmente, Ministério da Economia) os dados necessários à constituição do registro eletrônico centralizado e atualizado das dívidas públicas interna e externa, o ente federado sofrerá as penalidades previstas no § 2º do art. 51. Isto significa que, até que a situação seja regularizada, o ente ficará impedido de receber transferências voluntárias e contratar operações de crédito, exceto as destinadas ao refinanciamento do principal atualizado da dívida mobiliária.

O § 5º estabelece que, caso o ente federado envie seus dados contábeis e fiscais nos termos do § 2º, isto é, ao Sistema de Informações Contábeis e Fiscais do Setor Público Brasileiro – Siconfi (gerido pelo órgão central de contabilidade da União: a Secretaria do Tesouro Nacional), seguindo os requisitos exigidos na Portaria 642/2019, reputa-se que já foi cumprido o dever previsto no caput do art. 48 de dar ampla divulgação, inclusive em meios eletrônicos de acesso público, dos planos, orçamentos e leis de diretrizes orçamentárias; das prestações de contas e do respectivo parecer prévio; do Relatório Resumido da Execução Orçamentária e do Relatório de Gestão Fiscal; e das versões simplificadas desses documentos.

Além disso, todos os Poderes e órgãos referidos no art. 20, inclusive autarquias, fundações públicas, empresas estatais dependentes e fundos do ente da Federação devem utilizar sistemas únicos de execução orçamentária e financeira, mantidos e gerenciados pelo Poder Executivo, resguardada a autonomia (§ 6º).

Por fim, o STJ já decidiu que, quando as informações a serem disponibilizadas ao público dizem respeito a recursos federais repassados aos entes federados para desenvolvimento de políticas públicas, o Ministério Público Federal tem legitimidade para propor ação civil pública objetivando a obediência às normas de transparência dos gastos públicos, sendo a competência para julgamento fixada na Justiça Federal.[196]

---

[196] STJ, REsp 1.804.943, 2ª Turma, Rel. Min. Herman Benjamin, j. 25.06.2019, DJe 01.07.2019.

> Art. 48-A. Para os fins a que se refere o inciso II do parágrafo único do art. 48, os entes da Federação disponibilizarão a qualquer pessoa física ou jurídica o acesso a informações referentes a: (Incluído pela Lei Complementar 131, de 2009)
>
> I – quanto à despesa: todos os atos praticados pelas unidades gestoras no decorrer da execução da despesa, no momento de sua realização, com a disponibilização mínima dos dados referentes ao número do correspondente processo, ao bem fornecido ou ao serviço prestado, à pessoa física ou jurídica beneficiária do pagamento e, quando for o caso, ao procedimento licitatório realizado; (Incluído pela Lei Complementar 131, de 2009)
>
> II – quanto à receita: o lançamento e o recebimento de toda a receita das unidades gestoras, inclusive referente a recursos extraordinários. (Incluído pela Lei Complementar 131, de 2009)

O presente **art. 48-A**, também introduzido pela Lei Complementar 131/2009, vem para dar efetividade ao pleno conhecimento e acompanhamento da sociedade, em tempo real, de informações pormenorizadas sobre a execução orçamentária e financeira, em meios eletrônicos de acesso público, tal como prescreve o inciso II do § 1º do artigo anterior.[197]

Impõe a todos os entes a obrigação de divulgar, na forma **dos incisos I e II**: a) quanto à *despesa*: todos os atos praticados pelas unidades gestoras no decorrer da execução da despesa, no momento de sua realização, com a disponibilização mínima dos dados referentes ao número do correspondente processo, ao bem fornecido ou ao serviço prestado, à pessoa física ou jurídica beneficiária do pagamento e, quando for o caso, ao procedimento licitatório realizado; b) quanto à *receita*: o lançamento e o recebimento de toda a receita das unidades gestoras, inclusive referente a recursos extraordinários.

Neste sentido, todos os entes deverão gerar, para disponibilização em meio eletrônico que possibilite amplo acesso público, pelo menos, as seguintes informações relativas aos atos praticados pelas unidades gestoras no decorrer da execução orçamentária e financeira: I – *quanto à despesa*: a) o valor do empenho,

---

[197] O art. 48-A foi inserido pela LC 131/2009, fazendo menção ao inciso II do parágrafo único do art. 48, também inserido pela LC 131/2009. Ocorre que a LC 156/2016 renumerou o inciso II do parágrafo único do art. 48 para inciso II do § 1º do art. 48 (mantendo a mesma redação). Contudo, o legislador esqueceu-se de corrigir também o *caput* do art. 48-A, que ainda faz menção a um parágrafo único hoje inexistente. Como a redação não foi alterada, mas houve mera renumeração, não há qualquer problema em continuar aplicando a norma, por se tratar de mero erro material de fácil identificação e correção pelo aplicador da norma.

liquidação e pagamento; b) o número do correspondente processo da execução, quando for o caso; c) a classificação orçamentária, especificando a unidade orçamentária, função, subfunção, natureza da despesa e a fonte dos recursos que financiaram o gasto; d) a pessoa física ou jurídica beneficiária do pagamento, inclusive nos desembolsos de operações independentes da execução orçamentária, exceto no caso de folha de pagamento de pessoal e de benefícios previdenciários; e) o procedimento licitatório realizado, bem como a sua dispensa ou inexigibilidade, quando for o caso, com o número do correspondente processo; e f) o bem fornecido ou serviço prestado, quando for o caso; II – *quanto à receita*, os valores de todas as receitas da unidade gestora, compreendendo no mínimo sua natureza, relativas a: a) previsão; b) lançamento, quando for o caso; e c) arrecadação, inclusive referente a recursos extraordinários.

> **Art. 49. As contas apresentadas pelo Chefe do Poder Executivo ficarão disponíveis, durante todo o exercício, no respectivo Poder Legislativo e no órgão técnico responsável pela sua elaboração, para consulta e apreciação pelos cidadãos e instituições da sociedade.**
>
> **Parágrafo único. A prestação de contas da União conterá demonstrativos do Tesouro Nacional e das agências financeiras oficiais de fomento, incluído o Banco Nacional de Desenvolvimento Econômico e Social, especificando os empréstimos e financiamentos concedidos com recursos oriundos dos orçamentos fiscal e da seguridade social e, no caso das agências financeiras, avaliação circunstanciada do impacto fiscal de suas atividades no exercício.**

Ainda na linha de dar efetividade a transparência fiscal e permitir a participação da sociedade civil na análise e controle das contas públicas, o corrente **art. 49** determina a obrigatoriedade de disponibilização por todo o exercício das contas apresentadas pelo Chefe do Poder Executivo – incluindo-se, além das suas próprias, as dos Presidentes dos órgãos dos Poderes Legislativo e Judiciário e do Chefe do Ministério Público, nos termos do art. 56 da LRF – no Poder Legislativo do respectivo ente e no órgão técnico que as elaborar, para fins de consulta pública.[198]

---

[198] "ADMINISTRATIVO. AÇÃO CIVIL PÚBLICA. LEI DE RESPONSABILIDADE FISCAL – LC 101/2000. DEVER DO CHEFE DO PODER EXECUTIVO EM PRESTAR CONTAS AO PODER LEGISLATIVO LOCAL. CÂMARA MUNICIPAL DE TIMON – MARANHÃO. 1. Trata-se de Ação Civil Pública por Obrigação de Fazer proposta pelo Ministério Público estadual contra Maria do Socorro Almeida Waquim – Prefeita – com o escopo de obrigá-la a prestar contas do município, perante a Câmara Legislativa de Timon/MA, relativas aos exercícios financeiros dos anos de 2005-2009. 2. A Lei de Responsabilidade Fiscal foi clara ao reger o controle, a transparência e a fiscalização da gestão fiscal. Dessa forma, não há dificuldade para o operador do

Por sua vez, o **parágrafo único** esclarece que, no caso de prestação de contas da União, serão também apresentados os demonstrativos do Tesouro Nacional e das agências oficiais de fomento, as quais deverão demonstrar o impacto fiscal de suas atividades. Deverão ser incluídas nos demonstrativos as contas do BNDES, incluindo os empréstimos e créditos concedidos com recursos orçamentários.

Cabe lembrar que, segundo o parágrafo único do art. 70 da Constituição, a **prestação de contas** deverá ser realizada por qualquer pessoa física ou jurídica, pública ou privada, que utilize, arrecade, guarde, gerencie ou administre dinheiros, bens e valores públicos ou pelos quais a União responda, ou que, em nome desta, assuma obrigações de natureza pecuniária. Por sua vez, o art. 82 da Lei 4.320/1964 estabelece que o Poder Executivo, anualmente, prestará contas ao Poder Legislativo, no prazo estabelecido nas Constituições ou nas Leis Orgânicas dos Municípios, as quais serão submetidas ao Poder Legislativo, com parecer prévio do Tribunal de Contas ou órgão equivalente.[199]

São os seguintes documentos essenciais que devem constar da prestação de contas dos entes: a) balanço orçamentário, financeiro, econômico e patrimonial; b) balanço analítico de receitas e de despesas; c) demonstrativos

---

Direito interpretar todos os dispositivos do capítulo IV da Lei 101/2000. Mesmo que o exegeta recorra apenas à interpretação literal irá concluir que o chefe do executivo deverá apresentar as contas de sua gestão ao órgão do poder legislativo competente. 3. No caso dos autos, as contas deverão ser apresentadas na Câmara Municipal de Timon, que fica a 427 quilômetros de São Luis, Capital do Estado do Maranhão, sede do Tribunal de Contas do Estado. Interpretação diversa desta desestimulará o cidadão que deseja fiscalizar as contas do seu município. 4. É dever do chefe do Poder Executivo municipal facilitar o controle e a fiscalização das contas públicas pelo cidadão. Para isso, elas deverão ser prestadas ao órgão competente do Poder Legislativo local. 5. O Poder Judiciário estadual não pode fugir de sua missão de zelar pelo cumprimento das leis e da Constituição Federal. Assim sendo, deverá buscar cumprir permanentemente os valores expostos na Carta Magna, principalmente os concernentes à legalidade, à moralidade e à publicidade dos atos administrativos. Somente dessa maneira, estará obedecendo ao princípio da supremacia do interesse público sobre o particular. 6. A apresentação incompleta da documentação à Câmara municipal não satisfaz o preceituado pela norma de regência da matéria – Lei de Responsabilidade Fiscal. Portanto a recorrida deve complementar a sua prestação de contas, para que os cidadãos e instituições possam consultá-la. 7. Recurso Especial provido" (STJ, REsp 1.617.145, 2ª Turma, Rel. Min. Herman Benjamin, j. 07.02.2017, *DJe* 06.03.2017).

[199] "1. A conduta praticada por prefeito municipal de declarar falsamente, em documento público, ao Tribunal de Contas Estadual a prévia prestação de contas à Câmara Municipal configura, ao menos em tese, a figura típica do art. 299 do Código Penal, ao contrário do entendimento adotado pela Corte *a quo*. 2. A prestação de contas do prefeito ao Poder Legislativo é obrigatória e relevante, por ser ferramenta necessária ao sistema de freios e contrapesos e por decorrência da necessária transparência na gestão da coisa pública (arts. 48 e 49, *caput*, da LC n. 101/2000)." (STJ, REsp 1.373.009, 5ª Turma, Rel. Min. Gurgel de Faria, j. 15/12/2015, *DJe* 17/02/2016).

da dívida pública e respectivos empréstimos; d) relatório de caixa em 31 de dezembro ou 01 de janeiro; e) relatório de restos a pagar; f) leis orçamentárias.

Percebe-se que, além da disponibilização de informações, a LRF criou novos controles contábeis e financeiros aplicáveis isonomicamente aos Poderes Executivo, Legislativo e Judiciário, aos Tribunais de Contas e Ministério Público, os quais são obrigados a disponibilizar as suas demonstrações fiscais a fim de prestar contas a todos que tenham interesse. Portanto, transparência e controle na gestão passam a ser um binômio constante a partir da LRF.

> Seção II
> Da Escrituração e Consolidação das Contas
>
> **Art. 50.** Além de obedecer às demais normas de contabilidade pública, a escrituração das contas públicas observará as seguintes:
>
> I – a disponibilidade de caixa constará de registro próprio, de modo que os recursos vinculados a órgão, fundo ou despesa obrigatória fiquem identificados e escriturados de forma individualizada;
>
> II – a despesa e a assunção de compromisso serão registradas segundo o regime de competência, apurando-se, em caráter complementar, o resultado dos fluxos financeiros pelo regime de caixa;
>
> III – as demonstrações contábeis compreenderão, isolada e conjuntamente, as transações e operações de cada órgão, fundo ou entidade da administração direta, autárquica e fundacional, inclusive empresa estatal dependente;
>
> IV – as receitas e despesas previdenciárias serão apresentadas em demonstrativos financeiros e orçamentários específicos;
>
> V – as operações de crédito, as inscrições em Restos a Pagar e as demais formas de financiamento ou assunção de compromissos junto a terceiros, deverão ser escrituradas de modo a evidenciar o montante e a variação da dívida pública no período, detalhando, pelo menos, a natureza e o tipo de credor;
>
> VI – a demonstração das variações patrimoniais dará destaque à origem e ao destino dos recursos provenientes da alienação de ativos.
>
> § 1º No caso das demonstrações conjuntas, excluir-se-ão as operações intragovernamentais.
>
> § 2º A edição de normas gerais para consolidação das contas públicas caberá ao órgão central de contabilidade da União, enquanto não implantado o conselho de que trata o art. 67.
>
> § 3º A Administração Pública manterá sistema de custos que permita a avaliação e o acompanhamento da gestão orçamentária, financeira e patrimonial.

O presente **art. 50** reforça o princípio da *transparência fiscal* na prestação de contas públicas, impondo que a escrituração das contas dos entes públicos obedeçam não apenas as regras da contabilidade pública, como também as insertas neste artigo. Além disso, não deixa de materializar também o princípio da *discriminação*, que visa à identificação precisa e específica das receitas e despesas.

Relevante instrumento de gestão para o administrador público e de informações para o cidadão, a **contabilidade pública** utiliza normas da contabilidade geral e, simultaneamente, atende aos comandos do Direito Financeiro, especialmente aqueles contidos na Lei 4.320/1964 (arts. 83 a 100), e aqueles previstos na presente LRF. Essa convivência entre as técnicas contábeis e as regras jurídicas do Direito Financeiro é concretizada e sintetizada em um sistema de informações e de controle, e a sua correta observância e a sua regular aplicação são imprescindíveis para uma eficaz e eficiente arrecadação, administração e destinação dos recursos públicos.[200]

A *Contabilidade* é a ciência, dotada de normas e procedimentos, responsável por criar, desenvolver e manter uma técnica de gestão ou um sistema de informações de natureza monetária, que permite a classificação, o registro e a demonstração da situação patrimonial de determinada entidade, suas variações e seus resultados, possibilitando interpretar e controlar os fenômenos econômicos e financeiros que ocorrem. Já a *contabilidade pública* ou contabilidade governamental será, igualmente, uma ferramenta de gestão, mas terá um fim específico: a tutela da coisa pública. Destina-se a prover seus usuários – especialmente o administrador público e o cidadão – de demonstrações e análises de natureza orçamentária, econômica, financeira, física e industrial, relativas à Administração Pública. Constitui seu objeto o patrimônio do Estado (bens, direitos e obrigações), bem como a execução de orçamentos, a programação e execução financeira.[201]

Quanto à aplicação direta das regras da contabilidade pública, podemos dizer que todos os entes que dispuserem de recursos estatais deverão segui-las. Nesse sentido, estabelece expressamente o art. 83 da Lei 4.320/1964 que "a contabilidade evidenciará perante a Fazenda Pública a situação de todos quantos, de qualquer modo, arrecadem receitas, efetuem despesas, administrem ou guardem bens a ela pertencentes ou confiados". Assim, são usuários da contabilidade pública os gestores do patrimônio público e das políticas econômicas e sociais do país para a tomada de decisões; a população em geral, como instrumento de transparência e confiabilidade da execução

---

[200] ABRAHAM, Marcus. *Curso de direito financeiro brasileiro*. 5. ed. Rio de Janeiro: Forense, 2018. p. 261.

[201] NASCIMENTO, Leonardo do; CHERMAN, Bernardo. *Contabilidade pública*. Rio de Janeiro: Ferreira, 2007. p. 86-87.

orçamentária, financeira e patrimonial da Administração Pública; os organismos nacionais e internacionais de crédito e fomento; os órgãos de controle interno e externo nas suas funções institucionais.[202]

Por sua vez, suas finalidades encontram-se delineadas no art. 85 da Lei 4.320/1964, ao prescrever que "os serviços de contabilidade serão organizados de forma a permitirem o acompanhamento da execução orçamentária, o conhecimento da composição patrimonial, a determinação dos custos dos serviços industriais, o levantamento dos balanços gerais, a análise e a interpretação dos resultados econômicos e financeiros".

Já o art. 89 da Lei 4.320/1964 prevê que "a contabilidade evidenciará os fatos ligados à administração orçamentária, financeira, patrimonial e industrial". A partir do conteúdo desta norma, podemos destacar na Contabilidade Pública três espécies distintas de atuação: a) **contabilidade orçamentária**, que demonstra os registros de receitas e de despesas estimadas e as efetivamente realizadas, bem como as dotações disponíveis para a respectiva execução; b) **contabilidade financeira**, que registra todas as movimentações de ingressos (receitas) e dispêndios (despesas) de recursos financeiros realizados; c) **contabilidade patrimonial**, que registra os bens, direitos e obrigações pertencentes aos entes públicos, inclusive os industriais.

O Conselho Federal de Contabilidade (CFC), por sua vez, explica-nos que o objetivo principal da maioria das entidades do setor público é prestar serviços à sociedade, em vez de obter lucros e gerar retorno financeiro aos investidores. Para adequar a contabilidade pública nacional a esse objetivo e a padrões internacionais contábeis, desde 2016, o CFC desenvolveu a nova **Estrutura Conceitual para Elaboração e Divulgação de Informação Contábil de Propósito Geral pelas Entidades do Setor Público.**

Essa Estrutura Conceitual estabelece os conceitos que devem ser aplicados no desenvolvimento das demais Normas Brasileiras de Contabilidade Aplicadas ao Setor Público (NBCs TSP) do CFC destinadas às entidades do setor público, sendo também aplicáveis à elaboração e à divulgação formal dos Relatórios Contábeis de Propósito Geral das Entidades do Setor Público (RCPGs).

Outro órgão que detém importante papel na contabilidade pública é a *Secretaria do Tesouro Nacional (STN)*, que, apesar de ser uma instituição federal, vem promovendo a integração e harmonização das normas contábeis federais com a dos Estados, do Distrito Federal e dos Municípios, por meio de portarias de consolidação das normas contábeis do setor público. Assim, a STN, na qualidade de Órgão Central do Sistema de Contabilidade Federal,

---

[202] NASCIMENTO, Leonardo do; CHERMAN, Bernardo. *Contabilidade pública*. Rio de Janeiro: Ferreira, 2007. p. 85.

nos termos da Lei 10.180, de 6 de fevereiro de 2001, e do Decreto 6.976, de 7 de outubro de 2009, emite normas gerais para padronizar procedimentos para a consolidação das contas públicas e apresentar entendimentos gerais sobre o processo contábil-orçamentário nos três níveis de governo.

Nesta linha, a Portaria Interministerial STN/SOF nº 163/2001, que dispõe sobre as normas gerais de consolidação das Contas Públicas no âmbito da União, Estados, Distrito Federal e Municípios, estabelece o denominado "Código de Natureza de Receita Orçamentária", composto de oito dígitos, que possui a estrutura "a.b.c.d.dd.d.e", em que: I – "a" corresponde à Categoria Econômica da receita; II – "b" corresponde à origem da receita; III – "c" corresponde à Espécie da receita; IV – "d" corresponde a dígitos para desdobramentos que permitam identificar peculiaridades ou necessidades gerenciais de cada natureza de receita; e V – "e" o Tipo da Receita. Pelo lado da despesa, a classificação é feita segundo a sua natureza e compõe-se de: I – categoria econômica; II – grupo de natureza da despesa; III – elemento de despesa. A estrutura da natureza da despesa a ser observada na execução orçamentária de todas as esferas de Governo será "c.g.mm.ee.dd", em que: "c" representa a categoria econômica; "g" o grupo de natureza da despesa; "mm" a modalidade de aplicação; "ee" o elemento de despesa; e "dd" o desdobramento, facultativo, do elemento de despesa.

Para uniformizar a classificação das despesas e receitas orçamentárias em âmbito nacional, instituir instrumento eficiente de orientação comum aos gestores nos três níveis de governo, mediante consolidação, em um só documento, de conceitos, regras e procedimentos de reconhecimento e apropriação das receitas e despesas orçamentárias, e considerando a necessidade de proporcionar maior transparência sobre as contas públicas, a Secretaria do Tesouro Nacional editou o *Manual de Contabilidade Aplicada ao Setor Público (MCASP)*, que contempla cinco volumes, destinados a disciplinar os Procedimentos Contábeis Orçamentários, os Procedimentos Contábeis Patrimoniais, os Procedimentos Contábeis Específicos, o Plano de Contas Aplicado ao Setor Público e as Demonstrações Contábeis Aplicadas ao Setor Público. Além desse manual, foram editados, também, os Manuais de Receitas e de Despesas Públicas, que se aplicam à União, aos Estados, ao Distrito Federal e aos Municípios.

O **inciso I** impõe que a disponibilidade de caixa conste de registro próprio para fins de identificação individualizada. Ora, tal regra não é nova e já constava dos arts. 90 a 93 da Lei 4.320/1964, especialmente este último que prescreve que todas as operações de que resultem débitos e créditos de natureza financeira, não compreendidas na execução orçamentária, serão também objeto de registro, individuação e controle contábil.

Por sua vez, o **inciso II** traz a regra contábil de que a despesa e a assunção de compromisso serão registradas segundo o regime de competência, ou seja, reconhecido na data de sua efetiva ocorrência independentemente do pagamento. Por sua vez, apura-se, em caráter complementar, o resultado dos fluxos financeiros pelo regime de caixa, isto é, reconhecidos unicamente quando se paga mediante dinheiro ou equivalente.

Já o **inciso III** impõe que as demonstrações contábeis compreendam de maneira isolada – a permitir a sua individualização e identificação – todas as transações e operações de todos os órgãos, fundos e entes, inclusive empresa estatal dependente, tal como já prescreve o art. 83 da Lei 4.320/1964 ao determinar que "a contabilidade evidenciará perante a Fazenda Pública a situação de todos quantos, de qualquer modo, arrecadem receitas, efetuem despesas, administrem ou guardem bens a ela pertencentes ou confiados".

O **inciso IV** busca evidenciar de maneira destacada a movimentação financeira do orçamento da previdência, a fim de permitir o melhor controle e destinação destes recursos.

As operações de crédito, de financiamento em geral e inscrições em restos a pagar são disciplinadas no **inciso V**, já tratadas também no art. 92 da Lei 4.320/1964, que dispõe sobre a *dívida flutuante*, assim como no parágrafo único do seu art. 98, o qual especifica que a *dívida fundada* será escriturada com individuação e especificações que permitam verificar, a qualquer momento, a posição dos empréstimos, bem como os respectivos serviços de amortização e juros.

O **inciso VI** traz a regra de que, na demonstração das variações patrimoniais, será dado destaque à origem e ao destino dos recursos provenientes da alienação de ativos. Cabe lembrar que o art. 44 da LRF já impõe ser "vedada a aplicação da receita de capital derivada da alienação de bens e direitos que integram o patrimônio público para o financiamento de despesa corrente, salvo se destinada por lei aos regimes de previdência social, geral e próprio dos servidores públicos". Finalmente, o art. 104 da Lei 4.320/1964 especifica que a Demonstração das Variações Patrimoniais evidenciará as alterações verificadas no patrimônio, resultantes ou independentes da execução orçamentária, e indicará o resultado patrimonial do exercício.

O § 1º traz o comando contábil de segregação e exclusão das operações intragovernamentais das demonstrações conjuntas. Assim, na consolidação de contas, em que são agregados saldos de contas e ou de grupos de contas de mesma natureza, eliminam-se os eventuais saldos em duplicidade provenientes principalmente das *operações intragovernamentais*, que se referem as transferências financeiras realizadas no âmbito de cada ente governamental, como por exemplo, as transferências operacionais ou repasses a fundos.

O § 2º atribui à Secretaria do Tesouro Nacional a função de editar as normas de consolidação de contas enquanto não for implantado o Conselho de Gestão Fiscal, órgão destinado a acompanhar e avaliar os gastos públicos e a política fiscal no país. Nesta linha, a Lei 10.180/2001, que organiza e disciplina o Sistema de Contabilidade Federal do Poder Executivo, estabelece competir à STN tratar de assuntos relacionados à área de custos na Administração Pública Federal.

Finalmente, o § 3º traz a regra da manutenção de um *sistema de custos* necessário a permitir a avaliação e o acompanhamento da gestão orçamentária, financeira e patrimonial. Cabe registrar que, na esfera federal, temos o Sistema de Informações de Custos do Governo Federal (SIC), que é um banco de dados que se utiliza da extração de informações dos sistemas da administração pública federal, tais como SIAPE, SIAFI e SIGPlan, para a geração de informações, tendo por objetivo subsidiar decisões governamentais e organizacionais que conduzam à alocação mais eficiente do gasto público. A Portaria STN 157/2011 dispõe sobre a criação do Sistema de Custos do Governo Federal, sob a gestão da Coordenação-Geral de Contabilidade e Custos da União.

> **Art. 51.** O Poder Executivo da União promoverá, até o dia trinta de junho, a consolidação, nacional e por esfera de governo, das contas dos entes da Federação relativas ao exercício anterior, e a sua divulgação, inclusive por meio eletrônico de acesso público.
>
> § 1º Os Estados e os Municípios encaminharão suas contas ao Poder Executivo da União nos seguintes prazos:
>
> I – Municípios, com cópia para o Poder Executivo do respectivo Estado, até trinta de abril;
>
> II – Estados, até trinta e um de maio.
>
> § 2º O descumprimento dos prazos previstos neste artigo impedirá, até que a situação seja regularizada, que o ente da Federação receba transferências voluntárias e contrate operações de crédito, exceto as destinadas ao refinanciamento do principal atualizado da dívida mobiliária.

Ainda dentro do escopo de conferir transparência às contas públicas e divulgá-las amplamente para a sociedade, inclusive por meio eletrônico, o **art. 51** impõe ao Poder Executivo da União a obrigação de promover a consolidação nacional e por esfera de governo, das contas dos entes da Federação relativas ao exercício anterior, assim como divulgar os dados por meios eletrônicos de acesso público, até o dia 30 de junho de cada ano, sendo a Secretaria do Tesouro Nacional a responsável por essa consolidação.

Para tanto, a Portaria STN 683/2011, instituiu o Sistema de Coleta de Dados Contábeis dos Entes da Federação (SISTN), que tem por objetivo coletar dados contábeis dos entes da Federação – Estados, Distrito Federal e Municípios (englobando os órgãos dos Poderes Legislativo e Judiciário e, quando for o caso, dos Ministérios Públicos Estaduais), de modo a apresentar as informações necessárias à transparência dos recursos públicos, especificamente aquelas relativas à implementação dos controles estabelecidos pela LRF e legislação complementar. Por sua vez, a Portaria STN 634/2013 estabelece regras para a consolidação das contas públicas no âmbito da União, dos Estados e dos Municípios brasileiros.

O § 1º estabelece o prazo de 30 de abril para os Municípios encaminharem para a União os dados, e 31 de maio para os Estados cumprirem esta obrigação, sendo certo que, conforme o § 2º, o descumprimento pelo ente acarreta a vedação ao recebimento de transferências voluntárias e a contratação de operação de crédito, até que a situação seja regularizada.

Cabe registrar que os arts. 111 e 112 da Lei 4.320/1964 foram tacitamente revogados pelo presente art. 51 da LRF. De fato, o art. 111 já previa esta obrigação, fixando que o hoje já extinto Conselho Técnico de Economia e Finanças do Ministério da Fazenda, para fins estatísticos, de interesse nacional, organizará e publicará o balanço consolidado das contas da União, Estados, Municípios e Distrito Federal, suas autarquias e outras entidades, bem como um quadro estruturalmente idêntico, baseado em dados orçamentários. Por sua vez, o art. 112 fixava que a União, os Estados, os Municípios e o Distrito Federal remeterão ao mencionado órgão, até 30 de abril, os orçamentos do exercício, e até 30 de junho, os balanços do exercício anterior.

Por fim, na ADI 2.250-4, já mencionada anteriormente, em que se questionavam os arts. 35 e 51, ao argumento de que estes dispositivos transgrediriam o princípio federativo por retirar dos entes federados autonomia para realizar operações de créditos por meio de fundos (art. 35) e por atribuir supremacia à União ante os demais entes (art. 51), entendeu o STF serem ambos constitucionais, por estarem de acordo com o disposto no § 9º, II, do art. 165 da Constituição, conforme trecho da ementa: "Já a sanção imposta aos entes federados que não fornecerem dados para a consolidação de que trata o art. 51 da LC nº 101/2000 igualmente não implica ofensa ao princípio federativo, uma vez que as operações de crédito são englobadas pela mencionada regra constitucional e que o texto impugnado faz referência tão somente às transferências voluntárias. Medida cautelar indeferida".

Seção III
Do Relatório Resumido da Execução Orçamentária

Art. 52. O relatório a que se refere o § 3º do art. 165 da Constituição abrangerá todos os Poderes e o Ministério Público, será publicado até trinta dias após o encerramento de cada bimestre e composto de:

I – balanço orçamentário, que especificará, por categoria econômica, as:

a) receitas por fonte, informando as realizadas e a realizar, bem como a previsão atualizada;

b) despesas por grupo de natureza, discriminando a dotação para o exercício, a despesa liquidada e o saldo;

II – demonstrativos da execução das:

a) receitas, por categoria econômica e fonte, especificando a previsão inicial, a previsão atualizada para o exercício, a receita realizada no bimestre, a realizada no exercício e a previsão a realizar;

b) despesas, por categoria econômica e grupo de natureza da despesa, discriminando dotação inicial, dotação para o exercício, despesas empenhada e liquidada, no bimestre e no exercício;

c) despesas, por função e subfunção.

§ 1º Os valores referentes ao refinanciamento da dívida mobiliária constarão destacadamente nas receitas de operações de crédito e nas despesas com amortização da dívida.

§ 2º O descumprimento do prazo previsto neste artigo sujeita o ente às sanções previstas no § 2º do art. 51.

A LRF vem, através do seu **art. 52**, dar efetividade ao comando constitucional do art. 165, § 3º, o qual determina que o Poder Executivo publique, até trinta dias após o encerramento de cada bimestre, o Relatório Resumido da Execução Orçamentária (RREO).

Assim, estabelece as normas para elaboração e publicação do RREO, que abrangerá os órgãos da administração direta e entidades da administração indireta de todos os poderes, que recebam recursos dos orçamentos fiscal e da seguridade social, inclusive sob a forma de subvenções para pagamento de pessoal ou de custeio em geral ou de capital, excluídos, no último caso, aqueles provenientes de aumento de participação acionária.

A publicação do RREO deve ser realizada até trinta dias após o encerramento de cada bimestre, tendo como objetivo permitir que, cada vez mais, a sociedade, por meio dos diversos órgãos de controle, conheça, acompanhe e analise o desempenho da execução orçamentária.

O RREO será elaborado e publicado pelo Poder Executivo da União, dos Estados, do Distrito Federal e dos Municípios, e, segundo o Manual de Demonstrativos Fiscais da Secretaria do Tesouro Nacional,[203] as informações

---

[203] BRASIL. Secretaria do Tesouro Nacional. *Manual de demonstrativos fiscais*: aplicado à União e aos Estados, Distrito Federal e Municípios. 10. ed. Brasília: Secretaria do Tesouro Nacional, Coordenação-Geral de Normas de Contabilidade Aplicadas à Federação, 2019. p. 157.

deverão ser elaboradas a partir dos dados contábeis consolidados de todas as unidades gestoras, e deverá ser assinado pelo Chefe do Poder Executivo que estiver no exercício do mandato na data da publicação do relatório, ou por pessoa a quem ele tenha legalmente delegado essa competência, qualquer dos dois devendo fazê-lo em conjunto com o profissional de contabilidade responsável pela elaboração do relatório. Seus demonstrativos abrangerão os órgãos da Administração Direta e entidades da Administração Indireta, de todos os Poderes, constituídos pelas autarquias, fundações, fundos especiais, empresas públicas e sociedades de economia mista que recebem recursos dos Orçamentos Fiscal e da Seguridade Social, inclusive sob a forma de subvenções para pagamento de pessoal ou de custeio em geral ou de capital, excluídos, no último caso, aqueles provenientes de aumento de participação acionária.

Além da transparência fiscal, o RREO atende ao espírito da LRF, especialmente quanto ao disposto nos arts. 1º, 4º, 8º, 11, 15, 32, 42 e 43, no sentido de orientar sobre o equilíbrio entre receitas e despesas, a limitação de empenho e movimentação financeira, a não geração de despesas consideradas não autorizadas, irregulares e lesivas ao patrimônio público, os critérios para criação, expansão ou aperfeiçoamento de ação governamental que acarrete aumento de despesa. Norteia, ainda, sobre o cumprimento de metas de resultado primário ou nominal, sobre a instituição, previsão e efetiva arrecadação de todos os tributos da competência constitucional do ente, sobre a contratação de operações de crédito, disponibilidades de caixa, restos a pagar, dentre outras disposições, visando sempre à responsabilização do titular do Poder ou órgão no que se refere à gestão dos recursos e patrimônio públicos.

É de se registrar que o *balanço orçamentário* previsto no **inciso I** é similar àquele estabelecido no art. 102 da Lei 4.320/1964 (anexo 12), o qual dispõe que "o Balanço Orçamentário demonstrará as receitas e despesas previstas em confronto com as realizadas".

Assim, segundo a LRF, o Balanço Orçamentário apresentará as receitas, detalhadas por categoria econômica, subcategoria econômica e fonte (destacando as receitas intraorçamentárias), especificando a previsão inicial, a previsão atualizada para o exercício, a receita realizada no bimestre atual, a realizada até o bimestre atual e o saldo a realizar, bem como as despesas, por categoria econômica e grupo de natureza da despesa (destacando as despesas intraorçamentárias), discriminando a dotação inicial, os créditos adicionais, a dotação atualizada para o exercício, as despesas empenhadas no bimestre atual e até o bimestre atual, as despesas liquidadas no bimestre atual e até o bimestre atual, e o saldo a liquidar. A classificação da Natureza da Receita, conforme estabelece o referido Manual de Demonstrativos Fiscais da STN, será a seguinte: 1º Dígito – Categoria Econômica; 2º Dígito – Origem; 3º Dígito – Espécie; 4º, 5º, 6º e 7º Dígitos – Desdobramentos para identificação de peculiaridades da receita; 8º Dígito – Tipo.[204] O **inciso II**, por sua vez, segmenta e detalha os demonstrativos entre receitas e despesas e suas respectivas categorias econômicas, fontes, grupos de naturezas, função e subfunção.

O § 1º determina que sejam destacados nas demonstrações relativas às receitas de operações de crédito e de despesas com amortização de dívida os valores referentes ao refinanciamento da dívida. É de se registrar que a Lei 9.496/1997 estabelece critérios para a consolidação, a assunção e o refinanciamento, pela União, da dívida pública mobiliária e outras que especifica, de responsabilidade dos Estados e do Distrito Federal.

Finalmente, o § 2º prevê que o descumprimento pelo ente do prazo estabelecido acarreta a vedação ao recebimento de transferências voluntárias e a contratação de operação de crédito, até que a situação seja regularizada.[205]

> **Art. 53. Acompanharão o Relatório Resumido demonstrativos relativos a:**
>
> **I – apuração da receita corrente líquida, na forma definida no inciso IV do art. 2º, sua evolução, assim como a previsão de seu desempenho até o final do exercício;**
>
> **II – receitas e despesas previdenciárias a que se refere o inciso IV do art. 50;**
>
> **III – resultados nominal e primário;**
>
> **IV – despesas com juros, na forma do inciso II do art. 4º;**

---

[204] BRASIL. Secretaria do Tesouro Nacional. *Manual de demonstrativos fiscais*: aplicado à União e aos Estados, Distrito Federal e Municípios. 10. ed. Brasília: Secretaria do Tesouro Nacional, Coordenação-Geral de Normas de Contabilidade Aplicadas à Federação, 2019. p. 166.

[205] "A ausência de encaminhamento, à Secretaria do Tesouro Nacional (STN), do Relatório de Gestão Fiscal (RGF) e do Relatório Resumido de Execução Orçamentária (RREO) por prefeito municipal não atrai a competência do TCU, porque essa ocorrência não envolve gestão de recursos públicos da União, e sim procedimentos cadastrais da STN atinentes à cautela e à responsabilidade na gestão fiscal (LRF) [...] O fato de o ex-prefeito do município não ter apresentado o RGF e o RREO à Secretaria do Tesouro Nacional, em desatenção aos mandamentos da LRF, não atrai, de per si, a competência do Tribunal de Contas da União, pois esta Corte não possui jurisdição para apreciar irregularidades ocorridas na gestão municipal que não envolvam recebimento e aplicação de recursos federais, à luz do disposto no art. 71, incisos II e VI, da Constituição da República, c/c Lei 8.443/1992, art. 5º, cabendo, possivelmente, ao Tribunal de Contas do Estado do Maranhão as providências cabíveis na situação". (TCU, Acórdão 7.055/2019, Rel. Min. Bruno Dantas, 1ª Câmara, Sessão: 06.08.2019, Boletim de Jurisprudência nº 277 de 26.08.2019).

V – Restos a Pagar, detalhando, por Poder e órgão referido no art. 20, os valores inscritos, os pagamentos realizados e o montante a pagar.

§ 1º O relatório referente ao último bimestre do exercício será acompanhado também de demonstrativos:

I – do atendimento do disposto no inciso III do art. 167 da Constituição, conforme o § 3º do art. 32;

II – das projeções atuariais dos regimes de previdência social, geral e próprio dos servidores públicos;

III – da variação patrimonial, evidenciando a alienação de ativos e a aplicação dos recursos dela decorrentes.

§ 2º Quando for o caso, serão apresentadas justificativas:

I – da limitação de empenho;

II – da frustração de receitas, especificando as medidas de combate à sonegação e à evasão fiscal, adotadas e a adotar, e as ações de fiscalização e cobrança.

O **art. 53** apenas introduz um conjunto de demonstrativos ao RREO, conferindo-lhe maior detalhamento e possibilitando a análise do seu conteúdo de maneira mais acurada.

Como se pode ver, este é um instrumento imprescindível no acompanhamento das atividades financeiras e de gestão do Estado, apresentando informações da execução do orçamento e os resultados alcançados considerando o Resultado Primário e Resultado Nominal em comparação com as metas fixadas na Lei de Diretrizes Orçamentárias (LDO).

Nesta linha, e conforme o Manual de Demonstrativos Fiscais da STN,[206] as determinações dos arts. 52 e 53 da presente LRF impõem ao RREO que contemple os seguintes demonstrativos: a) Balanço Orçamentário; b) Demonstrativo da Execução das Despesas por Função/Subfunção; c) Demonstrativo da Receita Corrente Líquida; d) Demonstrativo das Receitas e Despesas Previdenciárias; e) Demonstrativo dos Resultados Primário e Nominal; f) Demonstrativo dos Restos a Pagar por Poder e Órgão; g) Demonstrativo das Receitas e Despesas com Manutenção e Desenvolvimento do Ensino; h) Demonstrativos das Re-

---

[206] BRASIL. Secretaria do Tesouro Nacional. *Manual de demonstrativos fiscais*: aplicado à União e aos Estados, Distrito Federal e Municípios. 10. ed. Brasília: Secretaria do Tesouro Nacional, Coordenação-Geral de Normas de Contabilidade Aplicadas à Federação, 2019. p. 157-158.

ceitas e Despesas com Ações e Serviços Públicos de Saúde; i) Demonstrativo das Parcerias Público-Privadas; j) Demonstrativo Simplificado do Relatório Resumido da Execução Orçamentária. Além destes, também deverão ser elaborados e publicados até trinta dias após o encerramento do último bimestre, os seguintes: a) Demonstrativo das Receitas de Operações de Crédito e Despesas de Capital; b) Demonstrativo da Projeção Atuarial do Regime de Previdência; c) Demonstrativo da Receita de Alienação de Ativos e Aplicação dos Recursos.

Por fim, destaca-se a necessidade de que, havendo aplicação do mecanismo do art. 9º da LRF, sejam apresentadas as justificativas para a medida e as providências para reversão do quadro fiscal, vale dizer, justificativas da limitação de empenho e da frustração de receitas, especificando as medidas de combate à sonegação e à evasão fiscal, adotadas e a adotar, e as ações de fiscalização e cobrança.

Seção IV
Do Relatório de Gestão Fiscal

Art. 54. Ao final de cada quadrimestre será emitido pelos titulares dos Poderes e órgãos referidos no art. 20 Relatório de Gestão Fiscal, assinado pelo:

I – Chefe do Poder Executivo;

II – Presidente e demais membros da Mesa Diretora ou órgão decisório equivalente, conforme regimentos internos dos órgãos do Poder Legislativo;

III – Presidente de Tribunal e demais membros de Conselho de Administração ou órgão decisório equivalente, conforme regimentos internos dos órgãos do Poder Judiciário;

IV – Chefe do Ministério Público, da União e dos Estados.

Parágrafo único. O relatório também será assinado pelas autoridades responsáveis pela administração financeira e pelo controle interno, bem como por outras definidas por ato próprio de cada Poder ou órgão referido no art. 20.

O presente **art. 54** introduz no sistema fiscal brasileiro o **Relatório de Gestão Fiscal (RGF)**, um importante instrumento de transparência fiscal criado pela LRF, através do qual se permite realizar o controle, o monitoramento e a publicidade do cumprimento, por parte dos entes federativos, dos limites estabelecidos pela LRF, quais sejam, aqueles definidos em percentuais da Receita Corrente Líquida (RCL) a respeito das despesas com pessoal, dívida consolidada líquida, concessão de garantias e contratação de operações de crédito.

A periodicidade estabelecida pela LRF para o RGF é **quadrimestral**, devendo ser emitido até o final de cada um destes (até 30 de abril; 31 de agosto; 31 de dezembro).

Tem como **responsáveis** pela sua emissão os Poderes Executivo, Legislativo, Judiciário, Ministério Público e Tribunal de Contas das três esferas (federal, estadual e municipal), lembrando que o § 2º do art. 20 da LRF nos traz a definição do que está contemplado no conceito de órgão, a saber: I – o Ministério Público; II – no Poder Legislativo: a) Federal, as respectivas Casas e o Tribunal de Contas da União; b) Estadual, a Assembleia Legislativa e os Tribunais de Contas; c) do Distrito Federal, a Câmara Legislativa e o Tribunal de Contas do Distrito Federal; d) Municipal, a Câmara de Vereadores e o Tribunal de Contas do Município, quando houver; III – no Poder Judiciário: a) Federal: o Supremo Tribunal Federal, o Conselho Nacional de Justiça, o Superior Tribunal de Justiça; os Tribunais Regionais Federais e Juízes Federais; os Tribunais e Juízes do Trabalho; os Tribunais e Juízes Eleitorais; os Tribunais e Juízes Militares; os Tribunais e Juízes do Distrito Federal e Territórios; b) Estadual, o Tribunal de Justiça e outros, quando houver.

O Relatório de Gestão Fiscal dos Poderes e órgãos abrange administração direta, autarquias, fundações, fundos, empresas públicas e sociedades de economia mista, incluindo os recursos próprios, consignados nos orçamentos fiscal e da seguridade social, para manutenção de suas atividades, excetuadas aquelas empresas que recebem recursos exclusivamente para aumento de capital oriundos de investimentos do respectivo ente.

No caso do Poder Executivo federal (União), o RGF é elaborado pela Subsecretaria de Contabilidade Pública (Sucon), e tem seus demonstrativos assinados pelo Secretário do Tesouro Nacional e pelo Secretário Federal de Controle, para ser, então, encaminhado, sob a forma de Exposição de Motivos Interministerial, pelos Ministros de Estado da Fazenda e Chefe da Controladoria-Geral da União ao Presidente da República, a quem incumbe assiná-lo.

No caso do Legislativo, o RGF será assinado pelo Presidente da Mesa Diretora. No Judiciário incumbe ao Presidente dos Tribunais a sua assinatura. No Ministério Público será assinado pelo respectivo chefe. Além destes, será também assinado pelos responsáveis pela administração financeira.

Segundo orientação do *Manual de Demonstrativos Fiscais*[207] para elaboração do Relatório de Gestão Fiscal da Secretaria do Tesouro Nacional, em que

---

[207] BRASIL. Secretaria do Tesouro Nacional. *Manual de demonstrativos fiscais*: aplicado à União e aos Estados, Distrito Federal e Municípios. 10. ed. Brasília: Secretaria do Tesouro Nacional, Coordenação-Geral de Contabilidade, 2019. p. 502.

pese as Defensorias Públicas Estaduais não possuírem limites expressos na LRF (pois a sua inclusão como órgão de autonomia orçamentário-financeira ocorreu após a edição da Lei Complementar 101/2000), estas devem preencher os demonstrativos para fins de transparência da gestão e não preencher os campos relativos à comparação de limites. Da mesma forma, esta lógica se aplica ao Conselho Nacional do Ministério Público, devendo este preencher os demonstrativos para fins de transparência da gestão e não preencher os campos relativos à comparação de limites. Outrossim, como a LRF não faz distinção entre fundações públicas de direito público e fundações públicas de direito privado, conferindo a ambas o mesmo tratamento de modo genérico, as fundações públicas, independentemente de seu regime jurídico, deverão obedecer às normas de finanças públicas voltadas para a responsabilidade fiscal, tendo em vista serem entidades da administração indireta, compreendidas no conceito de ente da federação, de acordo com a alínea *b*, inciso I do § 3º do art. 1º da LRF. Por sua vez, as empresas estatais dependentes e as demais entidades da administração indireta terão de constar dos orçamentos fiscal e da seguridade social, inclusive com seus recursos próprios.

No último quadrimestre de cada exercício, a LRF exige ainda a publicação de demonstrativos que evidenciem as Disponibilidades de Caixa em 31 de dezembro e a Inscrição de Restos a Pagar (art. 55, III).

Deixar de divulgar o RGF constitui infração administrativa contra as leis de finanças públicas, punida com multa pessoal de trinta por cento dos vencimentos anuais do agente que lhe der causa (art. 5º, § 1º, da Lei 10.028/2000), além de impedir que o ente receba transferências voluntárias e contrate operações de crédito.

> **Art. 55. O relatório conterá:**
>
> **I – comparativo com os limites de que trata esta Lei Complementar, dos seguintes montantes:**
>
> **a) despesa total com pessoal, distinguindo a com inativos e pensionistas;**
>
> **b) dívidas consolidada e mobiliária;**
>
> **c) concessão de garantias;**
>
> **d) operações de crédito, inclusive por antecipação de receita;**
>
> **e) despesas de que trata o inciso II do art. 4º;**
>
> **II – indicação das medidas corretivas adotadas ou a adotar, se ultrapassado qualquer dos limites;**
>
> **III – demonstrativos, no último quadrimestre:**

a) do montante das disponibilidades de caixa em trinta e um de dezembro;

b) da inscrição em Restos a Pagar, das despesas:

1) liquidadas;

2) empenhadas e não liquidadas, inscritas por atenderem a uma das condições do inciso II do art. 41;

3) empenhadas e não liquidadas, inscritas até o limite do saldo da disponibilidade de caixa;

4) não inscritas por falta de disponibilidade de caixa e cujos empenhos foram cancelados;

c) do cumprimento do disposto no inciso II e na alínea *b* do inciso IV do art. 38.

§ 1º O relatório dos titulares dos órgãos mencionados nos incisos II, III e IV do art. 54 conterá apenas as informações relativas à alínea *a* do inciso I, e os documentos referidos nos incisos II e III.

§ 2º O relatório será publicado até trinta dias após o encerramento do período a que corresponder, com amplo acesso ao público, inclusive por meio eletrônico.

§ 3º O descumprimento do prazo a que se refere o § 2º sujeita o ente à sanção prevista no § 2º do art. 51.

§ 4º Os relatórios referidos nos arts. 52 e 54 deverão ser elaborados de forma padronizada, segundo modelos que poderão ser atualizados pelo conselho de que trata o art. 67.

Conforme o **art. 55**, o Relatório de Gestão Fiscal conterá demonstrativos comparativos dos limites da LRF com informações relativas à despesa total com pessoal, dívida consolidada, concessão de garantias e contragarantias de valores, operações de crédito, bem como as medidas corretivas adotadas ou a serem adotadas caso ultrapassados quaisquer dos limites previstos na LRF. No último quadrimestre, também serão acrescidos os demonstrativos referentes ao montante da disponibilidade de caixa em trinta e um de dezembro e às inscrições em Restos a Pagar. Em todos os demonstrativos do Relatório de Gestão Fiscal, as receitas e despesas intraorçamentárias deverão ser computadas juntamente com as demais informações, não havendo, portanto, a necessidade de segregação em linhas específicas.

O RGF deverá ser publicado e disponibilizado ao acesso público, inclusive em meios eletrônicos (na forma do art. 48), até trinta dias após o encerramento do período a que corresponder. Prazo que, para o primeiro quadrimestre, se encerra em 30 de maio, para o segundo quadrimestre, se encerra em 30 de setembro e, para o terceiro quadrimestre, se encerra em 30 de janeiro do ano subsequente ao de referência.

É facultado aos Municípios com população inferior a cinquenta mil habitantes optar por divulgar, semestralmente, o Relatório de Gestão Fiscal. Neste caso, a divulgação do relatório com os seus demonstrativos deverá ser realizada em até trinta dias após o encerramento do semestre (art. 63). Prazo que, para o primeiro semestre, se encerra em 30 de julho e, para o segundo semestre, se encerra em 30 de janeiro do ano subsequente ao de referência. Se ultrapassados os limites relativos à despesa total com pessoal ou à dívida consolidada, enquanto perdurar essa situação, o Município com população inferior a cinquenta mil habitantes, que tiver optado em divulgar os referidos anexos do Relatório de Gestão Fiscal semestralmente, ficará sujeito aos mesmos prazos de verificação e de retorno ao limite definidos para os demais entes (art. 63, III, § 2º). Caso o excesso seja verificado no primeiro semestre, o prazo para recondução da despesa ao limite será contado a partir do quadrimestre iniciado imediatamente após o período de apuração do excesso.[208]

A não divulgação do RGF, nos prazos e condições estabelecidos na LRF, constitui infração, punida com multa de trinta por cento dos vencimentos anuais do agente que lhe der causa, sendo o pagamento da multa de sua responsabilidade pessoal (art. 5º, I e § 1º, da Lei 10.028/2000). Além disso, o ente da Federação estará impedido, até que a situação seja regularizada, de receber transferências voluntárias e contratar operações de crédito, exceto as destinadas ao refinanciamento do principal atualizado da dívida mobiliária (art. 51, § 2º).

Cabe lembrar que, de acordo com o art. 23, *caput*, da LRF, se a Despesa Total com Pessoal dos titulares de Poder ou órgão ultrapassar os limites definidos no art. 20 ao final de um quadrimestre, o excedente deverá ser eliminado nos dois quadrimestres seguintes, sendo pelo menos um terço no primeiro. Por sua vez, estabelece o art. 31 da LRF o procedimento para recondução do montante da Dívida Consolidada ao limite fixado pelo Senado Federal. Se a Dívida Consolidada Líquida de um ente da Federação ultrapassar o limite

---

[208] Exemplo dado no Manual de Demonstrativos Fiscais para elaboração do Relatório de Gestão Fiscal da STN: Município A, que se enquadra na flexibilidade de publicação e verificação semestral de limites para Despesa com Pessoal e Dívida Consolidada Líquida, ultrapassa os respectivos limites no primeiro semestre do Ano X1, ou seja, na metade do 2º quadrimestre (maio a agosto) de análise. Sendo assim, o Município estará obrigado a publicar os demonstrativos quadrimestralmente a partir de agosto, término do 2º quadrimestre X1, e a verificar o cumprimento dos limites quadrimestralmente a partir do 3º quadrimestre do ano de X1 (setembro a dezembro), inclusive explicitando a trajetória de reenquadramento.

estabelecido ao final de um quadrimestre, o excesso deverá ser eliminado até o término dos três subsequentes, sendo que 25% desse excesso deverá ser reduzido no primeiro quadrimestre.

O Manual de Demonstrativos Fiscais para elaboração do Relatório de Gestão Fiscal da STN[209] recomenda a inclusão de notas explicativas nos Relatórios de Gestão Fiscal a serem divulgados, informando, além das medidas corretivas de recondução ao limite, adotadas ou a adotar, se o Poder ou órgão se encontra amparado pela situação de baixo crescimento econômico prevista pelo art. 66 da LC 101/2000. Essa informação visa conferir maior transparência em relação à situação fiscal tanto à sociedade como aos Tribunais de Contas, que têm a atribuição de fiscalizar o cumprimento da LRF, possibilitando, assim, que sejam considerados, na avaliação da gestão fiscal, os impactos do baixo crescimento econômico.

O Demonstrativo da Despesa com Pessoal do RGF, previsto no **art. 55, I, *a***, visa à transparência da despesa com pessoal de cada um dos Poderes e órgãos com autonomia administrativo-orçamentário-financeira conferida na forma da Constituição, notadamente quanto à adequação aos limites de que trata a LRF. Como analisamos nos arts. 18 e 19, a despesa total com pessoal compreende o somatório dos gastos do ente da Federação com ativos, inativos e pensionistas, deduzidos alguns itens exaustivamente explicitados pela própria LRF, não cabendo interpretações que extrapolem os dispositivos legais.

Por sua vez, o Demonstrativo da Dívida Consolidada Líquida – DCL[210] previsto no **art. 55, I, *b***, compõe apenas o Relatório de Gestão Fiscal do Poder Executivo da União, dos Estados, Distrito Federal e dos Municípios, e visa assegurar a transparência das obrigações contraídas pelos entes da Federação e verificar os limites de endividamento de que trata a legislação e outras informações relevantes.

Igualmente, o Demonstrativo das Garantias e Contragarantias de Valores prestadas a terceiros, prescrito no **art. 55, I, *c***, compõe apenas o Relatório de Gestão Fiscal do Poder Executivo de cada ente da respectiva esfera de governo Federal, Estadual ou Municipal, e visa assegurar a transparência das garantias oferecidas a terceiros e verificar os limites de que trata a LRF, bem como das contragarantias vinculadas, decorrentes das operações de crédito internas e externas.

---

[209] BRASIL. Secretaria do Tesouro Nacional. *Manual de demonstrativos fiscais*: aplicado à União e aos Estados, Distrito Federal e Municípios. 10. ed. Brasília: Secretaria do Tesouro Nacional, Coordenação-Geral de Contabilidade, 2019. p. 506.

[210] Resolução do Senado Federal 40/2001, art. 1º, § 1º, V.

Da mesma forma, o Demonstrativo das Operações de Crédito prescrito no **art. 55, I, d**, compõe apenas o Relatório de Gestão Fiscal – RGF do Poder Executivo de cada ente da respectiva esfera de governo (Federal, Estadual ou Municipal), abrange as operações de crédito internas e externas, inclusive por antecipação da receita, e visa a assegurar a transparência das operações de crédito efetuadas pelo ente da Federação, discriminando-as em face de sua relevância à luz da legislação aplicável, e a verificar os limites de que trata a LRF e as Resoluções do Senado Federal.

O Demonstrativo da Disponibilidade de Caixa previsto no **art. 55, III, a**, é mais uma parte integrante do Relatório de Gestão Fiscal e visa dar transparência ao montante disponível para fins da inscrição em Restos a Pagar de despesas não liquidadas, cujo limite, no último ano de mandato da gestão administrativo-financeira, é a disponibilidade de caixa líquida por vinculação de recursos (art. 42). Para tanto, apresenta o cálculo da disponibilidade de caixa do ponto de vista estritamente fiscal, demonstrando se o ente possui liquidez para arcar com seus compromissos financeiros. A disponibilidade de caixa bruta é composta, basicamente, por ativos de alta liquidez como Caixa, Bancos, Aplicações Financeiras e Outras Disponibilidades Financeiras. Por outro lado, as obrigações financeiras representam os compromissos assumidos com os fornecedores e prestadores de serviço, incluídos os depósitos de diversas origens. Da disponibilidade bruta, são deduzidos os recursos de terceiros, como depósitos e consignações, os Restos a Pagar Processados, e os Restos a Pagar Não processados de exercícios anteriores, dentre outros. Vale ressaltar que não são deduzidas somente despesas do ponto de vista contábil, mas sim obrigações fiscais. Dessa forma, os Restos a Pagar Não processados de exercícios anteriores são também deduzidos (art. 42, parágrafo único).

O Demonstrativo dos Restos a Pagar insculpido no **art. 55, III, b, outra** parte integrante do Relatório de Gestão Fiscal, visa dar transparência ao equilíbrio entre a contração de obrigações de despesa e a disponibilidade de caixa. O Demonstrativo deverá ser elaborado somente no último quadrimestre pelos Poderes e órgãos com poder de autogoverno, tais como o Poder Executivo, os órgãos dos Poderes Legislativo e Judiciário, o Tribunal de Contas e o Ministério Público. Esse demonstrativo deverá compor também o Relatório de Gestão Fiscal Consolidado, a ser elaborado e publicado pelo Poder Executivo até 30 dias após a divulgação do relatório do último quadrimestre do exercício.

Como sabemos, os Restos a Pagar constituem compromissos financeiros exigíveis que compõem a dívida flutuante e podem ser caracterizados como as despesas empenhadas, mas não pagas até o dia 31 de dezembro de cada exercício financeiro. As despesas empenhadas, não pagas até o dia 31 de dezembro, não canceladas pelo processo de análise e depuração, e que atendam os requisitos previstos em legislação específica, devem ser inscritas em Restos a Pagar, pois se referem a encargos incorridos no próprio exercício. São considerados processados os Restos a Pagar referentes a empenhos liquidados e, portanto, prontos para o pagamento, ou seja, cujo direito do credor já foi verificado. Em via contrária, são considerados não processados os empenhos de contrato e convênios que se encontram em plena execução, não existindo o direito líquido e certo do credor.

Temos ainda, como parte integrante do RGF, o Demonstrativo Simplificado do Relatório de Gestão Fiscal, a versão simplificada daquele relatório (art. 48), que visa facilitar o acompanhamento e a verificação de suas informações e deverá ser elaborado pelo Poder Executivo, em todos os quadrimestres, e pelos Poderes Legislativo e Judiciário e pelo Ministério Público, somente no último quadrimestre. Esse demonstrativo deverá compor também o Relatório de Gestão Fiscal Consolidado, a ser elaborado e publicado pelo Poder Executivo até 30 dias após a divulgação do relatório do último quadrimestre do exercício.

Finalmente, a LRF estabelece que tanto o Relatório Resumido de Execução Orçamentária (RREO) como o Relatório de Gestão Fiscal (RGF) deverão ser elaborados de forma padronizada, seguindo os modelos que poderão ser atualizados pelo Conselho de Gestão Fiscal de que trata o art. 67, quando este vier a existir (enquanto ainda não é criado, esta função é exercida pela Secretaria do Tesouro Nacional).

Seção V
Das Prestações de Contas

Art. 56. As contas prestadas pelos Chefes do Poder Executivo incluirão, além das suas próprias, as dos Presidentes dos órgãos dos Poderes Legislativo e Judiciário e do Chefe do Ministério Público, referidos no art. 20, as quais receberão parecer prévio, separadamente, do respectivo Tribunal de Contas.

§ 1º As contas do Poder Judiciário serão apresentadas no âmbito:

I – da União, pelos Presidentes do Supremo Tribunal Federal e dos Tribunais Superiores, consolidando as dos respectivos tribunais;

II – dos Estados, pelos Presidentes dos Tribunais de Justiça, consolidando as dos demais tribunais.

§ 2º O parecer sobre as contas dos Tribunais de Contas será proferido no prazo previsto no art. 57 pela comissão mista permanente

> referida no § 1º do art. 166 da Constituição ou equivalente das Casas Legislativas estaduais e municipais.
>
> § 3º Será dada ampla divulgação dos resultados da apreciação das contas, julgadas ou tomadas.

O presente **art. 56**, que deve ser lido em conjunto com o artigo 49, tem como fundamento a transparência fiscal na **prestação das contas públicas** por cada ente, realizada pelo respectivo chefe do Poder Executivo a partir da consolidação das suas contas com aquelas dos demais poderes e órgãos, para encaminhamento ao respectivo Tribunal de Contas a fim de elaboração de parecer prévio. Ao final, o dispositivo reforça o princípio da transparência fiscal ao impor ampla divulgação dos resultados da apreciação das contas por órgão técnico.

É importante relembrar que esta obrigação vem expressamente prevista no parágrafo único do art. 70 da Constituição, dirigida a qualquer um que utilize recursos públicos, assim como pelo comando do art. 82 da Lei 4.320/1964, que impõe ao Poder Executivo, anualmente, prestar contas ao Poder Legislativo, as quais serão submetidas ao Poder Legislativo, com parecer prévio do Tribunal de Contas ou órgão equivalente.

Tal como já analisado anteriormente no art. 49, a prestação de contas dos entes deverá contar com os seguintes documentos: a) balanço orçamentário, financeiro, econômico e patrimonial; b) balanço analítico de receitas e de despesas; c) demonstrativos da dívida pública e respectivos empréstimos; d) relatório de caixa em 31 de dezembro ou 01 de janeiro; e) relatório de restos a pagar; f) leis orçamentárias.

Em relação ao parecer sobre as contas dos respectivos Tribunais de Contas, pela inadequação destes em emitir parecer sobre as suas próprias contas,[211] estas serão apreciadas pela comissão mista permanente do Congresso e pelas equivalentes dos respectivos Estados e Municípios. No caso federal, a Resolução 1/2006 do Congresso Nacional dispõe sobre a referida comissão, que foi denominada **Comissão Mista de Planos, Orçamentos Públicos e Fiscalização – CMO**, composta de 40 membros titulares, sendo 30 Deputados Federais e 10 Senadores, com igual número de suplentes.

---

[211] O impedimento de que os Tribunais de Contas emitam parecer sobre suas próprias contas revela uma preocupação de que também estes Tribunais estejam submetidos a controle financeiro externo. Como já diziam os latinos, *"quis custodiet ipsos custodes?"* ("quem controla os controladores?"), isto é, mesmo aqueles responsáveis pelo controle devem, por sua vez, serem controlados por outros, de modo a evitar abusos.

Contudo, registre-se que foi deferida cautelar pelo Plenário do STF na ADI 2.238-5 MC para suspender em parte a eficácia do *caput* do art. 56, por violação do art. 71, II, da Constituição,[212] nos seguintes termos:

> O artigo [56, *caput*] prevê que as contas submetidas pelo Chefe do Poder Executivo a parecer prévio do Tribunal de Contas incluirão as dos Presidentes dos órgãos dos Poderes Legislativo e Judiciário e do Chefe do Ministério Público, disposição que, conforme acertadamente acentuado pelos autores, contraria a norma do art. 71, II, da Carta, que confere competência aos Tribunais de Contas para o julgamento das contas de todos os administradores e responsáveis por dinheiros públicos, à exceção, tão somente, das contas prestadas pelo Presidente da República, em relação às quais lhe compete, apenas, emitir parecer prévio para apreciação pelo Congresso Nacional (art. 49, IX).

No julgamento definitivo da constitucionalidade de parte do *caput* do art. 56, esta foi reputada inconstitucional pelo STF, nos termos dos motivos expostos na concessão da cautelar, por desvirtuar o modelo de controle de contas instituído pela Constituição, a qual determina que o Tribunal de Contas não se limita a oferecer um parecer prévio, mas julga as contas individuais de cada Poder e do Ministério Público (com exceção apenas das contas do chefe do Poder Executivo, que não são julgadas pelo Tribunal de Contas, mas sim pelo Poder Legislativo).[213]

> **Art. 57. Os Tribunais de Contas emitirão parecer prévio conclusivo sobre as contas no prazo de sessenta dias do recebimento, se outro não estiver estabelecido nas constituições estaduais ou nas leis orgânicas municipais.**
>
> **§ 1º No caso de Municípios que não sejam capitais e que tenham menos de duzentos mil habitantes o prazo será de cento e oitenta dias.**
>
> **§ 2º Os Tribunais de Contas não entrarão em recesso enquanto existirem contas de Poder, ou órgão referido no art. 20, pendentes de parecer prévio.**

---

[212] "Art. 71. O controle externo, a cargo do Congresso Nacional, será exercido com o auxílio do Tribunal de Contas da União, ao qual compete: (...)

II – julgar as contas dos administradores e demais responsáveis por dinheiros, bens e valores públicos da administração direta e indireta, incluídas as fundações e sociedades instituídas e mantidas pelo Poder Público federal, e as contas daqueles que derem causa a perda, extravio ou outra irregularidade de que resulte prejuízo ao erário público".

[213] STF. Informativo nº 948, publ. 28.08.2019.

O **art. 57** traz o comando da emissão, pelos Tribunais de Contas, de parecer prévio sobre as contas prestadas pelos chefes do Poder Executivo dos entes, conforme artigo anterior, no prazo de sessenta dias do seu recebimento.

De fato, a norma em análise não é nova, pois já era existente e sua previsão está no art. 71, I, da Constituição Federal, que preceitua competir ao TCU apreciar, mediante parecer prévio, as contas prestadas anualmente pelo Presidente da República. E, pelo princípio da simetria, se aplica aos demais entes federativos.

Esse parecer deve ser conclusivo, indicando se as contas representam adequadamente a posição financeira, orçamentária e patrimonial do ente em 31 de dezembro do exercício em exame e se as operações realizadas seguiram os princípios de contabilidade aplicados à administração pública federal. Por sua vez, ao Tribunal de Contas cabe, essencialmente, a análise técnico-jurídica das contas e a apresentação do resultado ao Poder Legislativo. Dessa forma, após a apreciação e emissão do parecer prévio, as contas são encaminhadas ao Congresso Nacional, ao qual compete o julgamento, conforme disposto no art. 49, IX, da Constituição da República.

Trata-se, pois, o **parecer prévio** de etapa fundamental no processo de controle externo da gestão pública brasileira, pois oferece ao Poder Legislativo elementos técnicos essenciais para o julgamento das contas do chefe do Poder Executivo. O Relatório e o Parecer Prévio elaborados pelos Tribunais de Contas têm como principais objetivos: a) contribuir para a transparência das ações estatais; b) emitir opinião sobre as demonstrações contábeis consolidadas; c) fornecer um panorama do cenário econômico e das ações macroeconômicas governamentais no exercício em exame; d) analisar a conformidade e o desempenho do planejamento, do orçamento e da gestão fiscal, aspectos estruturantes da atuação do governo; e) analisar a conformidade e a confiabilidade das informações sobre o desempenho das ações governamentais; e f) fomentar o aperfeiçoamento da governança e da gestão pública.

Quanto à valoração na apreciação do parecer pelo Poder Legislativo, a doutrina tradicional ainda adota a posição no sentido de que a aprovação ou a rejeição das contas, como toda votação que prescinde de fundamentação, será um ato de natureza política, não estando vinculado – mas tão somente subsidiado – pela manifestação técnica do respectivo Tribunal de Contas, especialmente quanto ao respeito e adequação às normas da Constituição, às leis do país, inclusive, quanto às regras da Lei de Responsabilidade Fiscal. Mas há vozes em sentido contrário, como a de Luciano Ferraz,[214] para quem

---

[214] FERRAZ, Luciano. *Controle da Administração Pública*: elementos para compreensão dos Tribunais de Contas. Belo Horizonte: Mandamentos, 1999. p. 154.

"aos Legislativos, no momento de finalizar o processo de julgamento das contas globais do Executivo, não é dado simplesmente ignorar o parecer prévio, omitindo-se de julgá-lo ou desprezar seu conteúdo sem expressar, motivada e tecnicamente, as razões pelas quais o fazem. Em qualquer destas duas hipóteses, a conduta do Parlamento será ilícita".

Se as constituições estaduais e leis orgânicas municipais não dispuserem de forma diversa e especifica, aplicar-se-á o prazo de sessenta dias para a emissão do respectivo parecer prévio, salvo no caso dos Municípios que não sejam capitais e tenham menos de duzentos mil habitantes, para os quais o prazo será de 180 dias. A norma que amplia o prazo é salutar, uma vez que a emissão do parecer prévio contempla várias e complexas fases, tais como a realização de auditoria e diligências, emissão de relatório preliminar, etapa de esclarecimentos para ampla defesa e contraditório, elaboração e emissão de voto conclusivo e a apreciação deste pelo colegiado do respectivo tribunal ou corte de contas.

Por fim, havendo parecer pendente de emissão, nada mais razoável do que fixar que os Tribunais de Contas não poderão entrar em recesso.

Assim como no art. 56, foi deferida cautelar pelo Plenário do STF na ADI 2.238-5 MC para suspender em parte a eficácia do § 2º do art. 57, por violação do art. 71, II, da Constituição,[215] nos seguintes termos:

> Art. 57. A referência a "contas de Poder", no § 2º do art. 57, evidencia a abrangência, no termo "contas" constante do *caput* do artigo, daqueles cálculos decorrentes da atividade financeira dos administradores e demais responsáveis por dinheiros, bens e valores públicos, que somente poderão ser objeto de julgamento pelo Tribunal de Contas competente (inciso II do art. 71 da Constituição). Medida cautelar deferida.

No julgamento definitivo da constitucionalidade de parte do art. 57, esta foi reputada inconstitucional pelo STF, nos termos dos motivos expostos na concessão da cautelar, por desvirtuar o modelo de controle de contas instituído pela Constituição, a qual determina que o Tribunal de Contas não se limita a oferecer um parecer prévio, mas julga as contas individuais de cada Poder e do Ministério Público (com exceção apenas das contas do chefe do

---

[215] "Art. 71. O controle externo, a cargo do Congresso Nacional, será exercido com o auxílio do Tribunal de Contas da União, ao qual compete: (...)
II – julgar as contas dos administradores e demais responsáveis por dinheiros, bens e valores públicos da administração direta e indireta, incluídas as fundações e sociedades instituídas e mantidas pelo Poder Público federal, e as contas daqueles que derem causa a perda, extravio ou outra irregularidade de que resulte prejuízo ao erário público".

Poder Executivo, que não são julgadas pelo Tribunal de Contas, mas sim pelo Poder Legislativo).[216]

> **Art. 58. A prestação de contas evidenciará o desempenho da arrecadação em relação à previsão, destacando as providências adotadas no âmbito da fiscalização das receitas e combate à sonegação, as ações de recuperação de créditos nas instâncias administrativa e judicial, bem como as demais medidas para incremento das receitas tributárias e de contribuições.**

A norma contida no **art. 58** visa conferir transparência fiscal a um dos componentes que a própria LRF reconhece como essenciais para garantir o equilíbrio fiscal e a gestão responsável dos recursos públicos, qual seja, o *desempenho da arrecadação em relação à sua previsão*, uma vez que eventual frustração nesta equação, ou seja, ocorrendo arrecadação menor que o efetivamente previsto no orçamento, haverá déficit fiscal, bem como a necessidade de aplicação de mecanismos que a própria LRF exige em casos de desequilíbrio, tal como, por exemplo, o da limitação de empenho.

A regra confere efetividade ao disposto no art. 11 da LRF, o qual prevê que constituem requisitos essenciais da responsabilidade na gestão fiscal a instituição, previsão e efetiva arrecadação de todos os tributos da competência constitucional do ente da Federação, sendo vedada a realização de transferências voluntárias para o ente que não observe tais preceitos.

Afinal, conhecer os valores efetivamente arrecadados e compará-los com os valores estimados de receitas é instrumental importante para garantir o equilíbrio fiscal, um dos pilares da LRF. Aqui, estamos diante de dois princípios que se sustentam mutuamente: a transparência e o equilíbrio fiscal.

Como já vimos, o princípio do equilíbrio fiscal recomenda que, para toda despesa, haja uma receita a financiá-la, a fim de evitar o surgimento de déficits orçamentários crescentes ou descontrolados que possam prejudicar as contas públicas presentes e futuras. Representa a verdadeira estabilidade financeira e é um dos pilares do crescimento sustentado do Estado, a fim de permitir a realização das suas finalidades essenciais: entregar à coletividade os bens e serviços necessários à realização do bem comum, tais como educação, saúde, segurança pública, saneamento básico, moradia digna, dentre outros.

Importante lembrar que no art. 4º, I, *a*, da LRF, encontramos a determinação para que a lei de diretrizes orçamentárias disponha sobre o equilíbrio entre receitas e despesas.

---

[216] STF. Informativo nº 948, publ. 28.08.2019.

Podemos encontrar diversas outras normas na LRF que visam resguardar o equilíbrio fiscal e o atingimento das metas de resultados positivos. Uma destas é a previsão do art. 9º, denominada "limitação de empenho", derivada do *budget sequestration* do modelo fiscal norte-americano, que impõe uma contenção nos gastos públicos, em despesas consideradas discricionárias, quando a receita correspondente não se realizar como originalmente previsto na proposta orçamentária. Outro exemplo está no art. 14 da LRF que impõe, de maneira rígida, limites, prazos e condições para a concessão de incentivos e renúncias fiscais. Por essa regra, a concessão do benefício fiscal dependerá de uma estimativa de impacto orçamentário, da demonstração de que não afetará as metas de resultados e de ser acompanhada de medidas de compensação.

Porém, devemos reconhecer que estamos diante de mais uma regra que não é nova, já que o art. 102 da Lei 4.320/1964 já prevê que "o Balanço Orçamentário demonstrará as receitas e despesas previstas em confronto com as realizadas". A determinação da LRF de demonstração das medidas para a reversão do quadro de déficit com o incremento da arrecadação, recuperação dos créditos fiscais e outras medidas arrecadatórias evidencia a preocupação com o aperfeiçoamento da gestão fiscal responsável.

Seção VI
Da Fiscalização da Gestão Fiscal

Art. 59. O Poder Legislativo, diretamente ou com o auxílio dos Tribunais de Contas, e o sistema de controle interno de cada Poder e do Ministério Público, fiscalizarão o cumprimento das normas desta Lei Complementar, com ênfase no que se refere a:

I – atingimento das metas estabelecidas na lei de diretrizes orçamentárias;

II – limites e condições para realização de operações de crédito e inscrição em Restos a Pagar;

III – medidas adotadas para o retorno da despesa total com pessoal ao respectivo limite, nos termos dos arts. 22 e 23;

IV – providências tomadas, conforme o disposto no art. 31, para recondução dos montantes das dívidas consolidada e mobiliária aos respectivos limites;

V – destinação de recursos obtidos com a alienação de ativos, tendo em vista as restrições constitucionais e as desta Lei Complementar;

VI – cumprimento do limite de gastos totais dos legislativos municipais, quando houver.

§ 1º Os Tribunais de Contas alertarão os Poderes ou órgãos referidos no art. 20 quando constatarem:

I – a possibilidade de ocorrência das situações previstas no inciso II do art. 4º e no art. 9º;

II – que o montante da despesa total com pessoal ultrapassou 90% (noventa por cento) do limite;

III – que os montantes das dívidas consolidada e mobiliária, das operações de crédito e da concessão de garantia se encontram acima de 90% (noventa por cento) dos respectivos limites;

IV – que os gastos com inativos e pensionistas se encontram acima do limite definido em lei;

V – fatos que comprometam os custos ou os resultados dos programas ou indícios de irregularidades na gestão orçamentária.

§ 2º Compete ainda aos Tribunais de Contas verificar os cálculos dos limites da despesa total com pessoal de cada Poder e órgão referido no art. 20.

§ 3º O Tribunal de Contas da União acompanhará o cumprimento do disposto nos §§ 2º, 3º e 4º do art. 39.

O **art. 59** apresenta as regras básicas e elementos essenciais sobre os quais deve recair a **fiscalização** a respeito da observância das normas da Lei de Responsabilidade Fiscal, exercida através dos controles internos e externos dos entes federativos, com destaque para o Poder Legislativo e respectivo Tribunal de Contas, bem como pelas suas controladorias internas, além do Ministério Público.

Afinal, o interesse público envolvido nas atividades financeiras do Estado enseja a preocupação de todos na garantia da melhor aplicação dos seus recursos. E o dispositivo em comento tem como foco garantir a observância das regras da LRF sobre o orçamento público, em especial o atingimento, limites e condições a respeito das metas fiscais da LDO, operações de crédito e restos a pagar, despesas com pessoal, dívida pública consolidada e mobiliária, alienação de ativos etc.

O *acompanhamento* da execução orçamentária é realizado por todos aqueles interessados no seu objeto, a partir dos relatórios periódicos que a Administração Pública está obrigada a divulgar. A *fiscalização*, por sua vez, refere-se à certificação feita pelos órgãos competentes (Tribunal de Contas, Controladorias etc.) de que, na execução do orçamento, estejam sendo atendidos os princípios e as regras pertinentes, buscando-se identificar possíveis irregularidades. O *controle* orçamentário envolve a correção de eventuais irregularidades encontradas na sua execução.[217]

Nas palavras de Maria Sylvia Zanella Di Pietro,[218] "o controle abrange aspectos ora de legalidade, ora de mérito, apresentando-se, por isso mesmo, como de natureza política, já que vai apreciar as decisões administrativas sob o aspecto inclusive da discricionariedade, ou seja, da oportunidade e conveniência diante do interesse público". Para a citada autora, "a finalidade do controle é a de assegurar que a Administração atue em consonância com os princípios que lhe são impostos pelo ordenamento jurídico".

Por sua vez, Marçal Justen Filho esclarece que

> o agente estatal é um servo do povo, e seus atos apenas se legitimam quando compatíveis com o direito. Toda a disciplina da atividade administrativa tem de ser permeada pela concepção democrática, que sujeita o administrador à fiscalização popular e à comprovação da realização democrática dos direitos fundamentais.[219]

Um dos principais dispositivos nesta matéria é o art. 70 da Constituição, que, de forma exauriente, nos apresenta as modalidades de fiscalização, seus aspectos, sobre o que recaem e, finalmente, as formas como se realizam. Assim, dispõe a referida norma que a fiscalização contábil, financeira, orçamentária, operacional e patrimonial da União e das entidades da administração direta e indireta, quanto à legalidade, legitimidade, economicidade, aplicação das subvenções e renúncia de receitas, será exercida pelo Congresso Nacional, mediante controle externo, e pelo sistema de controle interno de cada Poder.

Todos aqueles que lidam com o dinheiro público devem se submeter à fiscalização por parte dos órgãos competentes. A fiscalização direciona-se, a princípio, sobre os Poderes que executam o orçamento, com enfoque especial para o Poder Executivo e as entidades da administração direta e indireta. Mas a norma constitucional esculpida no parágrafo único do art. 70 da Constituição amplia o escopo, ao afirmar que prestará contas qualquer pessoa física ou jurídica, pública ou privada, que utilize, arrecade, guarde,

---

[217] ABRAHAM, Marcus. *Curso de direito financeiro brasileiro*. 5. ed. Rio de Janeiro: Forense, 2018. p. 357-358.

[218] DI PIETRO, Maria Sylvia Zanella. *Direito administrativo*. 25. ed. São Paulo: Atlas, 2012. p. 791 e 806.

[219] JUSTEN FILHO, Marçal. *Curso de direito administrativo*. São Paulo: Saraiva, 2005. p. 734.

gerencie ou administre dinheiros, bens e valores públicos ou pelos quais a União responda, ou que, em nome desta, assuma obrigações de natureza pecuniária. Esta ideia, aliás, já vinha contida no teor do art. 93 do Decreto 200/1967, o qual prevê que "quem quer que utilize dinheiros públicos terá de justificar seu bom e regular emprego na conformidade das leis, regulamentos e normas emanadas das autoridades administrativas competentes".[220]

Existem aspectos específicos a serem fiscalizados que se relacionam não apenas ao atendimento das normas orçamentárias propriamente ditas, como também em relação aos princípios financeiros que garantem a defesa do interesse público. São eles: a) *legalidade*: significa confirmar o atendimento formal das condições previstas na legislação financeira, especialmente no que se refere às receitas e as despesas; b) *legitimidade*: diz respeito à consideração das condições materiais e valorativas decorrentes das necessidades públicas que envolvem os atos administrativo-financeiros (demonstração da motivação dos atos e dos fins que se busca atingir); c) *economicidade*: é a verificação da concretização da máxima eficiência da atividade financeira, no sentido de obter o maior aproveitamento das verbas públicas com o menor ônus possível, tudo dentro de um custo-benefício razoável; d) *desonerações, renúncias e subvenções*: trata-se do controle da destinação de verbas públicas para as entidades sem fins lucrativos subsidiadas pelo Estado que realizam atividades relevantes para a coletividade, como também dos mecanismos de renúncias ou desonerações como medida de política fiscal (isenções, anistias, parcelamentos desonerados, moratórias etc.).[221]

Quanto às modalidades de fiscalização, temos: a) *fiscalização contábil*: que se faz através dos registros contábeis, dos balanços, da escrituração sintética, da análise e interpretação dos resultados econômicos e financeiros; b) *fiscalização financeira*: visa controlar a arrecadação das receitas e a realização das despesas; c) *fiscalização orçamentária*: que tem como objetivo mensurar o nível de concretização das previsões constantes na lei orçamentária; d) *fiscalização operacional*: visa ao controle das operações de crédito e de despesas que não constem da previsão orçamentária; e) *fiscalização patrimonial*: objetiva o controle da situação e das modificações dos bens móveis e imóveis que constituem o patrimônio público.[222]

---

[220] ABRAHAM, Marcus. *Curso de direito financeiro brasileiro*. 5. ed. Rio de Janeiro: Forense, 2018. p. 360.
[221] NOGUEIRA, Roberto Wagner Lima. *Direito financeiro e justiça tributária*. Rio de Janeiro: Lumen Juris, 2004. p. 52-55.
[222] Ibidem, p. 50-51.

O *caput* do art. 59 diz que a fiscalização será exercida basicamente a partir de duas estruturas de controle, as quais podemos distinguir entre: o **controle externo** e o **controle interno**. O *controle externo* é exercido pelo Poder Legislativo de cada ente, auxiliado pelo respectivo Tribunal de Contas; e o *controle interno* é desempenhado pelo sistema de controle específico que cada Poder deverá ter dentro da sua própria estrutura. Nesse sentido, a Constituição Federal prevê que "o controle externo, a cargo do Congresso Nacional, será exercido com o auxílio do Tribunal de Contas da União" (art. 71 da CF) e "os Poderes Legislativo, Executivo e Judiciário manterão, de forma integrada, sistema de controle interno" (art. 74 da CF). Mas a norma da LRF apresenta também a obrigação do controle ao Ministério Público.

Apesar de o *caput* do artigo prescrever que a fiscalização tem como objetivo aferir o cumprimento das regras da LRF, o mesmo dispositivo indica os pontos em que se dará ênfase: I – sobre o atingimento das metas estabelecidas na LDO, conforme constar do Anexo de Metas Fiscais a que alude o § 1º do art. 4º; II – sobre os limites e condições para realização de operações de crédito e inscrição em Restos a Pagar, fixados em percentual da receita corrente líquida para cada esfera de governo e aplicados igualmente a todos os entes da Federação que a integrem; III – medidas adotadas para o retorno da despesa total com pessoal ao respectivo limite, nos termos dos arts. 22 e 23; IV – providências tomadas para a recondução aos respectivos limites, caso a dívida consolidada de um ente da Federação os ultrapasse; V – destinação de recursos obtidos com a alienação de ativos, tendo em vista as restrições constitucionais e as da LRF, especialmente aquela do art. 44 que veda a utilização de receitas de capital para custear despesas correntes; VI – cumprimento do limite de gastos totais dos legislativos municipais, atendendo a previsão introduzida pela Emenda Constitucional 25/2000, que alterou o inciso VI do art. 29 e acrescentou o art. 29-A à Constituição Federal.

O § 1º do artigo em análise determina aos Tribunais de Contas que expeçam alerta aos Poderes ou órgãos referidos no art. 20 quando constatarem: a) a possibilidade de ocorrência da limitação de empenho em caso de não cumprimento das metas fiscais (art. 9º da LRF); b) que os montantes da despesa total com pessoal, das dívidas consolidada e mobiliária, das operações de crédito e da concessão de garantia ultrapassaram 90% do limite; c) que os gastos com inativos e pensionistas se encontram acima do limite definido no art. 19 da LRF; d) fatos que comprometam os custos ou os resultados dos programas ou indícios de irregularidades na gestão orçamentária.

Este dispositivo da LRF insere uma nova função aos Tribunais de Contas, denominada de **alerta**, que foi regulamentado pela Resolução TCU 142/2000. O referido alerta tem natureza de ato administrativo preventivo e, segundo o § 3º do art. 5º da referida resolução, deverá ser realizado por aviso da Presidência do Tribunal e comunicado à Comissão Mista Permanente de que trata o art. 166, § 6º, da Constituição Federal. Será também expedido quando constatado fato que comprometa os custos ou os resultados dos programas ou indício de irregularidade na gestão orçamentária (art. 6º da Resolução TCU 142/2000).

Segundo Jorge Ulisses Jacoby Fernandes,[223] "esse novo instrumento foi previsto na lei para algumas condutas que, pela sua complexidade, exigem maior nível de apuração dos fatos". Para este Procurador do Ministério Público junto ao Tribunal de Contas do Distrito Federal, o alerta tem natureza de ato administrativo típico de verificação, conferindo efetividade à ação cautelar ao valorizar o controle prévio e concomitante, além de firmar a responsabilidade da autoridade comunicada.

Cabe registrar que, no Acórdão 1.530/2011, proferido pelo Plenário do TCU no âmbito do Processo TC 021.497/2007-0 (08.06.2011), o Ministro Relator Ubiratan Aguiar afirmou que a expedição de alerta decorre do exercício da função orientadora de controle externo do TCU, consubstanciando mecanismo de correção para eventuais desvios e instrumento eficaz de controle da gestão das finanças públicas.

Finalmente, de acordo com o **§ 2º**, aos Tribunais de Contas competirá verificar os cálculos dos limites da despesa total com pessoal de cada Poder e órgão referido no art. 20, e, conforme o **§ 3º**, o TCU acompanhará o cumprimento das vedações impostas pela LRF ao BACEN em suas relações com os entes da federação, visando assegurar que este não financie os gastos públicos pela realização de operações que possam afetar o controle do endividamento público.

CAPÍTULO X
DISPOSIÇÕES FINAIS E TRANSITÓRIAS

Art. 60. Lei estadual ou municipal poderá fixar limites inferiores àqueles previstos nesta Lei Complementar para as dívidas consolidada e mobiliária, operações de crédito e concessão de garantias.

O presente **art. 60** traz uma regra salutar de autonomia para os Estados e Municípios fixarem, de acordo com suas particularidades e atendendo as

---

[223] FERNANDES, Jorge Ulisses Jacoby. O Poder Legislativo, o Tribunal de Contas e o controle da responsabilidade fiscal. *Revista do Tribunal de Contas do Estado de Minas Gerais*, v. 40, n. 3, jul.-set. 2001, p. 125-159.

suas necessidades financeiras, *limites inferiores* àqueles fixados nacionalmente por Resolução do Senado Federal para a dívida consolidada e mobiliária.

É importante lembrar que no art. 29 da LRF encontramos os conceitos e definições da *dívida pública*, sendo esta o somatório de obrigações financeiras que o setor público tem para com o setor privado. Por sua vez, os seus incisos I e II definem as dívidas consolidada e mobiliária. Já o art. 30 prevê a necessidade de fixação de limites para a dívida pública e para as operações de crédito, fixados em percentual da receita corrente líquida para cada esfera de governo e aplicados igualmente a todos os entes da Federação que a integrem, constituindo, para cada um deles, limites máximos e cujo atendimento será verificado quadrimestralmente. A Resolução do Senado 40/2001 estabelece que a dívida consolidada líquida dos Estados, do Distrito Federal e dos Municípios, ao final do ano de 2016, não poderá exceder, respectivamente: a) no caso dos Estados e do Distrito Federal, a 2,0 (duas) vezes a receita corrente líquida; b) no caso dos Municípios a 1,2 (um inteiro e dois décimos) vezes a receita corrente líquida.

Em um país com um custo elevado de manutenção da dívida pública – juros e encargos – como o Brasil, além de ser recomendável gastar apenas o que se arrecada, é necessário obter continuamente um resultado superavitário destinado a reduzir a dívida pública, de modo a redirecionar este gasto com despesas financeiras para aquilo que realmente é importante: atendimento dos serviços públicos fundamentais e dos direitos sociais.[224]

Portanto, o presente dispositivo, além de conferir certa autonomia aos entes para adaptarem os limites da sua dívida pública consolidada e mobiliária às suas características e necessidades financeiras – limitadas ao teto fixado para toda a federação –, apresenta uma norma de gestão responsável, estimulando a redução dos gastos com juros e encargos financeiros, caso o ente detenha superávit suficiente para amortizar parte do montante do seu endividamento.

> **Art. 61.** Os títulos da dívida pública, desde que devidamente escriturados em sistema centralizado de liquidação e custódia, poderão ser oferecidos em caução para garantia de empréstimos, ou em outras transações previstas em lei, pelo seu valor econômico, conforme definido pelo Ministério da Fazenda.

O corrente **art. 61** confere maior segurança e credibilidade aos títulos da dívida pública ao autorizar a sua utilização em operações financeiras,

---

[224] A Emenda Constitucional nº 90/2015 inseriu o transporte como direito social. Assim, o art. 6º da Constituição Federal de 1988 passa a viger, a partir de 16/09/2015, com a seguinte redação: "São direitos sociais a educação, a saúde, a alimentação, o trabalho, a moradia, o transporte, o lazer, a segurança, a previdência social, a proteção à maternidade e à infância, a assistência aos desamparados, na forma desta Constituição."

tais como garantias de empréstimos, desde que registrados em sistemas de liquidação e custódia. Esta norma deve ser lida e conjugada com o art. 40 da LRF, que trata da concessão de garantias pelos entes.

Cabe recordar que os **títulos da dívida pública** são mecanismos de operacionalização pulverizada do crédito público, materializados quando o Estado, na qualidade de tomador do empréstimo, emite títulos representativos de frações do contrato de empréstimo que são lançados no mercado financeiro para a captação dos recursos. Podem ser nominativos ou ao portador; federais, estaduais ou municipais; internos ou externos (nacionais ou internacionais); em moeda nacional ou estrangeira; de curto, médio ou longo prazo; pós-fixados ou prefixados, conforme sua indexação. Assumem diversas formas, tais como as apólices, bônus, cupões, obrigações, letras, notas e bilhetes. Algumas das *espécies* de títulos federais mais conhecidas são: Ativos da Dívida Agrícola; Bônus do Tesouro Nacional (já extinto); Certificados da Dívida Pública; Certificados do Tesouro Nacional; Certificados Financeiros do Tesouro; Créditos Securitizados; Letras do Tesouro Nacional; Letras Financeiras do Tesouro; Notas do Tesouro Nacional; Títulos da Dívida Agrária, Letras do Banco Central, Notas do Banco Central, Bônus do Banco Central, entre outros.

Para a realização do que o dispositivo autoriza, os títulos deverão estar escriturados em um sistema centralizado de liquidação e custódia, tais como SELIC e CETIP. A *custódia* de títulos nada mais significa que a guarda de títulos para assegurar a sua existência e titularidade. Já a sua *liquidação* é a etapa do processo de negociação (compra e venda) dos ativos em que estes trocam de proprietário entre vendedor e comprador.

O SELIC (Sistema Especial de Liquidação e de Custódia), gerido pelo Banco Central, é o depositário central dos títulos que compõem a dívida pública federal interna de emissão do Tesouro Nacional, que processa o registro e a liquidação financeira das operações realizadas com esses títulos, garantindo segurança, agilidade e transparência aos negócios. Por sua vez, a CETIP (Central de Custódia e de Liquidação Financeira de Títulos) é depositária principalmente de títulos de renda fixa privados, títulos públicos estaduais e municipais e títulos representativos de dívidas de responsabilidade do Tesouro Nacional, de que são exemplos os relacionados com empresas estatais extintas, com o Fundo de Compensação de Variação Salarial – FCVS, com o Programa de Garantia da Atividade Agropecuária – Proagro e com a dívida agrária (TDA). Na qualidade de depositária, ela processa a emissão, o resgate e a custódia dos títulos.

O valor econômico, como metodologia de valoração dos títulos exigida pela norma analisada, tem como virtude permitir a melhor avaliação e controle da real dimensão financeira das operações desta natureza.

> **Art. 62. Os Municípios só contribuirão para o custeio de despesas de competência de outros entes da Federação se houver:**
>
> **I – autorização na lei de diretrizes orçamentárias e na lei orçamentária anual;**
>
> **II – convênio, acordo, ajuste ou congênere, conforme sua legislação.**

O presente **art. 62** vem a resguardar a autonomia financeira dos municípios para garantir o cumprimento das suas atribuições e, ao mesmo tempo, conferir maior estabilidade e efetividade ao modelo do federalismo cooperativo brasileiro, restringindo o custeio de despesas de responsabilidade de outros entes aos casos expressamente previstos na LDO e na LOA, ou fixados por acordos de cooperação, tais como convênios ou outras formas de ajuste.

Cabe lembrar que o **federalismo fiscal** é expressão financeira da forma com que os entes federativos – União, Estados, Distrito Federal e Municípios – se organizam e se relacionam na realização do seu *múnus*, enfrentando e harmonizando as tensões decorrentes de uma estrutura heterogênea, decorrente de uma multiplicidade de interesses e das diferenças regionais – culturais, sociais e econômicas –, na busca da implementação de um *modelo federal cooperativo*, a fim de realizar um objetivo comum para toda a nação.[225] Na lição de Reinhold Zippelius,[226] o federalismo cooperativo em sentido estrito traz consigo a ideia de uma "obrigação ao entendimento" (*Verständigungszwang*), ou seja, a necessidade de que os entes federativos se harmonizem mutuamente e até mesmo aceitem compromissos entre si.

Numa federação como a brasileira, não há hierarquia entre os seus membros, e as atribuições são distribuídas pela Constituição. No art. 21, a Constituição conferiu as atribuições exclusivas (privativas) da União e, no art. 30, as dos Municípios, deixando para os Estados a competência remanescente ao estabelecer, no § 1º do art. 25, que "são reservadas aos Estados as competências que não lhes sejam vedadas por esta Constituição". Já no art. 23, temos as competências comuns (paralelas) da União, Estados e Municípios. Por sua vez, no art. 24 encontramos a competência legislativa concorrente entre União, Estados e Municípios para legislar sobre as matérias lá relacionadas, sendo que a competência da União limitar-se-á a estabelecer normas gerais (§ 1º), não excluindo a competência suplementar dos Estados (§ 2º).

---

[225] ABRAHAM, Marcus. *Curso de direito financeiro brasileiro*. 5. ed. Rio de Janeiro: Forense, 2018. p. 44-45.

[226] ZIPPELIUS, Reinhold. *Teoría general del Estado*. Traducción directa del alemán por Héctor Fix-Fierro. Ciudad Universitaria: Universidad Nacional Autónoma de México, 1985. p. 397.

Para garantir a plena e efetiva realização destas funções distribuídas a cada um dos entes federativos, a Carta Constitucional lhes assegura fontes próprias de recursos financeiros, que advêm, essencialmente, da partilha patrimonial (de bens públicos e de recursos naturais), da competência tributária para a instituição e cobrança de tributos e das transferências financeiras intergovernamentais obrigatórias e voluntárias, a partir de um sistema de partilha e repasse de receitas.

Neste contexto, deve haver um necessário equilíbrio entre as responsabilidades e funções constitucionalmente atribuídas a cada um dos entes federativos e os recursos financeiros a eles dedicados; afinal, como diz o brocardo, "quem dá os fins, dá os meios", ou, em outra formulação, "a Constituição não dá com a mão direita para tirar com a esquerda". Do contrário, não se atingirá o objetivo final da nação: o atendimento das necessidades do povo e a realização do bem comum.

Portanto, a função do dispositivo da LRF ora analisado é evitar que o município custeie atividade cuja competência para a execução seja constitucionalmente atribuída a outro ente federativo, tais como aquelas relativas à Polícia Militar, à Justiça ou ao Corpo de Bombeiro, uma vez que tal despesa poderia afetar a sua capacidade financeira para o cumprimento daquelas outras funções de sua própria responsabilidade, relacionadas diretamente com as necessidades e o interesse local.

A regra, entretanto, é excepcionada apenas quando houver previsão expressa na LOA e na respectiva LDO, demonstrando-se o benefício direto do município, ou que esta seja objeto de um acordo de cooperação (tal como um convênio), através do qual haverá o repasse financeiro (por transferência voluntária) para a execução da atividade em colaboração mútua, tendo em vista fins comuns. *Convênio* é qualquer instrumento que discipline a transferência de recursos públicos e tenha como partícipes órgãos da Administração Pública direta, autárquica ou fundacional, empresa pública ou sociedade de economia mista que estejam gerindo recursos repassados dos orçamentos por algum dos entes federativos, visando à execução de programas de trabalho, projeto, atividade ou evento de interesse recíproco com duração certa, em regime de mútua cooperação.

> **Art. 63. É facultado aos Municípios com população inferior a cinquenta mil habitantes optar por:**
> **I – aplicar o disposto no art. 22 e no § 4º do art. 30 ao final do semestre;**
> **II – divulgar semestralmente:**

a) (VETADO)

b) o Relatório de Gestão Fiscal;

c) os demonstrativos de que trata o art. 53;

III – elaborar o Anexo de Política Fiscal do plano plurianual, o Anexo de Metas Fiscais e o Anexo de Riscos Fiscais da lei de diretrizes orçamentárias e o anexo de que trata o inciso I do art. 5º a partir do quinto exercício seguinte ao da publicação desta Lei Complementar.

§ 1º A divulgação dos relatórios e demonstrativos deverá ser realizada em até trinta dias após o encerramento do semestre.

§ 2º Se ultrapassados os limites relativos à despesa total com pessoal ou à dívida consolidada, enquanto perdurar esta situação, o Município ficará sujeito aos mesmos prazos de verificação e de retorno ao limite definidos para os demais entes.

O presente **art. 63** conferiu, a partir da sua entrada em vigor, algumas faculdades aos municípios de pequeno porte, os quais possuiriam maior dificuldade para adotar certos mecanismos e procedimentos exigidos pela LRF, reconhecendo uma realidade brasileira em que quase 90%[227] dos municípios possuem menos de 50.000 habitantes.

A primeira faculdade é a de verificar apenas *semestralmente*, e não na periodicidade quadrimestral como é a regra geral, o cumprimento dos limites com gastos de pessoal e do montante da dívida consolidada, assim como divulgar *semestralmente* o Relatório de Gestão Fiscal e os demonstrativos que acompanham o Relatório Resumido de Execução Orçamentária, referentes a receita corrente líquida, receitas e despesas previdenciárias, resultado nominal e primário, despesas com juros e restos a pagar. A divulgação destes relatórios deverá se dar em até 30 dias do encerramento do semestre.

Observando o princípio da gestão responsável, no entanto, a LRF consignou que a ampliação do prazo de verificação de limites da despesa total com pessoal ou da dívida consolidada não se aplica se o município ultrapassá-los, sujeitando-se aos mesmos prazos de verificação e de retorno ao limite definidos para os demais entes.

---

[227] Segundo o IBGE (Diretoria de Pesquisas – DPE, Coordenação de População e Indicadores Sociais – COPIS), no ano de 2019, havia 4.897 municípios brasileiros com até 50.000 habitantes, perfazendo um percentual de 87,91% do total de municípios (IBGE. Estimativas da população residente para os municípios e para as unidades da federação com data de referência em 1º de julho de 2019).

Já a divulgação *semestral* do próprio Relatório Resumido de Execução Orçamentária, como estabelecia a letra "a" do inciso II, foi vetada, uma vez que o § 3º do art. 165 da Constituição Federal estabelece que aquele relatório deva ser publicado "até trinta dias após o encerramento de cada bimestre". Assim, constou das razões de veto na Mensagem 627/2000 da Presidência da República que, não obstante o mérito da proposta, no sentido de criar condições mais flexíveis para pequenos municípios, a faculdade concedida aos municípios com população inferior a cinquenta mil habitantes, para a publicação semestral do referido relatório, vai de encontro à norma constitucional, razão pela qual foi vetado o dispositivo.

Foi igualmente vetada a publicação do Anexo de Política Fiscal do Plano Plurianual que consta na primeira parte do inciso III por ocasião do veto integral ao art. 3º da LRF.

Facultou, ainda, a publicação para estes municípios, apenas a partir do ano de 2005, do Anexo de Metas Fiscais e do Anexo de Riscos Fiscais, ambos integrantes da LDO, bem como do demonstrativo da compatibilidade da programação dos orçamentos com os objetivos e metas fiscais.

> **Art. 64.** A União prestará assistência técnica e cooperação financeira aos Municípios para a modernização das respectivas administrações tributária, financeira, patrimonial e previdenciária, com vistas ao cumprimento das normas desta Lei Complementar.
>
> § 1º A assistência técnica consistirá no treinamento e desenvolvimento de recursos humanos e na transferência de tecnologia, bem como no apoio à divulgação dos instrumentos de que trata o art. 48 em meio eletrônico de amplo acesso público.
>
> § 2º A cooperação financeira compreenderá a doação de bens e valores, o financiamento por intermédio das instituições financeiras federais e o repasse de recursos oriundos de operações externas.

O **art. 64** nos revela outra norma da LRF em que se reconhece as dificuldades dos municípios brasileiros, especialmente aqueles de pequeno porte, os quais são a maioria no nosso país.

Neste sentido, para conferir efetividade e potencialidade à autonomia financeira de que os municípios precisam ser dotados a fim de realizarem suas atribuições, bem como para cumprirem as normas da própria LRF, a lei prescreve que a União prestará assistência técnica e financeira para que os municípios possam modernizar e aparelhar suas administrações fazendárias, especialmente no que se refere ao treinamento e desenvolvimento de recursos humanos e tecnológicos.

Neste sentido, encontramos, por exemplo, o *Programa de Modernização da Administração Tributária – PMAT* do BNDES, que tem como objetivo apoiar projetos de investimento da Administração Pública Municipal, voltados à modernização da administração tributária e à melhoria da qualidade do gasto público, a fim de proporcionar aos municípios uma gestão eficiente, que gere aumento de receitas e/ou redução do custo unitário dos serviços prestados à coletividade. Na área tributária o programa é direcionado à arrecadação, cobranças administrativa e judicial, fiscalização, estudos econômicos e tributários, central de atendimento ao contribuinte, dentre outros. Na área de administração financeira e patrimonial, o foco é o orçamento, execução financeira, contabilidade e dívida pública, auditoria e controle interno, gestão e segurança de patrimônio.

Outro exemplo é o *Programa Nacional de Apoio à Gestão Administrativa e Fiscal dos Municípios Brasileiros – PNAFM*, com recursos do Banco Interamericano de Desenvolvimento (BID) e administrados pela CEF, que busca o fortalecimento institucional dos órgãos responsáveis pela gestão administrativa e fiscal dos municípios brasileiros. O objetivo deste programa é contribuir para a integração dos fiscos e para a modernização da gestão administrativa, fiscal, financeira e patrimonial dos municípios brasileiros, com destaque para o planejamento estratégico, a melhoria do fluxo de receitas próprias do Município, o controle do gasto público municipal, os serviços de qualidade aos cidadãos e a transparência na gestão.

> **Art. 65.** Na ocorrência de calamidade pública reconhecida pelo Congresso Nacional, no caso da União, ou pelas Assembleias Legislativas, na hipótese dos Estados e Municípios, enquanto perdurar a situação:
>
> I – serão suspensas a contagem dos prazos e as disposições estabelecidas nos arts. 23, 31 e 70;
>
> II – serão dispensados o atingimento dos resultados fiscais e a limitação de empenho prevista no art. 9º.
>
> § 1º Na ocorrência de calamidade pública reconhecida pelo Congresso Nacional, nos termos de decreto legislativo, em parte ou na integralidade do território nacional e enquanto perdurar a situação, além do previsto nos inciso I e II do *caput*: (Incluído pela Lei Complementar nº 173, de 2020)
>
> I – serão dispensados os limites, condições e demais restrições aplicáveis à União, aos Estados, ao Distrito Federal e aos Municípios, bem como sua verificação, para: (Incluído pela Lei Complementar nº 173, de 2020)

a) contratação e aditamento de operações de crédito; (Incluído pela Lei Complementar nº 173, de 2020)

b) concessão de garantias; (Incluído pela Lei Complementar nº 173, de 2020)

c) contratação entre entes da Federação; e (Incluído pela Lei Complementar nº 173, de 2020)

d) recebimento de transferências voluntárias; (Incluído pela Lei Complementar nº 173, de 2020)

II – serão dispensados os limites e afastadas as vedações e sanções previstas e decorrentes dos arts. 35, 37 e 42, bem como será dispensado o cumprimento do disposto no parágrafo único do art. 8º desta Lei Complementar, desde que os recursos arrecadados sejam destinados ao combate à calamidade pública; (Incluído pela Lei Complementar nº 173, de 2020)

III – serão afastadas as condições e as vedações previstas nos arts. 14, 16 e 17 desta Lei Complementar, desde que o incentivo ou benefício e a criação ou o aumento da despesa sejam destinados ao combate à calamidade pública. (Incluído pela Lei Complementar nº 173, de 2020)

§ 2º O disposto no § 1º deste artigo, observados os termos estabelecidos no decreto legislativo que reconhecer o estado de calamidade pública: (Incluído pela Lei Complementar nº 173, de 2020)

I – aplicar-se-á exclusivamente: (Incluído pela Lei Complementar nº 173, de 2020)

a) às unidades da Federação atingidas e localizadas no território em que for reconhecido o estado de calamidade pública pelo Congresso Nacional e enquanto perdurar o referido estado de calamidade; (Incluído pela Lei Complementar nº 173, de 2020)

b) aos atos de gestão orçamentária e financeira necessários ao atendimento de despesas relacionadas ao cumprimento do decreto legislativo; (Incluído pela Lei Complementar nº 173, de 2020)

II – não afasta as disposições relativas a transparência, controle e fiscalização. (Incluído pela Lei Complementar nº 173, de 2020)

§ 3º No caso de aditamento de operações de crédito garantidas pela União com amparo no disposto no § 1º deste artigo, a garantia será mantida, não sendo necessária a alteração dos contratos de garantia e de contragarantia vigentes. (Incluído pela Lei Complementar nº 173, de 2020)

A LRF nunca ignorou que determinadas circunstâncias excepcionais e extremadas poderiam autorizar o afastamento de algumas de suas regras e condicionantes, sobretudo no que tange ao cumprimento dos limites de gastos e de endividamento. Mas, para enfrentar a pandemia da COVID-19 no ano de 2020 – com aumento de gastos e queda substancial na arrecadação –, este dispositivo foi substancialmente ampliado, através de modificações que lhe foram introduzidas pela Lei Complementar nº 173/2020, uma vez que a dimensão da crise demonstrou que o dispositivo original não era suficientemente capaz, por si só, de oferecer ferramentas adequadas para a atuação rápida e eficaz do poder público.

O art. 65 considera a *calamidade pública* como uma circunstância excepcional que permite afastar temporariamente algumas das exigências da LRF. Para tanto, não basta que a calamidade seja decretada pelo Poder Executivo, devendo contar também com o reconhecimento formal do Poder Legislativo.[228]

A **calamidade pública** é a situação reconhecida pelo poder público de uma circunstância extraordinária provocada por desastre natural, humano ou misto, que causa sérios danos à comunidade afetada, inclusive à incolumidade e à vida de seus integrantes. Tal situação engloba também as epidemias e pandemias e até mesmo já foi equiparada à calamidade financeira.

Assim, diante da sua decretação, devidamente chancelada pelo Poder Legislativo (Congresso Nacional, no caso da União; ou Assembleias Legislativas, na hipótese dos Estados e Municípios), os **incs. I e II** do *caput* deste artigo autorizam a suspensão temporária (enquanto se mantiver esta situação): a) da contagem dos prazos de controle para adequação e recondução das despesas de pessoal (arts. 23 e 70) e dos limites do endividamento (art. 31); b) do atingimento das metas de resultados fiscais estabelecidos na LDO; e c) da utilização do mecanismo da limitação de empenho (art. 9º).

Além disso, a partir das alterações realizadas pela LC nº 173/2020 ao presente art. 65, também se estabeleceu que, durante a situação de calamidade pública, ficam dispensados os limites, condições e demais restrições aplicáveis à União, aos Estados, ao Distrito Federal e aos Municípios, bem como sua verificação, para: a) contratação e aditamento de operações de crédito; b) concessão de garantias; c) contratação entre entes da Federação; e d) recebimento de transferências voluntárias (**§ 1º, inc. I**).

---

[228] Registre-se que, no texto original do art. 65 da LRF, se consideravam também como situações extraordinárias o estado de defesa e o estado de sítio. Todavia, estas hipóteses foram suprimidas pela LC nº 173/2020.

Já o **inc. II do § 1º** dispõe que ficam desobrigados do respeito aos limites e afastadas as vedações e sanções previstas e decorrentes do art. 35 (operações de crédito entre entes da federação, direta ou indiretamente, mesmo que sob a forma de novação, refinanciamento ou postergação de dívida), do art. 37 (outras equiparações às operações de crédito) e do art. 42 (restos a pagar), bem como será liberada da destinação específica de recursos vinculados, desde que os recursos arrecadados sejam destinados ao combate à calamidade pública, tal como é exigido no parágrafo único do art. 8º da LRF.

Por sua vez, o **inc. III do § 1º** estabelece que também ficam afastadas as condições e as vedações previstas no art. 14 (estimativa de impacto orçamentário e medidas de compensação para a concessão de benefícios tributários), no art. 16 (estimativa de impacto orçamentário e declaração de compatibilidade orçamentária para o aumento de despesas) e no art. 17 (estimativa de impacto orçamentário e indicação de recursos para a criação ou aumento de despesas de caráter continuado), desde que o incentivo ou benefício e a criação ou o aumento da despesa sejam destinados ao combate à calamidade pública.

É importante destacar que o dispositivo em análise limita territorialmente a adoção da sistemática, restringindo-se aos atos vinculados ao enfrentamento da calamidade pública, e mantém as obrigações relativas à transparência fiscal e ao controle e fiscalização dessas despesas específicas, dentro do ideal da LRF de responsabilidade na gestão fiscal. Neste sentido, a norma prevê que os benefícios estabelecidos no decreto legislativo que reconhecer o estado de calamidade pública: I – aplicar-se-ão exclusivamente: a) às unidades da Federação atingidas e localizadas no território em que for reconhecido o estado de calamidade pública pelo Congresso Nacional e enquanto perdurar o referido estado de calamidade; b) aos atos de gestão orçamentária e financeira necessários ao atendimento de despesas relacionadas ao cumprimento do decreto legislativo; II – não afasta as disposições relativas à transparência, controle e fiscalização (**incs. I e II do § 2º**).

Já em relação aos empréstimos públicos contraídos para enfrentamento da circunstância calamitosa, o **§ 3º** ressalva que, sendo necessário o aditamento de operações de crédito garantidas pela União por força do decreto de calamidade pública, a garantia será mantida, não sendo necessária a alteração dos contratos de garantia e de contragarantia vigentes.

Merece registro que ocorreu a declaração de estado de calamidade pública em nível federal, em março de 2020, para enfrentar a pandemia da COVID-19, formalizada no Decreto Legislativo nº 06/2020, que reconheceu

> exclusivamente para os fins do art. 65 da Lei Complementar nº 101, de 4 de maio de 2000, notadamente para as dispensas do atingimento dos resultados fiscais previstos no art. 2º da Lei nº 13.898, de 11 de novembro de 2019, e da

limitação de empenho de que trata o art. 9º da Lei Complementar nº 101, de 4 de maio de 2000, a ocorrência do estado de calamidade pública, com efeitos até 31 de dezembro de 2020, nos termos da solicitação do Presidente da República encaminhada por meio da Mensagem nº 93, de 18 de março de 2020.

Na esteira da União, inúmeros Estados e Municípios também declararam "Estado de Calamidade Pública" durante a pandemia da COVID-19 no ano de 2020. Mas não podemos deixar de lembrar que alguns Estados brasileiros já haviam utilizado medida similar em anos anteriores. Com fundamento na grave crise financeira enfrentada no ano de 2016, agravada pelo imoderado desequilíbrio fiscal então presente, os Estados do Rio de Janeiro (Decreto 45.692, de 17 de junho de 2016), do Rio Grande do Sul (Decreto 53.303, de 21 de novembro de 2016) e de Minas Gerais (Decreto 47.101, de 5 de dezembro de 2016) decretaram o "Estado de Calamidade Financeira" – equiparando-o ao estado de calamidade pública –, visando obter os benefícios deste art. 65 da LRF.

Por fim, cabe lembrar que foi no contexto da decretação de calamidade pública que se promulgou a **Emenda Constitucional nº 106/2020**, de caráter transitório, que instituiu o regime extraordinário fiscal, financeiro e de contratações para o enfrentamento da calamidade pública nacional decorrente da pandemia da COVID-19, originária da PEC nº 10/2020, conhecida por "PEC do Orçamento de Guerra". Esta Emenda Constitucional afastou temporariamente a aplicabilidade da conhecida "regra de ouro", prevista no inc. III do art. 167 da Constituição – que veda o endividamento para o pagamento de despesas correntes – apenas durante o período em que vigorasse o estado de calamidade pública; permitiu que operações de crédito realizadas para o refinanciamento da dívida mobiliária pudessem ser utilizadas também para o pagamento de seus juros e encargos; concedeu poderes ao Banco Central do Brasil para comprar e vender títulos e valores mobiliários no mercado secundário, desde que possuíssem avaliação de risco positiva; e dispensou o cumprimento das restrições constitucionais e legais quanto à criação, expansão ou ao aperfeiçoamento de ação governamental que acarretasse aumento da despesa e a concessão ou ampliação de incentivo ou benefício de natureza tributária da qual decorresse renúncia de receita, desde que não se tratasse de despesa permanente, tendo como propósito exclusivo o enfrentamento do contexto da calamidade pública decretada e seus efeitos sociais e econômicos, com vigência e efeitos restritos ao período de duração da situação excepcional.

> **Art. 66.** Os prazos estabelecidos nos arts. 23, 31 e 70 serão duplicados no caso de crescimento real baixo ou negativo do Produto Interno Bruto (PIB) nacional, regional ou estadual por período igual ou superior a quatro trimestres.

§ 1º Entende-se por baixo crescimento a taxa de variação real acumulada do Produto Interno Bruto inferior a 1% (um por cento), no período correspondente aos quatro últimos trimestres.

§ 2º A taxa de variação será aquela apurada pela Fundação Instituto Brasileiro de Geografia e Estatística ou outro órgão que vier a substituí-la, adotada a mesma metodologia para apuração dos PIB nacional, estadual e regional.

§ 3º Na hipótese do *caput*, continuarão a ser adotadas as medidas previstas no art. 22.

§ 4º Na hipótese de se verificarem mudanças drásticas na condução das políticas monetária e cambial, reconhecidas pelo Senado Federal, o prazo referido no *caput* do art. 31 poderá ser ampliado em até quatro quadrimestres.

Neste **art. 66**, a LRF reconhece outra circunstância excepcional – a de crescimento econômico real baixo ou negativo do PIB por no mínimo um ano – como suficiente a alterar algumas das regras gerais por ela estabelecidas, tal como se fez no artigo anterior, *duplicando* os prazos de ajustes aos limites legais das *despesas de pessoal* e da *dívida pública*. A razão é de ordem financeira, já que a desaceleração econômica acarreta normalmente a queda na arrecadação e o aumento das despesas por força de medidas compensatórias a serem conduzidas pelos governos.

O **Produto Interno Bruto (PIB)** é um indicador que mede a atividade econômica de uma determinada região (cidade, estado ou país), a partir da soma de todas as riquezas – bens e serviços – produzidas, incluindo a atividade industrial, comercial, de serviços, agropecuária etc. Pode ser calculado também pela ótica da demanda, através do consumo das famílias, das empresas e do governo. Será *nominal* quando levar em consideração os valores e preços correntes, e será *real* quando considerar os efeitos da inflação.

A própria LRF define esta circunstância econômica excepcional como aquela em que o Produto Interno Bruto (PIB) ficar abaixo de 1% pelo período mínimo de um ano, conforme apurado pelo IBGE, considerando os efeitos da inflação.

Assim, ocorrendo tal fato, e enquanto se mantiver esta situação, será *duplicada* a contagem dos prazos: a) de redução aos limites legais de despesa total de pessoal do Poder ou órgão em dois quadrimestres (art. 23) para *quatro quadrimestres*, sendo pelo menos um terço nos dois primeiros; b) de redução da dívida consolidada aos limites legais em três quadrimestres (art. 31) para *seis quadrimestres*, sendo um quarto nos dois primeiros; c) e de redução aos limites legais do excesso de despesa total de pessoal do Poder ou órgão verificado no exercício anterior ao da publicação da LRF, em dois exercícios (art. 70) para *quatro exercícios*.

A dilação dos prazos mencionados não afasta a adoção das medidas previstas no art. 22 que evitem o crescimento daquelas despesas, vale lembrar, quando atingido o *percentual de 95% do limite de gastos com pessoal*, estará vedado ao Poder ou órgão que houver incorrido no excesso: I – conceder vantagem, aumento, reajuste ou adequação de remuneração a qualquer título, salvo os derivados de sentença judicial ou de determinação legal ou contratual, ressalvada a revisão geral anual da remuneração dos servidores públicos prevista no inciso X do art. 37 da Constituição; II – criar cargo, emprego ou função; III – alterar estrutura de carreira que implique aumento de despesa; IV – prover cargo público, admitir ou contratar pessoal a qualquer título, ressalvada a reposição decorrente de aposentadoria ou falecimento de servidores das áreas de educação, saúde e segurança; V – contratar hora extra, salvo no caso de convocação extraordinária do Congresso Nacional em caso de urgência ou interesse público relevante (inciso II do § 6º do art. 57 da Constituição) e as situações previstas na Lei de Diretrizes Orçamentárias.

Finalmente, é possibilitada a ampliação em até *quatro quadrimestres* do prazo de enquadramento da dívida consolidada aos limites legais, em caso de mudanças drásticas na política monetária e cambial reconhecidas pelo Senado Federal, independentemente da circunstância prevista no *caput*.

> **Art. 67. O acompanhamento e a avaliação, de forma permanente, da política e da operacionalidade da gestão fiscal serão realizados por conselho de gestão fiscal, constituído por representantes de todos os Poderes e esferas de Governo, do Ministério Público e de entidades técnicas representativas da sociedade, visando a:**
>
> **I – harmonização e coordenação entre os entes da Federação;**
>
> **II – disseminação de práticas que resultem em maior eficiência na alocação e execução do gasto público, na arrecadação de receitas, no controle do endividamento e na transparência da gestão fiscal;**
>
> **III – adoção de normas de consolidação das contas públicas, padronização das prestações de contas e dos relatórios e demonstrativos de gestão fiscal de que trata esta Lei Complementar, normas e padrões mais simples para os pequenos Municípios, bem como outros, necessários ao controle social;**
>
> **IV – divulgação de análises, estudos e diagnósticos.**
>
> **§ 1º O conselho a que se refere o *caput* instituirá formas de premiação e reconhecimento público aos titulares de Poder que alcançarem**

> resultados meritórios em suas políticas de desenvolvimento social, conjugados com a prática de uma gestão fiscal pautada pelas normas desta Lei Complementar.
>
> § 2º Lei disporá sobre a composição e a forma de funcionamento do conselho.

O presente **art. 67** da LRF prevê a instituição do importante **Conselho de Gestão Fiscal**, órgão de caráter orientador e normativo, responsável por acompanhar e avaliar, de maneira contínua e ininterrupta, a gestão fiscal no país, visando à coordenação e à harmonização entre entes federativos em apreço ao princípio do federalismo fiscal cooperativo, e a difusão de práticas fiscais adequadas e eficientes, na busca do aprimoramento de mecanismos de arrecadação equitativa e de alocação criteriosa de recursos públicos, com um endividamento sustentado e controlado e, sobretudo, para o exercício efetivo de uma administração pública competente, dotada de transparência e padronização das contas públicas. Na sua composição estarão representantes de todos os Poderes e esferas de Governo, do Ministério Público e de representantes da sociedade.

Infelizmente, passados vinte anos da edição da LRF, o CGF ainda não foi criado. O Projeto de Lei 3.744/2000, que institui o Conselho de Gestão Fiscal (CGF) e dispõe sobre a sua composição e forma de funcionamento, após ser aprovado na Câmara dos Deputados, ainda tramita no Senado sob o nº 3.520/2019.

Conforme o referido Projeto de Lei, o CGF terá como função principal estabelecer diretrizes para o acompanhamento e a avaliação permanente da política e da operacionalidade da gestão fiscal e será constituído por representantes de todos os Poderes e esferas de Governo, do Ministério Público e de entidades técnicas representativas da sociedade, que ocuparão o cargo por dois anos. Segundo o referido PL, ao CGF compete: I – harmonizar as interpretações técnicas na aplicação das normas relacionadas à responsabilidade da gestão fiscal, com vistas a garantir sua efetividade; II – disseminar práticas de eficiência na alocação e execução do gasto público, arrecadação, controle do endividamento e transparência da gestão fiscal; III – editar normas gerais de consolidação das contas públicas, com vistas à convergência das normas brasileiras com os padrões internacionais, especialmente quanto aos procedimentos contábeis patrimoniais, orçamentários ou que exijam tratamento específico e diferenciado, bem como a relatórios contábeis e plano de contas padronizado para a federação; IV – editar normas relativas à padronização das prestações de contas e dos relatórios e demonstrativos fiscais previstos na LRF; V – adotar normas e padrões mais simples para os pequenos Municípios (menos de 50.000 habitantes); VI – realizar e divulgar análises, estudos e diagnósticos sobre a gestão fiscal nos três níveis de governo; VII – elaborar e alterar seu regulamento e seu regimento interno.

Registre-se que, em tramitação na Câmara dos Deputados, encontra-se o Projeto de Lei Complementar 210/2015 (oriundo do Projeto de Lei do Senado 141/2014), segundo o qual se pretende alterar a redação do art. 67 da LRF para ampliar as atribuições do CGF e delegar à lei regulamentadora a sua composição. Este outro projeto tem como justificativa a difícil regulamentação pela redação original da norma devido à composição do Conselho, diante da diversidade e equidade de representação de todos os Poderes, nos três níveis de governo, incluídos ainda os do Ministério Público e os representantes de entidades técnicas representativas da sociedade, o que constitui expressivo inibidor para o seu funcionamento. Segundo esta proposta, pretende-se tornar factível a implantação de um conselho de gestão fiscal que contribua para a permanente avaliação e acompanhamento da eficácia, eficiência, custos e benefícios das políticas públicas, com perspectivas concretas para a melhoria da situação financeira da Federação e o aumento da disponibilidade de recursos para os imprescindíveis investimentos sociais e econômicos.

Cabe lembrar que uma das finalidades do Conselho de Gestão Fiscal prevista no inciso III (a adoção de normas para a consolidação das contas públicas) permanece em caráter supletivo a cargo da Secretaria do Tesouro Nacional, até que o conselho seja implantado e venha a instituí-las, tal como estabelece o § 2º do art. 50 da LRF.

Finalmente, embora não se confunda com o CGF, a Resolução 42/2016 do Senado Federal criou a **Instituição Fiscal Independente (IFI)** no âmbito daquela própria casa, com a finalidade de: I – divulgar suas estimativas de parâmetros e variáveis relevantes para a construção de cenários fiscais e orçamentários; II – analisar a aderência do desempenho de indicadores fiscais e orçamentários às metas definidas na legislação pertinente; III – mensurar o impacto de eventos fiscais relevantes, especialmente os decorrentes de decisões dos Poderes da República, incluindo os custos das políticas monetária, creditícia e cambial; IV – projetar a evolução de variáveis fiscais determinantes para o equilíbrio de longo prazo do setor público. O objetivo principal da IFI é aprimorar os mecanismos de avaliação e controle na condução de políticas públicas e da política fiscal, através do exame minucioso da gestão fiscal do governo federal, visando produzir análises e interpretar dados e projetar o que vai acontecer nos próximos anos. O órgão produzirá relatórios, notas técnicas, banco de dados e projeções econômicas, e poderá tanto agir por iniciativa própria quanto por demandas específicas de senadores. Poderá opinar sobre projetos de lei e medidas do governo, de modo a embasar as decisões dos senadores.

> Art. 68. Na forma do art. 250 da Constituição, é criado o Fundo do Regime Geral de Previdência Social, vinculado ao Ministério da Previdência e Assistência Social, com a finalidade de prover recursos para o pagamento dos benefícios do regime geral da previdência social.
>
> § 1º O Fundo será constituído de:
>
> I – bens móveis e imóveis, valores e rendas do Instituto Nacional do Seguro Social não utilizados na operacionalização deste;
>
> II – bens e direitos que, a qualquer título, lhe sejam adjudicados ou que lhe vierem a ser vinculados por força de lei;
>
> III – receita das contribuições sociais para a seguridade social, previstas na alínea *a* do inciso I e no inciso II do art. 195 da Constituição;
>
> IV – produto da liquidação de bens e ativos de pessoa física ou jurídica em débito com a Previdência Social;
>
> V – resultado da aplicação financeira de seus ativos;
>
> VI – recursos provenientes do orçamento da União.
>
> § 2º O Fundo será gerido pelo Instituto Nacional do Seguro Social, na forma da lei.

O **art. 68** criou o **Fundo do Regime Geral da Previdência Social**, gerido pelo INSS, que integrava o antigo Ministério da Previdência e Assistência Social (atualmente, Secretaria de Previdência do Ministério da Economia), atendendo ao comando expresso no art. 250 da Constituição, incluído pela Emenda Constitucional 20/1998, que veio a modificar a previdência social. Assim, para assegurar recursos para o pagamento dos benefícios concedidos pelo regime geral de previdência social, em adição aos recursos de sua arrecadação, prescreve a citada norma constitucional que a União poderá constituir fundo integrado por bens, direitos e ativos de qualquer natureza, mediante lei que disporá sobre a natureza e administração desse fundo.

O dispositivo em comento, ao criar um fundo específico para gerir os recursos da previdência social, contribui sobremaneira para aprimorar a sua gestão e controle, conferindo maior transparência na arrecadação e destinação daqueles recursos, sobretudo segmentando-os em relação às demais receitas e despesas da seguridade social, que é composta, nos termos do art. 194 da Constituição, da saúde, da previdência e da assistência social.

Além de conferir transparência às contas da Previdência Social, a segregação financeira e contábil do FRGPS tem por finalidade possibilitar o planejamento financeiro dos recursos do fundo, além de permitir a acumulação de reservas para garantia dos pagamentos dos benefícios da previdência social, sem que ocorra destinação diversa daqueles recursos.

A esse respeito, o TCU já decidiu que imóveis não operacionais do INSS pertencem ao Fundo do Regime Geral de Previdência Social, instituído por esse art. 68 da LRF, em consonância com o art. 250 da Constituição Federal de 1988 e, por conseguinte, não podem ser utilizados para financiar programas sociais do Governo Federal.[229] Todavia, tais imóveis não operacionais do INSS podem ser permutados por edificação a construir, para atendimento de suas finalidades institucionais, viabilizando a essa autarquia o uso juridicamente seguro de alternativa de gestão de seu patrimônio imobiliário por imóvel a ser edificado, não constituindo impedimento a essa transação o disposto no art. 68, § 1º, inciso I, da LRF.[230]

Denomina-se **fundo público** o conjunto de recursos financeiros, especialmente formado e individualizado, destinado a desenvolver um programa, ação ou uma atividade pública específica. Muitas vezes, valores totais ou parciais de determinadas receitas públicas são destinados a serem reservados em fundos específicos, com a finalidade da realização de certas atividades estatais de relevante interesse público, cujos recursos são direcionados a grupos ou a domínios especiais previamente determinados. O que caracteriza esses fundos é a organização financeira referente à afetação de certas receitas a determinadas despesas públicas previstas em lei.[231]

Nas palavras de Heleno Torres,[232] "os fundos especiais são instrumentos financeiros próprios do Estado Social, como modo especial de financiamento de determinadas despesas públicas, cuja criação presta-se para distribuir recursos em domínios previamente determinados, sempre segundo disposição legal, conforme a peculiaridade das necessidades públicas".

A propósito, a Lei 4.320/1964 define que constitui fundo especial o produto de receitas especificadas que por lei se vinculam à realização de determinados objetivos ou serviços (art. 71).

---

[229] TCU, Acórdão 1.295/2004 (AC-1295-32/04-P), Rel. Min. Ubiratan Aguiar, Plenário, Sessão: 01.09.2004.
[230] TCU, Acórdão 3.300/2015, Rel. Min. Weder de Oliveira, Plenário, Sessão: 09.12.2015, Boletim de Jurisprudência nº 111 de 01.02.2016 – Enunciado paradigmático.
[231] ABRAHAM, Marcus. *Curso de direito financeiro brasileiro*. 5. ed. Rio de Janeiro: Forense, 2018. p. 143.
[232] TORRES, Heleno Taveira. Fundos especiais para prestação de serviços públicos e os limites da competência reservada em matéria financeira. In: PIRES, Adilson Rodrigues; TORRES, Heleno Taveira (org.). *Princípios de direito financeiro e tributário* – estudos em homenagem ao Professor Ricardo Lobo Torres. Rio de Janeiro: Renovar, 2006. p. 35-61.

Importante lembrar que além da criação do FRGPS, a LRF impõe a segregação das disponibilidades de caixa dos regimes de previdência social, geral e próprio dos servidores públicos, das demais disponibilidades de caixa de cada ente federado, as quais deverão ser aplicadas nas condições de mercado com a observância dos limites e condições de prudência financeira (art. 43, § 1º, da LRF).

Ademais, em observância ao princípio da transparência das contas públicas, a LRF impõe que as receitas e despesas previdenciárias deverão ser escrituradas e apresentadas em demonstrativos financeiros e orçamentários específicos (art. 50, IV, da LRF).

Em atendimento à recomendação do Tribunal de Contas da União (TCU), em 2012 foi criada a Unidade Gestora do Fundo do Regime Geral (FRGPS), que passou a ser responsável pelo pagamento dos benefícios previdenciários no lugar do próprio Instituto, dotada de CNPJ próprio (nº 16.727.230.0001-97). Segundo o TCU, a falta de segregação entre os ativos e passivos, receitas e despesas do INSS e do FRGPS trazia prejuízos à devida evidenciação do patrimônio respectivo de cada entidade e à gestão das despesas previdenciárias, além de impossibilitar a apresentação dos demonstrativos contábeis específicos para fins de análise financeira, especialmente os do fundo.

Portanto, aplicando-se o princípio da gestão responsável, com o presente art. 68 chega-se à saudável segregação contábil e financeira entre os recursos do fundo, que pertencem aos trabalhadores e aos seus dependentes, e os da União ou do INSS.

Art. 69. O ente da Federação que mantiver ou vier a instituir regime próprio de previdência social para seus servidores conferir-lhe-á caráter contributivo e o organizará com base em normas de contabilidade e atuária que preservem seu equilíbrio financeiro e atuarial.

O **art. 69** reitera a regra de sustentabilidade fiscal, a partir do caráter contributivo com **equilíbrio financeiro e atuarial** para o regime previdenciário dos servidores públicos, não apenas na União, mas também para os demais entes federativos, tal como está consignado no art. 40 da Constituição Federal, ao prescrever que o regime próprio de previdência social dos servidores titulares de cargos efetivos terá caráter contributivo e solidário, mediante contribuição do respectivo ente federativo, de servidores ativos, de aposentados e de pensionistas, observados critérios que preservem o equilíbrio financeiro e atuarial.

Para o custeio sustentável do regime previdenciário destes servidores públicos, estabelece o § 1º do art. 149 da Constituição que a União, os Estados, o Distrito Federal e os Municípios instituirão, por meio de lei, contribuições para custeio de regime próprio de previdência social, cobradas dos servidores ativos, dos aposentados e dos pensionistas, que poderão ter alíquotas progressivas de acordo com o valor da base de contribuição ou dos proventos de aposentadoria e de pensões.

A verdade é que o presente art. 69 é redundante, na medida em que a LRF já dispõe sobre o assunto no seu art. 24, conforme anteriormente analisado. A referida norma busca garantir a sustentabilidade e o equilíbrio fiscal das contas da previdência social através do caráter contributivo das despesas previdenciárias com aposentadorias e pensão, nos moldes dados pela Emenda Constitucional 20/1998 e pela Emenda Constitucional 103/2019. Condiciona a criação, majoração ou ampliação de despesas da seguridade social à indicação da sua fonte de custeio, tal como prevê o § 5º do art. 195 da Constituição Federal, além de, por se tratar de despesa obrigatória de caráter continuado, impor as exigências estabelecidas no art. 17 da LRF, tais como a sua estimativa trienal, a indicação da origem dos recursos que as suportarão, a comprovação de que não afetarão as metas fiscais e um plano de compensação mediante aumento permanente de receitas ou diminuição de despesas.

Como explica Delúbio Gomes Pereira da Silva,[233] a origem do regime previdenciário dos servidores públicos está vinculada à relação de trabalho *pró-labore facto*, em que a aposentadoria não decorre da contribuição, mas da vinculação de servidor público. O servidor público inativo recebe os proventos de aposentadoria do Estado da mesma forma que o servidor na ativa. Ou seja, ao contrário da iniciativa privada que cessa o vínculo com o empregador após a aposentadoria e o INSS assume o pagamento das aposentadorias, o Estado assume duas obrigações: a de pagar o servidor ativo e daquele que passou para a inatividade, com base nas variações salariais.[234]

A *atuária* é o estudo das variáveis e estatísticas relacionadas ao cálculo de seguros em uma determinada coletividade. O *equilíbrio atuarial* leva em consideração as variáveis que influenciam o valor da contribuição para que o sistema se mantenha estável ao longo prazo, tais como: a idade e a expectativa de vida dos seus integrantes, a quantidade de contribuintes, o nível de crescimento econômico do país, níveis salariais, dentre outras.

Suzani Andrade Ferraro[235] distingue o equilíbrio financeiro do atuarial. Segundo ela, o *equilíbrio financeiro* é equilíbrio de curto prazo, relativo à

---

[233] SILVA, Delúbio Gomes Pereira da. *Regime de previdência dos servidores públicos no Brasil*: perspectivas. São Paulo: LTR, 2003. p. 15-16.
[234] FERRARO, Suzani Andrade. *Equilíbrio financeiro e atuarial nos regimes de previdência social*. Rio de Janeiro: Lumen Juris, 2010. p. 113.
[235] Ibidem, p. 155.

suficiência dos recursos de financiamento para a cobertura dos benefícios previdenciários imediatos. Por seu turno, *equilíbrio atuarial* é o equilíbrio de longo prazo, significando o grau de cobertura das despesas previdenciárias ao longo do tempo. O princípio do equilíbrio financeiro e atuarial da Seguridade Social exige a observância do caráter contributivo dos regimes de Previdência Social para manter o sustento financeiro interno dos regimes, o que impõe a utilização de critérios contábeis (financeiro e atuarial) para preservar o equilíbrio entre receitas e despesas.

Como ensina Fabio Zambitte Ibrahim,[236] "o equilíbrio atuarial não visa ao mero encontro de receitas e despesas, mas sim ao equilíbrio da massa, à criação e manutenção de um sistema protetivo viável, levando-se em consideração as variáveis mais relevantes dos participantes e assistidos, vislumbrando seu status atual e futuro".

Por fim, cabe registrar que não é só em relação ao regime previdenciário do servidor público que o equilíbrio financeiro e atuarial deve ser observado. No sistema previdenciário geral a regra está igualmente prevista, tal como prescreve o art. 201 da Constituição.[237]

> **Art. 70. O Poder ou órgão referido no art. 20 cuja despesa total com pessoal no exercício anterior ao da publicação desta Lei Complementar estiver acima dos limites estabelecidos nos arts. 19 e 20 deverá enquadrar-se no respectivo limite em até dois exercícios, eliminando o excesso, gradualmente, à razão de, pelo menos, 50% a.a. (cinquenta por cento ao ano), mediante a adoção, entre outras, das medidas previstas nos arts. 22 e 23.**
>
> **Parágrafo único. A inobservância do disposto no *caput*, no prazo fixado, sujeita o ente às sanções previstas no § 3º do art. 23.**

O **art. 70** é uma norma transitória da LRF, que já perdeu sua função nos dias de hoje, uma vez que tinha como objetivo disciplinar o ajuste fiscal até o ano de 2002, em relação ao reenquadramento aos limites estabelecidos na lei para a despesa total de pessoal daqueles Poderes ou órgãos que os tivessem ultrapassado no ano de 1999, na razão de 50% do excesso por ano.

---

[236] IBRAHIM, Fabio Zambitte. *Curso de direito previdenciário*. 12. ed. Niterói: Impetus, 2008. p. 586.

[237] Conforme redação dada pela Emenda Constitucional nº 103/2019 (Reforma da Previdência).

Apenas para recapitular, os arts. 19 e 20 da LRF, já analisados, estabelecem a repartição dos limites globais para despesa de pessoal de 50% da RCL para a União e de 60% da RCL para Estados e Municípios. Quanto aos percentuais de limites individuais por poder ou órgão dos respectivos entes federativos, não poderão exceder: I – na esfera federal: a) 2,5% (dois inteiros e cinco décimos por cento) para o Legislativo, incluído o Tribunal de Contas da União; b) 6% (seis por cento) para o Judiciário; c) 40,9% (quarenta inteiros e nove décimos por cento) para o Executivo; d) 0,6% (seis décimos por cento) para o Ministério Público da União; II – na esfera estadual: a) 3% (três por cento) para o Legislativo, incluído o Tribunal de Contas do Estado; b) 6% (seis por cento) para o Judiciário; c) 49% (quarenta e nove por cento) para o Executivo; d) 2% (dois por cento) para o Ministério Público dos Estados; III – na esfera municipal: a) 6% (seis por cento) para o Legislativo, incluído o Tribunal de Contas do Município, quando houver; b) 54% (cinquenta e quatro por cento) para o Executivo.

Finalmente, como sanções para o seu descumprimento, a norma vedava: I – receber transferências voluntárias; II – obter garantia, direta ou indireta, de outro ente; III – contratar operações de crédito, ressalvadas as destinadas ao refinanciamento da dívida mobiliária e as que visem à redução das despesas com pessoal.

> **Art. 71.** Ressalvada a hipótese do inciso X do art. 37 da Constituição, até o término do terceiro exercício financeiro seguinte à entrada em vigor desta Lei Complementar, a despesa total com pessoal dos Poderes e órgãos referidos no art. 20 não ultrapassará, em percentual da receita corrente líquida, a despesa verificada no exercício imediatamente anterior, acrescida de até 10% (dez por cento), se esta for inferior ao limite definido na forma do art. 20.

O **art. 71** traz outra norma transitória da LRF, que também já restou ultrapassada, já que estabelecia uma metodologia de ajustes até o fim do ano de 2003, criando sublimites escalonados para as despesas com pessoal, em percentual da RCL, a contar da sua vigência e pelos três exercícios seguintes. Entretanto, a norma excepcionava os reajustes decorrentes da revisão geral anual.

Por lógica, esta regra só se aplicava àqueles poderes e órgãos que estivessem abaixo dos limites gerais previstos nos arts. 19 e 20 da LRF, e sem desconsiderar o limite prudencial de 95% previsto no parágrafo único do artigo 22. Assim, o presente dispositivo autorizava um acréscimo anual de 10% sobre o percentual do ano anterior. A título de exemplo, caso os gastos com pessoal do Poder Executivo de um determinado município estivessem na casa de 35% no ano de 1999, este poderia ser de até 38,5% em 2000; até 42,5% em 2001; até 46,5% em 2002; e até 51,2% em 2003.

> **Art. 72. A despesa com serviços de terceiros dos Poderes e órgãos referidos no art. 20 não poderá exceder, em percentual da receita corrente líquida, a do exercício anterior à entrada em vigor desta Lei Complementar, até o término do terceiro exercício seguinte.**

Mais uma norma de transição, cujo efeito perdurou até o final de 2003, é a contida neste **art. 72**, que fixa como limite para a despesa com serviços de terceiros o percentual da RCL dos Poderes ou órgãos relativo ao ano de 1999.

De antemão, cabe registrar que esta norma não vedava o aumento destas despesas nos anos de 2000, 2001, 2002 e 2003, pois sendo o limite fixado em percentual da RCL e não em valor nominal absoluto, tendo ocorrido aumento da RCL em qualquer daqueles anos, os respectivos gastos com tais despesas poderiam ter crescido na mesma proporção, desde que mantidos dentro daquele mesmo percentual. Assim, supondo que a RCL tenha crescido 10% no ano de 2001, os reajustes para tais contratos naquele ano poderiam ter sido realizados neste mesmo percentual.

A Portaria Interministerial 163/2001, da Secretaria do Tesouro Nacional em conjunto com a Secretaria de Orçamento Federal (Ministério da Fazenda e Ministério do Planejamento, Orçamento e Gestão), dispõe sobre normas gerais de consolidação das Contas Públicas no âmbito da União, Estados, Distrito Federal e Municípios, e classifica os serviços de terceiros. A título de exemplo, podemos citar: a remuneração de serviços de natureza eventual, prestados por pessoa física sem vínculo empregatício; estagiários, diárias a colaboradores eventuais; locação de imóveis; assinaturas de jornais e periódicos; tarifas de energia elétrica, gás, água e esgoto; serviços de comunicação (telefone, telex, correios etc.); fretes e carretos; locação de equipamentos e materiais permanentes; software; conservação e adaptação de bens imóveis; seguros em geral (exceto os decorrentes de obrigação patronal); serviços de asseio e higiene; serviços de divulgação, impressão, encadernação e emolduramento etc.

É importante esclarecer que os *serviços de terceiros* não se confundem com *terceirização de mão de obra*, disciplinada no § 1º do art. 18, uma vez que estes últimos se referem à substituição de servidores e empregados públicos e devem ser enquadrados dentro do respectivo limite de pessoal previsto no art. 19 da LRF.

Por fim, o STF, na ADI 2.238-5 MC, conferiu a este dispositivo interpretação conforme à Constituição, para considerar a proibição contida no dispositivo legal restrita aos contratos de prestação de serviços permanentes (quando do julgamento definitivo, em agosto de 2019, a análise deste artigo foi reputada prejudicada, uma vez que já expirado o prazo da norma de caráter temporário).[238]

> **Art. 73. As infrações dos dispositivos desta Lei Complementar serão punidas segundo o Decreto-Lei nº 2.848, de 7 de dezembro de 1940 (Código Penal); a Lei nº 1.079, de 10 de abril de 1950; o Decreto-Lei nº 201, de 27 de fevereiro de 1967; a Lei nº 8.429, de 2 de junho de 1992; e demais normas da legislação pertinente.**

O presente **art. 73** traz as remissões às leis que disciplinam as **punições** aos agentes públicos pelo descumprimento das normas da LRF.

As punições aos agentes públicos por infrações das regras da Lei de Responsabilidade Fiscal não decorrem diretamente do seu texto, mas sim de expressa remissão do art. 73 da LRF a vários outros diplomas legais, tais como o Decreto-lei 2.848/1940 (Código Penal), a Lei 1.079, de 10 de abril de 1950 (Lei de Crimes de Responsabilidade das autoridades da União e dos Estados e que regula o respectivo processo de julgamento), o Decreto-lei 201/1967 (que dispõe sobre a responsabilidade dos prefeitos e vereadores) e a Lei 8.429/1992 (que dispõe sobre as sanções aplicáveis aos agentes públicos nos casos de improbidade administrativa).

Concomitantemente ao encaminhamento do projeto de lei da LRF, foi enviado ao Congresso Nacional o Projeto de Lei 621, de 1999, para acrescentar ao Código Penal novos tipos penais que configuram crimes contra a Administração Pública. O referido projeto de lei deu origem à Lei 10.028, de 19.10.2000. Esta lei, além de alterar a redação original do art. 339, inseriu os arts. 359-A a 359-H no Código Penal brasileiro (Decreto-lei 2.848/1940), em novo capítulo denominado "Dos Crimes Contra as Finanças Públicas".

Como sabemos, a administração de bens e recursos públicos exige um comportamento inquestionável do seu gestor. Suas ações devem ser compatíveis com a responsabilidade que lhe é imposta no exercício do seu cargo e de suas funções, devendo ter o cuidado e a diligência que todo homem probo e zeloso emprega na administração dos seus próprios bens, recursos e negócios.[239]

Assim, a Lei de Responsabilidade Fiscal estabelece uma série de compromissos de resultados, limites de gastos, condições e prazos para a realização de despesas e endividamento, exigências para as renúncias de receitas etc.,

---

[238] STF. Informativo nº 948, publ. 28.08.2019.
[239] ABRAHAM, Marcus. *Curso de direito financeiro brasileiro*. 5. ed. Rio de Janeiro: Forense, 2018. p. 435.

tudo com o objetivo de manter o equilíbrio das contas públicas e garantir o atingimento das metas de receitas e despesas, no sentido de se permitir um crescimento sustentado do Estado brasileiro.

E, para dar efetividade a suas regras, a LRF prevê diretamente **sanções institucionais** e, indiretamente (por remissão a outras leis), **sanções** *pessoais* pelo descumprimento de suas normas. As *sanções institucionais* são de natureza financeira e atingem o próprio ente federativo, órgão ou poder que descumprir uma regra que lhe foi imposta. Essas punições consistem na suspensão das transferências voluntárias (exceto para a saúde, assistência social e educação), contratação de operações de crédito e obtenção de garantias. Já as *sanções pessoais* punem o agente público que deu causa ao ato violador das regras da LRF, com sanções de natureza política (como a suspensão dos direitos políticos e a perda de cargo eletivo), administrativa (como a proibição de contratar com o Poder Público) e civil (como o pagamento de multas e restituição ao Erário), bem como penas de natureza criminal, que podem ensejar a restrição à liberdade.[240]

O presente art. 73 trata exatamente das sanções pessoais, que podem ser de diversas naturezas, e aplicadas separada ou cumulativamente, conforme a infração.

As sanções de **natureza política** ensejam a suspensão dos direitos políticos e a perda de cargo eletivo ou função pública. A *suspensão dos direitos políticos* está prevista nos quatro incisos do art. 12 da Lei de Improbidade Administrativa (Lei 8.429/1992) como sanção por atos ímprobos, dentre os quais se encontram tipificados alguns de natureza financeira, como o de realizar operação financeira sem observância das normas legais e regulamentares ou aceitar garantia insuficiente ou inidônea (art. 10, VI); conceder benefício fiscal sem a observância das formalidades legais ou regulamentares aplicáveis à espécie (art. 10, VII); ordenar ou permitir a realização de despesas não autorizadas em lei ou regulamento (art. 10, IX); agir negligentemente na arrecadação de tributo ou renda (art. 10, X); liberar verba pública sem a estrita observância das normas pertinentes ou influir de qualquer forma para a sua aplicação irregular (art. 10, XI). Por sua vez, a *perda do cargo eletivo ou função pública* por meio de julgamento político encontra previsão no **Decreto-lei 201/1967** e na **Lei 1.079/1950**, ao passo que a perda da função decretada por decisão de natureza jurisdicional decorre de ato de improbidade administrativa com as penas previstas nos quatro incisos do art. 12 da Lei de Improbidade Administrativa (Lei 8.429/1992).[241]

---

[240] Ibidem, p. 384.
[241] No dia 31 de agosto de 2016, o Senado Federal entendeu que a Presidente da República Dilma Vana Rousseff cometeu os crimes de responsabilidade consistentes em

As sanções de **natureza administrativa e cível**, além da perda da função pública por decisão judicial contra servidores e empregados públicos que não sejam agentes políticos, podem ser: a) a imposição do pagamento de multa civil de até três vezes o valor do acréscimo patrimonial, em caso de enriquecimento ilícito (art. 12, I, da Lei 8.429/1992), de até duas vezes o valor do dano, no caso de lesão ao erário (art. 12, II, da Lei 8.429/1992), de até cem vezes o valor da remuneração do agente nos atos que atentam contra os princípios da Administração Pública (art. 12, III, da Lei 8.429/1992) ou de até três vezes o valor do benefício financeiro ou tributário concedido, no caso de redução de alíquota mínima do ISS (art. 12, IV, da Lei 8.429/1992); b) a proibição de contratar com o Poder Público ou receber benefícios ou incentivos fiscais ou creditícios, direta ou indiretamente, ainda que por intermédio de pessoa jurídica da qual seja sócio majoritário, por prazos de dez, cinco ou três anos; c) perda dos bens ou valores acrescidos ilicitamente ao patrimônio; d) ressarcimento integral do dano ao Erário.

Finalmente, as sanções de **natureza penal**, que podem chegar a impor penas restritivas de liberdade ao infrator (ou, nos casos em que admitidas, as penas restritivas de direito ou penas de multa), encontram fundamento no Código Penal, que sofreu relevantes alterações pela Lei 10.028/2000, ao inserir um capítulo específico para os Crimes Contra as Finanças Públicas, instituindo oito tipos penais próprios (arts. 359-A a 359-H do Código Penal).

O **art. 359-A** do Código Penal trata da contratação de operação de crédito, que está descrita no art. 29, III, da LRF. O **art. 359-B** do Código Penal dispõe sobre a inscrição de despesas não empenhadas em restos a pagar, regulada no art. 42 da LRF. O **art. 359-C** do Código Penal tipifica a assunção de obrigação no último ano do mandato ou legislatura. O **art. 359-D** do Código Penal estabelece que a ordenação de despesa não autorizada por lei. O **art. 359-E** do Código Penal trata da prestação de garantia graciosa. O **art. 359-F** do Código Penal dispõe sobre o **não cancelamento de restos a pagar**. O **art. 359-G** do Código Penal tipifica o aumento de despesa total com pessoal no último ano do mandato ou legislatura. O **art. 359-H** do Código Penal trata da oferta pública ou colocação de títulos no mercado.

---

contratar operações de crédito com instituição financeira controlada pela União e editar decretos de crédito suplementar sem autorização do Congresso Nacional, previstos no art. 85, VI, e art. 167, V, da Constituição Federal, bem como no art. 10, itens 4, 6 e 7, e art. 11, itens 2 e 3 da Lei 1.079/1950, ficando, assim, condenada à perda do cargo de Presidente da República Federativa do Brasil.

Portanto, como se viu, a Lei de Responsabilidade Fiscal não cria nenhuma espécie de sanção pessoal nem estabelece um tipo de infração e a respectiva penalidade. Ao contrário, a LRF apenas prescreve as condutas tidas como regulares, lícitas e exigíveis do agente público, remetendo-nos a outros diplomas legais para apuração das irregularidades e ilicitudes. Essas outras leis é que indicarão a infração e seu tipo, bem como as penalidades aplicáveis.

> **Art. 73-A. Qualquer cidadão, partido político, associação ou sindicato é parte legítima para denunciar ao respectivo Tribunal de Contas e ao órgão competente do Ministério Público o descumprimento das prescrições estabelecidas nesta Lei Complementar. (Incluído pela Lei Complementar 131, de 2009).**

O presente **art. 73-A** foi inserido na LRF pela Lei Complementar 131/2009, conhecida como "Lei da Transparência", ampliando o controle social através do exercício da **cidadania fiscal**, ao conferir legitimidade para qualquer cidadão ou entidade associativa denunciar o descumprimento das normas da LRF para as autoridades competentes, especialmente o TCU e o Ministério Público.

Etimologicamente, *cidadania* origina-se do vocábulo latino *civitas*, que tem o mesmo significado de *polis* em grego: designa o conjunto de pessoas com direitos e deveres peculiares decorrentes da pertença, na qualidade de cidadãos (*civis*, em latim; *polites*, em grego), à República Romana ou à Cidade-Estado grega (*polis*), como o direito de votar, o de ocupar cargos públicos e o dever de contribuir com gastos de guerras.

Hoje, contudo, o conceito de cidadania é bem mais amplo do que aquele da Antiguidade Clássica. Segundo a lição de Dalmo de Abreu Dallari,[242] a *cidadania* expressa "um conjunto de direitos que dá à pessoa a possibilidade de participar ativamente da vida e do governo de seu povo. Quem não tem cidadania está marginalizado ou excluído da vida social e da tomada de decisões, ficando numa posição de inferioridade dentro do grupo social".

Nas palavras de Paulo Bonavides:[243]

> O conceito contemporâneo de cidadania se estendeu em direção a uma perspectiva na qual cidadão não é apenas aquele que vota, mas aquela pes-

---

[242] DALLARI, Dalmo de Abreu. *Direitos humanos e cidadania*. São Paulo: Moderna, 1998. p. 14.
[243] AGRA, Walber de Moura; BONAVIDES, Paulo; MIRANDA, Jorge. *Comentários à Constituição Federal de 1988*. Rio de Janeiro: Forense, 2009. p. 7.

soa que tem meios para exercer o voto de forma consciente e participativa. Portanto, cidadania é a condição de acesso aos direitos sociais (educação, saúde, segurança, previdência) e econômicos (salário justo, emprego) que permite que o cidadão possa desenvolver todas as suas potencialidades, incluindo a de participar de forma ativa, organizada e consciente, da construção da vida coletiva no Estado democrático.

Já a expressão *cidadania participativa* ou *ativa* é a designação dada para a efetiva e direta participação do cidadão na vida social e política em determinada sociedade. Por sua vez, a cidadania participativa nas finanças públicas, especificamente denominada como *cidadania fiscal*, se expressa por meio das previsões legais que permitem o conhecimento e envolvimento do cidadão nas deliberações orçamentárias e no acompanhamento da sua execução.

A promoção do acesso e da participação da sociedade em todos os fatores relacionados com a arrecadação financeira e a realização das despesas públicas se identifica nas seguintes propostas: a) programas de educação fiscal para a população; b) incentivo à participação popular na discussão e na elaboração das peças orçamentárias, inclusive com a realização de audiências públicas; c) ampla divulgação por diversos mecanismos, até por meios eletrônicos, dos relatórios, pareceres e demais documentos da gestão fiscal; d) disponibilização e publicidade das contas dos administradores durante todo o exercício financeiro; e) emissão de relatórios periódicos de gestão fiscal e de execução orçamentária; f) legitimação para o cidadão denunciar aos órgãos competentes irregularidades nas contas públicas.

Portanto, recorrendo-se à noção de um pacto social do qual o cidadão é parte, parece-nos inquestionável conceder-lhe o direito de ter acesso a mecanismos para participar ativamente na gestão deste custo ao lado dos poderes estatais, desde a formulação das políticas públicas, passando pelo dispêndio dos recursos, até o controle da execução orçamentária pelas normas de transparência fiscal, incluindo-se a possibilidade de realizar denúncias por desrespeito das normas fiscais, especialmente as da LRF, como o presente dispositivo autoriza expressamente.

Art. 73-B. Ficam estabelecidos os seguintes prazos para o cumprimento das determinações dispostas nos incisos II e III do parágrafo único do art. 48 e do art. 48-A: (Incluído pela Lei Complementar 131, de 2009).

I – 1 (um) ano para a União, os Estados, o Distrito Federal e os Municípios com mais de 100.000 (cem mil) habitantes; (Incluído pela Lei Complementar 131, de 2009).

II – 2 (dois) anos para os Municípios que tenham entre 50.000 (cinquenta mil) e 100.000 (cem mil) habitantes; (Incluído pela Lei Complementar 131, de 2009).

III – 4 (quatro) anos para os Municípios que tenham até 50.000 (cinquenta mil) habitantes. (Incluído pela Lei Complementar 131, de 2009).

Parágrafo único. Os prazos estabelecidos neste artigo serão contados a partir da data de publicação da lei complementar que introduziu os dispositivos referidos no *caput* deste artigo. (Incluído pela Lei Complementar 131, de 2009).

O **art. 73-B** é mais uma norma transitória da LRF, com efeitos temporais até o mês de maio de 2013, já esgotados. Tinha como objetivo conferir aos entes federativos, de acordo com a sua esfera (federal, estadual e municipal) e respectiva população, prazos de adaptação para o cumprimento das novas regras de transparência fiscal introduzidas pela LC 131/2009, garantindo a efetividade da norma e reconhecendo as dificuldades dos entes de menor porte.

As novas regras de transparência insculpidas nos incisos II e III do § 1º do art. 48 e do art. 48-A referem-se à disponibilização para toda a sociedade, em tempo real e em meios eletrônicos de acesso público, de informações pormenorizadas sobre a execução orçamentária e financeira em relação às receitas e às despesas, bem como a adoção de sistema integrado de administração financeira e controle, que atenda a padrão mínimo de qualidade estabelecido pelo Poder Executivo da União (conforme Decreto 7.185/2010).

Assim, o presente dispositivo conferiu os seguintes prazos para cumprimento das novas regras de transparência fiscal, contados da publicação da LC 131/2009: I – 1 (um) ano para a União, os Estados, o Distrito Federal e os Municípios com mais de 100.000 (cem mil) habitantes; II – 2 (dois) anos para os Municípios que tenham entre 50.000 (cinquenta mil) e 100.000 (cem mil) habitantes; III – 4 (quatro) anos para os Municípios que tenham até 50.000 (cinquenta mil) habitantes.

Art. 73-C. O não atendimento, até o encerramento dos prazos previstos no art. 73-B, das determinações contidas nos incisos II e III do parágrafo único do art. 48 e no art. 48-A sujeita o ente à sanção prevista no inciso I do § 3º do art. 23. (Incluído pela Lei Complementar 131, de 2009).

O **art. 73-C** apenas complementa a norma anterior, estabelecendo a sanção para o descumprimento dos prazos estabelecidos no art. 73-B, ficando vedado o respectivo ente a receber transferências voluntárias, e tal impedimento vigorará até que sejam implementadas todas as providências referentes àquelas novas regras de transparência fiscal.

> **Art. 74. Esta Lei Complementar entra em vigor na data da sua publicação.**

Promulgada no dia 4 de maio de 2000, a Lei Complementar 101/2000, que ganhou o nome de "Lei de Responsabilidade Fiscal" (LRF), entrou em vigor em 05.05.2000, quando da sua publicação no *Diário Oficial da União* (seção 1, página 01).[244]

Este livro, nesta terceira edição escrita após o decurso de 20 anos de vigência da lei, testemunha os efeitos produzidos pela LRF. Apesar de percalços e eventuais retrocessos fiscais circunstanciais, inequivocamente muitos avanços positivos nas finanças públicas se materializaram por decorrência da sua aplicação.

A LRF estabeleceu um código de conduta aos gestores públicos, pautada em padrões internacionais de boa governança. A probidade e a conduta ética do administrador público como deveres jurídicos positivados passaram a ser o núcleo da gestão fiscal responsável, voltada para a preservação da coisa pública. Através dela, introduziu-se uma nova cultura na Administração Pública brasileira, baseada no planejamento, na transparência, no controle e equilíbrio das contas públicas e na imposição de limites para determinados gastos e para o endividamento.

A partir da lei, confere-se maior efetividade ao ciclo orçamentário, por regular e incorporar novos institutos na lei orçamentária anual e na lei de diretrizes orçamentárias, voltadas para o cumprimento das metas estabelecidas no plano plurianual. Impõe-se a cobrança dos tributos constitucionalmente atribuídos aos entes federativos para garantir sua autonomia financeira e estabelecem-se condições na concessão de benefícios, renúncias e desonerações fiscais. Obriga-se a indicar o impacto fiscal e a respectiva fonte de recursos para financiar aumentos de gastos de caráter continuado, especialmente em se tratando de despesas de pessoal. Fixam-se limites para a ampliação do crédito público com vistas ao controle e redução dos níveis de endividamento. E criam-se sanções de diversas naturezas em caso de descumprimento das normas financeiras.

---

[244] Segundo o art. 1º da Lei de Introdução às Normas do Direito Brasileiro (Decreto-lei 4.657/1942, com redação da Lei 12.37/2010), "salvo disposição contrária, a lei começa a vigorar em todo o país quarenta e cinco dias depois de oficialmente publicada".

O tripé sob o qual a LRF está sustentada – do planejamento fiscal, da transparência fiscal e do equilíbrio fiscal – revelam diretrizes inequivocamente imprescindíveis para a realização dos objetivos da república brasileira constantes do art. 3º da nossa Constituição: construir uma sociedade livre, justa e solidária, desenvolver o país, acabar com a pobreza e a marginalização e minimizar as desigualdades sociais e regionais, promovendo o bem de todos.

Na lição de Diogo de Figueiredo Moreira Neto, a vigência da LRF caracteriza-se como uma mudança de hábitos, marcando a desejável passagem do "patrimonialismo demagógico para o gerenciamento democrático".[245]

Todavia, ainda há inúmeros aspectos da LRF que ainda não foram materializados, como a criação do Conselho de Gestão Fiscal, exigido no art. 67 da LRF, e a fixação de limites do endividamento público federal, uma vez que até a presente data, só foi implementado para os Estados, DF e Municípios (Resoluções 40 e 43 do Senado Federal). Estes e outros pontos da LRF merecem a nossa atenção e reflexão, uma vez que, sem os quais, não se realizará em sua plenitude o seu desígnio: oferecer ao cidadão brasileiro e aos governos nas três esferas federativas os mecanismos necessários para o desenvolvimento econômico e social, com a criação de uma sociedade mais digna e justa.

A gestão pública com responsabilidade fiscal, a partir da Lei Complementar 101/2000, é um instrumento de fortalecimento dos valores do Estado Democrático de Direito, que beneficia toda a sociedade brasileira, que deve ser observada pelo gestor e exigida pelo cidadão.

Art. 75. Revoga-se a Lei Complementar nº 96, de 31 de maio de 1999.

Com a entrada em vigor da LRF em 5 de maio de 2000, data da sua publicação, revogou-se expressamente a LC 96/1999, comumente designada "Lei Camata", norma que disciplinava os limites das despesas com pessoal, assunto que passou a ser tratado pelo art. 20 da LRF.

Brasília, 4 de maio de 2000; 179º da Independência e 112º da República.

FERNANDO HENRIQUE CARDOSO
Pedro Malan
Martus Tavares

---

[245] MOREIRA NETO, Diogo de Figueiredo. A Lei de Responsabilidade Fiscal e seus princípios jurídicos. *Revista de Direito Administrativo*, n. 221, jul.-set. 2000, p. 71-93.

BIBLIOGRAFIA

ABRAHAM, Marcus. *Curso de direito financeiro brasileiro*. 5. ed. Rio de Janeiro: Forense, 2018.

_____. Orçamento público como instrumento de cidadania fiscal. *Revista Direitos Fundamentais e Democracia*, Curitiba, v. 17, n. 17, jan.-jun. 2015.

AGRA, Walber de Moura; BONAVIDES, Paulo; MIRANDA, Jorge. *Comentários à Constituição Federal de 1988*. Rio de Janeiro: Forense, 2009.

ALMEIDA, Fernanda Dias Menezes de. Comentário ao art. 1º da Constituição. In: CANOTILHO, J. J. Gomes *et al.* (org.). *Comentários à Constituição do Brasil*. São Paulo: Saraiva/Almedina, 2013. Edição eletrônica.

ALVES, Benedito Antonio; GOMES, Sebastião Edilson; AFFONSO, Antonio Geraldo. *Lei de Responsabilidade Fiscal comentada e anotada*. 4. ed. São Paulo: Juarez de Oliveira, 2002.

ANANIAS, Patrus. Gestão pública: desassombrando nossa história. *Revista do Serviço Público*, Brasília, v. 61, n. 4, out.-dez. 2010.

ANDRÉ, Maristela Afonso de. A efetividade dos contratos de gestão na reforma do Estado. *Revista de Administração de Empresas*, v. 39, n. 3, jul.-set. 1999.

BACELLAR FILHO, Romeu Felipe. Transferências voluntárias na Lei de Responsabilidade Fiscal: limites à responsabilização pessoal do orientador de despesas por danos decorrentes da execução de convênio. In: CASTRO, Rodrigo Pironti Aguirre de (coord.). *Lei de Responsabilidade Fiscal*: ensaios em comemoração aos 10 anos da Lei Complementar nº 101/2000. Belo Horizonte: Fórum, 2010.

BALEEIRO, Aliomar. *Uma introdução à ciência das finanças*. 15. ed. Rio de Janeiro: Forense, 1997.

BARCELLOS, Ana Paula de. *A eficácia jurídica dos princípios constitucionais*: o princípio da dignidade da pessoa humana. Rio de Janeiro: Renovar, 2002.

BARROSO, Luís Roberto. Da falta de efetividade à judicialização excessiva: direito à saúde, fornecimento gratuito de medicamentos e parâmetros para a atuação judicial. In: SARMENTO, Daniel; SOUZA NETO, Cláudio Pereira de (org.). *Direitos sociais*: fundamentos, judicialização e direitos sociais em espécie. Rio de Janeiro: Lumen Juris, 2008.

BILHALVA, Vilson Antônio Rodrigues. Terceirização. *Revista Síntese Trabalhista*, Porto Alegre, n. 96, jun. 97.

BOUÇAS, Valentim. *História da dívida externa*. 2. ed. Rio de Janeiro: Financeiras S.A., 1950.

BRASIL. Ministério da Fazenda. Secretaria do Tesouro Nacional. *Anexo de metas fiscais e relatório resumido da execução orçamentária*: manual de elaboração – aplicado à União e aos Estados, Distrito Federal e Municípios. 4. ed. atual. Brasília: Secretaria do Tesouro Nacional, Coordenação-Geral de Contabilidade, 2004.

BRASIL. Secretaria do Tesouro Nacional. *Manual de demonstrativos fiscais*: aplicado à União e aos Estados, Distrito Federal e Municípios. 10. ed. Brasília: Secretaria do Tesouro Nacional, Coordenação-Geral de Normas de Contabilidade Aplicadas à Federação, 2019.

CALDAS, Ricardo Wahrendorff (coord.). *Políticas públicas*: conceitos e práticas. Belo Horizonte: Sebrae/MG, 2008.

CAMPOS, Dejalma de. *Direito financeiro e orçamentário*. 3. ed. São Paulo: Atlas, 2005.

CARVALHO, Lena Oliveira de; MEDEIROS, Otavio Ladeira de; SILVA, Anderson Caputo (org.). *Dívida pública*: a experiência brasileira. Brasília: Secretaria do Tesouro Nacional/Banco Mundial, 2009.

CARVALHO, Paulo de Barros. *Curso de direito tributário*. 19. ed. São Paulo: Saraiva, 2007.

CARVALHO, Vanessa Cerqueira Reis de. Transparência fiscal. *Revista de Direito da Procuradoria-Geral do Estado do Rio de Janeiro*, Rio de Janeiro, n. 54, 2001.

CARVALHO FILHO, José dos Santos. *Manual de direito administrativo*. 24. ed. Rio de Janeiro: Lumen Juris, 2011.

CONTI, José Maurício. Comentário ao art. 32 da LRF. In: MARTINS, Ives Gandra da Silva; NASCIMENTO, Carlos Valder do (org.). *Comentários à Lei de Responsabilidade Fiscal*. 6. ed. São Paulo: Saraiva, 2012.

_____. *Orçamentos públicos* – a Lei 4.320/1964 comentada. 2. ed. São Paulo: RT, 2010.

DALLARI, Dalmo de Abreu. *Direitos humanos e cidadania*. São Paulo: Moderna, 1998.

DEODATO, Alberto. *Manual de ciência das finanças*. 10. ed. São Paulo: Saraiva, 1967.

DERZI, Mizabel Machado. Comentário ao art. 44 da LRF. In: MARTINS, Ives Gandra da Silva; NASCIMENTO, Carlos Valder do (org.). *Comentários à Lei de Responsabilidade Fiscal*. 6. ed. São Paulo: Saraiva, 2012.

DI PIETRO, Maria Sylvia Zanella. Comentário aos arts. 18 e 20 da LRF. In: MARTINS, Ives Gandra da Silva; NASCIMENTO, Carlos Valder do (org.). *Comentários à Lei de Responsabilidade Fiscal*. 6. ed. São Paulo: Saraiva, 2012.

_____. *Direito administrativo*. 25. ed. São Paulo: Atlas, 2012.

FERNANDES, Jorge Ulisses Jacoby. O Poder Legislativo, o Tribunal de Contas e o controle da responsabilidade fiscal. *Revista do Tribunal de Contas do Estado de Minas Gerais*, v. 40, n. 3, jul.-set. 2001.

FERRARO, Suzani Andrade. *Equilíbrio financeiro e atuarial nos regimes de previdência social*. Rio de Janeiro: Lumen Juris, 2010.

FERRAZ, Luciano. *Controle da Administração Pública*: elementos para compreensão dos Tribunais de Contas. Belo Horizonte: Mandamentos, 1999.

FERRAZ JR., Tercio Sampaio. Guerra fiscal, fomento e incentivo na Constituição Federal. In: SCHOUERI, Luís Eduardo (coord.). *Direito tributário:* estudos em homenagem a Brandão Machado. São Paulo: Dialética, 1998.

FIGUEIREDO, Carlos Maurício *et al. Comentários à Lei de Responsabilidade Fiscal*. 2. ed. São Paulo: RT, 2001.

_____; NÓBREGA, Marcos. *Responsabilidade fiscal*: aspectos polêmicos. Belo Horizonte: Fórum, 2006.

GALDINO, Flávio. *Introdução à teoria do custo dos direitos*: direitos não nascem em árvores. Rio de Janeiro: Lumen Juris, 2005.

GALVÊAS, Ernane. A política econômico-financeira do governo. *Revista de Finanças Públicas*, Brasília, Secretaria de Economia e Finanças do Ministério da Fazenda, 350:27, abr.-maio-jun. 1982.

GIACOMONI, James. *Orçamento público*. 13. ed. São Paulo: Atlas, 2005.

HOLMES, Stephen; SUNSTEIN, Cass R. *The cost of rights*: why liberty depends on taxes. Nova Iorque: W. W. Norton & Company, 1999.

HUCK, Hermes Marcelo. *Evasão e elisão*: rotas nacionais e internacionais. São Paulo: Saraiva, 1997.

IBRAHIM, Fabio Zambitte. *Curso de direito previdenciário*. 12. ed. Niterói: Impetus, 2008.

JUSTEN FILHO, Marçal. *Curso de direito administrativo*. São Paulo: Saraiva, 2005.

KOHAMA, Heilio. *Contabilidade pública* – teoria e prática. 6. ed. São Paulo: Atlas, 1998.

LINO, Pedro. *Comentários à Lei de Responsabilidade Fiscal*. São Paulo: Atlas, 2001.

LOUREIRO, Maria Rita. *O controle do endividamento público no Brasil*: uma perspectiva comparada com os Estados Unidos. Rio de Janeiro: FGV – Núcleo de Pesquisas e Publicações, 2003.

MARTINS, Ives Gandra da Silva. Comentários aos arts. 30 e 31 da LRF. In: MARTINS, Ives Gandra da Silva; NASCIMENTO, Carlos Valder do (org.). *Comentários à Lei de Responsabilidade Fiscal*. 6. ed. São Paulo: Saraiva, 2012.

MELLO, Celso Antônio Bandeira de. *Curso de direito administrativo*. 27. ed. São Paulo: Malheiros, 2010.

MENDES, Gilmar Ferreira. Comentário ao art. 48 da LRF. In: MARTINS, Ives Gandra da Silva; NASCIMENTO, Carlos Valder (org.). *Comentários à Lei de Responsabilidade Fiscal*. 6. ed. São Paulo: Saraiva, 2012.

MORAES, Alexandre de. *Direito constitucional*. 15. ed. São Paulo: Atlas, 2004.

_____. *Reforma administrativa*. 3. ed. São Paulo: Atlas, 1999.

MOREIRA NETO, Diogo de Figueiredo. A Lei de Responsabilidade Fiscal e seus princípios jurídicos. *Revista de Direito Administrativo*, n. 221, jul.-set. 2000.

_____. *Considerações sobre a Lei de Responsabilidade Fiscal*. Rio de Janeiro: Renovar, 2001.

MORSELLI, Emanuele. *Curso de ciências das finanças públicas* – introdução e princípios gerais. Rio de Janeiro: Financeiras, 1959.

NASCIMENTO, Carlos Valder do. Comentário ao art. 1º da LRF. In: MARTINS, Ives Gandra da Silva; NASCIMENTO, Carlos Valder do (org.). *Comentários à Lei de Responsabilidade Fiscal*. 6. ed. São Paulo: Saraiva, 2012.

_____. *Curso de direito financeiro*. Rio de Janeiro: Forense, 1999.

NASCIMENTO, Edson Ronaldo; DEBUS, Ilvo. *Lei Complementar nº 101/2000*: entendendo a Lei de Responsabilidade Fiscal. 2. ed. Brasília: Editora do Tesouro Nacional, 2001.

NASCIMENTO, Leonardo do; CHERMAN, Bernardo. *Contabilidade pública*. Rio de Janeiro: Ferreira, 2007.

NEUMARK, Fritz. *Problemas económicos y financieros del Estado intervencionista*. Madrid: Editorial de Derecho Financiero, 1964.

NÓBREGA, Marcos. *Lei de Responsabilidade Fiscal e leis orçamentárias*. São Paulo: Juarez de Oliveira, 2002.

NOGUEIRA, Roberto Wagner Lima. *Direito financeiro e justiça tributária*. Rio de Janeiro: Lumen Juris, 2004.

OLIVEIRA, Regis Fernandes de. *Curso de direito financeiro*. 2. ed. São Paulo: RT, 2008.

_____. *Responsabilidade fiscal*. São Paulo: RT, 2001.

OLIVEIRA, Weder de. O equilíbrio das finanças públicas e a Lei de Responsabilidade Fiscal. *Revista Técnica dos Tribunais de Contas – RTTC*, Belo Horizonte: Fórum, ano 1, n. 0, 2010.

PEREIRA, Caio Mário da Silva. *Instituições de direito civil*: contratos. 11. ed. Rio de Janeiro: Forense, 2003. v. 3.

_____. *Instituições de direito civil*: introdução ao direito civil. 24. ed. Rio de Janeiro: Forense, 2011. v. 1.

PORTUGAL, Murilo. Prefácio. In: SILVA, Anderson Caputo; CARVALHO, Lena Oliveira de; MEDEIROS, Otavio Ladeira de (org.). *Dívida pública*: a experiência brasileira. Brasília: Secretaria do Tesouro Nacional/Banco Mundial, 2009.

REIS, Heraldo da Costa. *A Lei 4.320 comentada e a Lei de Responsabilidade Fiscal*. 34. ed. Rio de Janeiro: Lumen Juris, 2012.

RIGOLIN, Ivan Barbosa. Que significa ação governamental no art. 16 da Lei de Responsabilidade fiscal? Sobre a necessidade de clareza das leis. *Boletim de Direito Municipal*, v. 19, n. 1, p. 9-11, jan. 2003.

ROCHA, César Asfor. *Breves reflexões críticas sobre a ação de improbidade administrativa*. Ribeirão Preto: Migalhas, 2012.

SANTANA, Eduardo Jair. *Os crimes de responsabilidade fiscal tipificados pela Lei nº 10.028/2000 e a responsabilidade pessoal do administrador público*. São Paulo: NDJ, 2001.

SILVA, Delúbio Gomes Pereira da. *Regime de previdência dos servidores públicos no Brasil*: perspectivas. São Paulo: LTR, 2003.

SILVA, José Afonso da. *Curso de direito constitucional positivo*. 10. ed. São Paulo: Malheiros, 1995.

SILVA, Moacir Marques da; AMORIM, Francisco Antonio; SILVA, Valmir Leôncio da. *Lei de Responsabilidade Fiscal para os municípios*. 2. ed. São Paulo: Atlas, 2007.

SPAR, Karen. *Budget "sequestration" and selected program exemptions and special rules*. Washington, D.C.: Congressional Research Service, 2013.

STAROBINSKI, Jean. *Jean-Jacques Rousseau. A transparência e o obstáculo: seguido de sete ensaios de Rousseau*. Trad. Maria Lúcia Machado. São Paulo: Companhia das Letras, 2011.

TOLEDO JUNIOR, Flávio C.; ROSSI, Sérgio Ciqueira de. *Lei de Responsabilidade Fiscal*: comentada artigo por artigo. 2. ed. São Paulo: NDJ, 2002.

TORRES, Heleno Taveira. Fundos especiais para prestação de serviços públicos e os limites da competência reservada em matéria financeira. In: PIRES, Adilson Rodrigues; TORRES, Heleno Taveira (org.). *Princípios de direito financeiro e tributário*: estudos em homenagem ao professor Ricardo Lobo Torres. Rio de Janeiro: Renovar, 2006.

TORRES, Ricardo Lobo. *Curso de direito financeiro e tributário*. 13. ed. Rio de Janeiro: Renovar, 2006.

ZIPPELIUS, Reinhold. *Teoría general del Estado*. Traducción directa del alemán por Héctor Fix-Fierro. Ciudad Universitaria: Universidad Nacional Autónoma de México, 1985.